L'influence (in)visible

Les partis populistes de droite radicale et la fabrique de politiques publiques en démocratie

PETER LANG
Bruxelles · Bern · Berlin · New York · Oxford · Wien

Benjamin Biard

L'influence (in)visible

Les partis populistes de droite radicale et la fabrique de politiques publiques en démocratie

Action publique
Vol. 19

Publié avec le concours de la Fondation Universitaire de Belgique, l'Institut de sciences politiques Louvain-Europe (ISPOLE) et l'École des sciences politiques et sociales de l'Université catholique de Louvain (PSAD).

Cette publication a fait l'objet d'une évaluation par les pairs.

Toute représentation ou reproduction intégrale ou partielle faite par quelque procédé que ce soit, sans le consentement de l'éditeur ou de ses ayants droit, est illicite. Tous droits réservés.

© P.I.E. PETER LANG S.A.
Éditions scientifiques internationales
Bruxelles, 2021
1 avenue Maurice, B-1050 Bruxelles, Belgique
www.peterlang.com ; brussels@peterlang.com

ISSN 1783-6077
ISBN 978-2-8076-1844-2
ePDF 978-2-8076-1845-9
ePUB 978-2-8076-1846-6
MOBI 978-2-8076-1847-3
DOI 10.3726/b18176
D/2021/5678/16

Information bibliographique publiée par « Die Deutsche Bibliothek »

« Die Deutsche Bibliothek » répertorie cette publication dans la « Deutsche Nationalbibliografie » ; les données bibliographiques détaillées sont disponibles sur le site <http://dnb.ddb.de>.

Remerciements :

Les Pr. Nathalie Schiffino-Leclercq (Université catholique de Louvain) et Min Reuchamps (Université catholique de Louvain) sont particulièrement remerciés pour leur soutien et leur précieux encadrement dans le cadre de cette recherche. Les Pr. Steve Jacob (Université Laval), Sandrine Roginsky (Université catholique de Louvain), Jérôme Jamin (Université de Liège), Christian de Visscher (Université catholique de Louvain) et Georg Wenzelburger (Technische Universität Kaiserslautern) sont également remerciés pour leurs suggestions et leurs commentaires sur les versions antérieures du manuscrit. Enfin, cette recherche n'aurait pu être menée sans le financement du Fonds de la Recherche Scientifique – FNRS, qui est lui aussi remercié.

Table des matières

INTRODUCTION 17

1. Comprendre l'influence exercée par les partis populistes de droite radicale d'Europe occidentale sur la fabrique des politiques publiques 17
2. Design de recherche 20
3. Organisation et structure de l'ouvrage 22

PARTIE I : L'influence des partis populistes de droite radicale sur la fabrique des politiques publiques : apports de la littérature

Chapitre 1   Les partis populistes de droite radicale 27

1. Le populisme : un concept aux multiples usages 27
2. Ce dont le populisme est le nom 30
    2.1. Culte et défense du peuple 30
    2.2. Critique d'une élite 31
    2.3. Un leader charismatique 32
    2.4. Exaltation des « valeurs démocratiques » dans les discours 33
    2.5. Un dénominateur commun du populisme 34
3. Le populisme comme idéaltype 35
4. Le populisme de droite radicale : une famille de partis 36
5. Les partis traditionnels face aux partis populistes de droite radicale : des stratégies d'engagement et des stratégies de désengagement 39
6. L'influence des partis populistes de droite radicale sur les politiques publiques 42

Chapitre 2   Les partis politiques au cœur du processus de fabrique des politiques publiques 49

1. La notion de fabrique des politiques publiques 50
2. Les partis politiques parmi une multitude d'acteurs intervenant dans le processus de fabrique des politiques publiques 51
   2.1. Une diversité d'acteurs intervenant dans le processus 52
   2.2. Les partis politiques dans le processus de fabrique des politiques publiques 54
3. À l'origine du processus de fabrique des politiques publiques : un problème public 55
4. La décision 61
   4.1. La formulation de solutions 61
   4.2. La prise de décision 63

Chapitre 3   L'influence politique 67

1. Influence : caractéristiques définitionnelles 67
2. Estimer l'influence des partis populistes de droite radicale par le prisme de leurs promesses électorales 71
3. L'influence sur la fabrique des politiques publiques 73
   3.1. Exercice de l'influence 74
   3.2. Typologie de l'influence 76

PARTIE II : Méthode d'estimation de l'influence et sélection des cas

Chapitre 4   Estimer une influence politique : méthodes et techniques 85

1. Le *process-tracing* : définition et mise en œuvre de la méthode 85
2. Collecte des données 87
   2.1. Recherche d'archives documentaires 88
   2.2. Recherche dans des mémoires et monographies rédigés par des acteurs clés 90
   2.3. Entretiens semi-structurés avec les acteurs clés 90

	2.4.	Entretiens semi-structurés avec des chercheurs	92
	2.5.	Observations directes	93
3.	Analyse thématique des données		94
4.	Les promesses électorales comme unités d'analyse		96
	4.1	La sécurité intérieure : un secteur de politique publique central pour les partis populistes de droite radicale	96
	4.2	La sélection des promesses électorales selon un double critère de fermeté et de testabilité	98

Chapitre 5 L'Union démocratique du centre, le Front national et le *Vlaams Belang* comme cas de partis populistes de droite radicale ... 101

1. L'Union démocratique du centre ... 102
   1.1. Le système politique helvétique ... 102
   1.2. L'UDC : entre participation gouvernementale et protestation ... 104
5. Le Front national ... 108
   5.1. Le système politique français ... 108
   5.2. Le FN : un parti en quête du pouvoir institutionnel ... 111
6. Le *Vlaams Belang* ... 115
   6.1. Le système politique belge ... 115
   6.2. Le VB : face à un cordon sanitaire ... 117

PARTIE III : Analyses et résultats

Chapitre 6 L'influence de l'Union démocratique du centre (UDC) ... 125

1. Étude de la trajectoire des promesses électorales de l'Union démocratique du centre ... 126
   1.1. Droit des sanctions ... 126
   1.2. Délinquance sexuelle ... 135
   1.3. Délinquance juvénile ... 141
   1.4. Criminalité commise par des étrangers ... 144
   1.5. Fonctionnement de la justice ... 149
   1.6. Prévention ... 151

2. Qualifier l'influence de l'Union démocratique du centre sur la fabrique des politiques publiques 154
   2.1. L'influence de l'Union démocratique du centre : typologie 155
   2.2. Théorisation de l'influence de l'Union démocratique du centre : quel mode opératoire ? 157
      2.2.1. La voie parlementaire 157
      2.2.2. Les outils de démocratie directe 161
      2.2.3. Un style de communication atypique 165
      2.2.4. Synthèse 166
      2.2.5. Freins à l'influence de l'Union démocratique du centre 168
3. Conclusion : l'UDC, un parti influent 171

Chapitre 7   L'influence du Front national (FN) 175
1. Étude de la trajectoire des promesses électorales du Front national 175
   1.1. Droit des sanctions 175
   1.2. Délinquance juvénile 183
   1.3. Criminalité commise par des étrangers 186
   1.4. Peine de mort 192
   1.5. Fonction publique 194
   1.6. Lutte anti-drogue 201
2. Qualifier l'influence du FN sur la fabrique des politiques publiques 202
   2.1. L'influence du Front national : typologie 202
   2.2. Théorisation de l'influence du Front national : quel mode opératoire ? 205
      2.2.1. La voie parlementaire 205
      2.2.2. Un style de communication atypique 206
      2.2.3. Synthèse 208
      2.2.4. Freins à l'influence du Front national 210
3. Conclusion : le Front national, un parti à l'influence limitée 213

Table des matières 13

Chapitre 8 L'influence du *Vlaams Belang* (VB) 217
1. Étude de la trajectoire des promesses électorales du VB 218
   1.1. Droit des sanctions 218
   1.2. Droit des victimes 230
   1.3. Délinquance sexuelle 231
   1.4. Délinquance juvénile 234
   1.5. Criminalité commise par des étrangers 238
   1.6. Lutte anti-drogue 245
   1.7. Scission de la Justice 248
   1.8. Justice accélérée 249
   1.9. Grâce royale 251
2. Qualifier l'influence du VB sur la fabrique des
   politiques publiques 253
   2.1. L'influence du *Vlaams Belang* : typologie 253
   2.2. Théorisation de l'influence du *Vlaams Belang* : quel
        mode opératoire ? 255
        2.2.1. La voie parlementaire 255
        2.2.2. Un style de communication atypique 256
        2.2.3. Synthèse 259
        2.2.4. Freins à l'influence du Vlaams Belang 262
3. Conclusion : Le VB, un parti à l'influence
   fortement limitée 266

**PARTIE IV : L'influence des partis populistes de droite
radicale dans une perspective comparée**

**Chapitre 9 Étude de l'influence dans une perspective
comparée** 271

1. Les partis populistes de droite radicale aux rapports éloignés
   avec les partis traditionnels et avec le pouvoir : des partis aux
   promesses électorales peu développées 271
2. Les partis populistes de droite radicale : une influence non
   systématique, qui s'exerce au regard de certains dossiers
   spécifiques et en amont du processus de fabrique
   des politiques publiques 274

3. L'influence de l'UDC *vs* l'influence du VB et du FN : des différences en termes d'autonomie partisane, de modes opératoires et de temps 276
4. Comment les partis populistes de droite radicale exercent-ils une influence sur la fabrique des politiques publiques ? 279
5. Des freins à l'influence des partis populistes de droite radicale 284
6. Conclusion : des propositions relatives à l'influence des partis populistes de droite radicale sur la fabrique des politiques publiques 288

Chapitre 10 Discussion des résultats 291
1. Les partis populistes de droite radicale : des partis influents 291
2. Une influence qui s'exerce en amont du processus de fabrique des politiques publiques 293
3. L'adoption de stratégies de désengagement par les partis traditionnels à l'égard des partis populistes de droite radicale : un impact en termes électoraux mais aussi en termes de politiques publiques 294
4. Les partis populistes de droite radicale face à la difficulté de traduire leurs promesses électorales en décisions 296
5. Des stratégies de contournement aux limites de la voie parlementaire 298
   5.1. Les outils de démocratie directe au service des partis populistes de droite radicale 298
   5.2. Une influence à travers les citoyens : mutation d'un modèle de représentation 299
6. Deux grands types de freins à l'influence des partis populistes de droite radicale 301
7. Les partis populistes de droite radicale : un danger pour la démocratie libérale ? 303
8. Conclusion : un triple apport à la littérature 305

CONCLUSION 307

Références bibliographiques 313

Annexes – Liste des entretiens effectués 343
    Annexe 1 – Liste des entretiens effectués pour l'analyse du cas helvétique (par ordre chronologique) 343
    Annexe 2 – Liste des entretiens effectués pour l'analyse du cas français (par ordre chronologique) 347
    Annexe 3 – Liste des entretiens effectués pour l'analyse du cas belge (par ordre chronologique) 351

INTRODUCTION

Un pan substantiel de la littérature sur le populisme de droite radicale a cherché à identifier les facteurs qui ont conduit à l'émergence des partis populistes de droite radicale. L'attention s'est toutefois beaucoup moins portée sur les conséquences de leur force politique en termes de politiques publiques. (Han, 2015 : 571 – trad.)

1. Comprendre l'influence exercée par les partis populistes de droite radicale d'Europe occidentale sur la fabrique des politiques publiques

Quelle influence les partis populistes de droite radicale d'Europe occidentale exercent-ils sur la fabrique des politiques publiques ? Cette question de recherche adresse un phénomène qui est au cœur de l'actualité depuis au moins deux décennies (Biard, 2019a ; Biard, 2019b). Les partis populistes de droite radicale se sont enracinés en Europe principalement dans les années 1980 et ont réussi à bénéficier d'un soutien électoral fort et, parfois, à atteindre et exercer le pouvoir. Cela a été ou est encore le cas en Italie, en Autriche, en Suisse, en Pologne ou encore en Bulgarie. Aux Pays-Bas ou au Danemark, des partis populistes ont par ailleurs soutenu des gouvernements minoritaires ces dernières années. Parallèlement au développement des forces populistes de droite radicale, les inquiétudes face à cette tendance généralisée en Europe (à quelques exceptions près, comme au Portugal ou en Irlande) sont vives et s'expriment à travers des sondages d'opinion, le monde associatif et la presse (Rovira Kaltwasser, 2017). Le nombre d'articles de presse portant sur le populisme est non seulement croissant (Rooduijn, 2019), mais traduit aussi cette inquiétude, notamment en pointant les risques que l'élection de candidats populistes peut faire courir à la démocratie (Aalberg *et al.*, 2017).

En conséquence de cette tension qui caractérise le paysage politique européen, la recherche en science politique s'est pleinement saisie du phénomène populiste de droite radicale dès les années 1950 puis, surtout, à partir des années 1980. Le nombre de publications portant sur cet objet d'étude s'est accru considérablement depuis lors (pour une synthèse, *cf.* Rovira Kaltwasser *et al.*, 2017). La littérature a tenté d'appréhender le phénomène à travers des angles variés et des approches distinctes. Elle traite tout d'abord de l'électorat des partis populistes de droite radicale (*e.g.* Norris, 2005 ; Akkerman *et al.*, 2017 ; Kochuyt & Abts, 2017), en suggérant notamment que les hommes, les personnes peu diplômées, les ouvriers et les employés ont davantage tendance à voter pour les formations populistes de droite radicale (Dézé, 2016). Les discours populistes de droite radicale ont aussi été analysés, indiquant qu'ils se distinguent d'autres formations politiques par un double processus de mise en scandale et de dramatisation de faits divers (Wodak, 2015). Puisqu'il s'agit d'un phénomène qui n'est pas nouveau, le développement du populisme de droite radicale à travers le temps a aussi été au centre de nombreuses recherches, par exemple à travers des études descriptives portant sur des cas spécifiques comme celui du FN (*e.g.* Igounet, 2014) ou de l'UDC (*e.g.* Mazzoleni, 2008). Ces études ont permis de faire émerger différentes phases dans l'évolution des partis populistes de droite radicale, allant de la difficulté à s'enraciner jusqu'à leur légitimation et à leur accession au pouvoir (Widfelt, 2010).

La recherche a aussi porté son attention sur la place occupée par les leaders au sein de ces formations populistes : alors que la présence d'un leader charismatique se révèle cruciale pour comprendre leur développement (Moffitt, 2016), les formations populistes peuvent se distinguer sensiblement selon la place occupée par le leader au sein de son organisation. Aux Pays-Bas, Geert Wilders est par exemple le seul membre de son parti, le PVV (Vossen, 2013). Une autre grande orientation prise dans l'étude du populisme est celle visant à mettre en évidence les facteurs expliquant leur développement. Kriesi et Pappas (2015) ont ainsi relevé que ce que d'aucuns qualifient de crise de la démocratie représentative couplé à une crise économique contribue à renforcer considérablement les performances électorales des formations populistes.

Malgré ces études analysant le populisme à travers des angles variés, l'influence exercée par les partis populistes de droite radicale sur la fabrique des politiques publiques demeure peu investiguée empiriquement. Ce constat a été largement posé dans la littérature depuis de nombreuses années (*e.g.* Mudde, 2007 ; Han, 2015 ; Van Ostaijen & Scholten, 2014) et mérite que la science politique s'y attarde davantage pour cinq raisons principales. Tout d'abord, les partis populistes de droite radicale réalisent des performances électorales significatives dans la plupart des États européens (Aalberg *et al.*, 2017). Il s'agit donc de décoder un phénomène d'actualité. Par ailleurs, ce décodage interroge aussi comment ces partis caractérisés par leur positionnement anti-système – c'est-à-dire en opposition aux institutions publiques et aux acteurs traditionnels qui les composent – se comportent lorsqu'ils se retrouvent confrontés à ce système, lorsqu'ils entrent en interaction avec lui. Au-delà de leurs performances électorales, ces partis parviennent de plus en plus à accéder au pouvoir, que ce soit au parlement et/ou au gouvernement (Widfeldt, 2010 ; Reynié, 2013). En conséquence, questionner leur influence sur la fabrique des politiques publiques permet d'étudier dans quelle mesure ces partis « comptent » dans le paysage partisan européen. Par ailleurs, nombreux sont les citoyens mais aussi les chercheurs qui considèrent que les partis populistes de droite radicale constituent une menace pour l'état des démocraties libérales (*e.g.* Urbinati, 2014 ; Rummens, 2017). Les premiers peuvent soit craindre passivement les partis populistes de droite radicale, soit organiser des actions visant à lutter contre leur développement, par exemple à travers des évènements culturels ou des campagnes de sensibilisation (Rovira Kaltwasser, 2017). Les deuxièmes suggèrent, sur la base d'études de cas reposant sur une base empirique, que l'équilibre des pouvoirs ainsi que les droits des minorités sont mis en danger par ces forces politiques (Albertazzi & Mueller, 2013). Enfin, les partis traditionnels tendent à adopter des mesures à l'encontre des partis populistes de droite radicale afin d'impacter négativement leurs performances électorales ou la propagation de leurs idées (*e.g.* Capoccia, 2005 ; Isacharoff, 2007 ; Bourne, 2015). C'est par exemple le cas du cordon sanitaire, qui est un accord entre partis traditionnels afin de rejeter toute alliance avec un parti populiste de droite radicale (Pauwels, 2011). En conséquence, étudier l'influence spécifique des partis populistes de droite radicale permet de mieux comprendre la place de ces partis dans le paysage partisan européen mais aussi les stratégies qu'ils développent pour contourner ces mesures et parvenir à exercer une influence. L'enjeu de cet ouvrage est donc scientifique mais aussi sociétal puisqu'il traite d'un enjeu démocratique majeur au XXIe siècle.

Le présent ouvrage propose donc de répondre à la question suivante : *quelle influence les partis populistes de droite radicale d'Europe occidentale exercent-ils sur la fabrique des politiques publiques ?* Cette question comporte elle-même deux sous-questions :

(1) Dans quelle mesure les partis populistes de droite radicale influencent-ils la fabrique des politiques publiques ?

(2) Comment les partis populistes de droite radicale tentent-ils d'influencer la fabrique des politiques publiques ?

Contribuant à la littérature sur le « *do parties matter?* », cette recherche vise à enrichir la littérature sur les partis populistes de droite radicale. Néanmoins, de par la question posée mais aussi l'approche adoptée, elle contribue aussi à la littérature sur l'influence des politiques publiques, les promesses électorales et la démocratie.

2. Design de recherche

Plusieurs approches permettent d'étudier l'influence de partis politiques. La littérature sur le « *do parties matter?* » distingue ainsi (a) une approche qui consiste à étudier l'effet induit par des changements de gouvernement sur les politiques publiques, (b) une approche qui étudie la correspondance entre les enjeux présents dans les programmes électoraux et l'agenda des politiques publiques, et (c) une approche basée sur la trajectoire des promesses électorales formulées par ces partis (Schmidt, 1996 ; Guinaudeau & Persico, 2018). Se focalisant sur différentes dimensions de l'influence, ces approches contribuent toutes à mieux appréhender l'influence partisane. Alors que ce sont les deux premières approches qui ont été utilisées jusqu'à présent afin d'étudier l'influence des partis populistes de droite radicale (*e.g.* Bouillaud, 2007 ; Akkerman & de Lange, 2012), c'est à l'approche par la trajectoire des promesses électorales que cette recherche recourt, en particulier parce qu'elle permet de mieux cerner les processus par lesquels l'influence s'exerce, en ouvrant la boite noire de la fabrique des politiques publiques.

Afin de retracer la trajectoire des promesses électorales –c'est-à-dire d'évaluer jusqu'à quel point les promesses formulées par des partis populistes de droite radicale se développent et par l'intermédiaire de quels acteurs – et donc d'évaluer l'influence des partis populistes de droite radicale sur la fabrique des politiques publiques, une méthode qualitative est mobilisée : le *process-tracing*. Cette méthode aide à mettre au jour des liens de causalité en ouvrant la boite noire de la fabrique des politiques publiques (Hampshire & Bale, 2015) et en retraçant les séquences qui la composent à l'aide de données qui acquièrent le statut d'*empreintes empiriques* (Beach & Pedersen, 2016 : 160). Une fois les mécanismes causaux reconstruits, il devient possible d'évaluer l'influence des partis populistes de droite radicale en repérant leurs interventions et les conséquences de ces interventions au sein des mécanismes.

Les données nécessaires à l'analyse sont de plusieurs types. Cette multiplication des types de données permet d'obtenir le plus grand nombre de données informant les processus à reconstruire mais aussi de les confronter afin d'éviter tant que faire se peut les biais qui peuvent se poser lors de la collecte des données. Ainsi, 107 entretiens avec des acteurs clés et 12 entretiens avec des chercheurs ont été conduits, des archives (parmi lesquelles des documents parlementaires), mémoires et biographies d'acteurs clés ont été rassemblées et des observations directes ont été réalisées.

Afin d'étudier l'influence des partis populistes de droite radicale concrètement, trois partis ont été sélectionnés dans un cadre temporel récent – ce qui permet d'interroger un phénomène au cœur de l'actualité – à savoir la période 2007–2017[1]. En tant que partis populistes de droite radicale caractérisés par des performances électorales significatives (Skenderovic, 2009 ; Ernst *et al.*, 2017 ; de Cleen & van Aelst, 2017), l'Union démocratique du centre (UDC) en Suisse, le Front national (FN) en France et le *Vlaams Belang* (VB) en Belgique sont les cas au cœur de cette recherche. Bien que tous les trois populistes, ils ont néanmoins un rapport variable avec le pouvoir. Seule l'UDC a été pleinement membre d'un gouvernement national. En France, le FN a été absent au parlement lors de la première législature étudiée et seulement faiblement présent lors de la législature suivante. En Belgique, le VB est quant à lui faiblement présent au sein du Parlement lors des deux législatures étudiées. Ces trois partis font par ailleurs face à des stratégies diverses de la part des partis traditionnels. Alors que les partis traditionnels suisses sont davantage ouverts à une collaboration avec l'UDC sur le plan législatif ou exécutif, le VB belge fait face à un cordon sanitaire fermement établi. Un « front républicain » est quant à lui en vigueur en France à l'égard du FN. Enfin, ces cas se distinguent entre eux par le système politique et la culture politique du pays dans lequel ils prennent place. Les différences qui caractérisent ces cas permettent ainsi d'explorer une large palette de possibilités auxquelles font face les partis populistes de droite radicale

---

[1] La période concrètement étudiée varie selon les cas. La législature en cours au moment du début de cette recherche (t_1) ainsi que la législature qui la précède (t_{-1}) sont sélectionnées pour chaque cas.

dans leur tentative d'influence de la fabrique des politiques publiques et, *in fine*, de mieux appréhender leur influence.

L'analyse permet de fournir des résultats de deux types. Tout d'abord, elle permet de mieux comprendre l'influence des partis populistes de droite radicale sur la fabrique des politiques publiques, sa structure et son périmètre. Reposant sur l'idée selon laquelle l'influence n'est pas une notion binaire (influence ou non influence) et n'est pas figée (notamment dans le temps), les résultats indiquent sous quelles conditions des partis populistes de droite radicale parviennent à exercer différents types d'influence. Ensuite, cette recherche permet de comprendre les mécanismes par lesquels cette influence s'exerce, en répondant ainsi à la question du « comment ? ». De la comparaison des trois études de cas, un modèle général de l'influence des partis populistes de droite radicale est généré et synthétise les différentes voies et stratégies qu'empruntent et mobilisent ces partis pour exercer leur influence.

3. Organisation et structure de l'ouvrage

Quelle influence les partis populistes de droite radicale d'Europe occidentale exercent-ils sur la fabrique des politiques publiques ? Afin de répondre à cette question générale, l'ouvrage est articulé en quatre parties, elles-mêmes divisées en plusieurs chapitres.

Dans une première partie, le cadre théorique et le cadre d'analyse sont développés afin de cerner la question de recherche, présenter les théories apparentées, préciser les concepts clés et fournir des indicateurs utiles à l'analyse. Au travers du *chapitre* 1, il s'agit tout d'abord de questionner les notions de populisme, de populisme de droite radicale et de partis populistes de droite radicale puisqu'elles sont au cœur de la présente recherche. Étant donné que le populisme – de manière générale – est un concept difficile à saisir et protéiforme (Deruette, 2018), les premières sections y sont consacrées. Il s'agit surtout de délimiter le concept et d'en fournir une définition claire qui puisse guider tout le travail de recherche ensuite mené. Les sections suivantes traitent du populisme de droite radicale puis des partis populistes de droite radicale. La littérature est ensuite analysée afin de rendre compte des travaux déjà produits sur les interactions entre les partis populistes de droite radicale et les partis traditionnels, mais aussi sur leur influence sur les politiques publiques. Le *chapitre 2* traite de la notion de fabrique des politiques publiques (*policy-making*).

Organisation et structure de l'ouvrage

Alors que les premières sections tentent de délimiter le périmètre de cette notion qui demeure relativement floue et d'en fournir une définition sur la base de la littérature, les sections suivantes proposent de découper ce processus en trois phases majeures : (1) la problématisation et la mise à l'agenda, (2) la formulation de solutions et (3) l'adoption de décisions publiques. Cela permet de structurer l'analyse et d'observer dans quelle mesure l'influence s'exerce potentiellement de manière différente d'une phase à l'autre. Enfin, la notion d'influence est aussi étudiée dans le *chapitre 3* sur la base de la littérature. C'est à nouveau à la recherche d'une définition de la notion d'influence que les premières sections sont consacrées, avant d'interroger la manière de l'opérationnaliser. Bien que trois grandes approches soient distinguées dans l'étude de l'influence partisane, l'approche par la trajectoire des promesses électorales est retenue. Ainsi, est influent un parti populiste qui parvient à développer ses promesses électorales à travers le processus de fabrique des politiques publiques. Reposant sur les recherches antérieures, une typologie de l'influence est dégagée.

La deuxième partie de l'ouvrage développe le cadre méthodologique de la recherche, en exposant la méthode du *process-tracing* qui est employée, en explicitant les méthodes de collecte de données et en définissant les unités d'analyse (chapitre 4). Elle est aussi consacrée à la sélection de cas qui font l'objet d'une analyse puis d'une comparaison (chapitre 5) : l'Union démocratique du centre (UDC) en Suisse, le Front national (FN) en France et le *Vlaams Belang* (VB) en Belgique. Ces cas se distinguent par leur rapport au pouvoir, par les stratégies qu'adoptent les partis traditionnels à leur égard mais aussi par le système politique dans lequel ils s'insèrent.

La troisième partie porte sur les résultats de la recherche, en étudiant successivement les cas de l'UDC (*chapitre 6*), du FN (*chapitre 7*) et du VB (*chapitre 8*). Ce qui ressort de ces trois chapitres est que chacun de ces partis exerce une influence sur la fabrique des politiques publiques. En Suisse, cette influence s'exerce à l'égard de dossiers variés (dans le secteur de la sécurité intérieure), à travers les institutions, dans un contexte qui n'est pas nécessairement marqué par des tensions, et même lorsque d'autres partis ne partagent pas les positions de l'UDC. Ce parti est ainsi autonome dans son exercice de l'influence, bien qu'il soit aussi confronté à des freins qui contribuent à décroître son influence au fur et à mesure de la progression du processus de fabrique des politiques publiques. Pour contourner ces freins, le recours aux outils de démocratie directe est crucial. En France et en Belgique, l'influence respectivement du FN puis du VB est davantage limitée en conséquence de freins plus importants, que ceux-ci soient endogènes ou exogènes. Ces partis exercent ainsi une influence dans des dossiers peu variés, quasi exclusivement en amont du processus de fabrique des politiques publiques, en dehors des institutions, dans un contexte caractérisé par des tensions (comme un attentat terroriste) et lorsque d'autres partis ou acteurs de la société civile partagent largement leurs positions. En conséquence, leur influence est moins autonome et nécessite davantage de temps que pour le cas helvétique. Plusieurs conditions (la survenance d'un contexte spécifique, par exemple) doivent en effet être réunies pour que des traces d'influence puissent être repérées.

Alors que la troisième partie est consacrée à l'étude de trois cas distincts, la quatrième vise à dégager des leçons – nommées « propositions » – de ces études de cas (*chapitre 9*) et à les mettre en perspective avec la littérature (*chapitre 10*).

La conclusion synthétise l'approche d'estimation de l'influence retenue, les principaux résultats obtenus et les apports de ce travail en termes scientifiques mais aussi sociétaux. Si cette recherche a vocation à enrichir la littérature en science politique et, plus spécifiquement, sur la littérature portant sur les partis populistes de droite radicale, elle comporte aussi un enjeu démocratique majeur. En tant que partis classiquement catégorisés d'anti-démocratiques, quelles implications l'étude de leur influence peut-elle avoir concrètement ? Sur la base des résultats de la recherche, la conclusion propose enfin un agenda de recherche.

PARTIE I :

L'INFLUENCE DES PARTIS POPULISTES DE DROITE RADICALE SUR LA FABRIQUE DES POLITIQUES PUBLIQUES : APPORTS DE LA LITTÉRATURE

Chapitre 1

Les partis populistes de droite radicale

Les connaissances sont peu développées quant à la relation entre émergence politique du populisme et fabrique de politiques publiques. (van Ostaijen & Scholten, 2014 : 2 – trad.)

Les notions de populisme et de populisme de droite radicale – au cœur de cette recherche – sont mobilisées au quotidien par les citoyens, par les hommes politiques, par les journalistes mais aussi par les chercheurs afin de décrire une situation, un comportement ou un discours (Rovira Kaltwasser *et al.*, 2017). Toutefois, force est de constater qu'il s'agit de notions confuses et dont le contenu peut varier selon les contextes et les individus qui y recourent (Deruette, 2018). En conséquence, ce premier chapitre tente d'abord de stabiliser la notion sur la base de la littérature scientifique en revenant sur les usages classiques qui sont faits du concept de populisme, en en suggérant une définition minimale. Ensuite, il distingue le populisme de droite radicale d'autres formes de populisme. Enfin, il fournit un état de l'art sur les réactions des partis traditionnels à l'égard des partis populistes de droite radicale puis sur l'influence de ces derniers sur la fabrique des politiques publiques. Conséquemment à cet état de l'art, un agenda de recherche sera ouvert et permettra de baliser le travail afin de répondre à la question posée.

1. Le populisme : un concept aux multiples usages

Définir et labelliser un parti politique est une tâche nécessaire pour qui veut les étudier (Mazzoleni, 2007), notamment afin d'entamer un travail de comparaison ou de généralisation. Néanmoins, le travail d'étiquetage ou de labellisation n'est pas une activité réservée à la sphère scientifique et peut aussi être réalisé par des partis politiques ou des médias.

Le populisme est ainsi un concept aux multiples usages et la catégorisation d'un parti politique comme tel peut être soit endogène, soit exogène (Ennser, 2010 : 156).

Le label « populiste » peut être utilisé de manière normative, afin de délégitimer un acteur politique ou, au contraire, de le légitimer (Surel, 2003). D'un côté, certains partis y recourent pour discréditer leur adversaire politique, le délégitimer. C'est en faisant référence à d'autres notions (comme le fascisme, par exemple) ou à certains événements historiques (comme l'instauration du régime nazi) que le terme est dans ce cas mobilisé dans un but de diabolisation (Taguieff, 2014). D'un autre côté, des partis politiques peuvent s'attribuer une étiquette à eux-mêmes, notamment l'étiquette populiste. Dans ce cas, c'est en faisant un usage précis et dans une compréhension littérale du terme que le « populisme » est envisagé, et ce afin de légitimer le parti ou afin de se positionner par rapport à d'autres. Ainsi, Marine Le Pen déclare-t-elle le 24 avril 2013 lors d'une conférence de presse à Savigné-sur-Lathan :

> Dès que vous remettez en cause l'ordre établi par les élites autoproclamées, vous êtes accusé de populisme. Et bien si c'est ça la définition, je l'assume, je l'endosse. Et même avec le sourire. Et moi je dis que si le populisme c'est le gouvernement du peuple, par le peuple et pour le peuple, et bien je suis populiste.

Les scientifiques font eux aussi un usage du concept de populisme qui leur est propre. Alors que les partis politiques mobilisent la notion à des fins stratégiques, pour se légitimer ou délégitimer un adversaire, les scientifiques tentent de catégoriser, objectivement, ces partis et de les rassembler en catégories, en familles politiques. La notion est alors employée en tant que concept d'analyse. Ces scientifiques peuvent provenir de champs disciplinaires distincts comme l'histoire du temps présent, la sociologie ou encore la science politique (Collovald, 2004). Nombre de politistes classent les partis en familles politiques mais celles-ci font rarement l'objet d'un consensus. Mudde (2007 : 12) parle d'un « chaos terminologique ». Pour ce qui est des partis généralement catégorisés comme étant « d'extrême droite », « de droite radicale », « populistes », « national-populistes », « néo-populistes », *etc.*, l'enjeu est reconnu comme étant d'autant plus crucial qu'il n'est pas aisé d'aboutir à un accord unanime quant à une définition précise, une labellisation (Mazzoleni, 2007).

Le concept de populisme est difficilement saisissable et protéiforme. Tout d'abord, le populisme est une notion à laquelle il est fait appel au quotidien. Déjà en 1997, Taguieff soulignait son suremploi et celui-ci ne cesse de s'accroître. Pour cette raison, il importe de « détruire la trompeuse familiarité que nous avons avec des mots [...] qui font partie de notre langage quotidien », pour reprendre une formule consacrée par Ginzburg (1991 : 1219). Ensuite, si cette notion est largement utilisée, c'est sous des angles différents qu'elle est mobilisée. En outre, ce suremploi par une diversité d'acteurs conduit au télescopage de différentes notions et induit une confusion entre celles-ci (Rooduijn, 2019). Enfin, le populisme renvoie à une réalité plurielle (Hadiz & Chryssogelos : 2017) étant donné son déploiement particulier dans le temps (la première forme de populisme étant repérée dès la moitié du XIXe siècle) et dans l'espace. Plusieurs facteurs contribuent donc à l'hétérogénéité du concept de populisme. Dans le cadre de cette recherche, c'est sous l'angle de la science politique que le populisme est abordé et ce, en admettant que la focale est placée sur ce que les acteurs politiques sont, au regard de critères objectivement déterminés.

Outre la polysémie du terme, il est aussi un débat quant à la question de savoir si le populisme est une idéologie ou un style politique. La conceptualisation du populisme comme idéologie a largement été retenue dans la littérature pendant plusieurs années. C'est par exemple le cas d'Akkerman (2003), Heinisch (2003) ou encore Albertazzi et McDonnell (2008). Mudde (2004 : 544) préfère quant à lui recourir à la notion d'idéologie fine (« *thin-centered ideology* ») – introduite par Freeden en 1996. Selon lui, c'est en étant rattaché à une idéologie plus consistante que le populisme pourra prétendre à devenir une idéologie complète (« *thick ideology* »). Cette conception du populisme est aujourd'hui partagée par nombre de chercheurs.

D'autres auteurs considèrent plutôt le populisme comme étant un style politique (*e.g.* Betz, 2002 ; Taguieff, 2004 ; Wodak, 2015 ; Jamin, 2016 ; Moffitt, 2016), c'est-à-dire une manière de tenir des discours (écrits ou oraux). Ce style politique relève donc davantage du domaine de la communication. En ce sens, Jagers et Walgrave (2007) considèrent qu'il est un outil de communication mobilisable par tous les partis politiques.

Dans le présent ouvrage, parmi ces multiples angles d'approche, c'est en tant que style politique que le populisme est appréhendé. Pour mieux comprendre ce choix, il convient de revenir sur la définition de la notion d'idéologie, qui est à la fois une conception du monde et un programme politique (Balzacq *et al.*, 2014). En outre, une idéologie est caractérisée par des héros, ennemis, théoriciens et leaders au charisme incontestable

(Jamin, 2016). Au regard de cette définition, considérer le populisme comme une idéologie – même « fine » (Mudde, 2004 : 544) – semble peu évident. Contrairement au socialisme ou au libéralisme, par exemple, le populisme ne dispose pas de toutes ces caractéristiques, notamment personnelles. Aslanidis (2016 : 92 – trad.) indique aussi que « l'allégeance à une idéologie est traditionnellement perçue comme un exercice dichotomique ; on y souscrit ou non. Pour la plupart des gens, cela ne fait pas sens de parler de 'degrés' de socialisme, de marxisme ou de libéralisme car les concepts politiques normatifs qui sous-tendent ces idéologies sont d'une nature 'à prendre ou à laisser' ». Comprendre le populisme comme un style politique comporte ainsi des implications de poids pour l'analyse du phénomène populiste (Moffitt, 2016). D'une part, cela aide à comprendre dans quelle mesure le populisme se développe dans des contextes variés. En tant que style politique, il peut se greffer à une multitude d'idéologies distinctes. Le populisme réactionnaire et le populisme réformiste (Mudde & Rovira Kaltwasser, 2017) peuvent ainsi être distingués, tout comme le populisme de gauche radicale et le populisme de droite radicale (Andreadis & Stavrakakis, 2017). D'autre part, cela permet de s'écarter d'une approche binaire qui distinguerait les populistes des non populistes pour privilégier une approche « par degrés ».

2. Ce dont le populisme est le nom

Malgré les difficultés présidant à la tentative de stabilisation du concept de populisme, il est possible d'en fournir une définition univoque et permettant de distinguer clairement des phénomènes auxquels il s'applique de ceux auxquels il ne s'applique pas (Sartori, 2009). Comme le précisait déjà Wieviorka en 1993 (p. 74), « il est possible sinon d'élaborer un concept tranché du populisme, du moins d'indiquer ce qui en fait l'unité ». Une revue de la littérature permet de dégager une définition minimale du concept de populisme, une définition « qui mobilise uniquement les caractéristiques (attributs, propriétés ou dimensions) essentielles d'un concept, c'est-à-dire celles qui sont nécessaires à sa définition » (Daigneault & Jacob, 2012).

2.1. Culte et défense du peuple

Le culte et la défense du peuple est une première caractéristique qui fait consensus parmi les chercheurs. Le peuple est présenté comme central et comme étant une entité à défendre. Dans le discours populiste, le peuple est le centre de gravité. Il est paré de toutes les vertus, il est présenté par les populistes comme étant brave, courageux et honnête (Jamin, 2009). Les populistes développent alors un discours visant à « gouverner dans l'intérêt du peuple » et à « rendre le pouvoir au peuple ». Selon les populistes, les politiques publiques ne peuvent en effet aller que dans un sens qui soit favorable au peuple. La prise de décision devrait par ailleurs être davantage une prérogative du peuple. Il devrait, toujours selon les termes des populistes, « récupérer la part de souveraineté qui lui a été confisquée » puisque c'est lui qui est la source de toute légitimité (Rosanvallon, 1998 : 42).

Malgré ce culte du peuple par les populistes, la substance même du populisme peut varier en fonction du sens octroyé au terme « peuple » (Kriesi, 2014). En effet, le mot « peuple » est polysémique et il est peu aisé de déterminer précisément qui est ce peuple que souhaitent défendre les populistes. Selon eux, le peuple est un tout homogène (Rooduijn, 2014), ce qui le rend difficilement définissable. Taggart (2000 : 91) développe la notion de « *heartland* » – définie comme un territoire imaginé, aux frontières établies (l'élite et certains groupes sociaux en sont clairement exclus) et composé d'une population vertueuse et homogène (le peuple) – afin de mieux appréhender cette notion de peuple auquel font référence les populistes.

2.2. Critique d'une élite

La deuxième caractéristique unanimement admise et repérée dès les premières formes de populisme qui se sont développées au XIXe siècle en Russie et aux États-Unis (*e.g.* Canovan, 1981) est celle opposant ce peuple à une élite. Mary Lease (*in* Zinn and Arnove, 2004 : 226 – trad.), représentante du People's Party américain, déclarait déjà au début des années 1890 :

> Wall Street possède le pays. Ce n'est plus le gouvernement du peuple, par le peuple et pour le peuple, mais le gouvernement de Wall Street, par Wall Street et pour Wall Street. Le vrai peuple commun de ce pays, ce sont les esclaves [...]. L'argent dirige, et notre Vice-Président est le banquier de Londres [...]. Les partis nous mentent et les hommes politiques nous trompent.

L'élite serait le groupe menaçant duquel le peuple est à protéger. Selon les populistes, l'élite est dotée de tous les vices. Elle serait corrompue, fainéante, insouciante des problèmes du peuple. Elle serait aussi à la source d'un complot (Jamin, 2009 ; Charaudeau, 2011). Contrairement au peuple, elle ne représenterait qu'une petite minorité mais aux pouvoirs étendus. Les partis populistes avancent que l'élite ne connait pas le peuple, qu'elle en est déconnectée et, *in fine*, qu'elle le méprise. Pour ce qui est de l'élite, des catégories socio-professionnelles bien précises sont pointées du doigt. Cependant, ces catégories ne sont pas identiques dans le temps et dans l'espace. Ce sont « les banquiers », « les intellectuels », « les énarques », une « caste de grands diplômés », les « médias », les « politiciens », « l'Occident », « le capitalisme », *etc.* qui sont dénoncés. Birnbaum (2012) englobe ces différentes catégories d'élites sous une bannière qu'il qualifie de « gros ». En outre, il introduit une deuxième catégorie d'élites qu'il nomme les « super-gros » (Birnbaum, 2012 : 9–10). Cette dernière catégorie serait apparue avec la mondialisation et engloberait des acteurs tels que les agences de notation, le G8, le G20, le CAC40, *etc.* Enfin, selon les populistes, cette élite serait à renverser car elle serait à la base d'une grave crise (culturelle, économique ou politique) aux conséquences néfastes, dramatiques pour le peuple (Rooduijn, 2014). Réelle ou imaginée, cette crise est développée et/ou mise en évidence par les leaders populistes de manière systématique afin de renforcer l'opposition entre le peuple et les élites (Moffitt, 2015, 2016).

2.3. Un leader charismatique

D'un point de vue organisationnel tout d'abord, malgré la contradiction apportée par certains (*e.g.* Mudde, 2004 ; Rooduijn, 2014)[2], la présence d'un leader charismatique s'avère indispensable dans la définition d'un parti ou groupement populiste (*e.g.* Van Kessel, 2011 ; Wodak, 2015 ; Moffitt, 2016). Bien que différents types ou degrés de charisme peuvent être repérés (*e.g.* McDonnell, 2016), cette caractéristique est intrinsèque au populisme. Dans certains cas où cette présence est non avérée, la simple analyse de la stabilisation du parti dans le paysage politique national permet de se rendre compte qu'un parti populiste

---

[2] Mudde (2004 : 545), par exemple, avance que la présence d'un leader charismatique ainsi qu'une communication directe entre le leader et le peuple facilitent le populisme plutôt que ne le définissent.

sans leader charismatique n'a qu'une durée de vie éphémère (Williams, 2006[3]). Il en va pareillement lorsque le leader charismatique d'un parti populiste disparait. L'exemple de la *Lijst Pim Fortuyn* aux Pays-Bas, avec l'assassinat de Pim Fortuyn en 2002 et l'éclatement – puis la disparition – du parti qui s'en suit, est éloquent à cet égard (*e.g.* Van Kessel, 2011). Une sympathie croissante à l'égard d'un leader populiste conduit par ailleurs les électeurs à se tourner davantage vers ce parti (Coffé & van den Berg, 2017).

Ce leader se veut provenir du peuple. Un lien est donc directement établi entre les deux premières caractéristiques et celle-ci. Le leader populiste se présente comme étant « authentique » (Wodak, 2015 : 131), comme étant lui-même issu du peuple. Dès lors, il se présente comme partageant ses vertus et ses qualités, mais aussi comme connaissant et partageant ses souffrances. Il prétend ainsi être légitime pour défendre ses intérêts. Le leader est en outre présenté comme arrivant au moment idéal, comme « une sorte de Sauveur biblique » (Charaudeau, 2011 : 112), comme un « homme providentiel » (Jamin, 2009 : 110).

Enfin, le mode de communication du leader populiste est « direct, cru et va droit au but » (Zaslove, 2008 : 327 – trad.). Il aborde les électeurs avec un langage simple, compréhensible par le citoyen moyen et épuré de tout jargon ou termes à caractères techniques, voire technocratiques (Delsol, 2015 ; Wodak, 2015).

2.4. Exaltation des « valeurs démocratiques » dans les discours

Les partis populistes sont classiquement considérés comme constituant un danger à l'encontre de la démocratie (*e.g.* Pasquino, 2008). En effet, ils sont réputés remettre en cause le principe de séparation des pouvoirs et menacer les droits et libertés fondamentaux des citoyens (Rummens, 2017). Par exemple, Albertazzi et Mueller (2013) ont montré qu'ils contribuent à limiter les droits des minorités. Lutz (2019) a, quant à lui, analysé l'évolution des politiques migratoires dans 17 pays européens et a montré que les politiques adoptées par des gouvernements comprenant

---

[3] L'auteur aborde le cas des partis populistes de droite radicale allemands qui ne sont pas parvenus à s'institutionnaliser et/ou se stabiliser après la Seconde Guerre mondiale et pointe l'absence d'un leader charismatique (Williams, 2006 : 113–152).

un parti populiste en son sein tendent à adopter des mesures restrictives en termes de droits des étrangers. Néanmoins, dans les discours des partis populistes, une attention particulière est accordée aux valeurs démocratiques (*e.g.* Taguieff, 1997 ; Biard & Dandoy, 2018). Plutôt que de s'opposer à la démocratie et à ses fondements, ils entendent ainsi proposer un autre type de démocratie, une démocratie qui serait, selon eux, plus effective et respectueuse de la volonté générale.

Contrairement à la caractéristique précédente, celle-ci n'est pas partagée par tous les auteurs. Cela peut notamment s'expliquer par ce que Mouffe (2000) appelle le « paradoxe démocratique ». Ce paradoxe démocratique repose sur l'idée selon laquelle les démocraties occidentales sont fondées sur deux piliers : un pilier démocratique et un pilier libéral. Le premier est procédural et a trait au mode de gouvernement. Le second pilier concerne davantage la défense des valeurs d'égalité, de liberté, et de respect des droits des minorités. C'est dans la coexistence de ces deux piliers que le paradoxe est à trouver en ce sens que la démocratie comme mode de gouvernement peut remettre en cause certains aspects libéraux de la démocratie.

Cette démocratie que prônent les populistes dans leurs discours se veut plus directe et plus effective que celle déjà existante dans les États. C'est le système de représentation politique qui est dénoncé, en avançant que les représentants ne sont qu'une élite corrompue et non représentative de la population[4] (Taggart, 2000). Ainsi, selon les partis populistes (Ivaldi *et al.*, 2017), une demande est formulée en faveur de l'instauration ou du recours plus fréquent au référendum, à l'initiative populaire, à la consultation populaire, à la démocratie participative ou encore au mode de scrutin proportionnel lors des élections.

2.5. Un dénominateur commun du populisme

Ces derniers paragraphes permettent de dépasser les désaccords existant entre les auteurs et de proposer une liste de caractéristiques définissant – de façon minimale – le populisme : la défense et le culte du

---

[4] Van Reybrouck (2008) met en évidence, dans son ouvrage « *Pleidooi voor populisme* », l'idée selon laquelle les parlements nationaux ne seraient pas représentatifs de la population en ce sens que les diplômés sont surreprésentés au sein de cette assemblée par rapport à la proportion de diplômés que contient la population.

peuple, la critique d'une élite, la présence d'un leader aux qualités charismatiques incontestables et « l'exaltation de valeurs démocratiques » dans les discours. Fondée sur le fait qu'il est un style politique reposant sur un ensemble de quatre caractéristiques minimales, la définition du populisme suivante est retenue : le populisme est un style politique fondé sur la défense et le culte du peuple, sur le rejet d'une élite aux multiples visages, reposant sur des discours exaltant les 'valeurs démocratiques' et mobilisé par un leader charismatique. Il est par ailleurs compatible avec toute idéologie politique.

3. Le populisme comme idéaltype

Le populisme n'est pas un modèle prêt à porter. Il est plutôt un idéaltype, au sens de Weber (Zaslove, 2008), duquel se rapprochent des partis qualifiés de populistes. Le populisme peut être représenté le long d'un continuum global – ce continuum regroupant lui-même plusieurs sous-continuums caractéristiques – le long duquel l'ensemble de la classe politique se retrouve (*cf.* figure 1). C'est donc davantage en termes de degré que le populisme doit être abordé (Pauwels, 2014 : 48). Ce constat se retrouve à l'origine de la difficulté de catégoriser certains types de partis. Là où la position de partis le long de ce continuum parait claire, elle peut être beaucoup plus floue pour d'autres.

Un critère recouvre une importance majeure afin de caractériser un parti politique de 'populiste'. Il s'agit de la récurrence du recours au style populiste. Si tous les partis politiques et les élus peuvent, à un moment ou à un autre, recourir au populisme, certains le font de manière sporadique ou occasionnelle. Par ailleurs, certains ne recourent qu'à certains aspects du populisme, comme l'appel au peuple, sans toutefois le mobiliser pleinement, par exemple en l'opposant à des élites (Jagers & Walgrave, 2007). D'autres partis, mouvements ou acteurs auront toutefois un rapport récurrent au populisme, voire même permanent. En outre, ce rapport récurrent au populisme porte sur les différents aspects de celui-ci. C'est ce double rapport qui permet de qualifier certains partis politiques de populistes. En ce sens, les partis politiques au cœur du présent ouvrage sont des partis populistes « professionnels », c'est à dire mobilisant un style populiste « complet » (Jagers & Walgrave, 2007) de manière systématique dans leur communication (Aalberg *et al.*, 2017).

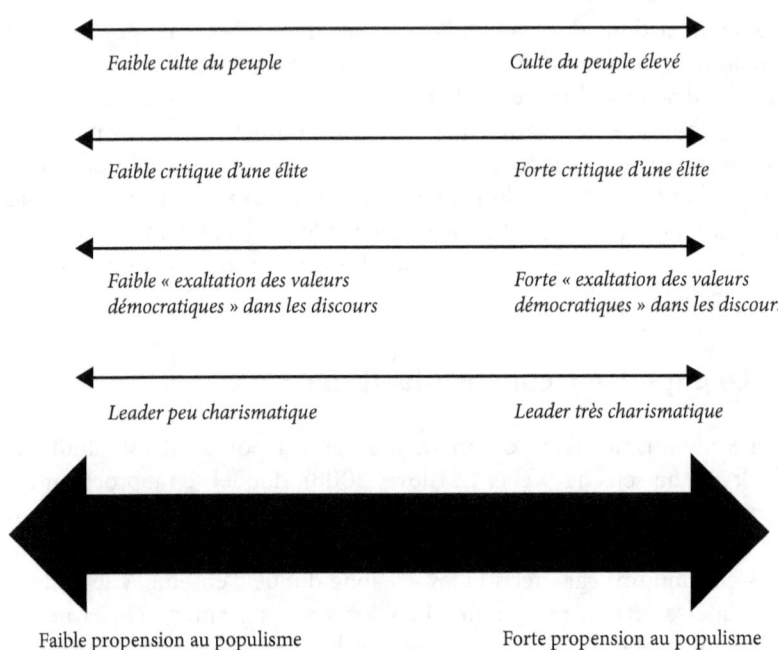

Figure 1: Le populisme : une question de degré. Adapté de Biard, 2020a : 116. La position sur le continuum ne reflète pas le positionnement du populisme le long du clivage gauche-droite, le populisme se greffant sur une idéologie.

4. Le populisme de droite radicale : une famille de partis

Classer les partis politiques en familles partisanes –c'est-à-dire en groupes de partis partageant un certain nombre de caractéristiques stratégiques et idéologiques, collaborant au niveau supranational et recourant aux même appellations partisanes (Jungar & Pupskas, 2014 : 218) – est particulièrement pertinent dans le cadre d'une recherche comparée (Mair & Mudde, 1998 : 112 – trad.) :

> La classification en familles partisanes est une condition *sine qua non* de la recherche comparée sur les partis parce que c'est seulement en identifiant des liens et des équivalences entre partis en différents endroits qu'il est

possible de déterminer ce qui devrait ou ne devrait pas être comparé, ou ce qui est probable ou non.

Aux familles de partis déjà établies et reconnues (comme sociaux-chrétiens), une « nouvelle » famille s'établissant en Europe depuis les années 1980 s'institutionnalise[5] : la famille des partis populistes de droite radicale (Akkerman *et al.*, 2016). Ceux-ci partagent une série de caractéristiques stratégiques et idéologiques qui, ensemble, contribuent à les rassembler au sein d'une même famille partisane. Sur la base de la méthode suggérée par Daigneault et Jacob (2012) et selon laquelle une revue de la littérature ainsi que son analyse font émerger une définition minimale d'un concept, quatre caractéristiques permettent de définir un parti populiste de droite radicale : le populisme, le nativisme, l'autoritarisme et le rejet de la mondialisation.

Le nativisme – terme classiquement utilisé dans la littérature anglo-saxonne – peut être défini comme « une idéologie selon laquelle les États devraient être habités exclusivement par des membres du groupe natif (la nation) et selon laquelle les éléments non natifs (personnes ou idées) constituent une menace pour l'homogénéité de l'État-nation » (Mudde, 2007 : 19 – trad.). Il s'agit d'une forme de nationalisme fondé sur l'exclusion et l'ethnocentrisme. Ce nativisme n'est pas nouveau puisqu'il était déjà canalisé au XIXe siècle aux États-Unis, par exemple par le parti *Know Nothing* face aux afflux importants d'immigrés catholiques, principalement d'Irlande et d'Allemagne (Betz, 2013). À ce que les populistes, d'une manière générale, critiquent et rejettent les élites, les populistes de droite radicale, de surcroît, critiquent ouvertement des « *outsiders* », qui peuvent être des immigrants ou des minorités ethniques ou religieuses (Rooduijn at al., 2014 : 564). Le thème de l'immigration occupe donc une place centrale dans les programmes électoraux des partis populistes de droite radicale. En outre, il est qualifié de méta-enjeu ou de *omnibus issue* (Williams, 2006 : 60) en ce sens qu'il serait un enjeu qui transcenderait les autres enjeux. Par exemple, les politiques sociales sont surtout abordées par le prisme de l'immigration (par exemple : réserver les allocations sociales aux seuls nationaux). Bien que peu utilisé dans la littérature francophone, le terme nativisme est retenu dans la suite de

---

[5] Reprenant la définition de Huntington traditionnellement mobilisée par les auteurs en science politique (*e.g.* Arter & Kestilä-Kekkonen, 2014), l'institutionnalisation est « le processus par lequel des organisations et des procédures acquièrent de la valeur et de la stabilité » (Huntington, 1968 : 13 – trad.).

l'ouvrage étant donné sa signification précise et pour laquelle un accord existe entre chercheurs.

L'autoritarisme est une autre caractéristique des partis populistes de droite radicale (Skenderovic, 2009 : 23) et est défini comme étant « la croyance en une société strictement ordonnée, dans laquelle les infractions à l'autorité sont sévèrement punies » (Mudde, 2007 : 23 – trad.). Afin d'éviter tout amalgame terminologique, il convient de préciser que cette notion ne renvoie pas à un type de régime politique. Plutôt, il s'agit d'une vision de la société selon laquelle l'insécurité augmenterait et serait à combattre par des politiques plus sévères à l'égard des coupables. Ces partis proposent alors des politiques propres au secteur du « *law and order* », ou « droit et ordre » (Compston, 2004). Ils réclament des peines de prison plus importantes, plus punitives, plus nombreuses, plus effectives. Ils placent la sanction ultime à un niveau très élevé, que cela soit par la volonté de réintroduire la peine capitale ou par la volonté d'instaurer des peines d'emprisonnement à vie. En outre, ils s'opposent à la probation ou à tout mécanisme permettant à un condamné de sortir de prison plus tôt que prévu (Mudde, 2007 : 145–150). Enfin, reliant cette caractéristique à celle de nativisme, ils proposent de renvoyer les criminels d'origine étrangère dans leur pays d'origine. Cette « volonté de punir » (Salas, 2010) est généralement motivée par le fait que le système judicaire est perçu comme privilégiant les coupables au détriment des victimes (Boda *et al.*, 2015) et comporte une dimension répressive mais aussi une dimension symbolique (Pratt, 2007). En ce sens, la punition devient un « symbole-spectacle » (Pratt, 2007 : 30) permettant d'humilier le coupable, de venger la victime et de rassurer la population. Plus spécifiquement, l'autoritarisme pointé par Mudde (2007) et Skenderovic (2009) est donc un populisme pénal (Pratt, 2007).

Le positionnement – négatif – des partis populistes de droite radicale à l'égard de l'Union européenne est aussi une particularité de cette famille (Ennser, 2010 ; Pirro & Van Kessel, 2013 ; Akkerman *et al.*, 2016). Selon les cas, les partis sont plutôt sceptiques ou plutôt en opposition totale à son égard. Ils peuvent ainsi aller jusqu'à réclamer la sortie du pays de l'Union européenne ou à mener des campagnes très virulentes pour s'opposer à une éventuelle adhésion. Plus encore, c'est à l'égard de la mondialisation tout entière – sous ses dimensions économique, politique et culturelle – que les partis populistes de droite radicale sont hostiles. Elle est ainsi désignée comme renforçant la distance entre l'élite et les dirigeants (Jamin, 2009 : 113). C'est à une application stricte du principe de subsidiarité qu'il est fait appel et à un exerce plein et total de la souveraineté par les États. Les partis populistes de droite radicale rejettent dès lors les résultats de cette « mondialisation aux multiples visages » (Mudde, 2007 : 184-198) comme les institutions ou les pratiques qui en découlent.

Si cet ensemble de caractéristiques – prises ensemble – permet de distinguer un parti populiste de droite radicale, il faut garder à l'esprit que, à l'instar des marqueurs du concept plus englobant de populisme, c'est en termes de degrés que le concept est à appréhender.

Il est aussi attendu que les partis populistes de droite radicale coopèrent au niveau transnational, de manière aussi minime soit-elle. Plusieurs tentatives en ce sens ont vu le jour à travers le temps (Mudde, 2007 : 172-181). Enfin, étant donné l'opposition à l'*establishment* qui caractérise les partis populistes de droite radicale, les noms des partis entrant dans cette famille réfèrent généralement peu au mot « parti » et privilégient davantage les références à la nation ou au peuple (Jungar & Jupskas, 2014). On trouvera ainsi des termes tels que « front », « bloc », « union », « ligue » ou encore « alliance ». Si cela contribue à l'hétérogénéité de la famille politique étant donné que ces désignations anti-partisanes sont également partagées par certains partis libéraux, conservateurs et verts (Ennser, 2010 : 157), ces appellations ont aussi des éléments en commun et, ce faisant, elles concourent plutôt à une tendance à l'homogénéisation de la famille des partis populistes de droite radicale. Effectivement, c'est la conjonction entre une appellation anti-partisane et une appellation de type nationaliste ou populiste qui contribue à l'homogénéité – certes qui peut être relative – de la famille politique en question.

5. Les partis traditionnels face aux partis populistes de droite radicale : des stratégies d'engagement et des stratégies de désengagement

Les partis traditionnels peuvent avoir de multiples réactions à l'égard des partis populistes de droite radicale et des idées qu'ils défendent (Grabow & Hartleb, 2013). Une typologie des stratégies développées par les partis traditionnels permet de distinguer deux grandes orientations : le désengagement ou l'engagement avec les partis populistes de droite radicale (Downs, 2001 ; Goodwin, 2011 ; Heinze, 2018). Le désengagement des partis traditionnels vis-à-vis des partis populistes de droite radicale regroupe les choix d'ignorer les partis populistes de droite radicale et leur programme, de restreindre leur capacité d'action de façon légale, de développer un cordon sanitaire à leur égard, de les diaboliser, de désamorcer un débat en tentant de modifier l'importance accordée à un enjeu ou encore de se maintenir, c'est-à-dire de renforcer sa position sur ses propres enjeux. L'engagement regroupe quant à lui les choix de récupérer les enjeux et/ou positions des partis populistes de droite radicale, ou de collaborer avec eux. La littérature reconnait que, dans le temps, les partis traditionnels ont tendance à passer d'une stratégie de désengagement vers une stratégie d'engagement, tout en mettant en évidence que les facteurs justifiant ce choix peuvent être variés (Heinze, 2018). Ainsi, l'accession de partis populistes de droite radicale au sein d'un exécutif ou leur soutien à un gouvernement minoritaire peut être expliqué par le fait que les partis traditionnels souhaitent exercer le pouvoir, concrétiser plus aisément leurs propres promesses électorales, ou encore améliorer leurs propres scores électoraux (de Lange, 2012). C'est ainsi à une analyse coûts-bénéfices que les partis traditionnels recourent afin de décider du comportement à adopter (van Heerden *et al.*, 2014).

Les stratégies d'engagement développées par les partis traditionnels participent d'une quatrième phase dans le développement des partis populistes de droite radicale en Europe occidentale (Widfeldt, 2010). Totalement isolés et marginalisés en termes électoraux suite à la Seconde Guerre mondiale, les partis populistes de droite radicale se sont multipliés entre les années 1950 et 1970 et ont pris leur essor dans les années 1980 sans toutefois parvenir à être intégrés dans les systèmes partisans nationaux (Von Beyme, 1988). Dès la fin des années 1990, Widfeldt repère le début d'une nouvelle phase qui consacrerait le début de la légitimation des partis populistes de droite radicale par leur intégration formelle au sein des processus décisionnels. Ces stratégies d'engagement peuvent être clairement identifiées (lorsque le parti populiste est invité à la table des négociations, lorsque des textes sont signés en commun, lorsque le parti populiste soutient formellement l'exécutif) mais peuvent aussi être plus diffuses. Ainsi, les partis traditionnels peuvent aussi être « contaminés » par ceux-ci (Norris, 2005 : 266), en ce sens qu'ils reprennent à leur compte certains éléments programmatiques des partis populistes de droite radicale. Si un « effet de contagion » des partis populistes sur l'ensemble des partis traditionnels est reconnu (van Spanje, 2010), cette « contagion » ne s'exerce néanmoins pas identiquement sur tous les partis puisque les partis d'opposition semblent être plus aisément touchés que les partis au gouvernement (van Spanje, 2010). Rooduijn *et al.* (2014) remettent en cause, au moins partiellement, cette idée de « contagion » du populisme. Ils avancent que si des éléments propres au populisme de droite radicale sont davantage mobilisés dans les discours de partis traditionnels, les manifestes de ces partis ne sont pas, sur le fond, devenus plus populistes en deux décennies. Cette idée rejoint la distinction entre « populisme professionnel » et « populisme occasionnel » évoquée plus haut. En ce sens, la « contagion » peut se réaliser sans toutefois transformer les partis traditionnels en des partis faisant un usage récurrent au populisme.

Les conséquences des différentes stratégies développées par les partis traditionnels sont elles-mêmes variées. Ainsi, une stratégie de désengagement peut conduire un parti populiste de droite radicale à réaliser des performances électorales moins importantes (*e.g.* Meguid, 2005 ; Minkenberg, 2006 ; Pauwels, 2011 ; Heinze, 2018). Pauwels (2011) a mis en évidence le fait qu'un cordon sanitaire peut, dans le long terme, entraîner le déclin des partis populistes de droite radicale. Examinant le cas du *Vlaams Belang* (VB) en Belgique, il repère que le fait de rester de manière permanente dans l'opposition conduit à le rendre non pertinent dans le long terme et que la défection des électeurs entraîne un déclin progressif du parti. Néanmoins, les scores enregistrés par le VB à l'issue du scrutin multiple du 26 mai 2019 (avec 12,0 % au niveau national pour l'élection à la Chambre des représentants, soit + 8,1 % par rapport à 2014) pointe les limites de cette conclusion.

Une stratégie d'engagement peut aussi conduire un parti populiste de droite radicale à un déclin. L'intégration du FPÖ autrichien au sein des coalitions gouvernementales en 1999 et en 2003 a ainsi été lourde de conséquences en termes électoraux pour le FPÖ (Luther, 2011). Il lui aura ainsi fallu près de dix années pour retrouver un soutien électoral important et à nouveau intégrer un gouvernement (le gouvernement Kurz, en 2017). Cela est aussi vrai dans le cas de l'*Alerte populaire orthodoxe* (LAOS) grecque, devenant quasi inexistante après une courte expérience exécutive au niveau national (Deleersnijder, 2016).

À l'inverse, ces stratégies peuvent toutes les deux ne pas empêcher un parti populiste d'accroître ses performances électorales. Il en est par exemple ainsi pour l'*Union démocratique du centre* (UDC) suisse (Bernhard, 2017) qui, intégrée au sein du gouvernement fédéral depuis sa fondation, poursuit son ascension électorale tout en conservant son style populiste.

La littérature permet de faire émerger les réactions que les partis traditionnels développent face à l'émergence et/ou à la croissance électorale des partis populistes de droite radicale, et suggère des pistes de réflexion quant à leur utilité respective, notamment en termes de conséquences électorales. Néanmoins, la question de l'influence de ces partis populistes sur la fabrique des politiques publiques demeure peu interrogée.

Si une multitude de comportements d'inclusion ou d'exclusion amène les partis populistes à se rapprocher de la sphère du pouvoir ou à s'en éloigner, cela ne signifie pas automatiquement que c'est parce qu'ils sont membres de l'exécutif qu'ils détiennent une capacité d'influence et que, inversement, ce n'est pas parce qu'ils sont dans l'opposition qu'ils n'en détiennent pas (Williams, 2006). Ce constat traduit donc la nécessité d'étudier empiriquement l'influence de ces partis sur la fabrique des politiques publiques, et ce quelle que soit la configuration dans laquelle ils se trouvent face aux partis traditionnels.

6. L'influence des partis populistes de droite radicale sur les politiques publiques

Les études portant sur l'influence des partis populistes de droite radicale ont commencé à émerger dans les années 2000. Plusieurs auteurs ont ainsi investigué l'influence de ces partis sur le comportement des électeurs (*e.g.* Immerzeel et Pickup, 2015), sur l'opinion publique (*e.g.* Carvalho, 2014), sur les partis traditionnels (*e.g.* Han, 2015 ; Abou-Chadi, 2016 ; Schumacher et van Kersbergen, 2016 ; Wolinetz & Zaslove, 2018), ou encore sur la qualité de la démocratie (*e.g.* Albertazzi & Mueller, 2013 ; Huber & Schimpf, 2016). Néanmoins, l'influence exercée sur les politiques publiques n'a été que très partiellement abordée dans la littérature scientifique.

Une recension des travaux traitant de l'influence des partis populistes de droite radicale sur les politiques publiques permet de mettre en évidence des résultats très contrastés, obtenus à travers des méthodes elles-mêmes variées. Minkenberg (2001) est un des premiers auteurs à avoir proposé une analyse en la matière, basée sur une comparaison de l'influence des partis populistes de droite radicale en Allemagne, en Autriche, en France et en Italie. Observant une corrélation entre l'évolution des politiques d'immigration et l'accès des partis populistes de droite radicale au pouvoir, Minkenberg avance que les partis populistes représentés au gouvernement parviennent à être particulièrement influents, que ce soit directement ou indirectement. En outre, il indique que le statut non gouvernemental des partis d'opposition est un frein considérable à l'exercice de l'influence sur les politiques publiques. Selon lui, une simple présence parlementaire n'est pas une condition suffisante pour l'exercice d'une telle influence. Sur la base d'une étude comparant 17 pays européens, Lutz (2019) affirme lui aussi que l'influence de partis populistes de droite radicale peut être importante mais seulement s'ils sont représentés au sein du gouvernement. Lui aussi indique donc qu'une présence parlementaire n'est pas une condition suffisante pour exercer une influence, même indirecte, sur les politiques publiques. Plusieurs études de cas ultérieures sont allées dans le sens de Minkenberg et Lutz (Zaslove, 2004 ; Fallend, 2004 ; Akkerman & de Lange, 2012 ; Afonso & Papadopoulos, 2015 ; Biro-Nagy & Boros, 2016 ; Blanc-Noël, 2016), pointant une influence non négligeable dans le chef des partis populistes de droite radicale lorsqu'ils appartiennent à un gouvernement ou lorsqu'ils soutiennent un gouvernement minoritaire, dans des secteurs variés (Röth *et al.*, 2018). Au-delà de leur influence sur les politiques publiques en tant que telles, leur influence peut aussi avoir un effet sur le système politique et les traditions qui le caractérisent. Ainsi, en Suisse, l'*Union démocratique du centre* (UDC) est désignée comme responsable du déclin des compromis entre la droite et la gauche en matière sociale (Afonso & Papadopoulos, 2015).

Malgré cette influence exercée par les partis populistes, plusieurs auteurs appellent à la prudence quant à l'interprétation de ce résultat, en indiquant par exemple que si une inflexion dans les politiques migratoires peut être observée en Autriche lorsque le *Freiheitliche Partei Österreichs* (FPÖ) est au pouvoir, une telle inflexion ne se repère pas dans d'autres secteurs moins centraux pour ce parti populiste, comme le secteur de la santé ou de l'économie, par exemple (Fallend, 2004).

Par ailleurs, l'influence exercée par les partis populistes de droite radicale sur les politiques publiques est souvent qualifiée d'indirecte (Schain, 2006 ; Luther, 2011 ; Akkerman, 2012 ; Biro-Nagy & Boros, 2016) en ce sens que c'est essentiellement à travers les autres partis politiques qu'elle s'exercerait. Par exemple, Biro-Nagy & Boros (2016) repèrent que le *Jobbik* hongrois influence les politiques publiques à travers les partis traditionnels (principalement le *Fidesz*) puisque ces derniers reprennent systématiquement des éléments programmatiques du *Jobbik* dans leur propre programme et tentent de les mettre en œuvre. Par ailleurs, certaines études pointent aussi le rôle important qu'exerce l'opinion publique : les partis populistes de droite radicale parviendraient à infléchir la législation en mobilisant l'opinion publique et, de manière indirecte et par ce biais, en exerçant une pression sur les partis traditionnels (Howard, 2010). Cela s'explique par le fait qu'un changement de préférences dans le chef des électeurs peut faire évoluer les positions politiques des partis (Adams *et al.*, 2009 ; Schumacher *et al.*, 2013 ; Fagerholm, 2016 ; Heinze, 2018). Néanmoins, cette pression de l'opinion publique peut aussi s'exprimer indépendamment du vote. C'est que certains nomment « la lepénisation des esprits » – formule développée par Robert Badinter (ancien garde des Sceaux français) et reprise dans le monde scientifique (*e.g.* Mayer, 2006) qui signifie que la vision de la société défendue par le FN – et par extension par les partis populistes de droite radicale, de manière générale – devient largement partagée, indépendamment du vote en faveur du FN ou d'autres formations populistes de droite radicale.

D'autres études portant sur des cas identiques et durant la même période apportent cependant des résultats contrastés, suggérant que l'influence des partis populistes de droite radicale sur les politiques publiques varie d'un sous-secteur de politique publique à l'autre. Ainsi, la politique étrangère d'un pays peut n'être influencée par des partis populistes de droite radicale que sous certains de ses aspects (Verbeek & Zaslove, 2015). Par ailleurs, l'influence peut aussi varier d'un contexte à l'autre, selon un ensemble de contraintes domestiques et exogènes (Carvalho, 2016). L'apport de ces études tient dans le fait que, si l'influence de ces partis n'est pas écartée, cette influence se conçoit davantage à travers son intensité.

Enfin, plusieurs recherches indiquent que l'influence des partis populistes de droite radicale est inexistante ou marginale, y compris lorsque ces partis sont membres d'un exécutif (Heinisch, 2008 ; Tarchi, 2008). Par exemple, Heinisch (2008) indique que, lorsqu'il faisait partie du gouvernement autrichien l'influence du FPÖ était marginale. Selon lui, ce sont surtout les conservateurs (ÖVP) qui bénéficient d'un pouvoir d'influence conséquent sur les politiques publiques, notamment dans les secteurs sous responsabilité ministérielle FPÖ. Son analyse permet de souligner l'importance d'aller au-delà de la simple corrélation entre l'évolution de la législation et l'accès des partis populistes au pouvoir.

De la même manière, en mettant au point un index permettant d'évaluer des évolutions législatives, Akkerman (2012) a mis en évidence que si les partis politiques conservent un rôle important dans le processus de fabrique des politiques publiques, la présence de partis populistes de droite radicale au sein d'un exécutif n'explique pas automatiquement une évolution législative. Selon l'auteur, cela peut s'expliquer par la difficulté que rencontrent ces partis à gérer les portefeuilles qui leur sont alloués. À nouveau, les conclusions de l'étude d'Akkerman invitent à aller au-delà de la simple étude de corrélation.

La difficulté que rencontrent ces études à s'accorder quant à la qualification de l'influence exercée par les partis populistes de droite radicale sur les politiques publiques tient notamment au fait que la multitude de facteurs et d'acteurs pouvant également intervenir dans le processus d'influence n'est pas prise en compte. Comme le reconnaissent ces auteurs eux-mêmes dans leurs propres recherches (*e.g.* Zaslove, 2004 : 114), les études susmentionnées ne permettent généralement pas d'établir un véritable lien de causalité. Par exemple, les index mis au point par plusieurs chercheurs (*e.g.* Howard 2010 ; Akkerman, 2012 ; Akkerman & de Lange, 2012) afin d'estimer dans quelle mesure la législation porte une signature de droite radicale ne permettent pas de mettre en lumière un lien de causalité entre des partis populistes de droite radicale et l'adoption d'une législation allant dans leur sens.

Portant l'ambition d'aller au-delà de ces travaux, des recherches – qualitatives – ont proposé de distinguer plusieurs niveaux d'influence (Williams, 2006 ; Carvalho, 2014). Celles-ci partent du postulat que l'influence peut être directe mais aussi indirecte (Schain, 2006) et qu'il convient donc d'étudier l'influence des partis populistes sur l'agenda politique (via les discours et l'opinion publique), les partis traditionnels et les décisions en tant que telles. Ce qui résulte de ces recherches est qu'il ne faut pas « sous-estimer ces partis » (Williams, 2006 : 208) en ce sens qu'ils parviennent à faire évoluer les enjeux dont parlent les citoyens, à faire ajuster les positions de leurs adversaires politiques et, dans un certain nombre de cas, à faire évoluer la législation et ce, même en étant écartés des exécutifs.

Si toutes les études qui ont été mentionnées portent sur des analyses à un niveau national, certains chercheurs se sont également intéressés au niveau local (*e.g.* van Ostaijen & Scholten, 2014 ; Bolin *et al.*, 2014). À ce niveau, l'influence des partis populistes de droite radicale est généralement qualifiée de modérée, voire marginale. Ainsi, Bolin *et al.*

(2014) indiquent que les partis traditionnels ne sont pas particulièrement influencés par les partis populistes de droite radicale au niveau municipal et que l'adoption de politiques plus restrictives en matière d'immigration reflète davantage une évolution de l'opinion publique qu'une pression exercée par les partis populistes. Au niveau local, le rôle de l'opinion publique – qui a été mentionné par d'autres recherches (*e.g.* Howard, 2010) – semble donc aussi capital pour comprendre le rapport entre les partis populistes de droite radicale et l'évolution de la législation.

Cet état de l'art permet de mettre en évidence les réponses que la littérature a déjà apportées à la question de l'influence des partis populistes de droite radicale sur les politiques publiques, tout en dégageant un agenda de recherche.

Tout d'abord, la majorité des auteurs ayant traité la problématique s'intéresse aux partis populistes membres d'un gouvernement. Leurs recherches –qu'il s'agisse d'études de cas unique ou d'études comparées – portent sur les cas autrichien, italien, néerlandais et danois. Les partis d'opposition et les partis extra-parlementaires restent cependant à la marge des études malgré leur potentiel d'influence reconnu (Williams, 2006). Par ailleurs, certains partis populistes gouvernementaux sont peu analysés. Malgré son rapport exceptionnel avec les pouvoirs exécutif et législatif (Albertazzi & McDonnell, 2015), l'UDC suisse ne fait ainsi que rarement l'objet d'une étude approfondie.

Ensuite, le secteur de politique publique investigué est le même dans la majorité des études : l'asile et l'immigration. Seules quelques études portent sur les politiques socio-économiques (Afonso & Papadopoulos, 2015 ; Röth *et al.*, 2018) ou les politiques internationales (Verbeek & Zaslove, 2015). Lorsqu'une multitude de secteurs est abordée (Fallend, 2004), c'est généralement en recourant peu à des données empiriques originales ; l'objectif de ces études n'étant pas uniquement d'estimer l'influence des partis populistes sur les politiques publiques mais, plus largement, d'offrir des clés de compréhension du rôle des populistes lorsqu'ils font partie d'un exécutif. Si le nativisme est reconnu comme étant une caractéristique centrale du populisme de droite radicale (Mudde, 2007), d'autres caractéristiques le sont aussi et mériteraient d'être examinées pour tester le niveau de généralisation des résultats obtenus. Il en va ainsi de la sécurité intérieure – secteur auquel la science politique porte peu son attention jusqu'à présent (Wenzelburger, 2015).

En outre, si ces recherches permettent souvent de cerner l'influence à l'aide d'outils quantitatifs, peu d'entre elles appréhendent l'influence d'une manière qualitative, en tentant de découvrir des liens de causalité. Peu nombreux sont aussi les auteurs à avoir analysé le rôle des autres acteurs politiques –qu'ils soient des partis, des groupes de pression ou tout autre groupement de citoyens. Pourtant, c'est en interaction avec ces derniers que les partis populistes de droite radicale tentent d'agir.

Enfin, si les études menées par Williams (2006) et Carvalho (2014) sont particulièrement riches en enseignements et étudient l'influence des partis populistes de droite radicale de manière qualitative et à différents niveaux, c'est de manière cloisonnée que ces niveaux sont abordés. La fabrique des politiques publiques étant un processus complexe, il est important de l'appréhender comme un tout, certes en le découpant en différentes phases mais sans oublier que celles-ci sont reliées entre elles. Ainsi, une évolution repérée dans l'opinion publique ne correspond pas nécessairement à l'action menée par un parti populiste de droite radicale et n'explique pas automatiquement une adaptation potentielle de la législation.

Pour résumer, les recherches menées à propos de l'influence des partis populistes de droite radicale sur les politiques publiques permettent de poser des bases solides pour de futures études sur la question. Néanmoins, elles sont caractérisées par des résultats variables, parfois contradictoires. Plusieurs éléments concourent à expliquer cette ambiguïté, comme le fait que la boîte noire du processus de fabrique des politiques publiques n'est jamais ouverte puis analysée dans le détail. Par ailleurs, l'influence est souvent étudiée de façon binaire : un parti populiste est influent ou il ne l'est pas. Or, comme l'indiquent certains (*e.g.* Carvalho, 2016), cette influence peut varier en intensité selon les cas étudiés. Cette variation d'intensité peut avoir lieu d'un cas à l'autre mais aussi au sein d'un même cas. L'ambition de la présente étude est de stabiliser la recherche sur l'influence des partis populistes sur les politiques publiques, et de dépasser les recherches menées en fournissant des clés de compréhension quant à la manière avec laquelle cette influence est potentiellement exercée par ces partis populistes.

Chapitre 2

Les partis politiques au cœur du processus de fabrique des politiques publiques

Le poids croissant des politiques publiques provoque un effet d'opacité du système politique dans la mesure où les processus concrets à travers lesquels sont prises des décisions fondamentales pour les citoyens sont de plus en plus difficiles à appréhender. (Jobert & Müller, 1987 : 235)

Alors que les partis politiques et les politiques publiques sont classiquement étudiés de façon cloisonnée, distincte, cette recherche fait le pari d'étudier l'influence de partis politiques (*politics*) sur les politiques publiques (*policy*) et, plus précisément, sur la fabrique des politiques publiques (*policy-making*). Dans les démocraties d'Europe occidentale, les partis politiques sont en effet au cœur de la dynamique décisionnelle, des processus conduisant à l'adoption de décisions publiques (Birkland, 2005). Néanmoins, leur rôle exact ainsi que leur influence demeurent peu connus. Cela tient notamment au fait que la notion de fabrique des politiques publiques est caractérisée par un flou conceptuel.

Dans quelle mesure le processus de fabrique des politiques publiques fait-il partie du cycle des politiques publiques ? Quelles en sont les phases ? Comment les caractériser et les distinguer ? Quels acteurs interviennent potentiellement dans un tel processus et à quelles phases ? Quels sont leurs modes d'intervention ? Sur la base d'une revue de la littérature, ce chapitre propose de répondre à ces questions afin de mieux cerner ce que recouvre la notion de fabrique des politiques publiques et d'en déterminer le périmètre pour, *in fine*, mieux comprendre l'influence qu'exercent les partis populistes de droite radicale sur la fabrique des politiques publiques.

1. La notion de fabrique des politiques publiques

La *fabrique des politiques publiques* est une notion pour laquelle des balises n'ont pas encore été posées clairement. D'un point de vue terminologique, les expressions « fabrique de politiques publiques » (Zittoun, 2013, 2014), « bricolage » (Lindblom, 1959), « construction » (de Bruyne, 1995 : 213), ou encore « policy-making » (Howlett & Giest, 2013) fleurissent dans la littérature. Dans cette recherche, c'est l'expression *fabrique de politiques publiques* qui est mobilisée puisqu'elle est la plus communément utilisée pour désigner le même processus, soit en français, soit dans sa traduction anglaise.

Peu nombreux sont les auteurs ayant tenté de définir la notion, d'en préciser le périmètre. Ce constat se retrouve également parmi les fondateurs de l'analyse des politiques publiques. Ainsi, lorsque Rhodes et Marsh (1992) ou Dowding (1995) étudient les réseaux de politique publique, ils recourent régulièrement à la notion de fabrique des politiques publiques, sans toutefois en fournir une définition précise. Sur la base de la littérature existante, cette section a vocation à clarifier la notion.

Dans la littérature, deux manières de concevoir la fabrique des politiques publiques se dégagent : l'une, maximaliste et l'autre, minimaliste. Selon les maximalistes, elle serait un processus englobant les cinq phases traditionnellement reconnues du cycle des politiques publiques : mise à l'agenda, formulation d'une solution et d'alternatives, prise de décision, mise en œuvre et évaluation (*e.g.* Adolino & Blake, 2011 ; Howlett & Giest, 2013). Danscertaines recherches sur la fabrique des politiques publiques, l'évaluation n'est pas automati quement prise en compte (Kingdon, 2011). Dans d'autres, une étape ultérieure est ajoutée à l'analyse : la terminaison (Jones, 1970 ; Anderson, 2011). Les maximalistes partagent donc une vision de la fabrique des politiques publiques qui correspond au cycle des politiques publiques dans son ensemble.

Pour les minimalistes, définir un problème, ses causes et ses conséquences, proposer des solutions, les propager et les imposer constituent les éléments centraux de la fabrique des politiques publiques (Zittoun, 2013, 2014). Selon eux, la fabrique des politiques publiques correspond donc davantage à un ensemble de phases du cycle des politiques publiques, sans toutefois les englober toutes. La mise en œuvre ainsi que l'évaluation constituent donc, selon les minimalistes, des phases ultérieures à la fabrique des politiques publiques (Richardson, 1982 ; Wilson, 2006 ; Smith *et al.*, 2011 ; Dagnies, 2009, 2015).

Une confusion est parfois opérée entre la fabrique des politiques publiques (*policy-making*) et l'adoption de décisions publiques (*decision-making*). L'un ne peut pourtant pas être pris pour l'autre bien que l'adoption de décisions publiques puisse être considérée comme la phase principale de la fabrique des politiques publiques (Heywood, 2007 : 426). En effet, l'adoption de décisions publiques constitue une phase d'un processus plus englobant (Adolino & Blake, 2011). Il s'agit de choisir une solution – parmi toutes celles disponibles – afin de résoudre un problème public particulier et ce, tout en défendant ce choix face à ses détracteurs. De Bruyne (1981 : 3) précise d'ailleurs que « la prise de conscience d'un problème ou la reconnaissance d'un besoin, ou d'un défi, constitue le stimulus de la décision ». Cette notion de stimulus est importante puisque, offrant une occasion pour agir, le stimulus fait partie intégrante du processus de fabrique des politiques publiques.

Dans le cadre de cette étude, la définition minimale de la fabrique des politiques publiques est retenue, c'est-à-dire la conception selon laquelle la fabrique des politiques publiques est un processus dynamique allant de la mise à l'agenda d'un problème jusqu'à l'adoption de décisions censées répondre à ce problème. Si la mise en œuvre, l'évaluation et même la terminaison sont des étapes essentielles du cycle des politiques publiques, il convient de les distinguer des phases du processus de fabrique des politiques publiques. Dans la fabrique de politiques publiques, le but est bien d'adopter des décisions, les étapes précédant la prise de décisions étant destinées à stimuler celles-ci. Les étapes suivantes sont d'ailleurs davantage entre les mains d'acteurs politico-administratifs que des acteurs politico-législatifs (Anderson, 2011), et la difficulté que rencontrent les dirigeants politiques à voir leurs décisions concrètement mises en œuvre (Smith *et al.*, 2011) illustre la nécessité de distinguer différentes étapes – parmi lesquelles la fabrique des politiques publiques – dans le cycle des politiques publiques.

2. Les partis politiques parmi une multitude d'acteurs intervenant dans le processus de fabrique des politiques publiques

De nombreux acteurs caractérisent le processus de fabrique des politiques publiques (Birkland, 2005). Ceux-ci peuvent être de différentes natures, bénéficier de ressources et de moyens variés, et avoir des objectifs distincts les uns par rapport aux autres. L'analyse de leur rôle et de leur influence au sein du processus de fabrique des politiques publiques s'en retrouve complexifiée. En ce sens, les deux sections suivantes visent à mieux appréhender ces acteurs et à situer où se trouvent les partis politiques au sein de cette multitude d'acteurs.

2.1. Une diversité d'acteurs intervenant dans le processus

Parmi les acteurs intervenant dans le processus de fabrique des politiques publiques, se retrouvent des acteurs officiels et des acteurs non officiels (Birkland, 2005). Les lois et constitutions sont à l'origine des acteurs officiels. Ces textes juridiques leur fournissent le droit – voire même l'obligation – de participer à la fabrique des politiques. Les trois branches classiques du pouvoir entrent donc dans cette catégorie, *i.e.* les branches législative, exécutive et judiciaire. À ces trois acteurs, Anderson (2011) ajoute les agences administratives. Ensuite, les acteurs non officiels jouent aussi un rôle important dans la fabrique des politiques publiques. Ces acteurs ne sont pas officiels en ce sens que leur mission de participation au sein du processus n'est pas inscrite dans une constitution ou une loi. Il peut s'agir de citoyens individuels (s'exprimant notamment à travers des sondages), de groupes d'influence, de *think tanks*, de médias ou encore de partis politiques. Cette distinction entre acteurs officiels et non officiels peut couvrir des réalités variées selon le pays auquel elle s'applique.

Balzacq *et al.* (2014 : 346–347) proposent de distinguer ces acteurs intervenant dans le processus selon qu'ils sont caractérisés par une participation conventionnelle ou extra-institutionnelle ou selon qu'ils revêtent un statut public ou privé. Les acteurs caractérisés par une participation conventionnelle se distinguent des acteurs caractérisés par une participation extra-institutionnelle en ce sens qu'ils agissent à travers les institutions publiques comme le parlement ou le gouvernement. Les acteurs publics sont ceux repérés par Birkland et Anderson comme étant les acteurs officiels, auxquels certains groupes d'influence peuvent être ajoutés, alors que la catégorie des acteurs privés regroupe les médias, la majorité des groupes d'influence, les partis politiques ou encore des citoyens non organisés.

Les citoyens non organisés sont une catégorie souvent évoquée sous des vocables multiples, parmi lesquels celui d'opinion publique (*e.g.* Carvalho, 2014). Cette opinion publique serait ainsi l'ensemble des croyances et idées qui caractériseraient une population donnée. Malgré l'usage fréquent qui est fait de la notion dans la littérature, celle-ci ne sera pas reprise dans la suite de cette recherche pour au moins deux raisons. D'une part, l'existence de l'opinion publique elle-même fait débat. Parce que la construction d'une opinion n'est pas à la portée de tous, parce que toutes les opinions ne se valent pas et parce qu'il n'y a pas nécessairement d'accord sur les questions qui sont posées, Bourdieu (1972) remet ainsi en cause l'existence de l'opinion publique. D'autre part, la notion d'opinion publique est polysémique et recouvre des acceptions différentes selon celui qui y recourt. En conséquence, une autre notion – également mobilisée dans la littérature (*e.g.* Walther & Hellström, 2019) – est proposée : celle de « soutien populaire ». Sans prétendre être mesurable – à l'inverse de l'opinion publique – la notion de soutien populaire permet d'identifier une tendance générale telle que perçue par certains acteurs. Ainsi, un acteur peut percevoir ou non qu'il y a un soutien populaire envers une proposition législative.

Ce sont des acteurs privés – à savoir des partis politiques – qui sont au cœur de cette recherche, bien que ceux-ci soient dotés d'un mandat officiel pour agir au sein du processus de fabrique des politiques publiques. En ce sens, leurs actions sont *a priori* conventionnelles puisque la légitimité des urnes leur permet d'agir à travers la voie parlementaire ou gouvernementale pour développer leurs projets. Toutefois, leurs actions peuvent aussi être extra-institutionnelles et les partis peuvent ainsi développer des stratégies variées et mener des actions de différents types – parfois allant à l'encontre de la légalité – afin d'atteindre leurs objectifs.

L'action publique a suivi des évolutions au point que les frontières entre l'État et la société, entre les sphères publiques et privées sont devenues poreuses, voire même quasi invisibles (Nay & Smith, 2002). Les différents types d'acteurs abordés s'entremêlent ainsi dans leurs actions et une situation d'incertitude est créée. Si chaque acteur demeure identifiable, les relations qui se nouent entre eux rendent difficile l'identification de l'intervention d'un acteur précis à un moment donné et, d'une manière générale, la compréhension du processus décisionnel (Lascoumes & Le Galès, 2007). Ainsi, chacun tente d'orienter – directement ou indirectement (par exemple via un parti politique) – la fabrique des politiques publiques dans le sens des objectifs et intérêts du groupe auquel il appartient. Le contexte et sa prise en compte par certains acteurs peut lui aussi exercer un rôle important. La mise en avant d'un point d'actualité par un média peut de la sorte avoir des effets considérables sur les citoyens qui s'organisent pour délibérer, sur des groupes de pression, sur des comités consultatifs ou encore sur des partis politiques, et eux-mêmes peuvent avoir des effets l'un sur l'autre.

Sans faire complètement fi de cette multitude d'acteurs et sans nier le rôle important de chacun d'eux dans le processus de fabrique des politiques publiques, la présente étude se resserre sur les partis politiques.

2.2. Les partis politiques dans le processus de fabrique des politiques publiques

Les partis politiques sont particulièrement actifs dans le processus de fabrique des politiques publiques et, bien qu'ils soient des acteurs privés, ils entretiennent une relation très particulière avec des acteurs publics, notamment avec les branches législative et exécutive (Birkland, 2005). Contrairement à d'autres types d'acteurs, les partis politiques – à travers les candidats qu'ils proposent et ceux que les citoyens élisent – ont pour objectif de gérer la chose publique, notamment en intégrant les institutions législative et exécutive.

De nombreux travaux empiriques ont tenté d'étudier le rôle réellement exercé par les partis politiques afin de répondre à la question du « *do political parties matter?* ». Trois approches principales ont été mobilisées : l'étude de l'effet induit par des changements de gouvernement sur les politiques publiques, l'étude de la correspondance entre enjeux présents dans les programmes électoraux et agenda des politiques publiques, et l'étude du devenir des promesses électorales (Schmidt, 1996 ; Guinaudeau & Persico, 2018). Ces différentes approches convergent en leurs résultats et indiquent que les partis politiques sont effectivement capables d'influencer la fabrique des politiques publiques (*e.g.* Hibbs, 1992 ; Brouard, 2001 ; Bale, 2008 ; Geddes, 2008 ; Pétry, 2012 ; Hampshire & Bale, 2015 ; Wenzelburger, 2015), bien que l'influence des partis puisse être variable, par exemple selon le type de démocratie dans lequel ils évoluent (Schmidt, 1996) ou selon les conditions institutionnelles (*e.g.* être dans la majorité) et extra-institutionnelles (*e.g.* mobilisation de groupes sociaux) auxquelles ils font face (Persico, 2018).

L'ambition des partis politiques est de tenter d'exercer une *influence* sur le processus de fabrique des politiques publiques. Étant donné la particularité idéologique et programmatique de chacun des partis, c'est dans une compétition que ceux-ci s'engagent (Green-Pedersen, 2007).

Dès lors, dans cet objectif d'influence, deux facteurs clés entrent en compte : les ressources et les stratégies.

D'une part, les partis politiques disposent de ressources et peuvent engager celles-ci dans le cadre de la compétition inter-partisane. Les ressources offrent aux acteurs que sont les partis politiques des moyens pour agir dans l'exercice de l'influence, et ne s'apprécient « que dans les relations qui les engagent et dans les contextes dans lesquels ils opèrent » (Muller & Surel, 1998 : 81). Elles peuvent être de nature très variée et se combiner. Ainsi, les moyens financiers dont dispose un parti politique, le soutien dont il bénéficie, l'information à laquelle il a accès, le temps dont il dispose et le personnel qui l'entoure sont autant d'exemples de ressources propres aux partis politiques (Knoepfel *et al.*, 2006 : 68-98).

D'autre part, les partis politiques disposent d'un répertoire d'actions qui leur est propre. Par cette métaphore, c'est le réservoir – limité – de moyens d'actions auxquels peuvent recourir les partis qui est désigné (Tilly, 1984). Arguant que la mobilisation de ces moyens d'actions est intimement liée à la stratégie pour laquelle optent les partis afin d'exercer une influence sur la fabrique des politiques publiques, Luther (2011 : 464) parle quant à lui de « répertoire de tactiques ».

Ces deux facteurs – les ressources et les stratégies – sont liés entre eux en ce sens que chacun est utilisé afin d'augmenter la capacité d'influence des partis politiques y recourant. Les ressources rendent en outre possible la mobilisation des stratégies enfermées dans le répertoire des partis. Plusieurs éléments d'ordre endogène et exogène peuvent toutefois impacter la disponibilité des ressources et des stratégies mobilisables. Par exemple, la culture politique (Anderson, 2011) peut être un élément exogène déterminant dans la disponibilité des ressources et des stratégies.

3. À l'origine du processus de fabrique des politiques publiques : un problème public

Comme le rappelle Rezsohazy (1996 : 79), « toute société (et tout régime politique) se meut et se transforme ou se bloque à partir des problèmes qui s'y développent ». Ces problèmes publics doivent être formulés et définis. Il est une certaine subjectivité et normativité dans cette définition du problème et il est difficile de faire fi d'un ensemble de jugements de valeur (Gusfield, 2009). Il ne s'agit pas d'établir une échelle de gravité des problèmes car « l'importance ou l'intensité des problèmes dépendent de l'interprétation des acteurs et du public » (Rezsohazy, 1996 : 91). Les perceptions et les représentations exerçant un rôle important, un problème est toujours un construit ou un produit social (Garraud, 1990 : 22).

Ces problèmes sont qualifiés de publics et non de sociaux étant donné que tous les problèmes sociaux ne sont pas systématiquement des problèmes publics. Le caractère public d'un problème est le prolongement de son caractère social en ce sens que, pour être public, un problème doit non seulement avoir émergé mais doit aussi faire l'objet d'un débat politique. L'octroi du statut de public à un problème est souvent sujet à conflit (Padioleau, 1982 ; Gusfield, 2009). En effet, tout le monde ne s'accorde pas sur le fait que le problème est public et, ce faisant, que les acteurs publics doivent intervenir afin d'y apporter des réponses. Seuls quelques problèmes apparaissent de manière évidente comme étant publics et ce, particulièrement quand ils provoquent une crise (Schiffino, 2003). De plus, l'élévation d'un problème au titre de problème public peut évoluer dans le temps (Rochefort & Cobb, 1994). L'exemple de l'alcoolisme – présenté par Gusfield (2009) – est éclairant à ce propos. Caractérisé de problème personnel au 19e siècle, l'alcoolisme est devenu de plus en plus public au 20e siècle pour être aujourd'hui reconnu comme maladie et problème public face auquel l'État doit intervenir. *À contrario*, un problème public peut perdre cette reconnaissance dans le temps.

Comme le suggère Downs (1972), ces problèmes s'inscrivent dans un cycle d'attention des problèmes. Les problèmes traversent ainsi cinq étapes qu'il est possible de caractériser. La première étape est la phase de « pré-problème ». Lors de celle-ci, un problème commence à se former ou existe déjà mais ne parvient pas à attirer suffisamment d'attention publique. Puis, faisant par exemple suite à un événement grave, l'attention publique se cristallise et un « enthousiasme euphorique » caractérise le public qui souhaite résoudre rapidement le problème par de nouvelles politiques, de nouveaux programmes ou de nouvelles institutions. Toutefois, réalisant les coûts et la complexité de la résolution du problème, l'intérêt public tend à décliner. Trois types de comportements, qui tendent généralement à se combiner, apparaissent : certaines personnes sont découragées, d'autres se sentent menacées en pensant au problème et, enfin, d'autres deviennent fatiguées par le problème. L'intérêt pour le problème diminue davantage et, enfin, le problème est oublié et est remplacé par un nouveau lors de la phase de « post-problème » (Downs, 1972).

Les partis populistes de droite radicale – en tant que partis politiques – exercent potentiellement un rôle dans ce cycle d'attention des problèmes à deux niveaux. D'une part, ils peuvent essayer d'attirer l'attention à l'égard de certains problèmes qu'ils considèrent comme cruciaux et à l'égard de certaines solutions qui leur paraissent évidentes. D'autre part, pour éviter que le degré d'attention à l'égard de ces problèmes et de ces solutions décroisse, ils peuvent tenter de lutter contre le découragement, contre le sentiment de menace ou contre la fatigue que ressentent tant les citoyens que les acteurs privés et publics participant au processus de fabrique des politiques publiques. Le rôle des partis populistes de droite radicale quant à la caractérisation d'un problème comme public et quant au degré d'attention qui lui est accordée est donc potentiellement crucial et mérite d'être analysé.

Outre la caractérisation des problèmes en tant que tels, des groupes cibles ainsi que des bénéficiaires finaux sont identifiables. Les bénéficiaires finaux peuvent consister en un groupe de personnes ou en l'existence même d'un groupe de personnes particulières comme les mal-logés (Zittoun, 2013). Elles sont supposées subir les conséquences du problème à l'origine duquel se retrouvent les groupes cibles. Il s'agit ici aussi, dans le cas des bénéficiaires finaux comme dans le cas des groupes cibles, d'une question d'étiquetage et d'argumentation. La problématisation implique enfin une présentation apocalyptique du futur ainsi que la mise en avant de la nécessité d'une action immédiate (Zittoun, 2014). Rezsohazy (1996 : 88) parle d'un double procédé de dramatisation et d'occultation. Là où certains tentent de « gonfler un problème », d'autres essayent de le minimiser.

Si la fonction de la définition d'un problème public est « d'expliquer, décrire, recommander et, surtout, persuader » (Rochefort & Cobb, 1994 : 15), plusieurs facteurs peuvent impacter cet exercice de définition. Rochefort et Cobb (1994 : 15–26) repèrent par exemple le caractère nouveau du problème, la pertinence qu'il recouvre aux yeux des citoyens (la proximité), la dramatisation du problème et la sévérité de celui-ci. Les partis populistes de droite radicale recourent spécifiquement au scandale et/ou à la dramatisation afin de tenter d'influencer – à travers les médias –l'agenda politique (Albertazzi, 2007 ; Wodak, 2015). Une attention particulière doit donc être portée à cette manière de définir un problème public.

Ces diverses activités participent de la mise à l'agenda d'un problème. Par agenda politique, est désigné « l'ensemble des problèmes perçus comme appelant un débat public, voire l'intervention (active) des autorités politiques légitimes » (Padioleau, 1982 : 25). Différents types d'agendas peuvent être distingués. Cobb et Elder (1971) discernent ainsi l'agenda systémique et l'agenda institutionnel. Le premier concerne toutes les questions débattues à l'échelle de la société tandis que le deuxième, plus formel, concerne les questions traitées au sein des institutions. Le passage du premier au deuxième est sujet à compétition (Green-Pedersen, 2007). Toutes les questions ne peuvent en effet être traitées et tous les groupes ne peuvent être entendus et, pourtant, l'objectif des personnes impliquées dans l'agenda systémique est d'influencer l'agenda institutionnel. C'est sur l'agenda institutionnel que la suite de cette recherche va principalement porter puisque la lutte pour la mise à l'agenda est représentée par cette volonté de faire passer un problème public de l'agenda systémique à l'agenda institutionnel. Plus spécifiquement, c'est le problème de la sécurité intérieure qui est analysé dans cette recherche.

Cinq idéaux-types de modèles de mise à l'agenda sont repérés par Garraud (1990 : 29–40). Cet auteur précise d'emblée que ces modèles ne se rencontrent pas ou très rarement tels quels dans la réalité mais qu'ils peuvent se combiner pour donner naissance à un modèle mixte. Dans le premier modèle, les partis politiques tentent de se réapproprier les enjeux mis en avant par les médias et instituts de sondage en lançant un débat politique. Ils utilisent une « fenêtre d'attention » (Green-Pedersen, 2007 ; Kingdon, 2011) leur offrant l'opportunité d'amener un enjeu au-devant de l'agenda. L'importance des médias à ce stade du processus de fabrique des politiques publiques, comme catalyseur, est largement partagée dans la littérature (*e.g.* Cobb & Elder, 1972 ; Hill & Varone, 2017). Deuxièmement, l'initiative peut provenir de l'extérieur. Dans ce modèle dit de la mobilisation, ce sont les groupes d'intérêt et les mouvements sociaux qui exercent un rôle important grâce à la mobilisation de moyens variés afin d'attirer l'attention sur un problème précis. Troisièmement, les problèmes publics peuvent être anticipés par les autorités publiques elles-mêmes. On parle ainsi « d'anticipation interne ». Quatrièmement, l'action corporatiste silencieuse, contrairement au modèle de la mobilisation où les acteurs cherchent à offrir une certaine visibilité à leurs actions, implique une forte demande sociale avec des modes d'action silencieux. Dans ce cas, les groupes d'intérêt exercent un rôle discret sur l'agenda. Enfin, l'offre politique est aussi une manière de mettre un problème public ou un enjeu à l'agenda politique. Les partis politiques n'exercent pas un rôle strictement réactif mais peuvent aussi être actifs et ainsi prendre l'initiative de la mise à l'agenda. Plusieurs motivations peuvent expliquer ce rôle actif, comme le pressentiment d'une rentabilité politique (Knoepfel *et al.*, 2006).

D'une manière générale, des « situations de stress » (Almond & Verba, 1963 : 140) – ou de « tension » – permettent de stimuler des tentatives d'influence de l'agenda politique de la part de différents acteurs politiques. Ces situations de tension peuvent être assimilées à des « crises » (Hill & Varone, 2017 : 173) qui permettent de coupler des solutions existantes aux problèmes (Kingdon, 2011). Face à ces crises, les pouvoirs publics peuvent soit décider eux-mêmes de mettre le problème à l'agenda politique et d'y apporter des solutions, soit y être forcés par la pression exercée par des partis politiques, par des groupes d'intérêt, des citoyens organisés et/ou des médias (Schiffino, 2003 ; Hill & Varone, 2017). De façon synthétique, ces situations de stress ou de crise peuvent être regroupées à travers le terme « période de tension ». En outre, des « fiascos de politiques » (Bovens &'t Hart, 1996) peuvent aussi constituer des fenêtres d'opportunité (Kingdon, 2011) et contribuer à la mise à l'agenda de problèmes. Dans ce cas, l'attention des acteurs publics ou privés est attirée par la non efficacité ou non efficience de politiques publiques adoptées précédemment.

Si plusieurs acteurs ou types d'acteurs peuvent intervenir dans la mise à l'agenda, il est à noter que, en démocratie, aucun ne peut exercer un contrôle absolu sur l'agenda : « La fixation de l'agenda reflète davantage un processus pluraliste, où aucun acteur n'est dominant et où les vues des minorités sont également prises en compte » (de Bruyne, 1995 : 219). Plusieurs acteurs peuvent donc influencer cette même phase de la fabrique des politiques publiques et un parti politique de l'opposition peut aussi être capable d'exercer une influence sur l'agenda politique (Schain, 2008 : 469). Cependant, la capacité d'accueil de l'agenda politique est limitée et, dès lors, une lutte entre les acteurs s'engage autour de l'inclusion ou, au contraire, de l'exclusion d'un problème public dans l'agenda et cette lutte doit être observée comme étant un ensemble d'actions stratégiques menées par les acteurs en confrontation (Padioleau, 1982). En effet, tenter d'inscrire un problème à l'agenda politique permet d'affirmer ses choix. Au contraire, ôter une question de l'agenda peut également être utile pour un acteur. Entre ces deux stratégies, une panoplie de stratégies intermédiaires existe et peut être engagée (de Bruyne, 1995).

Les partis politiques – comme d'autres acteurs d'ailleurs – peuvent avoir un intérêt à ce qu'un problème demeure écarté de l'agenda politique.

Dès lors, plusieurs stratégies peuvent être élaborées et/ou mobilisées par ces acteurs afin de bloquer la mise à l'agenda d'un problème public quelconque. Cobb et Ross (1997) dressent une typologie des stratégies pouvant être utilisées. Celles-ci sont classées selon que le coût qui leur est associé – à court comme à long terme – est faible ou important. Ainsi, la non reconnaissance d'un problème public, le déni de l'existence d'un problème ou le déni de légitimité des initiateurs du problème sont des stratégies à faible coût qui impliquent que la communication entre les deux parties est fragile, voire inexistante. Les stratégies à moyen coût sont réputées par les auteurs comme étant les plus nombreuses et les plus utilisées. Celles-ci tendent à combiner deux types de discrédit : le discrédit du groupe défendant la mise à l'agenda d'un problème (initiateur) et le discrédit du problème lui-même par différents moyens. Si le groupe initiateur est peu connu ou bénéficie d'une faible légitimité, c'est surtout le premier type de discrédit qui est employé, par exemple en caractérisant le groupe négativement. Enfin, les stratégies à coût important concernent des menaces électorales, économiques, judiciaires et physiques mais, comme le précisent Cobb et Ross, elles ne constituent pas la norme dans les démocraties occidentales contemporaines étant donné le risque important de répercussions négatives.

Cette capacité à empêcher un problème de traverser le filtre de l'agenda politique et à empêcher la prise de décision est une face du pouvoir importante repérée par Bachrach et Baratz (1962 ; 1963). Selon ces deux auteurs, le pouvoir comporte deux faces. La première consiste à prendre des décisions et la deuxième implique d'empêcher l'adoption de décisions. Il s'agit de la non-décision. Dès lors qu'un enjeu s'inscrivant dans les priorités programmatiques d'un parti parvient à l'agenda politique, c'est qu'il a réussi à traverser le filtre posé par les biais et cela grâce à une stratégie particulière. De la sorte, c'est une forme d'influence que le parti a, dans ce cas, pu exercer.

Que ce soit positivement ou négativement, en tant qu'entrepreneurs politiques ou en tant que *veto-players* (Varone *et al.*, 2005 : 151–152), les partis politiques exercent un rôle particulièrement important dans ce travail de mise à l'agenda. Plusieurs auteurs (*e.g.* Bélanger & Meguid, 2008 ; Walgrave *et al.*, 2012) ont mis en évidence l'idée selon laquelle les partis politiques seraient « propriétaires » d'enjeux particuliers et, aux yeux des électeurs, seraient les plus compétents pour résoudre les questions liées à ces mêmes enjeux et/ou seraient les plus aisément associés à ces enjeux.

Ce double aspect de la propriété d'un enjeu a été étudié par Walgrave *et al.* (2012) qui postulent qu'un parti peut être perçu comme compétent sur certains enjeux tout en n'étant pas associé à cet enjeu et vice-versa. En fonction de la manière avec laquelle ces enjeux sont amenés, les partis peuvent tenter de capter une part plus ou moins significative de l'électorat. D'autres auteurs (*e.g.* Sulkin, 2005) ont aussi souligné le fait que, lors des campagnes électorales, de manière stratégique, certains partis peuvent s'approprier les priorités d'autres partis avec lesquels ils sont en concurrence ou en compétition. Dans l'analyse d'une confrontation entre partis politiques autour d'un enjeu ou d'un problème public précis, pouvoir déterminer quel parti est le propriétaire initial de l'enjeu ou du problème peut se révéler important.

La problématisation et, ce faisant, la mise à l'agenda d'un problème public spécifiquement déterminé constitue ainsi la première phase importante du processus de fabrique des politiques publiques. Lors de celle-ci, les partis politiques – parmi lesquels les partis populistes étudiés dans la présente recherche – se préparent à entrer dans une logique de confrontation afin que les problèmes qu'ils considèrent comme importants à résoudre puissent être pris en compte et ce, malgré la force de résistance et de blocage exercée par des acteurs adversaires.

4. La décision

Le processus décisionnel peut être découpé en deux étapes (Jones, 1970). La première est la phase de formulation, qui tend à « opérationnaliser un problème inscrit à l'agenda » (Halpern, 2010 : 202) en proposant un ensemble de solutions. La deuxième est la phase de légitimation. Lors de celle-ci, une des solutions est choisie par le décideur et ce dernier tente de la légitimer notamment en l'inscrivant dans un cadre légal. Ainsi, la décision peut recouvrir différentes formes : lois, arrêtés, décrets, *etc.*

4.1. La formulation de solutions

Une fois le problème posé et le groupe cible et/ou le bénéficiaire final désigné(s), des solutions ainsi que des alternatives aux solutions déjà proposées sont proposées pour y remédier. Cette liaison est ce que Kingdon (2011) appelle le processus de couplage, processus initié par des entrepreneurs politiques stratégiques[6]. Toutefois, Kingdon (2011) avance que les solutions n'ont pas besoin de problèmes pour exister et qu'elles peuvent exister indépendamment des problèmes. Lors de la période de formulation, « diverses activités se mêlent : l'étude technique, l'imagination, la prévision, mais aussi des conflits, des modes d'ajustement, la création de coalitions, la propagande, la persuasion » (Thoenig, 1985 : 26).

Afin de proposer des solutions et des alternatives, les acteurs prenant part au processus de fabrique des politiques publiques mobilisent de l'information qu'ils obtiennent auprès de plusieurs sources, comme des consultants ou des comités consultatifs, par exemple (Fobé *et al.*, 2017). En outre, l'expérience menée en un autre lieu ou en un autre temps peut être une source de connaissances importante pouvant aider à formuler des solutions. Des leçons peuvent ainsi être tirées et, selon que l'expérience soit positive ou négative, des idées peuvent émerger. Différentes manières de tirer des leçons existent comme la copie d'un programme, l'adaptation de celui-ci, son hybridation, sa synthèse ou encore son inspiration (Rose, 1993). Mais cette recherche de solutions est aussi et surtout liée aux demandes et attentes de certains acteurs et groupes d'acteurs précis (de Bruyne, 1995 : 223).

Différentes manières de formuler des solutions aux problèmes publics repérés peuvent être distinguées (Richardson, 2010). Ces styles, propres à chacun, se repèrent à l'intersection de deux facteurs : l'attitude qu'adopte le gouvernement face aux problèmes publics d'une part et, d'autre part, la manière avec laquelle le gouvernement intègre d'autres acteurs dans le processus (Richardson, 2010). Le premier facteur tend à préciser si le gouvernement est proactif en ce sens qu'il anticipe les problèmes publics ou si, au contraire, il réagit une fois que ceux-ci apparaissent. Le deuxième facteur tend à déterminer si le gouvernement, dans son travail, prend en compte les acteurs tels que, par exemple, des groupes de pression ou si, au contraire, il impose ses volontés d'une manière plus ou moins autoritaire. Ainsi, la formulation des solutions est dotée de caractéristiques diverses en fonction de l'État étudié.

Les partis populistes de droite radicale tentent aussi d'influencer cette phase de formulation et de propagation de solutions. Pour ce faire, ils

---

[6] Par entrepreneur politique, il est entendu « toute personne qui souhaite investir ses ressources – temps, énergie, réputation, argent – pour promouvoir une position en échange d'un gain anticipé futur sous différentes formes » (Kingdon, 2011 : 179 – trad.).

proposent eux-mêmes des solutions ou s'opposent à leurs adversaires proposant d'autres solutions. Typiquement, c'est lors des campagnes électorales que cette phase intervient d'abord. La période de mise sur pied d'un gouvernement est aussi propice à cette formulation et à la propagation de solutions. Enfin, l'arène parlementaire est un lieu par excellence où s'expriment les élus à propos de problèmes publics rencontrés et où des solutions peuvent être proposées. Un travail d'argumentation est alors réalisé par les partis eux-mêmes ou leurs élus afin de défendre leur propre solution et de persuader ou convaincre l'électorat et/ou leurs adversaires (Zittoun, 2013). Les partis populistes de droite radicale sont reconnus dans ce travail d'argumentation par le style de communication auxquels ils recourent (Wodak, 2015) et l'effet que ce style peut provoquer (Forchtner *et al.*, 2013). Certains partis traditionnels peuvent par ailleurs reprendre à leur compte les solutions proposées par un parti populiste de droite radicale, par crainte de perdre une part de leur électorat (Grabow & Hartleb, 2013).

4.2. La prise de décision

La troisième étape du processus de fabrique des politiques publiques est la prise de décision. Par décision, il est entendu :

> L'option faite à un moment donné, quelles qu'en soient l'importance et l'ampleur, d'engager le destin du pays, adopter un projet ou nommer un employé. Qu'il s'agisse d'arrêter une ligne d'action pour les années à venir ou de déterminer un acte simple à poser, l'acteur se prononce sur ce qu'il fera. (Rezsohazy, 1996 : 188)

Face à la multitude de solutions proposées pour résoudre un problème public, une seule est sélectionnée et est censée produire des effets sur un groupe cible déterminé. Pour déterminer quelle est la solution retenue, c'est un choix qui va devoir être posé. Plusieurs approches se sont succédé pour tenter de préciser la manière avec laquelle une solution précise est choisie.

Tout d'abord, les décisions ont été supposées être adoptées selon une rationalité pure. Dans cette optique, le décideur – qui est un *homo economicus* – connait parfaitement l'ensemble des traits du problème, connait toutes les alternatives imaginables pour le résoudre, est capable d'anticiper chacune de leurs conséquences et dispose de l'ensemble de l'information nécessaire pour poser un choix qui se veut optimal (de Bruyne, 1981 ; Sfez, 1984).

Toutefois, nombreux sont ceux à avoir remis ce postulat en cause, arguant que les faits dépassent le décideur. Simon (1947) a ainsi mis en avant le fait que les décisions sont prises sur base d'une rationalité limitée – ou subjective – et non d'une rationalité parfaite – ou objective. Selon lui, c'est seulement suite à un recours aux facultés délibératives des individus (Quinet, 1994 : 173), caractérisées par leurs limites cognitives, qu'une décision peut être prise et seule une solution satisfaisante peut alors être atteinte. Plusieurs éléments – internes et externes – interviennent dans le choix d'une telle solution. Parmi les éléments externes, l'influence d'un individu par un autre intéresse particulièrement Simon. L'attention que des individus ou qu'un groupe parvient à faire porter sur un problème précis est aussi un facteur d'influence important, tout comme la formation et l'information dont les individus vont bénéficier.

La décision peut en outre être appréhendée comme n'étant pas le produit d'un acteur individuel (de Bruyne, 1981). Selon cette vision, plusieurs individus participent de manière simultanée à la prise de décision et ceux-ci peuvent avoir des perceptions et intérêts différents, voire opposés (Allison, 1971). La décision effective est dès lors presque systématiquement différenciée de la décision escomptée. En ce sens, Muller et Surel (1998 : 103) parlent de « l'indétermination de la décision ». Trois types de contraintes s'exercent sur les décideurs politiques et, *in fine*, impactent les décisions (Muller & Surel, 1998 : 106–112). Tout d'abord, les décisions se développent dans un espace non vierge marqué par un ensemble de règles et de normes. Les constitutions et lois en sont un exemple. Ensuite, des jeux bureaucratiques constituent une deuxième contrainte. Enfin, les décisions font l'objet d'une lutte de pouvoir et d'influence importante.

Comme le précisait déjà Allison (1971), le choix entre les différentes possibilités existantes s'opère moins par les attributs qui le caractérisent que par la compétition entre les acteurs. Ainsi, des conflits internes en termes d'objectifs et de préférences caractérisent le fonctionnement interne d'un gouvernement. Afin d'apaiser ces conflits internes, dans la plupart des cas, une négociation s'engage et les décisions prennent la forme de compromis (Muller & Surel, 1998 : 106–112). Si tel n'est pas le cas, une crise peut être provoquée et conduire à la chute du gouvernement en question. En fonction de la forme du système politique, la négociation aura une place plus ou moins importante dans le processus de prise de décision. Les États caractérisés par un modèle de démocratie consociative, comme la Suisse ou la Belgique, recourent ainsi plus facilement à la voie du compromis (de Bruyne, 1995 : 157–166 ; Kriesi,

1998 : 339-362). Étant donné cet ensemble de contraintes qui s'impose, les partis politiques ainsi que les autres acteurs doivent faire preuve d'ingéniosité dans la sélection et la mobilisation des ressources et stratégies dont ils disposent dans la poursuite de leur but.

Dans le cadre de cette étude, étant donné cette complexité qui caractérise la prise de décision, il est crucial d'ouvrir la « boite noire » afin de cerner l'influence exercée par les partis populistes de droite radicale sur la fabrique des politiques publiques lorsque ceux-ci soutiennent le gouvernement – plus ou moins formellement – ou lorsqu'ils sont dans l'opposition. Dans un cas comme dans l'autre, les partis populistes de droite radicale disposent de ressources et de répertoires d'actions qu'ils peuvent mobiliser et, qu'ils soient dans la majorité ou dans l'opposition, ils peuvent potentiellement exercer une influence sur le processus de fabrique des politiques publiques. Comme le rappelle Williams (2006), ce qui distingue la démocratie de la dictature étant la légitimité de l'opposition, ne pas marginaliser le rôle de l'opposition en termes de recherche s'avère important. De plus, l'influence de partis d'opposition sur les textes gouvernementaux est établie par plusieurs auteurs (Rihoux *et al.*, 2005 ; Thomson *et al.*, 2017). Par exemple, suggérer une pétition contre les mesures gouvernementales peut potentiellement amener un gouvernement à modifier son comportement (Luther, 2011).

Étant donné l'implication d'un nombre important d'acteurs dans le processus de fabrique des politiques publiques et la compétition qui caractérise leurs relations, un compromis caractérise la plupart des décisions prises. En outre, certains acteurs ont intérêt à conserver le *statu quo*. Dès lors, les décisions prises par les décideurs publics contemporains sont reconnues comme étant incrémentales. Selon Lindblom (1959), les décideurs prennent en effet des décisions à la marge. Il n'est donc pas question, pour les décideurs et par leurs décisions, de bouleverser la société.

Chapitre 3

L'influence politique

> *L'une des principales préoccupations de la science politique contemporaine est l'analyse de l'influence qui s'exerce sur les détenteurs officiels du pouvoir ou, si l'on préfère, sur les titulaires de la faculté de commander en dernier ressort.*
> (Meynaud, Ladrière & Perin, 1965 : 365)

Le processus de fabrique des politiques publiques ne peut être complètement cerné sans appréhender le concept d'influence puisque celui-ci est au cœur même de la mécanique et caractérise les volontés et les stratégies des acteurs – dont les partis populistes de droite radicale – jouant à l'intérieur du champ politique. Cette notion d'influence est centrale en science politique (Balzacq *et al.*, 2014) et a été largement abordée dans la littérature, particulièrement à partir des années 1960. De nombreuses analyses ont été réalisées sur la base de cette notion et ont permis de faire progresser la recherche, notamment en analyse des politiques publiques. Néanmoins, force est de constater qu'il s'agit d'une notion délicate à saisir et qui nécessite d'être encore davantage stabilisée. Le présent ouvrage ambitionne aussi de contribuer à la stabilisation de la notion et au développement d'un outil permettant de l'estimer empiriquement.

1. Influence : caractéristiques définitionnelles

La définition de la notion d'influence ainsi que la caractérisation de son périmètre et de ses outils d'analyse font l'objet de nombreux débats au sein de la communauté scientifique (Gallie, 1955 ; Lukes, 2005). Plusieurs écoles se sont ainsi affrontées et/ou succédé dans le temps, principalement depuis le début des années 1950.

L'école élitiste met en avant que le pouvoir d'influence est détenu par celles et ceux qui occupent une position stratégique au sein des hiérarchies institutionnelles de la société. Il s'agit des élites politiques, économiques, et militaires (Mills, 1956). Le pouvoir d'influence découle donc de la position sociale des acteurs étudiés. Concrètement, selon cette école, détenir un poste (président, par exemple) au sein du bureau d'un parlement ou d'une de ses commissions permet d'être particulièrement influent. Cela s'explique entre autres par la possibilité qu'ont les acteurs à ces postes d'avancer ou de retarder les débats au regard d'une thématique ou d'un texte parlementaire. Être membre d'un exécutif est aussi une manière d'être influent. L'influence de ces acteurs peut être estimée à travers l'approche réputationnelle (Hunter, 1953). Cela signifie que l'influence d'un acteur peut être évaluée à travers la réputation qu'il a acquise – en termes d'influence – auprès d'autres acteurs du réseau, c'est-à-dire qui le connaissent, soit directement (par exemple dans le cadre d'une collaboration), soit indirectement (par exemple dans le cadre de recherches menées). Cette approche a été systématisée et utilisée dans bon nombre de recherches (*e.g.* Laumann & Knoke, 1987 ; Sakkas, 2014).

Très controversée, notamment pour le fait qu'elle considère que prendre des décisions est moins important qu'être en position de le faire, l'école élitiste se fait rapidement dépasser par l'école pluraliste. D'après la définition formulée par Dahl (1973 : 53), l'influence « constitue un rapport entre des acteurs par lequel l'un d'entre eux amène les autres à agir autrement qu'ils l'auraient fait sans cela ». L'école pluraliste soutient que l'influence est tout d'abord une relation, une interaction entre deux acteurs ou deux groupes d'acteurs dont les intérêts divergent. Dahl précise que, contrairement à ce que postule l'école élitiste, être en position d'influence ne signifie pas automatiquement être influent, et inversement. Il distingue ainsi l'influence manifeste de l'influence virtuelle (Dahl, 1973 : 81). Alors que l'influence manifeste consiste à faire coïncider la perception des ressources dont dispose un acteur pour exercer une influence avec les ressources dont il dispose vraiment, l'influence virtuelle consiste pour un acteur à être perçu comme ne disposant pas des ressources nécessaires pour exercer une influence alors que, dans les faits, cet acteur dispose de ces ressources. Cette distinction est fondamentale car indique que la perception de l'influence d'un acteur peut être sous-estimée ou surestimée. C'est en ce sens qu'elle invite à dépasser l'école élitiste. Cette distinction est intégrée dans le design de cette recherche à travers l'étude de partis populistes de droite radicale dont le rapport au pouvoir varie et à travers l'adoption d'une méthodologie permettant d'étudier en profondeur leur influence. Le fait que ces partis détiennent certains postes clés – par exemple au sein du Parlement – ne doit ainsi pas être automatiquement considéré comme une trace de leur influence. L'influence réellement exercée doit être interrogée.

En outre, la définition fournie par Dahl souligne le caractère asymétrique de toute relation d'influence (Simon, 1953 : 503 ; March, 1955 : 436). Dahl suggère donc d'analyser les décisions concrètes pour observer si un acteur A parvient à imposer ses préférences à un acteur B, et donc à la traduire en termes décisionnels. Selon l'école pluraliste, plus l'acteur A parvient à traduire ses préférences en décisions, plus il peut être considéré comme étant influent. L'influence exercée peut ainsi varier en intensité.

Bachrach et Baratz (1962, 1963) critiquent l'école pluraliste, en mettant en exergue que si la décision est importante à examiner, il en est de même pour la non-décision. Ils définissent cette dernière comme « la limitation de l'étendue de la prise de décision aux enjeux sûrs, en manipulant les valeurs, les mythes, les institutions et procédures politiques de la communauté dominante » (Bachrach & Baratz, 1963 : 632). Parfois, des acteurs parviennent à écarter des secteurs entiers des débats publics et à propos desquels aucune décision publique ne peut être prise. En ce sens, selon ces deux auteurs, une influence considérable est exercée. Dès lors, dans le processus de fabrique des politiques publiques, l'influence ne s'exerce pas uniquement au niveau de la décision, mais aussi dès la phase de mise à l'agenda. Cela renforce l'idée selon laquelle l'influence ne doit pas être étudiée uniquement au regard des décisions publiques adoptées mais aussi en amont du processus de fabrique des politiques publiques, dès la phase de mise à l'agenda. En outre, la non-décision est utile pour cerner si un acteur, lorsqu'il est *a priori* réputé exercer une influence, parvient vraiment à empêcher l'adoption d'une décision (dès la phase de mise à l'agenda) allant à l'encontre de ses intérêts. À nouveau, la détention de postes clés peut – ou pas – permettre d'exercer une influence en ce sens. Le design de recherche proposé prend donc également en compte cette dimension de l'influence.

Ultérieurement, Lukes (2005) propose une troisième dimension de la notion d'influence. S'il ne remet pas fondamentalement en cause les deux premières dimensions, il les considère incomplètes et indique qu'une influence peut aussi s'exercer sur un acteur en orientant et en déterminant – de manière indirecte et moins facilement observable – les volontés et préférences de cet acteur. Cet acteur ne remet alors pas en cause ses préférences et les considère comme naturelles, ne recherche pas d'alternative. Cette troisième dimension prend en compte la notion de « phénomène des réactions anticipées » mise en évidence par Simon (1953). Ce phénomène traduit le fait que la simple présence de l'acteur A ou la simple connaissance, par B, des pensées de A peut suffire à exercer une influence. Comme le suggèrent Arts et Verschuren (1999), cette anticipation – impliquant que l'intervention de A n'est pas toujours nécessaire dans l'exercice de l'influence – entre tout à fait dans la définition du concept d'influence. Néanmoins, elle est particulièrement délicate à saisir et à estimer. Cette dimension de l'influence est également cruciale à considérer dans cette recherche car, si elle n'est pas aisée à repérer, elle contribue grandement à décoder l'influence d'un acteur politique et la manière avec laquelle cette influence s'exerce. Elle permet donc de cerner si et comment une influence s'exerce. Cette dimension dépasse l'école élitiste et va au-delà de l'école pluraliste en questionnant une influence d'autant moins visible.

Différents types d'influence peuvent par ailleurs être distingués, comme l'influence positive et l'influence négative (Lemieux, 1979). Ainsi, « il arrive que le pouvoir [ou l'influence] de A sur B échoue, c'est-à-dire que A n'arrive pas à rendre ses préférences ou ses 'ordres' efficaces auprès de B » (Lemieux, 1979 : 38). Une illustration de l'influence négative pourrait être qu'un parti politique d'opposition ne parvienne pas à insuffler sa propre vision autour d'une décision publique en cours de fabrication.

Dans cette recherche, la définition d'influence fournie par Arts et Verschuren (1999 : 413 – trad.) et selon laquelle « [l'influence est] le fait d'atteindre, pour un acteur, (une partie de) son objectif dans le processus de prise de décision, soit en conséquence de sa propre intervention soit par anticipation des décideurs publics » est retenue. Cette définition offre au moins deux avantages. Premièrement, elle va au-delà de l'approche interactionniste et permet donc de s'intéresser à des mécanismes d'influence complexes. Deuxièmement, elle permet de distinguer une influence qui résulte de la mobilisation de stratégies et ressources particulières par les acteurs politiques étudiés de l'anticipation dont peuvent faire preuve d'autres acteurs. Elle intègre ainsi les différentes dimensions de l'influence repérées dans la littérature et permet de mieux comprendre si et comment cette influence s'exerce. Est donc considéré comme influent tout acteur qui, ayant des buts précis et déterminés et étant inscrit dans un système compétitif, parvient à les concrétiser lors d'un processus complexe (processus de fabrique des politiques publiques), grâce à la gestion du répertoire stratégique et des ressources dont il dispose. La définition suggère donc d'étudier l'influence d'un parti populiste de droite radicale en estimant à quel point il parvient à atteindre ses buts, à travers les différentes phases caractérisant le processus de fabrique des politiques publiques, et à travers quelles stratégies et ressources. Ces dernières peuvent être variées, allant de la mobilisation d'information (Esterling, 2004 ; Baumgartner *et al.*, 2009) à la menace (Luther, 2011), en passant notamment par l'accès à certains postes spécifiques, comme la présidence d'une commission parlementaire.

En conclusion, c'est essentiellement à une logique binaire – selon laquelle un acteur est soit influent, soit non influent – que les études portant sur l'influence s'appuient jusqu'aujourd'hui. Pourtant, la littérature indique que plusieurs dimensions de l'influence et plusieurs types d'influence doivent être distingués pour mieux la cerner. En effet, c'est généralement à travers des mécanismes complexes que celle-ci s'exerce (Arts & Verschuren, 1999). En conséquence, une logique multidimensionnelle est privilégiée dans le cadre de cette recherche.

2. Estimer l'influence des partis populistes de droite radicale par le prisme de leurs promesses électorales

Plusieurs approches permettent d'étudier l'influence des partis populistes de droite radicale sur la fabrique des politiques publiques. Celles-ci consistent (a) à étudier l'effet induit par des changements de gouvernement (par exemple, suite à l'accès d'un parti populiste au gouvernement) sur les politiques publiques, (b) à étudier la correspondance entre les enjeux présents dans les programmes électoraux et l'agenda des politiques publiques, et (c) à étudier la trajectoire des promesses électorales formulées par ces partis (Schmidt, 1996 ; Guinaudeau & Persico, 2018). Chacune permet de cerner l'influence partisane à travers une dimension spécifique et peut être privilégiée à une autre selon l'objet de la recherche.

Bien que la littérature ait surtout mobilisé les deux premières approches lorsqu'il a été question d'estimer l'influence des partis populistes de droite radicale (*e.g.* Bouillaud, 2007 ; Akkerman & de Lange, 2012), l'approche par la trajectoire des promesses électorales – originale dans l'étude de l'influence des partis populistes – est mobilisée dans cet ouvrage pour au moins cinq raisons. *Primo*, la littérature reconnaît que tenir leurs promesses électorales est un objectif important pour les partis politiques, que cela soit une fin en soi ou simplement un moyen pour remporter un futur scrutin ou pour rester au pouvoir (Strom, 1990 ; Smith *et al.*, 2011 ; Thomson *et al.*, 2017). En outre, les partis politiques étant réputés « propriétaires » de certains enjeux de par l'importance qu'ils leur accordent, ce sont d'abord les promesses liées aux enjeux prioritaires des partis qui sont défendues et/ou tenues (Mansergh & Thomson, 2007 ; Pétry, 2012). *Secundo*, il s'agit d'une manière précise d'estimer l'influence d'un parti, plus que l'influence d'une idéologie. En effet, certaines études – reposant davantage sur les deux autres approches – se sont attachées à étudier dans quelle mesure les décisions adoptées dans un pays sont « colorées » de droite radicale (*e.g.* Bouillaud, 2007 ; Howard, 2010 ; Akkerman, 2012 ; Akkerman & de Lange, 2012). Elles conduisent alors à observer si les politiques pénales s'assouplissent ou se renforcent lorsqu'un parti populiste de droite radicale est au pouvoir, ou si les politiques d'immigration deviennent plus libérales ou plus restrictives à ce même moment. Si ces études restent riches en termes d'apprentissage, elles visent plus à estimer l'influence d'une idéologie sur la législation que l'influence des partis la défendant. Dans un même pays, plusieurs partis peuvent défendre une idéologie similaire. C'est par exemple le cas en Suisse, où l'Union démocratique du centre, la Ligue des Tessinois et le Mouvement citoyen genevois sont tous les trois des partis populistes de droite radicale représentés au sein du Parlement fédéral (Bernhard, 2017). L'approche par la traçabilité des promesses électorales permet alors de mieux distinguer quel parti intervient dans le processus pour exercer une influence. *Tertio*, cette approche permet d'étudier l'influence des partis populistes de droite radicale lors de chaque phase du processus de fabrique des politiques publiques – à savoir la mise à l'agenda, la formulation de solutions et l'adoption de décisions – puisque la promesse électorale en constitue le point de départ et son adoption le point d'aboutissement. *Quarto*, l'étude de la trajectoire des promesses électorales permet de réaliser une analyse de l'influence sur le court et le moyen terme. Si l'étude de l'influence sur le long terme est également importante, son étude sur le court et le moyen terme est un préalable indispensable puisqu'elle est une étape cruciale du processus d'influence potentiel dans le long terme. *Quinto*, étudier l'influence par le prisme des promesses électorales est original puisqu'aucune étude n'a jusqu'à présent proposé d'estimer l'influence des partis populistes de droite radicale à travers cette approche.

Étudier l'influence partisane à travers la trajectoire de ses promesses électorales permet de mettre au jour un ensemble d'acteurs intervenant au sein du processus de fabrique des politiques publiques et un ensemble d'actions développées par ceux-ci. Puisque les partis populistes de droite radicale constituent la focale de cette recherche, c'est spécifiquement sur ceux-ci, sur leurs actions et sur les interactions qu'ils ont avec d'autres acteurs que l'analyse va se centrer, l'objectif étant de repérer si et, le cas échéant, de quelle manière cette influence des partis populistes de droite radicale s'exerce.

Une fois au pouvoir, certains partis peuvent adopter des décisions qui ne traduisent pas nécessairement des promesses qu'ils ont formulées en période de campagne électorale. Il s'agit de ce que Bélanger *et al.* (2018) ont appelé des « non-promesses ». Ces non-promesses peuvent être adoptées en conséquence d'un contexte imprévu mais aussi par anticipation, afin de satisfaire les préférences des électeurs du prochain scrutin (Jacob *et al.*, 2018). Cela constitue à la fois une force et une limite à l'approche par les promesses électorales. D'un côté il s'agit d'une force car retracer le cheminement de promesses formulées par des partis populistes peut contribuer à comprendre pourquoi certains partis n'ayant pas inscrit une telle promesse dans leur programme contribuent à la faire adopter. D'un autre côté il s'agit d'une limite car l'influence d'un parti populiste peut potentiellement s'exercer au-delà des promesses contenues dans son programme électoral, à l'égard de non-promesses, c'est-à-dire de décisions qui n'ont pas fait l'objet de promesses électorales.

3. L'influence sur la fabrique des politiques publiques

La notion d'influence étant complexe, il est nécessaire de proposer une manière de l'opérationnaliser dans le cadre de cette recherche. Deux étapes permettent cette opérationnalisation, dont l'objectif est de découvrir (1) dans quelle mesure les partis populistes de droite radicale exercent une influence et (2) de mieux appréhender celle-ci et d'en délimiter le périmètre.

D'emblée – et bien qu'elles soient davantage développées dans le chapitre méthodologique – des précisions terminologiques s'imposent pour guider la lecture des sections suivantes. L'usage du *process-tracing* conduit ainsi à recourir à la notion de 'séquence' pour qualifier les occurrences d'actions engagées par un acteur (*e.g.* une intervention parlementaire) afin de développer davantage une promesse électorale dans le sens de sa traduction en décision publique. Une séquence est donc une partie du mécanisme causal et plusieurs séquences caractérisent une même phase du processus de fabrique des politiques publiques. Une phase est quant à elle une partie de ce processus de fabrique des politiques publiques (elles sont la mise à l'agenda, la formulation de solutions et l'adoption de décisions). L'imbrication de ces notions est visible à travers la figure 2.

3.1. Exercice de l'influence

Afin de prouver si les partis populistes de droite radicale exercent une influence sur la fabrique des politiques publiques, il est nécessaire de repérer des « empreintes empiriques » de son influence (Beach & Pedersen, 2016 : 160 – trad.), c'est-à-dire des données concourant à la reconstruction d'un ensemble de séquences constituant un mécanisme causal. Étant donné le cadre fixé préalablement, cela signifie qu'il est question d'observer dans quelle mesure les partis populistes de droite radicale interviennent au sein d'un tel mécanisme et parviennent à faire développer leurs promesses lors des différentes phases du processus de fabrique des politiques publiques et, *in fine*, à les faire adopter. Cela permet de déterminer leur « capacité d'influence ».

Pour qu'un parti populiste soit reconnu comme exerçant une influence lors d'une phase de la fabrique des politiques publiques, il faut qu'il intervienne – au sein de cette phase – à travers une action ou des actions spécifiques et dont la conséquence est le développement plus approfondi de la promesse dans le sens de sa traduction en décision. Chacune de ces actions et leurs conséquences forment alors des séquences du mécanisme causal étudié.

Concrètement, l'intervention des partis populistes peut être repérée empiriquement lors des différentes phases du processus de fabrique des politiques publiques. La mise à l'agenda concerne les promesses électorales des partis populistes de droite radicale et peut se réaliser en une ou plusieurs fois. Cela signifie que plusieurs interventions peuvent être nécessaires pour qu'une promesse soit mise à l'agenda, mais aussi que le processus de fabrique des politiques publiques n'est pas nécessairement linéaire et qu'un effet de rétroaction peut avoir lieu. Un parti est influent lors de la mise à l'agenda lorsque sa proposition électorale prend la forme d'un discours auquel une ou plusieurs réactions (réactions qui constituent alors une nouvelle séquence au sein du processus de fabrique

L'influence sur la fabrique des politiques publiques 75

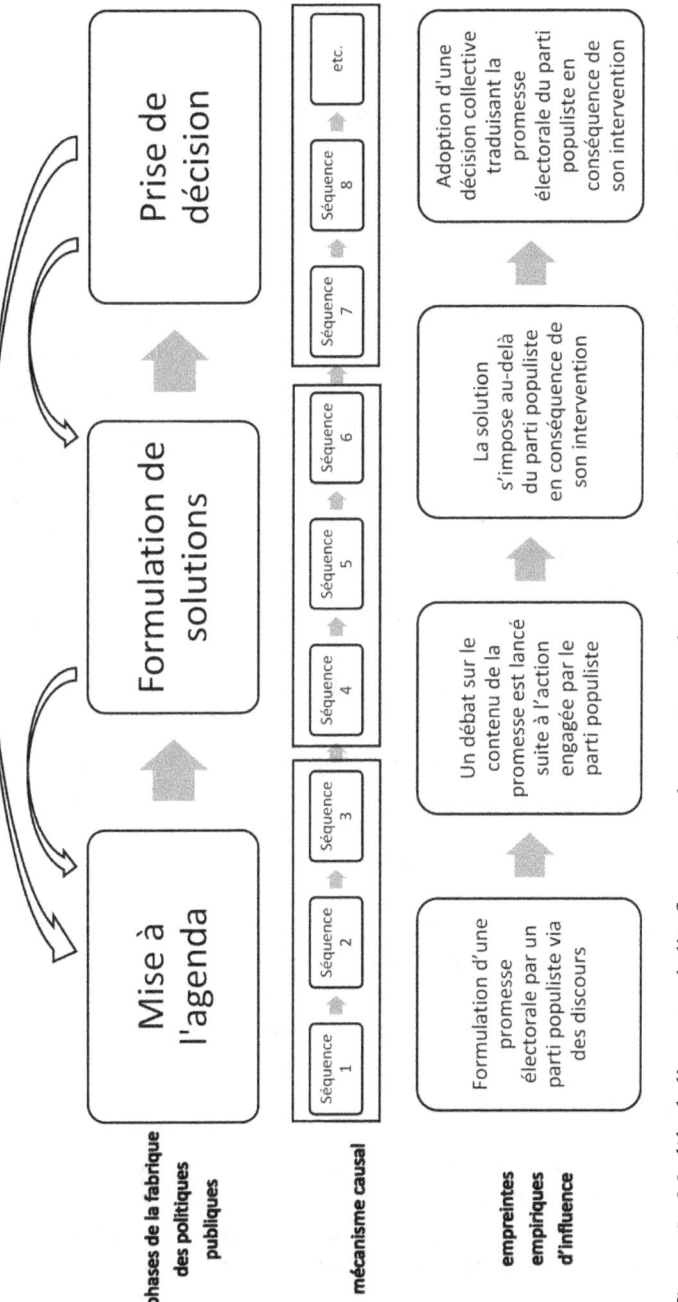

Figure 2: Modèle de l'exercice de l'influence par les partis populistes de droite radicale sur la fabrique des politiques publiques

des politiques publiques) se produisent. Ces discours peuvent être oraux ou écrits. Ils prennent la forme d'objets parlementaires (exemple : propositions de loi), de textes gouvernementaux (exemple : projets de loi) ou encore de propositions d'initiative populaire (lorsque l'outil existe, comme en Suisse). Un parti populiste est dès lors influent lors de la mise à l'agenda lorsqu'il intervient à travers l'une de ces actions, en ouvrant un débat au sein des institutions.

Les solutions sur lesquelles porte la phase suivante du processus (la formulation de solutions) concernent à nouveau les promesses électorales des partis populistes de droite radicale. La promesse étant inscrite à l'agenda, il s'agit de l'imposer afin de la développer et la traduire en décision. Un parti est influent lors de cette phase dès lors qu'il parvient à obtenir un soutien au-delà de ses propres élus. Ce soutien peut prendre plusieurs formes : un objet parlementaire qui est cosigné par des élus d'un autre groupe politique, un texte gouvernemental qui est produit (dans les cas de gouvernement de coalition et où la règle de la collégialité prévaut, cela signifie que des ministres appartenant à une autre formation politique soutiennent le texte) ou les signatures nécessaires pour la soumission d'une initiative populaire aux citoyens qui sont collectées. Ce travail de propagation et d'imposition des solutions formulées peut être réalisé à travers différentes actions, comme l'argumentation, la conviction, la persuasion (Zittoun, 2014) ou le chantage (Luther, 2011).

Enfin, la phase de prise de décision consiste en la traduction des promesses électorales en décisions collectives. Ces décisions prennent notamment – et surtout – la forme d'amendements/d'adoption/d'abrogation de lois, arrêtés ou décrets et de modifications constitutionnelles. Cela signifie que le parti populiste est influent s'il contribue à faire adopter un texte reflétant sa promesse électorale. À nouveau, différentes actions peuvent être mobilisées pour parvenir à l'adoption d'un tel texte et celles-ci peuvent être similaires à celles développées lors de l'étape précédente du processus de fabrique des politiques publiques.

3.2. Typologie de l'influence

La deuxième étape de l'analyse recourt à une typologie. Dégagée *ex ante* à partir de la littérature (tableau 1), elle repose sur une double logique d'exclusivité et d'exhaustivité (chaque élément n'appartient qu'à un type et tout élément appartient au moins à un type : Mair, 2008).

Tout d'abord, comme le rappellent Dür *et al.* (2015), plusieurs acteurs peuvent concourir à l'adoption d'une nouvelle phase du processus de fabrique des politiques publiques et l'apparition de cette phase n'est pas nécessairement le résultat d'une action du parti populiste. Dès lors, il convient de déterminer si d'autres acteurs ont potentiellement également contribué à la réalisation d'une telle phase à travers des séquences parallèles. Attribuer un taux d'influence aux différents acteurs en présence peut se révéler complexe. Ce problème de l'attribution est une limite qui se retrouve d'ailleurs aussi dans d'autres domaines, comme en évaluation des politiques publiques (de Visscher & Varone, 2001). Néanmoins, il est possible de distinguer deux types d'influence, selon que le parti populiste (qui est au cœur de l'étude) est seul à exercer cette influence ou selon que l'influence est partagée avec d'autres acteurs. Si aucune empreinte empirique ne permet de prouver qu'un autre acteur que le parti populiste est intervenu pour provoquer cette nouvelle phase, l'influence de ce parti populiste est « exclusive ». Si plusieurs acteurs – parmi lesquels le parti populiste – engagent des actions parallèles afin de provoquer cette phase, l'influence est de type *partagée*.

Certains auteurs ont aussi distingué une influence directe d'une influence indirecte (Schain, 2006 ; Luther, 2011 ; Biard et al., 2019), selon que c'est à travers des acteurs tiers qu'elle s'exerce ou non. Afin de mieux cerner l'influence des partis populistes, les termes *influence active* et *influence passive* sont privilégiés dans cette recherche. Cette distinction permet notamment de gagner en précision en étudiant séparément chaque phase du processus. Une influence active est repérée lors d'une phase de la fabrique des politiques publiques lorsque des empreintes empiriques indiquent que le parti populiste provoque lui-même (ou contribue à provoquer) la dernière séquence de cette phase. Une influence passive est repérée lorsque des empreintes empiriques indiquent que le parti populiste exerce une influence lors de la phase étudiée mais que c'est un acteur tiers qui en provoque la dernière séquence.

Le processus de fabrique des politiques publiques peut être plus ou moins long (Zittoun, 2014) et des tentatives d'influence multiples de la part d'un acteur politique peuvent se produire à des moments différents. L'influence peut alors être *continue* ou *discontinue*. Lorsqu'elle est continue, cela signifie que, pour une même phase de la fabrique des politiques publiques, une ou des empreintes empiriques sont repérées à un même temps (t1). Une ou des empreintes indiquent donc qu'un parti a tenté d'exercer une influence à un moment (une période) précis. Lorsqu'elle est discontinue, ces empreintes empiriques sont détectées en différents temps (t1 ; t2 ; *etc.*). Graphiquement, cette influence peut être observée à travers une courbe sinusoïdale. Cette distinction permet de mieux cerner l'ensemble des tentatives d'influence réalisées par un parti politique et de mieux comprendre le degré de difficulté ou de facilité avec laquelle cette influence se réalise à chacune des phases de la fabrique des politiques publiques.

Ensuite, l'influence étant une question de degré (Dahl, 1973), son intensité peut varier. Dès lors – partant de la définition de l'influence retenue dans cette recherche – une promesse électorale peut se concrétiser à des degrés divers. Lorsqu'il y a congruence entre une décision et une promesse électorale, l'influence est dite *congruente*. La décision (ou les séquences intermédiaires au sein du processus, comme la production de discours provoquant un débat au sein du Parlement, par exemple) correspond alors à la promesse. Néanmoins, la décision peut aussi ne refléter que partiellement la promesse, aller en son sens mais sans la traduire tout à fait. Dans ce cas, l'influence est dite *partiellement congruente*.

L'influence peut aussi s'exercer soit au sein et à travers des institutions publiques (gouvernement et parlement, principalement), soit à l'extérieur de celles-ci (par exemple, en recourant directement aux citoyens à travers un outil de démocratie directe ou en recourant aux médias) (Birkland, 2005). À nouveau, elle peut s'exercer au sein des institutions lors de certaines phases de la fabrique des politiques publiques et pas à d'autres. Puisque plusieurs séquences peuvent intervenir au sein d'une même phase du processus, ces deux types d'influence peuvent se chevaucher lors d'une même phase. Une telle situation comporte des implications en termes de compréhension de l'influence puisqu'elle traduit la nécessité pour un acteur d'intervenir dans plusieurs lieux – éventuellement dans un ordre chronologique spécifique – pour parvenir à ses fins. Les empreintes empiriques collectées et qui mettent au jour les interventions des partis populistes au sein du processus de fabrique des politiques publiques permettent de repérer où s'exerce l'influence. Selon ce lieu, l'influence est *institutionnelle* ou *extra-institutionnelle*.

Enfin, le contexte dans lequel s'exerce l'influence est important à prendre en compte. Certains contextes – comme les contextes de crises – peuvent en effet constituer des événements catalyseurs spécifiques (Schiffino, 2003 ; Walgrave *et al.*, 2005). Ces contextes – rassemblés sous le vocable de « période de stress » par Almond et Verba (1963 : 140) – peuvent être qualifiés de périodes de tension. Cela signifie qu'il s'agit de contextes sur lesquels l'attention des médias, des élites et des citoyens est focalisée étant donné leur importance, par le nombre de personnes affectées ou par la taille de l'événement. Lorsque l'influence s'exerce dans de tels contextes, elle est dite *sous tension*. Dans d'autres cas, l'influence peut s'exercer dans des contextes moins marqués par ce type de tension. Dans ce cas, l'influence est dite *sans tension*. Concrètement, une période de tension est repérée lorsque, lors d'entretiens ou dans des procès-verbaux, les acteurs ayant pris part au processus de fabrique des politiques publiques réfèrent tous et de manière systématique à des faits d'actualité identiques pour justifier leur tentative d'influence ou de non-influence lors d'une séquence du processus de fabrique des politiques publiques (Dahl, 1973 ; Bachrach & Baratz, 1962, 1963). C'est donc davantage la perception d'un contexte spécifique que l'existence objective d'un contexte qui est prise en compte dans l'analyse puisque c'est elle qui motive les acteurs dans leurs actions.

Tableau 1: Typologie de l'influence

Types d'influence		
Selon les acteurs :	**Influence exclusive**	**Influence partagée**
	Opérationnalisation : Des empreintes empiriques montrent que le parti populiste est intervenu en provoquant une nouvelle séquence ; aucune empreinte empirique ne montre qu'un autre acteur est aussi intervenu	*Opérationnalisation : Des empreintes empiriques montrent que le parti populiste est intervenu en provoquant une nouvelle séquence et des empreintes empiriques montrent qu'un autre acteur est aussi intervenu*
		Données : toute donnée permettant de recréer le mécanisme causal; observation des interventions de l'ensemble des acteurs intervenant dans le processus (e.g. via des propositions de loi ; via des discours au parlement ; via une participation lors de manifestations ; etc.)

Continued

Tableau 1: Continued

Types d'influence		
Selon le procédé d'intervention au sein du processus	**Influence active**	**Influence passive**
	Opérationnalisation : Les empreintes empiriques indiquent que le parti populiste provoque lui-même (ou contribue à provoquer) la dernière séquence de la phase de la fabrique des politiques publiques étudiée	*Opérationnalisation : Les empreintes empiriques indiquent que le parti populiste exerce une influence lors de la phase de la fabrique des politiques publiques étudiée mais que c'est un acteur tiers qui en provoque la dernière séquence*
	Données : toute donnée permettant de recréer le mécanisme causal ; observation des acteurs intervenant lors de la dernière séquence de chaque phase de la fabrique des politiques publiques (e.g. via des propositions de loi ; via la mobilisation d'outils de démocratie directe ; etc.)	
Selon la chronologie	**Influence continue**	**Influence discontinue**
	Opérationnalisation : Pour une même phase de la fabrique des politiques publiques, une ou des empreintes empiriques sont repérées à un même moment (t1).	*Opérationnalisation : Pour une même phase de la fabrique des politiques publiques, des empreintes empiriques sont détectés en différents moments (t1 ; t2; etc.).*
	Données : toute donnée permettant de détecter le ou les moment(s) au(x)quel(s) les partis populistes sont intervenus (e.g. via des interventions parlementaires ; via des discours publics ; via l'organisation de réunions gouvernementales ; etc.)	
Selon la congruence entre promesse et décision	**Influence congruente**	**Influence partiellement congruente**
	Opérationnalisation : Les empreintes empiriques montrent qu'il y a congruence entre les promesses et les décisions publiques (ou les étapes intermédiaires)	*Opérationnalisation : Les empreintes empiriques montrent qu'il n'y a que congruence partielle entre les promesses et les décisions publiques (ou les étapes intermédiaires)*
	Données : données permettant une comparaison substantive entre promesses électorales (programmes électoraux) et décisions (lois, constitutions, arrêtés, etc.)	

Tableau 1: Continued

Types d'influence		
Selon le lieu :	Influence institutionnelle	Influence extra-institutionnelle
	Opérationnalisation : Les empreintes empiriques indiquent que les interventions des partis populistes se réalisent au sein des institutions publiques	Opérationnalisation : Les empreintes empiriques indiquent que les interventions des partis populistes se réalisent en dehors des institutions publiques
	Données : à propos du lieu dans lequel les partis populistes interviennent ; données permettant de saisir en quel(s) endroit(s) une empreinte empirique est trouvée (e.g. au sein du Parlement s'il s'agit d'une proposition de loi)	
Selon le contexte	Influence sous tension	Influence sans tension
	Opérationnalisation : Les empreintes empiriques indiquent que la promesse se développe dans un contexte marqué par des tensions	Opérationnalisation : Les empreintes empiriques indiquent que la promesse se développe dans un contexte qui n'est pas marqué par des tensions
	Données : à propos de la systématicité des références réalisées à des faits d'actualité identiques par les interrogés lors des entretiens et par les élus dans des procès-verbaux de séances au parlement	

Le tableau 1 synthétise la typologie de l'influence, qui fait partie intégrante du cadre d'analyse de cette recherche. Il s'agit d'une typologie *ex ante*, c'est-à-dire construite sur la base de la littérature et mobilisée dans l'analyse de l'influence. La déduction offre l'avantage de structurer le travail d'analyse et de comparer les études de cas grâce à un canevas d'analyse. La typologie aide à systématiser les constats empiriques sur l'influence exercée par les partis populistes de droite radicale. Elle permet de déterminer, pour chaque phase de la fabrique des politiques publiques, dans quelle mesure ils ont un rôle crucial au sein du processus (la question des acteurs), le procédé à travers lequel ils opèrent, le temps nécessaire pour exercer leur influence, la congruence entre leurs promesses et les décisions publiques qu'ils contribuent à adopter, ainsi que les lieux et contexte à travers lesquels cette influence s'exerce. Appliquée à chaque cas, cette typologie permet de faire ressortir des régularités ou des variations entre les cas de partis populistes de droite radicale en termes d'influence. *In fine*, en réduisant la complexité du phénomène étudié, cette typologie vise à mieux comprendre le fonctionnement du système démocratique lorsqu'il est mis sous tension par des acteurs classiquement désignés comme étant une menace pour la démocratie.

PARTIE II :

MÉTHODE D'ESTIMATION DE L'INFLUENCE ET SÉLECTION DES CAS

Chapitre 4

Estimer une influence politique : méthodes et techniques

Une des raisons expliquant pourquoi il est difficile de prouver que les partis politiques comptent est le fait que les spécialistes des partis politiques s'intéressent relativement peu aux processus de fabrique des politiques publiques et que les chercheurs en analyse des politiques publiques s'intéressent peu aux partis politiques. (Hampshire & Bale, 2015 :146 – trad.)

L'objectif de la présente recherche est de comprendre l'influence qu'exercent potentiellement les partis politiques de droite radicale sur la fabrique des politiques publiques. Ce chapitre a vocation à présenter les options méthodologiques et techniques retenues pour répondre à la question de recherche posée. Les premières sections sont consacrées à la méthode du process-tracing, au cœur du dispositif. Ensuite, chaque technique de collecte de données mobilisée est présentée. Enfin, la manière d'analyser l'ensemble des données collectées est explicitée.

1. Le *process-tracing* : définition et mise en œuvre de la méthode

Définie comme « un outil analytique permettant de tirer des inférences descriptives et causales à partir de données probantes » (Collier, 2011 : 824 – trad.), la méthode du *process-tracing* permet d'étudier, grâce à un vaste ensemble de données, des relations causales et de mettre au jour les mécanismes à l'œuvre. En d'autres mots, elle permet de mettre au jour des liens de causalité en ouvrant la boite noire de la fabrique des politiques publiques (Hampshire & Bale, 2015). Cette boite noire peut être ouverte par la découverte de données spécifiques : des empreintes empiriques (Beach & Pedersen, 2016 : 160). Ces empreintes sont des données qui aident à reconstruire une succession de séquences qui, ensemble, forment un mécanisme causal (Collier *et al.*, 2010). Grâce à ces empreintes empiriques, le *process-tracing* intègre la double question de l'équifinalité et de la multifinalité. Cela signifie que la méthode permet de faire ressortir différentes voies alternatives potentielles conduisant au même résultat (équifinalité) ou, à l'inverse, qu'elle permet de détecter plusieurs résultats pour un même mécanisme causal selon le contexte dans lequel elle s'opère (multifinalité) (Falleti & Lynch, 2009). Elle permet donc de rendre compte de la complexité des phénomènes sociaux.

La méthode tend à recréer le mécanisme causal à l'œuvre entre X et Y (*cf.* figure 3), c'est-à-dire « les processus physiques, sociaux ou psychologiques inobservables et à travers lesquels des agents opèrent avec des capacités causales, dans des contextes ou conditions spécifiques, pour transférer de l'énergie ou de l'information à d'autres entités » (George & Bennett, 2005 : 137 – trad.). Comme l'indique cette définition, il ne s'agit pas uniquement de décrire une succession d'événements ou de proposer une suite de séquences (S1 ; S2 ; S3) pour mettre au jour un mécanisme causal. Le lien entre chaque séquence du mécanisme est lui-même essentiel pour le comprendre. Il s'agit donc, grâce à des empreintes empiriques, de détecter comment X provoque S1, qui lui-même produit S2, et ainsi de suite. C'est ainsi le processus continu qui est au cœur de l'analyse (Sayer, 1992 ; Machamer *et al.*, 2000). Chaque séquence est composée d'*entités* (des partis politiques, des acteurs de la société civile, des associations économiques, par exemple) qui engagent des activités, et ces activités produisent un changement en transmettant des forces causales. Une nouvelle séquence S est alors produite.

Afin de mettre au jour les *mécanismes causaux* expliquant l'influence des partis populistes de droite radicale sur la fabrique des politiques publiques, différentes étapes doivent être envisagées. Dans un premier temps, étant donné que l'objectif des partis politiques est de développer leurs *promesses électorales* et de tenter de les traduire en décisions (Strom, 1990 ; Thomson *et al.*, 2017), il convient de repérer dans quelle mesure

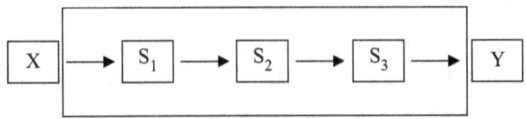

Figure 3: Mécanisme causal. Adapté de Beach & Pedersen, 2013.

les promesses de ces partis populistes parviennent à être développées, à différents stades du processus. Les promesses électorales sont étudiées à travers les différentes arènes institutionnelles – comme le parlement ou le gouvernement national – et au regard du contexte dans lequel elles trouvent à se développer.

Dans un deuxième temps, le contenu des promesses électorales qui ont effectivement trouvé à se développer est analysé. Cela implique que, grâce à des *empreintes empiriques*, leur cheminement est retracé, depuis la formulation de la promesse électorale par les partis populistes jusque leur aboutissement. Parmi le jeu complexe d'acteurs qui est découvert, le rôle des partis populistes peut être spécifiquement cerné, notamment au regard de la typologie développée. Tenant compte de l'équifinalité et de la multifinalité, un modèle de l'influence de ces partis sur la fabrique des politiques publiques peut dès lors être dégagé. En effet, alors que la manière avec laquelle chaque proposition se développe peut être mise en lumière dans un premier temps, la focale est resserrée sur les moments auxquels les partis populistes interviennent, et ce afin de mieux comprendre leur place dans un processus se déroulant dans un contexte spécifique et englobant une multitude d'acteurs ayant des intérêts variés. Un modèle complexe mais général de l'influence peut alors être généré.

Enfin, puisque des promesses électorales ne se développent vraisemblablement pas à travers le processus de fabrique de politiques publiques et/ou puisque certaines propositions ne se développent que jusqu'à un certain point, les freins à leur développement sont repérés et une typologie des freins peut être établie. Cela permet de comprendre pourquoi l'influence des partis populistes de droite radicale est potentiellement limitée.

2. Collecte des données

La méthode du *process-tracing* requiert une quantité de données non négligeable. Cela s'explique par le fait que les cas sont étudiés en profondeur et que chaque séquence du processus ainsi que les liens entre celles-ci doivent être prouvés empiriquement. Ces données peuvent être de plusieurs types (Beach & Pedersen, 2013) selon les cas à l'étude et – conformément à la logique bayésienne – être dotées d'une force variable en termes d'inférence. Lorsqu'elles permettent d'établir qu'une séquence du processus causal existe ou qu'un lien de causalité existe entre deux séquences du mécanisme, ces données sont considérées comme étant des empreintes empiriques, qui contribuent à la reconstruction du mécanisme. Elles sont donc cruciales pour l'analyse. L'absence de ces empreintes empiriques ne permet pas de conclure qu'il y a une absence d'influence, mais bien que la probabilité d'une influence est particulièrement faible. Récolter plusieurs données de types différents peut donc être utile afin d'appuyer l'existence d'une séquence du mécanisme et, *in fine*, l'existence du mécanisme causal dans son ensemble. En ce sens, une triangulation méthodologique (des méthodes de collecte de données) ainsi qu'une triangulation des données (Denzin, 1989) sont envisagées.

Les données sont ainsi extraites de documents d'archives, de mémoires et biographies des acteurs clés, de retranscriptions d'entretiens avec des acteurs clés, de notes d'entretiens avec des chercheurs et de carnets de notes d'observations directes. D'un point de vue heuristique, les sous-sections suivantes envisagent chacun des types de données au regard de leur importance pour cette recherche.

2.1. Recherche d'archives documentaires

Sur le plan parlementaire, les motions, questions parlementaires, propositions de loi, etc. sont de précieux documents pouvant contribuer à la reconstruction de mécanismes causaux. Dans la suite de cette étude, le terme générique d'*objets parlementaires* est mobilisé, pour reprendre une dénomination officielle régulièrement employée par les parlements nationaux[7]. Une recension exhaustive des objets parlementaires en lien avec les promesses électorales retenues (qu'ils soient déposés par un parti populiste ou non) est élaborée afin de constituer un premier corpus de données analysables. Ces objets parlementaires sont répertoriés grâce à une recherche par mots clés dans les banques de données des objets parlementaires des parlements nationaux respectifs[8]. Les mots clés sont dégagés de deux manières. D'une part, les programmes électoraux concernés

---

[7] C'est par exemple la dénomination employée en Suisse. Sur son site web, le parlement suisse définit le terme « objet parlementaire » comme suit : « Toute affaire ou dossier sur lequel les conseils, les commissions ou le Conseil fédéral sont amenés à délibérer ». Source : PORTAIL DU PARLEMENT SUISSE, *Lexique du Parlement*, page consultée le 4 février 2016 : http://www.parlament.ch/f/wissen/parlamentswoerterbuch/pages/geschaeft.aspx

[8] Pour la Suisse, il s'agit de la banque de données des objets parlementaires *Curia Visa* ; pour la France il s'agit des banques de données des objets parlementaires de

permettent d'en extraire une série. D'autre part, les premiers entretiens et les premières observations menées permettent d'en fournir des complémentaires. Ces mots clés sont dédoublés en fonction de leur genre et de leur nombre. L'élaboration d'un tableau répertoriant les objets parlementaires constitue ainsi le résultat d'un processus itératif. Si la recherche par mots clés aide à fournir la majorité des textes, le travail de terrain permet de compléter cette recension. Concrètement, lors des entretiens, certains acteurs interrogés mentionnent eux-mêmes certains objets parlementaires qui, parfois, peuvent ne pas avoir intégrés préalablement dans le tableau. Cette remontée du terrain est particulièrement utile puisqu'elle permet d'aboutir à un tableau exhaustif des objets parlementaires à considérer dans l'analyse. 148 objets parlementaires pertinents pour l'analyse sont ainsi répertoriés en Suisse, 129 en France et 118 en Belgique. En parallèle, les procès-verbaux des séances au parlement sont rassemblés afin d'en dégager les extraits pertinents et de les analyser.

Au niveau gouvernemental, plusieurs types de documents sont également analysés. Tout d'abord, le premier document fourni officiellement par tout gouvernement suite à sa formation est une feuille de route gouvernementale (Müller & Ström, 2000). Cette feuille de route prend généralement la forme d'une déclaration gouvernementale, lue devant l'assemblée législative. Ensuite, toute initiative du gouvernement ou toute réaction du gouvernement à un objet parlementaire lié aux promesses électorales retenues est analysée. Ces documents peuvent par exemple prendre la forme de projet de loi ou de message gouvernemental.

Tout autre document officiel pouvant potentiellement contribuer à reconstruire les mécanismes causaux au cœur de cette recherche est également collecté puis analysé. Il s'agit par exemple de procès-verbaux des consultations ayant été menées avec des acteurs tiers.

Enfin, les décisions publiques elles-mêmes sont utiles à l'analyse. Les termes *décision publique* étant entendus comme étant toute norme officielle adoptée au niveau national et ayant des conséquences positives ou négatives directes sur les citoyens ou, *à minima*, sur une partie des citoyens d'un État donné. Ces décisions peuvent prendre la forme de modifications constitutionnelles, de lois ou encore d'arrêtés.

---

l'Assemblée nationale et du Sénat ; pour la Belgique il s'agit des banques de données des objets parlementaires de la Chambre des représentants et du Sénat.

2.2. Recherche dans des mémoires et monographies rédigés par des acteurs clés

Au-delà des archives documentaires, l'usage du *process-tracing* a révélé combien recourir à des mémoires ou tout autre ouvrage rédigé par les acteurs clés –c'est-à-dire des acteurs étant *a priori* impliqués dans le mécanisme causal – peut amener des données riches pour la recherche (*e.g.* Schimmelfennig, 2001). Cela s'explique par le fait qu'il s'agit d'ouvrages dans lesquels les acteurs clés racontent des événements auxquels ils ont directement participé. Des défaillances ou déformations de la mémoire peuvent intervenir mais la triangulation des données permet de contourner ce biais. Sont pris en compte des ouvrages rédigés par des présidents de parti, anciens chefs d'État, conseillers de chef d'État, députés, *etc*. D'une part, la connaissance de l'existence de ces ouvrages conduit à y recourir et, d'autre part, les références qui peuvent y être faites par les élus et/ou les chercheurs rencontrés amènent à les lire pour découvrir comment les auteurs – qui ont participé à la fabrique des politiques publiques – décrivent la manière avec laquelle les événements se sont produits. Cela permet de reconstituer les événements mais aussi – et surtout – de détecter des empreintes empiriques permettant d'attribuer – ou non – une influence aux partis étudiés.

2.3. Entretiens semi-structurés avec les acteurs clés

Les entretiens semi-structurés sont un outil essentiel dans l'analyse des politiques publiques puisqu'ils permettent d'avoir accès aux personnes qui contribuent à leur fabrication ou, au contraire, à la ralentir (Cohen, 1999 : 191). Ces acteurs politiques sont des cadres de partis (membres de l'exécutif d'un parti), des parlementaires et des membres de gouvernements nationaux, mais aussi des collaborateurs parlementaires et des membres de cabinets ministériels. Ces deux derniers types d'acteurs sont particulièrement pertinents à rencontrer en ce sens qu'ils disposent d'une connaissance technique et pointue sur les dossiers à aborder (comme suggéré par Peabody *et al.*, 1990). En outre, ces « seconds couteaux » (Cohen, 1999 : 28) bénéficient souvent d'une plus grande liberté d'expression et sont davantage des informateurs que des communicateurs (Bauer, 1999 : 217).

Les entretiens offrent l'avantage, entre autres, d'aider à obtenir des données découlant d'une pluralité de perspectives, de permettre la discussion de processus et de générer des informations détaillées (Kapiszewski *et al.*, 2015 : 190–197). En outre, contrairement aux autres données récoltées et qui constituent des données primaires préexistantes, les données issues des entretiens ne sont pas figées en ce sens qu'elles sont issues de techniques plus interactives (Kapiszewski *et al.*, 2015 : 190–233). Dans la partie empirique de la présente recherche, un certain nombre d'extraits est mobilisé. Si leur utilité est parfois remise en cause (*e.g.* Cohen, 1999 : 48), ils peuvent toutefois permettre d'illustrer certaines séquences des processus étudiés et peuvent être « un moyen de laisser son travail accéder à la critique des pairs en donnant un accès direct aux matériaux récoltés » (Laurens, 2007 : 123).

Les entretiens permettent de retracer les événements, de déceler quel est le rapport qu'entretiennent les acteurs rencontrés avec les dossiers soulevés ainsi que leur perception des rapports d'influence en jeu et des stratégies ou des freins mobilisés par ces acteurs (Beach & Brun Pederson, 2013). En ce sens, ils permettent d'aller plus loin et de compléter ce que les archives peuvent fournir. En outre, les entretiens sont une opportunité de corroborer les informations obtenues par les documents récoltés. C'est donc aussi dans un but de « triangulation » qu'ils sont menés (Tansey, 2007 : 766). Le nombre d'entretiens menés varie légèrement selon les cas mais le critère de la saturation – selon lequel la probabilité de collecter des informations nouvelles et originales devient particulièrement faible (Albarello, 2011) – est pris en compte pour le déterminer.

Les personnes interrogées ont d'abord été sélectionnées sur la base de leur rôle présumé dans le processus de fabrique des politiques publiques, puis à partir de la réputation – en termes d'influence – dont ils disposent auprès des personnes préalablement interrogées. C'est donc sur la base d'un « effet boule de neige » (Babbie, 1998 : 195–196) que les entretiens ont été réalisés, méthode particulièrement adaptée à la technique de *process-tracing* car permettant d'identifier des acteurs potentiellement influents mais pas nécessairement connus publiquement (Tansey, 2007).

Puisque c'est l'influence partisane qui est au cœur de l'étude, ce sont les partis politiques qui ont été questionnés à travers les élus et cadres rencontrés. Il est toutefois reconnu que les partis politiques sont d'abord envisagés par les élus et les candidats comme des machines pour se hisser vers le pouvoir et que, dès lors, des dissensions internes caractérisent la majorité des partis politiques et des stratégies antagonistes se développent entre les élus (Offerlé, 2012). Cette complexité a donc été prise en compte dans les protocoles d'entretien. Par ailleurs, une certaine diversité (en termes de tendances intra-partisanes) a été assurée.

35 entretiens ont ainsi été réalisés en Suisse, 32 en France, et 37 en Belgique. La durée moyenne des entretiens menés en Suisse a été respectivement de 70,42 minutes en Suisse, 62,19 minutes en France et 62,30 minutes en Belgique. Ajoutant un entretien complémentaire réalisé en Hongrie, au total, 114,17 heures d'entretiens ont ainsi été enregistrées et retranscrites. L'anonymat des personnes rencontrées a été garanti dès le début de chaque entretien.

2.4. Entretiens semi-structurés avec des chercheurs

Des entretiens d'un autre type sont également réalisés dans un but différent. Il s'agit d'entretiens semi-structurés avec des chercheurs. Ceux-ci ont publié des travaux en lien avec les partis populistes étudiés dans la présente recherche et/ou avec le secteur de politique publique investigué. Ces entretiens rencontrent un double objectif.

D'une part, ils ont une portée exploratoire. Cela signifie qu'ils sont réalisés en amont de la recherche et visent à mieux connaître le terrain d'étude. Concrètement, ils contribuent à cerner les rapports de force pouvant s'exercer entre les acteurs en présence et à identifier ceux qui interviennent potentiellement dans le processus de fabrique des politiques publiques. En conséquence, la liste des acteurs clés à rencontrer se trouve enrichie et de nouveaux entretiens avec ces acteurs clés sont réalisés. En outre, de par leur connaissance des partis étudiés, ils contribuent à mieux cerner les moments auxquels les partis populistes sont susceptibles d'intervenir, et ainsi à ne pas oublier d'investiguer certaines pistes qui peuvent être cruciales en termes d'influence politique. Dans certains cas, ces entretiens ont aussi facilité la prise de contact avec certains de ces acteurs clés. Enfin, ces rencontres ont permis un partage d'expérience, particulièrement quant aux méthodes d'enquête dans un terrain tel que celui qui fait l'objet de cette recherche.

D'autre part, ces entretiens permettent de confronter les premiers résultats obtenus à l'avis de chercheurs internationaux qui contribuent à l'état de la littérature scientifique, ainsi que d'alimenter la réflexion menée lors de l'étude de chacun des cas. Ces entretiens ont ainsi permis de mettre le doigt sur certains éléments importants dans la reconstruction des mécanismes causaux, comme l'oubli de considérer certaines procédures institutionnelles classiques dans le pays étudié ou comme l'oubli d'intégrer certains acteurs fondamentaux dans les processus de fabrique de politiques publiques. Ces manques ont pu être comblés suite à ces rencontres qui mobilisaient tant le savoir théorique sur la problématique au cœur de la recherche que les connaissances sur le système politique, propre à chaque cas, dont disposent lesdits chercheurs.

2.5. Observations directes

Afin de renforcer le corpus de données à analyser, il est également fait recours à l'observation directe, qui consiste à s'immerger dans le groupe observé pour mieux rendre compte des comportements des individus le composant, de leurs discours et de leurs activités (Laperrière, 2009). L'observation directe offre plusieurs avantages dans le cadre d'une recherche puisqu'elle permet de collecter des données en contexte, de recueillir différents types de données en même temps (verbales et non verbales) mais aussi d'accéder à des données difficilement accessibles, par exemple par la rencontre avec certains élus ou cadres de parti qu'elle permet (Coman et al., 2016).

Bien qu'elle soit souvent utilisée de manière « clandestine » (Bastien, 2007 : 128), c'est-à-dire sans consentement et sans dévoilement des intentions du chercheur, l'observation est « ouverte » dans cette recherche, c'est à dire « transparente et déclarée » (Bastien, 2007 : 128). Cela signifie que c'est en tant qu'observateur extérieur que le chercheur est annoncé lors des observations réalisées. Concrètement, la technique de l'observation directe est développée lors d'événements divers comme des universités d'été de partis populistes de droite radicale ou des meetings électoraux de ces mêmes partis, lors de certaines de leurs manifestations sur des marchés ou encore lors de rencontres officieuses avec des élus et cadres de ces partis.

Dans cette recherche, l'objectif de l'observation directe est triple. Tout d'abord, elle est essentielle pour connaître dans le détail les partis politiques analysés, et pour s'imprégner de la culture interne aux partis. Ensuite, elle permet de compléter directement – et sur un mode secondaire – le corpus de données. Le nombre de données issues des observations directes et qui permet de reconstruire des mécanismes causaux est faible comparativement aux autres méthodes de collecte de données, mais leur utilité en ce sens demeure réelle. Enfin, elle est aussi mobilisée d'un point de vue pratique afin de faciliter la prise de contact avec certains acteurs politiques clés, acteurs politiques qui sont ensuite rencontrés dans le cadre d'un entretien semi-structuré.

3. Analyse thématique des données

Une fois collectées, les données doivent être examinées afin d'évaluer leur validité ainsi que leur fiabilité (Beach & Pedersen, 2016). Concrètement, il s'agit de se poser systématiquement les questions suivantes : (1) est-ce que les données contribuent vraiment à mettre au jour une séquence du mécanisme causal ? et (2) quel est le statut de la source des données collectées ? Seulement après ce double test, les données peuvent être considérées comme des empreintes empiriques de l'existence de séquences des mécanismes causaux. Ces empreintes peuvent alors consister en des objets parlementaires prouvant qu'un parti a agi par la voie institutionnelle pour développer une promesse électorale, en des déclarations indiquant que, à un moment précis et pour une raison déterminée, un homme politique a soutenu une proposition de loi déposée par un homme politique issu d'un autre groupe politique, etc.

Puisque l'approche se décompose en trois étapes, les différents types de données sont mobilisés de façon variable et à travers un type d'analyse distinct selon les étapes. Tout d'abord, la première étape visant à découvrir à quel point les promesses électorales des partis populistes de droite radicale parviennent à se développer, les données d'archives sont principalement mobilisées. Celles-ci sont des textes formalisant une décision publique (généralement une loi), mais aussi des annales parlementaires ou tout autre document permettant de suivre le développement des promesses électorales à travers la fabrique des politiques publiques, comme une déclaration de politique générale ou des objets parlementaires divers, par exemple. Les autres types de données peuvent aussi contribuer à découvrir la trajectoire des promesses électorales et leur point d'aboutissement. Ainsi, lors d'entretiens ou lors d'observations directes, certains cadres de partis ou élus peuvent évoquer eux-mêmes certains objets parlementaires ou tout autre document pouvant attester de l'évolution des promesses.

Ensuite, les différents types de données récoltées sont mobilisés dans la deuxième partie de l'analyse. Les données réussissant le double test de validité et de fiabilité –c'est-à-dire qui portent effectivement sur le mécanisme causal en cours de reconstruction et dont les auteurs ont exercé un rôle dans le processus – peuvent être considérées comme étant des empreintes empiriques concourant à reconstruire des trajectoires du changement et des liens de causalité (Collier, 2011 : 823). Étant donné les biais qui peuvent se poser lors de la collecte des données (comme la subjectivité des acteurs interrogés), la triangulation de celles-ci joue un rôle essentiel afin de renforcer leur fiabilité et, éventuellement, afin de discriminer une donnée face à une autre donnée contradictoire (Tansey, 2007). Ces empreintes empiriques peuvent à nouveau consister en des objets parlementaires, déclarations de politique générale, messages du gouvernement, pétitions signées par des citoyens, *etc.* Une fois que toutes les empreintes empiriques sont réunies, il devient possible de reconstruire un mécanisme causal faisant ressortir comment une promesse électorale formulée par un parti populiste de droite radicale parvient à être développée, c'est-à-dire à tendre à devenir une décision publique.

Enfin, la troisième étape consiste à interroger les explications de chacune des séquences de ce mécanisme ; chaque séquence étant caractérisée par des acteurs (*entités*) engageant des *actions* provoquant une séquence ultérieure. Pour ce faire, des relations entre les empreintes empiriques (qui ont déjà été mobilisées dans l'étape précédente de la démarche) sont recherchées. Ces relations entre données de plusieurs types font alors émerger des explications quant aux raisons pour lesquelles certaines voies permettent une plus ou moins grande influence des partis populistes de droite radicale ou, au contraire, pour lesquelles ces partis ne parviennent pas à exercer une influence. Cela permet notamment de comprendre quels sont les freins à l'exercice de l'influence.

Pour mener l'analyse thématique, les discours des personnes interrogées mais aussi les archives et les mémoires sont rassemblés puis segmentés. Concrètement, il s'agit d'extraire les passages (fragments) lors desquels des séquences des mécanismes causaux analysés sont abordées (Miles & Huberman, 1994, 2003). L'analyse thématique repose sur un double schéma de codage, établi *a priori* puis complété *a posteriori*. Cela signifie que, sur la base de la littérature, des catégories et sous-catégories d'analyse sont établies et que, lors de l'analyse des données, des catégories et sous-catégories additionnelles peuvent émerger (Bazeley, 2009). En conséquence, il est important de ne pas réaliser l'analyse en une fois et de façon linéaire, mais de considérer celle-ci comme un processus itératif. Les unités de codage étant des « unités de sens » (Paillé & Mucchielli, 2013 : 241), elles sont variables dans leur longueur : elles peuvent être un mot, une phrase, un paragraphe ou un ensemble de paragraphes.

Chacun des fragments extraits –c'est-à-dire lors desquels sont abordées des séquences de mécanismes causaux au cœur de l'ouvrage – est codé selon le thème auquel il se rapporte. Ainsi, tous les segments permettant de comprendre quels sont les freins à l'exercice de l'influence sont rassemblés derrière un même code. Des sous-codes permettent par ailleurs de distinguer différents types de freins et d'observer dans quel cadre ils s'imposent aux partis populistes. Enfin, des régularités (*patterns*) peuvent être dégagées. Il s'agit alors de rechercher la récurrence d'un thème à travers les données, d'en rechercher des associations, des liens de proximité, des divergences, des exclusions, *etc.* (Miles & Huberman, 1994).

4. Les promesses électorales comme unités d'analyse

L'étude de l'influence s'exerçant à travers les promesses électorales des partis populistes de droite radicale, c'est dans le secteur de la sécurité intérieure et sur la base de critères scientifiquement déterminés que les promesses vont être sélectionnées pour l'analyse.

4.1 La sécurité intérieure : un secteur de politique publique central pour les partis populistes de droite radicale

L'influence des partis mentionnés est évaluée dans un secteur de politique publique traditionnellement considéré par les partis populistes de droite radicale comme étant prioritaire : la sécurité intérieure (Akkerman *et al.*, 2016). L'électorat des partis populistes de droite radicale accorde également une place centrale à ce secteur (Camus, 2014 ; Zaslove, 2008).

Pourtant, contrairement au secteur de l'immigration, le secteur de la sécurité intérieure est reconnu comme étant souvent ignoré des travaux sur le populisme de droite radicale (Smith, 2010 ; Schiffino & Biard, 2016) et, d'une manière générale, des travaux en science politique (Wenzelburger, 2015). La sécurité intérieure est par ailleurs un secteur qui prend régulièrement une place importante dans les débats politiques (Wenzelburger, 2015 : 663). Lors de ces derniers, les partis populistes de droite radicale sont souvent perçus comme exerçant une influence importante étant donné la place qu'occupe ce secteur chez ces partis (bien qu'ils ne soient pas les seuls à le considérer comme prioritaire) (Wenzelburger, 2015). Focaliser la présente recherche sur ce secteur permet donc aussi de tester empiriquement cette affirmation.

Le droit et l'ordre (*law and order*), expression couramment utilisée dans la littérature anglo-saxonne (Scheingold, 2016), peut être considéré comme un synonyme de la « sécurité intérieure ». Ce secteur, au même titre que d'autres secteurs (comme l'économie, le social ou la politique étrangère), se décline en plusieurs types de politiques publiques : les politiques de police, les politiques judiciaires et les politiques pénales (Compston, 2004). Par exemple, un accroissement des pouvoirs des policiers ou le développement d'une stratégie de lutte contre le crime sont des politiques de police ; l'octroi de pouvoirs spéciaux aux cours et tribunaux ou l'organisation de procédures criminelles différentes pour les mineurs sont des politiques judiciaires ; l'aggravation des peines ou l'instauration d'un nouveau type de peine sont des politiques pénales (Compston, 2004 : 37–75). D'une manière générale, le secteur de la sécurité intérieure peut être défini comme étant un ensemble de politiques visant à organiser la justice, à protéger les personnes et les biens d'actes malveillants et intentionnels surgissant à l'intérieur d'un État et à punir les auteurs de ces actes. Les actes à visée militaire relèvent davantage du secteur de la défense que de la sécurité intérieure et sont donc exclus de la définition retenue.

Les politiques de sécurité intérieure comportent deux dimensions : une dimension répressive et une dimension préventive (de Maillard, 2010 : 57–58). L'insécurité aurait augmenté depuis près de trois décennies et, que ce soit de manière objective ou subjective, réelle ou perçue (Dieu, 1999 : 60), cela contribuerait à accentuer la dimension répressive des politiques de sécurité intérieure (Bourgoin, 2013). Les politiques adoptées seraient ainsi caractérisées par une dramatisation des problèmes de sécurité, une criminalisation, une déshumanisation, une disciplinarisation et une désocialisation (Mucchielli, 2008, 5–18). Cette situation contribue à ce que Bourgoin (2013 : 22) appelle « le virage punitif » ou à ce que Mucchielli (2008) nomme « la frénésie sécuritaire ». D'aucuns avancent que ce sont les partis populistes de droite radicale qui seraient à l'origine de ce renforcement de la dimension répressive.

Si le terme de gouvernance est de plus en plus abordé lorsqu'il s'agit de qualifier les politiques de sécurité et si le niveau local ainsi que le niveau supranational (européen et international) exercent un rôle croissant à leur égard (*e.g.* de Maillard, 2010 : 58–62), il demeure toutefois pertinent d'envisager ces politiques au niveau national. De Maillard, sur la base du cas français, précise que le niveau national conserve un rôle prépondérant en matière de politiques de sécurité intérieure, notamment par sa capacité à créer des lois qui définissent les différents types d'infractions ainsi que les sanctions y liées, par le nombre de fonctionnaires rattachés au niveau national (en comparaison avec ceux rattachés à un autre niveau) ainsi que par la limitation, par les États membres, de « tout risque d'empiétement trop important des acteurs supranationaux, tels que la Commission, le Parlement ou la Cour de justice des communautés » (de Maillard, 2010 : 62). En outre, ce niveau offre un potentiel de comparabilité entre les cas. Les trois États dans lesquels s'inscrivent les trois cas de partis politiques étudiés relèvent effectivement d'une structure à chaque fois singulière.

Plusieurs types de promesses dans le secteur de la sécurité intérieure font donc l'objet d'une analyse. Ils prennent la forme de dossiers, c'est-à-dire d'ensembles de promesses d'un même secteur de politique publique qui sont rassemblées étant donné leur nature. Le droit des sanctions a trait, comme son nom l'indique, aux dispositions prises en matière de sanctions, d'une manière générale. Il s'agit surtout de la législation portant sur les types de peines, leur portée et leurs modalités d'application. La peine de mort étant distincte des autres sanctions étant donné sa nature (elle est condamnée par l'article 5 de la Déclaration universelle des droits de l'Homme de 1948), elle est considérée comme étant un dossier à part entière. D'autres dossiers sont davantage liés aux sanctions qui peuvent être prononcées dans certains cas spécifiques, comme la délinquance sexuelle, la délinquance juvénile, la criminalité commise par des étrangers, la criminalité à l'égard de fonctionnaires et la lutte anti-drogue. En outre, la prévention fait également partie du secteur de la sécurité intérieure. Dans ce cas, la prévention est entendue comme étant toute norme ayant vocation à éviter une situation d'insécurité publique. Le fonctionnement de la justice est quant à lui essentiellement lié à la manière avec laquelle celle-ci travaille et dit le droit. Enfin, le droit des victimes d'agression constitue également un dossier de la sécurité intérieure.

4.2 La sélection des promesses électorales selon un double critère de fermeté et de testabilité

Un parti politique n'est pas seul dans sa tentative d'exercer une influence sur la fabrique des politiques publiques. D'autres acteurs peuvent en effet intervenir dans le processus, que cela soit pour amener un même enjeu ou non au centre de l'attention ou que cela soit pour défendre une même position ou non face à un enjeu donné (Birkland, 2005). La mise en avant d'un même enjeu ou la défense d'une même position sur un enjeu peut relever de la simple coïncidence mais peut aussi et surtout trouver sa source dans les stratégies développées par les partis politiques (Sulkin, 2005). Dès lors, il convient de « contrôler » le rôle de ces autres acteurs afin d'éviter de biaiser les résultats de l'analyse et de comprendre précisément le rôle exercé par les acteurs étudiés – à savoir les partis populistes de droite radicale. Pour ce faire, les promesses électorales sont définies et sélectionnées suivant des critères bien définis.

Tracer le cheminement parcouru par une promesse électorale implique de spécifier quel type de promesse électorale est privilégié pour l'analyse. Les promesses contenues dans les programmes électoraux sont particulièrement pertinentes en ce sens que ces derniers constituent des documents officiels des partis, souvent ratifiés par les membres des partis lors d'un congrès et représentant les partis dans leur ensemble et non une section, une faction ou un candidat particulier (Budge, 2001). Plus que tout autre type de document, le programme électoral d'un parti politique annonce la position officielle de ce parti sur l'ensemble des problématiques qu'il juge essentiel d'aborder (Klingemann *et al.*, 1994). Bien que les programmes électoraux soient généralement peu lus dans leur entièreté par les électeurs, les promesses qu'ils comportent forment toutefois la charpente des discours tenus lors des campagnes électorales et qu'elles trouvent donc un écho au-delà des programmes en tant que tels (Costello & Thomson, 2008).

Si les programmes électoraux constituent le cœur de la présente recherche, il n'en demeure pas moins que certaines promesses peuvent s'avérer imprécises ou floues. Dès lors, en cas d'incompréhension ou en cas de doute quant à ce que recouvre une promesse précise, il est fait appel à deux autres types de sources officielles des partis que sont les tracts électoraux liés à la thématique ainsi que les discours du président de parti prononcés durant la campagne électorale considérée et abordant cette même thématique.

Le choix des énoncés à considérer comme des promesses électorales repose sur deux critères développés par Royed (1996) et largement utilisés dans la littérature sur les promesses électorales (*e.g.* Naurin, 2011 ; Pétry, 2012 ; Akkerman, 2015) : la fermeté et la testabilité de l'énoncé. D'une part, il peut s'agir d'un engagement ferme (*e.g.* : « nous ferons », « nous promettons ») ou plus léger (*e.g.* : « nous sommes en accord... »), mais les commentaires, les critiques d'autres partis, les analyses descriptives d'une situation ou les rappels de mesures précédemment adoptées sont écartés. D'autre part, il doit être possible de vérifier objectivement l'application de la promesse. Ce n'est pas le cas, par exemple, pour les déclarations impliquant un jugement de valeur (*e.g.* « Le système X sera rendu plus juste »). La définition de *promesse électorale* fournie par Thomson *et al.* (2017 : 6 – trad.) et selon laquelle « une promesse est un énoncé engageant un parti à une action ou à un résultat spécifique et dont la réalisation peut être clairement vérifiée ou non » est dès lors retenue dans cette recherche et permet de dégager des promesses électorales analysables.

L'analyse des programmes électoraux de l'UDC de 2011 et de 2015 au regard de ces critères permet de dégager un ensemble de 16 promesses électorales distinctes, classées en 6 dossiers selon leur contenu. Pour le FN, ce sont 13 promesses, réparties en 6 dossiers, qui sont dégagées dans les programmes de 2007 et 2012. 23 promesses sont enfin repérées dans les programmes du VB en 2007 et 2010 ; elles sont classées dans 9 dossiers spécifiques.

Certaines promesses électorales peuvent être davantage tenues que d'autres en conséquence de leur nature propre, c'est-à-dire du fait qu'elles sont vraisemblables ou non. Des promesses peuvent ainsi porter sur des décisions déjà adoptées, d'autres peuvent être d'ordre anecdotique ou symbolique, d'autres peuvent encore être peu réalisables en conséquence du fait qu'elles ne respectent pas, par exemple, le droit international. La nature de ces promesses peut avoir été pensée en termes stratégiques par les partis politiques qui les proposent dans leurs programmes électoraux respectifs mais peut aussi avoir échappé à ces mêmes partis. Distinguer les promesses selon leur nature est dès lors crucial afin de mieux cerner l'influence qu'exercent les partis populistes de droite radicale à leur égard.

Chapitre 5

L'Union démocratique du centre, le Front national et le *Vlaams Belang* comme cas de partis populistes de droite radicale

> *Il est pour ainsi dire naturel pour l'être humain de tenter de comprendre les réalités qui l'entourent en observant des « cas » – qu'ils soient des personnes, des choses ou des événements. Cette tendance naturelle explique un peu pourquoi l'étude de cas est l'une des approches de recherche les plus anciennes.*
> *(Roy, 2009 : 199)*

Trois cas de partis populistes de droite radicale sont étudiés dans cet ouvrage : l'Union démocratique du centre (UDC) suisse, le Front national (FN) français et le *Vlaams Belang* (VB) belge. Cette sélection tient compte de plusieurs critères de comparabilité : tous se développent dans un régime démocratique libéral et dans un système partisan compétitif, tous sont ancrés en Europe occidentale et tous sont les partis populistes de droite radicale bénéficiant du soutien électoral le plus important respectivement en Suisse, en France et en Belgique. Néanmoins, chaque cas se distingue aussi au regard du rapport qu'il entretient avec les pouvoirs exécutif et législatif au niveau national. Pendant la période étudiée, seule l'UDC a été pleinement membre d'un gouvernement national. Le FN et le VB n'ont jamais participé au gouvernement national. En France, le FN a été absent au Parlement lors de la première législature étudiée et seulement faiblement présent lors de la législature suivante. En Belgique, le VB est présent au sein du Parlement lors des deux législatures étudiées. En outre, la culture politique et le système politique dans lesquels les trois partis s'insèrent varient. Les différences entre ces trois cas permettent d'explorer une large palette de possibilités auxquelles font face les partis populistes de droite radicale dans leur tentative d'influence de la fabrique des politiques publiques.

La législature en cours au moment du début de cette recherche (t_1) ainsi que la législature qui la précède (t_{-1}) constituent le cadre temporel pour l'analyse de ces trois cas. Les trois périodes investiguées sont ainsi 2007-2015 pour l'UDC, 2007-2017 pour le FN et 2007-2014 pour le VB.

1. L'Union démocratique du centre

1.1. Le système politique helvétique

Caractérisé par certains processus décisionnels atypiques (*e.g.* Papadopoulos, 1997), le système politique helvétique est généralement reconnu comme étant un modèle de démocratie consociative (Lijphart, 1969). Tout d'abord, il y a lieu de souligner l'importante variété de partis politiques caractérisant le système partisan helvétique. Aussi nombreux qu'ils soient, les partis sont devenus davantage nationalisés au fil du temps, c'est-à-dire que, d'un canton à l'autre, leur degré d'homogénéité est devenu de plus en plus important (Sciarini, 2011 ; Mueller & Bernauer, 2017).

Au niveau exécutif, de 1959 jusque 2003, les quatre partis les plus importants en termes de suffrages électoraux se partageaient le pouvoir exécutif national (Ladner, 2004). Ainsi, durant cette période, le Parti libéral radical (PLR), le Parti démocrate-chrétien (PDC), le Parti socialiste suisse (PS) disposaient de 2 sièges chacun alors que l'Union démocratique du centre (UDC) disposait d'un siège. Cette situation est communément appelée la « formule magique » (Burgos *et al.*, 2011). Cette formule magique contribuait à la stabilité du système politique, malgré une série de scandales et l'émergence de nouveaux partis et mouvements contestataires (Vatter, 2016). Elle permettait aux membres de la coalition de réduire l'incertitude liée à l'élection du Conseil fédéral (élu par le Parlement réuni) et de mener des politiques dans leur secteur privilégié dans le long terme (Burgos *et al.*, 2011). En outre, cette intégration des principales formations politiques au sein de l'exécutif forçait les partis au compromis et permettait de réduire les risques de contestation référendaire (Sciarini, 2011 ; 2014). Par l'intérêt qu'ils en retiraient, les principaux partis contribuaient donc au maintien de la formule magique pendant près de 50 ans. Toutefois, dans les années 1990, suite à la radicalisation de l'UDC (Mazzoleni, 2008) et à sa poussée électorale, l'UDC remettait en cause la composition de la formule magique, avec une première demande officielle pour l'obtention d'un deuxième siège en 1999. C'est en 2003, en menaçant de rejoindre l'opposition et de bloquer l'action gouvernementale si le leader historique du parti – Christoph Blocher – n'était pas élu conseiller fédéral, que l'UDC parvenait à renforcer sa présence au sein de l'exécutif, au détriment du PDC. En décembre 2007, suite à des dissensions internes (et la création d'un nouveau parti : le Parti bourgeois démocratique – PBD), l'UDC se retrouvait dans l'opposition pour une année, avant de récupérer un siège à la suite de la démission d'un conseiller fédéral du PBD. Le gouvernement fédéral se retrouvait alors composé – pour la première fois depuis 1959 – d'une coalition de cinq partis. C'est seulement en 2015, suite à un nouveau pic électoral, que l'UDC récupérait le siège qu'elle avait gagné en 2003 et perdu quelques années plus tard. Ce que ce rappel historique de l'évolution de la formule magique enseigne est que le système politique suisse est caractérisé par une relative stabilité gouvernementale – quoique perturbée entre 2003 et 2008 – et un mode de prise de décision consensuel. Cela signifie que les partis présents au sein de l'exécutif fédéral s'accordent entre eux lors de la prise de décisions.

Le consensus présidant au processus de prise de décision est également présent au-delà du gouvernement et en amont du processus, lors de la phase pré-parlementaire de consultation. Cette phase – inscrite dans la Constitution fédérale (article 147) et considérée comme étant la plus importante (Kriesi, 1980 : 589) et la plus longue (Poitry, 1986 : 355) du processus décisionnel en Suisse – rassemble les acteurs intéressés afin d'échanger à propos d'un objet parlementaire ou d'un projet de loi (issu du Conseil fédéral). L'objectif de cette consultation est d'évaluer le niveau d'acceptabilité d'une politique (Sciarini, 2014). Étant donné la possibilité dont disposent les citoyens de recourir au référendum facultatif afin de s'opposer à une décision adoptée, la consultation favorise le compromis avant même que le gouvernement ne rédige un message à destination du parlement et avant qu'une commission parlementaire ne débatte sur la politique (Neidhart, 1970 ; Papadopoulos, 1997). Dès lors, de la même manière que le référendum facultatif incite les partis à se coaliser au niveau de l'exécutif fédéral et à adopter des décisions consensuelles, le référendum facultatif est aussi à l'origine du processus de consultation des acteurs impliqués. C'est donc pour éviter une opposition en aval du processus décisionnel que le compromis est recherché en amont.

Les outils de démocratie directe exercent un rôle crucial au sein du système politique suisse (Sciarini & Trechsel, 1996). Ainsi, en ses articles 136–142, la Constitution fédérale helvétique prévoit la possibilité d'organisation de référendums facultatifs, de référendums obligatoires et de référendums d'initiatives populaires. Outre le référendum facultatif qui peut être demandé suite à la publication d'un texte de loi, dans les 100 jours et moyennement la récolte de 50.000 signatures, le référendum peut aussi être obligatoire dans le cas d'une modification de la Constitution fédérale ou dans le cas de l'adhésion de la Suisse à une Communauté supranationale. Les initiatives populaires permettent quant à elles aux citoyens de proposer des changements constitutionnels. Pour ce faire, une fois déclarée recevable par l'administration fédérale, une proposition d'initiative populaire doit recueillir 100.000 signatures dans les 18 mois et, le cas échéant, une votation populaire est alors organisée par le Conseil fédéral. Le parlement peut soutenir l'initiative ou proposer un contre-projet qui sera alors également soumis à votation. Avant même que la votation soit organisée, l'initiative populaire permet d'inscrire une question précise à l'agenda politique (Leeman, 2015).

Le consociationalisme helvétique se caractérise également par la protection des minorités (Vatter, 2016). Plusieurs mécanismes sont prévus dans la Constitution à cet effet. Ainsi, une double majorité des citoyens et des cantons est requise lors d'un vote sur une initiative populaire destinée à modifier la Constitution. Par ailleurs, le Conseil des États – la chambre haute du parlement –, dans sa composition (deux élus par canton et un élu par demi-canton), représente les citoyens des cantons et tend à défendre leurs intérêts. Les membres du Conseil des États sont élus au scrutin majoritaire, alors que les membres du Conseil national sont élus au scrutin proportionnel.

1.2. L'UDC : entre participation gouvernementale et protestation

L'Union démocratique du centre (UDC) est un parti qui a pris son essor essentiellement à partir des années 1990 (*cf.* graphique 1) mais c'est plusieurs années auparavant que les idées d'extrême droite ou de droite radicale commençaient à émerger en Suisse et à être canalisées par différents types de mouvements ou partis. Déjà dans les années 1930, le *Frontenbewegung* parvenait à remporter des succès lors d'élections locales, cantonales et fédérales. Durant les années 1960, c'est un « mouvement contre la surpopulation étrangère » qui commence à se développer en Suisse, notamment autour de partis comme Vigilance ou Action nationale, et qui constitue un terreau de réflexion pour le développement plus poussé, dans les années 1980, de partis populistes de droite radicale, comme les Démocrates suisses (héritier d'Action nationale), le Parti des automobilistes, le Mouvement patriotique genevois ou encore la Ligue des Tessinois (Skenderovic, 2009). Nonobstant cette lente et continue pénétration des idées de droite radicale au sein de la société suisse (Church, 2016), ce n'est pas sur cette base que s'est originellement constituée l'UDC, en 1971. Le programme de l'UDC de 1971 – le premier – regroupe 17 points dont aucun ne correspond au populisme de droite radicale, tel que décrit dans le premier chapitre. L'ambition était effectivement de regrouper les forces agrariennes, auparavant disséminées à travers des partis cantonaux comme le Parti des paysans, artisans et indépendants (PAI) ou le Parti des paysans, artisans et bourgeois (PAB) en une force nationale conservatrice et de centre-droit. L'UDC nouvellement créée, dans la continuité du PAI qui disposait d'un siège au sein du Conseil fédéral depuis 1929, faisait *de facto* partie de *l'establishment* en étant représentée au Conseil fédéral. Une différence majeure caractérise donc l'UDC par rapport au VB ou au FN. Cela résulte notamment du fait que la diabolisation à laquelle font face le VB et le FN résulte en partie de leur histoire.

Les partis suisses reflètent la structure fédérale de la Suisse en ce sens qu'ils sont surtout structurés au niveau cantonal et bénéficient d'une importante autonomie sur le plan cantonal (Mueller & Bernauer, 2017). Dans les années 1980, l'UDC est alors caractérisée par une aile modérée – notamment dans le canton de Berne – et une aile plus radicale – notamment dans le canton de Zurich. La tendance zurichoise s'impose toutefois à la fin des années 1980 et au début des années 1990, sous l'impulsion de Christoph Blocher. Homme d'affaires et politique, Christoph Blocher est reconnu comme étant le leader de l'UDC – bien que ne l'ayant jamais présidée au niveau national. Conseiller national de 1979 à 2003 puis conseiller fédéral, il est un des rares conseillers fédéraux à ne pas avoir été réélu en conséquence de ses prises de position radicale (Cherix, 2007).

Au début des années 1990, le parti adopte donc un style populiste et se radicalise en axant ses discours et programmes sur un libéralisme économique fort, sur une politique d'asile stricte, sur la défense de l'indépendance du pays et sur la lutte contre l'insécurité (Boschetti, 2007). Deux événements centraux marquent ce tournant opéré par l'UDC. En 1986, les citoyens suisses sont appelés à voter pour ou contre l'adhésion de la Suisse à l'ONU. L'UDC est alors le seul parti membre de l'exécutif

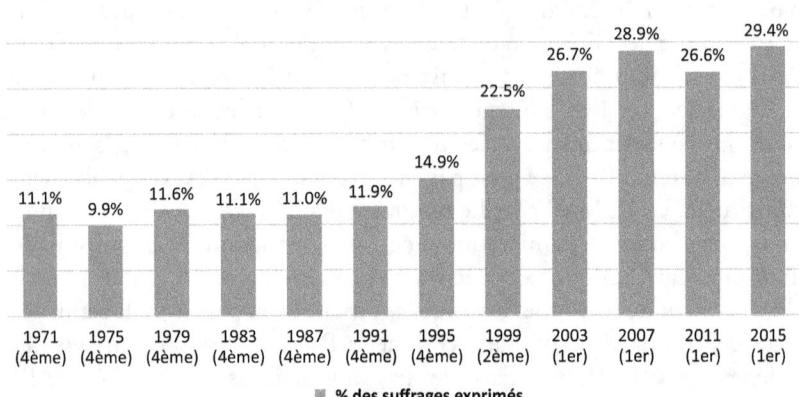

Graphique 1: Résultats de l'UDC pour le Conseil national depuis 1971 en % des suffrages exprimés. Source : graphique réalisé par Benjamin Biard sur la base des données disponibles sur le site web du Conseil national suisse

fédéral à s'y opposer et sort gagnante de la votation populaire. En 1992, c'est lors d'une votation populaire sur l'adhésion de la Suisse à l'Espace économique européen que l'UDC se fait remarquer, en étant activement engagée contre l'adhésion (Ladner, 2004). À nouveau, l'UDC sort gagnante. Durant cette période, l'aile zurichoise du parti parvient à imposer sa stratégie à l'ensemble du parti et une « nouvelle UDC » (Mazzoleni, 2008) se développe en tant que parti populiste de droite radicale. Sa stratégie ainsi que ses fondements idéologiques deviennent similaires à ceux d'autres partis populistes de droite radicale en Europe occidentale (Skenderovic, 2009). Au-delà du recours au style populiste, l'immigration, la souveraineté nationale et populaire ainsi que la sécurité intérieure deviennent alors des enjeux centraux pour l'UDC.

Malgré cette radicalisation de l'UDC et le fait que les chercheurs s'accordent pour qualifier l'UDC de parti populiste de droite radicale (*e.g.* Skenderovic, 2009 ; Aalberg *et al.*, 2017), la manière de labelliser l'UDC en Suisse est plurielle et évolutive. Ainsi, si les labels « extrême droite » et « populiste » étaient classiquement mobilisés dans les médias suisses dans les années 1990 pour décrire l'UDC, cela est moins systématique dans les années 2000 (Sciarini, 2011). L'UDC est encore décrite comme étant un parti d'extrême droite ou populiste, mais devient aussi classée parmi les partis de droite ou les partis bourgeois[9]. Comme l'indique Mazzoleni (2007 : 36), « l'élargissement du succès électoral, notamment en Suisse romande, ainsi que l'élection de Christoph Blocher a renforcé la tendance à banaliser le phénomène UDC ». Cette tendance s'explique aussi par le fait que, contrairement au FN français, par exemple, l'UDC n'a pas de lien – via certains de ses membres fondateurs notamment – avec un quelconque héritage fasciste ou nazi (Girod, 2004). Les médias étrangers, eux, continuent de décrire l'UDC comme étant un parti populiste de droite, de droite radicale ou d'extrême droite (Mazzoleni, 2007). L'appréciation qu'ont les citoyens suisses de l'UDC doit donc être comprise dans ce contexte, qui se traduit d'ailleurs par la diversité politique et sociale des profils des militants de l'UDC (Gottraux & Péchu, 2011).

Ayant réussi à regrouper autour d'elle les diverses forces de la droite radicale helvétique et ayant entamé une longue ascension électorale depuis 1992, l'UDC devient le premier parti suisse en termes de sièges au Conseil national en 2003 (*cf.* graphique 1). En conséquence, elle revendique et parvient à obtenir un deuxième siège au Conseil fédéral en permettant au leader du parti – Christoph Blocher – de diriger le département 'Justice et Police', mettant un terme à la formule magique en vigueur depuis 1959 (Burgos *et al.*, 2011). Toutefois, en 2007, en conséquence du style adopté par Christoph Blocher au sein du Conseil fédéral, le Parlement réuni décide d'élire deux parlementaires « UDC modérés » au Conseil fédéral, ne permettant pas à Christoph Blocher d'exercer un deuxième mandat (Cherix, 2007). Cette situation provoque la mise à l'écart de ces deux élus par l'UDC puisque le parti les enjoint de refuser leur élection en guise de protestation, ce qu'ils refusent de faire. L'UDC se retrouve donc officiellement et pour la première fois de son histoire dans l'opposition, pour une courte durée puisqu'elle réintègre le gouvernement en 2009 et obtient à nouveau, en 2015, deux sièges au Conseil fédéral suite au score historique réalisé lors des élections nationales du 18 octobre 2015.

Nonobstant la contribution institutionnalisée de l'UDC à la coalition gouvernementale, le parti parvient à conserver le délicat équilibre qui constitue sa force grâce au maintien de la populiste posture

---

[9] En Suisse, les partis bourgeois n'ont pas de connotation péjorative comme cela peut être le cas dans d'autres pays. Cette appellation regroupe les partis de droite et de centre-droit, parmi lesquels le Parti libéral radical (PLR) et le Parti démocrate-chrétien (PDC).

anti-*establishment* (Mazzoleni, 2016). Tant au niveau parlementaire qu'au niveau gouvernemental, l'UDC poursuit sa dénonciation d'une élite, prétendant par l'occasion être l'unique parti à défendre la cause populaire (Church, 2016). Durant la présence de Christoph Blocher au sein du Conseil fédéral, les attaques à l'encontre des partenaires de coalition et du système politique suisse ainsi que les ruptures de collégialité caractérisant le fonctionnement du Conseil fédéral suisse se multiplient (Cherix, 2007). Sur le plan parlementaire, le groupe UDC est principalement composé d'élus UDC mais aussi d'élus des partis cantonaux du Mouvement citoyen genevois (MCG) et de la Ligue des Tessinois – qui, eux, ne sont pas représentés au sein du Conseil fédéral. Une attitude ambivalente alliant participation gouvernementale (*insider*) et dénonciation d'une élite dirigeante (*outsider*) caractérise donc l'UDC (Bernhard, 2017). Enfin, d'un point de vue électoral, l'UDC réalise des performances principalement dans les petits villages où le taux de chômage est faible et le nombre d'étrangers peu élevé. Par ailleurs, le vote UDC est inversement proportionnel à l'âge et au niveau d'éducation des citoyens (Stockemer, 2016).

L'histoire de l'UDC mais aussi le système fédéral dans lequel le parti s'insère tendent à hétérogénéiser l'UDC. Dès lors, afin d'éviter d'introduire un quelconque biais à l'analyse, un panel constitué sur le principe de la diversification est constitué. Des cadres et élus issus d'une diversité de cantons (Thurgovie, Argovie, Saint-Gall, Zurich, Berne, Bâle-Ville, Bâle-Campagne, Jura, Genève, Vaud, Fribourg, Neuchâtel, Valais) et occupant des responsabilités variées, tant au sein des partis qu'au sein du Parlement et/ou du gouvernement sont alors interrogés.

5. Le Front national

5.1. Le système politique français

Le système politique français actuel repose sur la Constitution de 1958, qui consacre le début de la 5e République. Il peut être caractérisé de majoritaire, au sens de Lijphart (1969). En effet[10], le mode de scrutin pour l'élection de l'Assemblée nationale est majoritaire, ce qui a pour conséquence le développement d'une tendance bipartisane, autour de la droite

---

[10] Ne sont reprises ici que les caractéristiques du système majoritaire utiles pour la bonne compréhension de l'analyse de ce cas.

et de la gauche (Grunberg & Haegel, 2007). Le bipartisme se traduit par le fait que « l'existence de tiers-partis n'empêche pas les deux partis principaux de gouverner seuls, c'est-à-dire [que] des coalitions ne sont pas nécessaires » (Sartori, 2011 : 272). En France, le Parti socialiste (PS) et l'Union pour un mouvement populaire (UMP)/Les Républicains (LR)[11] en forment les deux pôles durant la période sur laquelle cette recherche se focalise. Pourtant, cette tendance bipartisane est parfois questionnée en conséquence du rôle du FN, mais aussi de l'émergence de nouveaux partis, comme La République en Marche (Jan, 2017).

Le mode de scrutin majoritaire a également des conséquences sur la formation des gouvernements puisque ceux-ci sont composés d'un parti majoritaire, bien que des ouvertures vers d'autres partis soient parfois envisagées, comme ce fut le cas pendant le quinquennat de Nicolas Sarkozy ou pendant celui de François Hollande. Par ailleurs, les électeurs sont convoqués aux urnes tous les cinq ans pour élire le Président de la République. Autrefois, cette convocation avait lieu tous les sept ans, ce qui avait pour effet de pouvoir conduire à des périodes de cohabitation (en 1986–1988, en 1993–1995 et en 1997–2002), c'est-à-dire à des périodes durant lesquelles un chef d'État et un chef de gouvernement issus de partis politiques différents gèrent ensemble la chose publique (Bouchet, 2013). Tant l'ouverture politique dont peuvent faire preuve certains chefs d'État que les périodes de cohabitation peuvent résulter en des accords et compromis entre partis. Ces accords peuvent aussi survenir en période de crise, lorsqu'une unité entre partis est recherchée. À ces niveaux, des jeux d'influence peuvent donc s'exercer.

La France est un État unitaire et décentralisé (Mény, 2008). Cela signifie que seul l'État français dispose de la souveraineté. En tant qu'État décentralisé, les collectivités locales (régions, départements, communes) disposent d'une certaine autonomie, mais n'ont de compétences que celles qui lui sont attribuées par la loi. Le bicaméralisme français est en outre asymétrique (Duhamel, 2003). Élus au suffrage universel indirect (ce qui peut conduire à une majorité différente par rapport à l'Assemblée nationale et/ou à l'exécutif), les sénateurs disposent de pouvoirs moins étendus que ceux des députés. Ainsi, seule l'Assemblée nationale peut remettre en cause la responsabilité du gouvernement ; en cas de désaccord avec le Sénat, l'Assemblée nationale peut avoir le dernier mot ;

---

[11] L'UMP change de nom le 28 mai 2015 suite à un vote de ses adhérents et devient LR.

l'Assemblée nationale a la priorité dans l'examen de certains projets de loi, dont le projet de loi de finances. Cela peut comporter des conséquences en termes d'influence pour les partis qui y sont représentés.

Caractérisé de semi-présidentiel par Duverger (1986), le régime politique français est atypique en ce sens qu'il combine des éléments de régime présidentiel avec des éléments de régime parlementaire. Ainsi, le chef de l'État – le Président de la République – est élu tous les cinq ans au suffrage universel, ce qui accroît sa légitimité et lui confère un large pouvoir. C'est lui qui nomme le Premier ministre et qui détermine la politique qui doit être suivie. Comme dans un régime parlementaire, le gouvernement est responsable devant l'Assemblée nationale (article 49 de la Constitution), qui est la chambre basse du parlement français. Le gouvernement engage alors sa responsabilité sur un programme ou une déclaration de politique générale en demandant la confiance de l'Assemblée nationale (article 49 de la Constitution). Les éléments de son programme qu'il souhaite rendre prioritaires peuvent donc être connus à la lecture de ces documents. Par ailleurs, la responsabilité du gouvernement peut être mise en cause par l'Assemblée nationale à travers une motion de censure. A priori, il semble donc difficile pour un parti ne siégeant pas dans l'exécutif et ne disposant pas d'un nombre d'élus important au parlement d'orienter les décisions adoptées dans le sens qu'il souhaite.

La Constitution française (article 11) prévoit que le Président de la République peut – sur la proposition du gouvernement – soumettre un projet de loi au référendum. Néanmoins, la France n'est pas caractérisée – comme la Suisse – par un usage fréquent d'outils de démocratie directe. Ainsi, seuls 9 référendums ont été organisés sous la Ve République (Roche, 2017). Par ailleurs, les citoyens ne peuvent pas initier eux-mêmes et directement un changement législatif, comme c'est le cas en Suisse à travers l'initiative populaire. En parallèle, une crise de la démocratie représentative caractérise le fonctionnement démocratique français. Ainsi, en 2012, 26 % des Français affirmaient ressentir du dégoût et 30 % de la méfiance en pensant à la politique, et 87 % déclaraient ne pas avoir confiance dans les partis politiques (Perrineau, 2012 : 161–162). Le taux d'abstention est quant à lui grandissant, dépassant régulièrement les 50%, alors que 54 % des Français déclarent que « la démocratie ne fonctionne pas très bien ou pas bien du tout en France » (Perrineau, 2014 : 169). Enfin, 62 % des Français pensent que « la plupart des hommes et des femmes politiques sont corrompus » (Perrineau, 2014 : 171). Ces chiffres illustrent le fossé grandissant qui se creuse entre les électeurs et les responsables politiques en France, ainsi que leur rapport à la démocratie représentative (Kriesi & Pappas, 2015).

5.2. Le FN : un parti en quête du pouvoir institutionnel

Considéré comme étant le prototype du parti populiste de droite radicale (Mudde, 2007 : 41), le Front national (FN) a été fondé en 1972 par le mouvement Ordre nouveau et sur le modèle du Mouvement social italien (MSI) afin de présenter des candidats lors des élections législatives de 1973 (Albertini & Doucet, 2014). Ordre nouveau est alors un mouvement nationaliste-révolutionnaire qui regroupe plusieurs traditions de l'extrême droite et qui souhaite que la société soit ordonnée sur la base de principes nationalistes. Ses moyens d'action sont généralement violents et visent principalement les communistes. En 1972, un commando spécifique – le Groupement d'intervention nationaliste – est même créé pour les actions les plus violentes (Charpier, 2005). Souhaitant participer au jeu électoral, Ordre nouveau présente des candidats lors d'élections législatives partielles en 1970 puis lors des élections municipales de 1971, mais ne parvient pas à atteindre des performances électorales qui le satisfassent. Dès lors, Ordre nouveau décide de la création d'un parti politique en tant que tel afin de se « dédiaboliser » (Dézé, 2015). Approché par François Brigneau[12], Jean-Marie Le Pen – ancien proche de Jean-Louis Tixier-Vignancour[13] et ex député poujadiste[14] – en prend la présidence.

Dès sa fondation, le FN adopte une attitude paradoxale : présenté par ses cadres comme un parti légaliste, le FN a un objectif de conquête du pouvoir ; dans le même temps, il adopte un activisme musclé, par exemple en organisant des manifestations surprises (Igounet, 2014 : 90). Cela s'explique notamment par la diversité des groupes et groupuscules fédérés au sein du parti autour d'une idéologie révolutionnaire et nationaliste (Dézé, 2016). Par ailleurs, c'est le parti néofasciste italien MSI qui soutient financièrement la création du FN (Dézé, 2016 : 35). Contrairement

---

[12] François Brigneau (1919–2012) est un ex cadre d'Ordre nouveau, cofondateur du FN et vice-président du FN de 1972 à 1973.

[13] Homme politique français d'extrême droite, dont Jean-Marie Le Pen fut directeur de campagne lors des élections présidentielles de 1965.

[14] Jean-Marie Le Pen est élu en 1956 sur la liste de l'Union de défense des commerçants et artisans, parti fondé par Pierre Poujade.

à l'UDC suisse ou au VB belge, le FN s'est donc directement construit sur une base d'extrême droite.

Le FN connait une évolution en plusieurs étapes (Delwit, 2012 ; Wieviorka, 2013). La première étape commence à la création du parti et court jusque 1983. Elle se caractérise par une « traversée du désert » (Dézé, 2016 : 37). Le FN est alors « un parti fragile doctrinalement, presque inexistant électoralement et confiné dans quelques espaces : c'est alors d'abord et avant tout un parti francilien » (Delwit, 2012 : 16). En 1983, les élections municipales partielles de Dreux – lors desquelles le FN remporte 16,72 % des voix et suite auxquelles le FN intègre un exécutif[15] (Igounet, 2014) – consacrent l'enracinement du parti au sein du système partisan français ainsi que sa consolidation. À partir de cette date, le FN parvient à réaliser des performances électorales parfois significatives. En 1984, le FN obtient 10,90 % des suffrages exprimés lors des élections européennes ; en 1986, il remporte 9,6 % des suffrages exprimés lors des élections régionales et, la même année, fait élire 35 députés à l'Assemblée nationale[16]. En parallèle, le FN fait évoluer sa stratégie dans un objectif de conquête du pouvoir :

> Donc ça a été une petite révolution interne au Front national puisque, pour la première fois, ce sont des méthodes un peu professionnelles et systématiques de bonne organisation et de bonne communication qui ont été utilisées pour mener cette campagne [de 1988]. [...] Je me suis occupé de transformer ce parti, qui était encore très embryonnaire, très groupusculaire, très figé sur les différentes chapelles que Le Pen avait réussi à rassembler, pour commencer à en faire un vrai parti politique capable, demain, de gouverner [...] Donc c'est à ce moment-là que j'ai fait un travail de structuration, de formation. On a mis en place toutes sortes de structures : une doctrinale, un Conseil scientifique, des cycles de colloques, un institut de formation nationale, un atelier de propagande, un comité aux grandes manifestations, *etc.* Enfin, toutes sortes d'organes qui étaient destinés à transformer le parti en vrai parti politique capable de gouverner demain. (FN – entretien 47)

Malgré cette stratégie de conquête du pouvoir, au milieu des années 1990, le FN fait toujours face à un plafond de verre électoral (Mayer, 2015). En outre, le parti ne parvient pas à être perçu comme capable d'exercer le pouvoir, notamment du fait de son isolement. En effet, tant la gauche que la droite refusent tout accord au niveau national avec le FN

---

[15] Jean-Pierre Stirbois (FN) devient l'adjoint au maire de Dreux en 1983.
[16] Le mode de scrutin étant exceptionnellement proportionnel en 1986.

(Dézé, 2016). Cela résulte de l'histoire et de la particularité idéologique du FN mais aussi du fait qu'un certain nombre de ses cadres et élus ont parfois eu des liens étroits avec l'occupant allemand durant la Deuxième Guerre mondiale.

En conséquence, deux tendances se distinguent au sein du FN : Bruno Mégret indique qu'il est nécessaire de former des alliances avec la droite et se montre prêt à faire des concessions programmatiques pour ce faire ; Jean-Marie Le Pen, lui, s'oppose à toute concession. Ces différences de points de vue conduiront à une scission au sein du FN, en 1998, avec le départ de Bruno Mégret et de ses alliés. Cette scission aura de lourdes conséquences pour le FN, en termes militants, électoraux et financiers (Igounet, 2014). En outre, de nouveaux conflits internes quant à la succession de Jean-Marie Le Pen à la présidence du parti verront bientôt le jour.

Lors du Congrès de Tours des 15 et 16 janvier 2011, Marine Le Pen est élue à la succession de son père pour présider le FN. Elle entend poursuivre la « dédiabolisation » du parti afin de conquérir le pouvoir (Wieviorka, 2013). Pour ce faire, Marine Le Pen recourt elle-même à des notions traditionnellement utilisées par ses adversaires et en modifie le sens. En outre, elle fait évoluer son propre vocabulaire. Dans les faits, elle procède à un renouvellement de ses cadres et fait expulser plusieurs membres du parti, dont Jean-Marie Le Pen. Enfin, sur le plan doctrinal, elle repositionne le FN autour de quelques thématiques, notamment socio-économiques. Sur les fondamentaux – à savoir l'immigration et la sécurité intérieure – le FN conserve sa doctrine historique (Alduy & Wahnich, 2015). Malgré cette stabilité doctrinale, une analyse lexicale permet de mettre au jour qu'il existe néanmoins une évolution en termes d'importance accordée par le FN dans ses discours à « ses propres » thématiques : alors que l'immigration était la thématique prioritaire entre 1987 et 2011, c'est la mondialisation qui devient centrale dans les discours frontistes à partir de 2011 (Alduy, 2015). Cela signifie que la fréquence lexicale de la thématique de la mondialisation devient plus importante que celle de l'immigration. Considérée comme un « méta-enjeu » ou *omnibus issue* (Williams, 2006 : 60) de par le fait qu'elle englobait toutes les autres thématiques sous la présidence de Jean-Marie Le Pen, la thématique de l'immigration est aujourd'hui davantage mobilisée pour désigner les conséquences de la mondialisation. À l'inverse, c'est la thématique liée à la mondialisation qui semble être devenue ce « méta-enjeu ». Cette évolution discursive permet à Marine Le Pen de s'adresser à une part plus large de l'électorat, tout en conservant un programme similaire (Alduy, 2015). Pour la première fois, en 2011, le FN est considéré par la majorité des Français comme étant « un parti comme un autre » (Dézé, 2016) et les performances électorales du parti s'accroissent considérablement à partir de cette date (*cf.* graphique 2).

Jamais le FN n'est parvenu à exercer des responsabilités au sein d'un exécutif au niveau national. C'est donc en tant que parti d'opposition que le FN a pris place dans le système partisan français. Dans son développement, les périodes durant lesquelles des parlementaires frontistes ont pu siéger à l'Assemblée nationale ou au Sénat sont par ailleurs peu nombreuses du fait du mode de scrutin (uninominal majoritaire à deux tours). Outre les années 1986–1988[17] où le FN accédait pour la première fois à l'Assemblée nationale avec 35 députés, c'est en 2012 que le FN accède à l'Assemblée nationale (avec deux députés), puis en 2017 (avec 8 députés). En 2014, le FN remporte deux sièges au Sénat, pour la première fois de son histoire. Malgré ses résultats électoraux parfois importants, le FN ne parvient donc pas à devenir une véritable force d'opposition au sein des Assemblées en ce sens qu'il n'obtient que rarement et difficilement des sièges au sein des Assemblées. Par exemple, en 2012, alors qu'il est le 3e parti en termes de suffrages exprimés (13,60 %), il n'obtient que deux sièges de députés. À titre de comparaison, le parti EELV remportait 5,46 % des suffrages exprimés et obtenait 17 sièges à l'Assemblée nationale.

Au-delà du mode de scrutin, l'attitude des partis traditionnels à l'égard du FN permet également d'expliquer son rapport éloigné avec le pouvoir législatif ou exécutif. La question d'un rapprochement avec ce parti est classiquement posée lors d'élections et le front républicain – c'est-à-dire un rassemblement des partis traditionnels contre le FN – est généralement de rigueur (à l'exception de quelques accords qui ont pu se réaliser à un niveau local). Par ailleurs, certains partis ont institutionnalisé la lutte contre le FN en leur sein, par exemple en désignant un secrétaire national à la lutte contre l'extrême droite (au Front de Gauche) dans leur organigramme ou en créant un groupe de travail de lutte contre le FN (c'est le cas chez Europe Écologie Les Verts et au Parti socialiste). Ainsi, dans ces partis à gauche de l'échiquier politique, de véritables

---

[17] Le 16 mars 1986, pour la première et unique fois dans l'histoire de la 5e république, les élections législatives se sont déroulées au scrutin proportionnel à un tour.

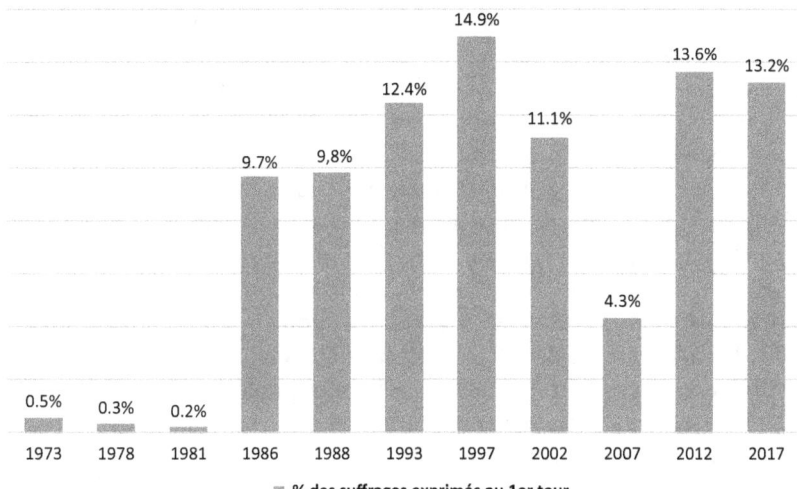

Graphique 2: Résultats du FN lors des élections législatives en France en % des suffrages exprimés. Source : Graphique réalisé par Benjamin Biard sur la base des données disponibles sur : France Politique : le site d'information sur la vie politique française. Accessible en ligne : http://www.france-politique.fr/.

« entrepreneurs de la cause anti-FN » se distinguent (Brustier & Escalona, 2015 : 514). À droite, les positions sont plus nuancées et un débat persiste entre les tenants du front républicain et ceux qui s'y opposent, favorisant une stratégie de « ni-ni ».

6. Le *Vlaams Belang*

6.1. Le système politique belge

Le système politique belge est caractérisé par une partitocratie particulièrement développée (Deschouwer, 2012). Cela s'explique par le fait que les partis politiques s'opposent le long de plusieurs lignes de clivage, mais aussi par le fait qu'il n'existe presque plus de partis nationaux (Keating, 2003). Même si les partis flamands et francophones peuvent encore être regroupés au sein d'une même famille partisane et bien que les différences idéologiques soient limitées, d'importantes différences structurelles existent entre eux (Deschouwer *et al.*, 2017 ; Biard, 2020b).

En conséquence, les gouvernements nationaux en Belgique sont classiquement des gouvernements de coalition, reposant sur un accord de gouvernement, et au sein desquels une parité linguistique doit être observée (article 99 de la Constitution). Ces accords de gouvernement résultent d'un processus « extrêmement consociatif » (Dandoy *et al.*, 2013a : 101) puisque, sur la base des programmes électoraux de chacun, un certain nombre de partis doit s'accorder sur un texte généralement très précis et auquel les membres de la majorité gardent un œil attentif durant toute la durée de la législature. Des coalitions souvent composées de nombreux partis voient donc le jour. Ces larges coalitions peuvent parfois rendre difficile l'adoption de décisions, ce qui explique pourquoi crises et compromis ponctuent l'action publique en Belgique (Schiffino, 2003). Par ailleurs, cela contribue également à expliquer l'instabilité caractérisant le système politique belge (Magnette, 2004). Ainsi, les gouvernements successifs peuvent tantôt perdre leur majorité parlementaire de façon prématurée, tantôt ne parvenir à conclure un accord de gouvernement que tardivement (194 jours suite aux élections de 2007 ; 541 jours suite aux élections de 2010).

Ces partis ne se cantonnent pas à agréger les préférences des citoyens, à les représenter, et à entrer en compétition pour l'obtention de mandats électifs. Ils jouent également un rôle essentiel dans le processus de fabrique des politiques publiques, et ce notamment grâce à l'appui de centres d'études qui leur sont rattachés (Pattyn *et al.*, 2017). Ces centres d'études permettent de formuler des avis et conseils aux partis, dont les membres peuvent ensuite se saisir pour tenter de mettre un problème à l'agenda politique ou pour formuler des solutions face à un problème précis (Pattyn *et al.*, 2017).

Le système politique belge est aussi caractérisé par un fédéralisme de type centrifuge. Cela signifie que, d'un État central unitaire, l'État belge est progressivement devenu fédéral, composé de régions et de communautés (Dandoy *et al.*, 2013b). Au fil des réformes de l'État, le rôle et la composition des institutions a évolué (principalement pour le Sénat) et davantage de compétences ont été transférées aux régions et aux communautés. La 6e réforme de l'État (sur laquelle un accord est intervenu en décembre 2011) prévoyait ainsi le transfert de nombreuses matières aux entités fédérées, parmi lesquelles les allocations familiales ou encore le droit des sanctions des jeunes. En ce sens, le fédéralisme belge est « évolutif » (Reuchamps, 2013 : 56). Cela peut comporter des implications quant à la manière avec laquelle les partis politiques réussissent, ou non, à concrétiser leurs promesses électorales.

Contrairement à la Suisse ou à la France, le référendum ou l'initiative populaire ne sont pas prévus dans la Constitution belge. Plus encore, il est classiquement considéré comme étant interdit (CRISP, 2018). Cela réduit donc les possibilités d'intervention directe des citoyens au sein de la fabrique des politiques publiques. Néanmoins, cela n'exclut pas la possibilité pour les citoyens de faire entendre leur voix, par exemple à travers la consultation populaire (qui n'est pas contraignante) ou des mécanismes de démocratie participative ou délibérative (Van Damme *et al.*, 2017), bien que ceux-ci soient désireux de modèles démocratiques davantage participatifs et délibératifs. En effet, 84,4 % et 77,3 % des Belges sont respectivement favorables à une démocratie participative et à une démocratie délibérative, alors que seuls 52,7 % des Belges se prononcent en faveur de la démocratie représentative – telle qu'elle fonctionne actuellement (Caluwaerts *et al.*, 2017). Ces chiffres contribuent à expliquer la crise de la démocratie représentative que connait aujourd'hui la Belgique (Kriesi & Pappas, 2015).

Enfin, la Belgique a été un des premiers États européens à rendre le vote obligatoire, en 1893. Bien que l'obligation de vote affecte négativement la satisfaction qu'ont certains segments de la population à l'égard de la démocratie, elle est souvent perçue comme renforçant la légitimité du système politique belge (Singh, 2018).

6.2. Le VB : face à un cordon sanitaire

Le *Vlaams Blok* (VB) est un parti politique flamand fondé en 1979. La création de ce parti est intimement liée à la participation de la *Volksunie* (VU) – parti nationaliste flamand – au gouvernement national et à la signature du Pacte d'Egmont, en 1977, par cette même majorité (qui prévoyait entre autres la création de trois régions, la scission de l'arrondissement électoral de Bruxelles-Hal-Vilvorde (BHV), la suppression des provinces et un élargissement des facilités linguistiques accordées aux francophones vivant dans les communes de la périphérie bruxelloise)[18]. La signature du Pacte d'Egmont a eu pour conséquence le départ de

---

[18] Le Pacte d'Egmont – jamais mis en œuvre en tant que tel – prévoyait notamment la création de trois régions.

plusieurs cadres et élus du VU du parti, parmi lesquels Lode Claes – sénateur VU – qui crée le *Vlaamse Volkspartij* (VVP) en 1977 (De Witte & Spruyt, 2004). Par ailleurs, à la même époque, un ex-cadre de la VU ayant quitté le parti en 1971 – Karel Dillen – fonde le *Vlaams-Nationale Partij* (VNP). Ces deux partis avaient pour objectif de dénoncer la modération et la « trahison » – selon leurs propres termes – de la VU sur le plan communautaire et se voulaient radicaux en la matière :

> Il est clair que nous devons en finir avec les défenseurs cupides du Pacte d'Egmont, les condamner et les achever impitoyablement. La *Volksunie* est en partie de mauvaise foi. Le comportement de ces gens est influencé par leurs propres intérêts, leurs ambitions, leurs envies de pouvoir et leur volonté d'obtenir des mandats, des charges et des p*ostes. Seuls quelques-uns d'entre eux pourraient ouvrir les yeux et reconnaître le nationalisme flamand. Quant aux autres, nous les évincerons purement et simplement. (Déclaration de Karel Dillen en 1978, *in* Gijsels, 1993 : 70)

> On était très attaché à cette image de radicaux. Ça venait de la conquête qu'on a menée pendant les années 1970 contre la *Volksunie* qui, elle, était déjà un parti au pouvoir, un parti du pouvoir, un parti de compromis, de perte de programme. Et donc on a refondé, en fait, le parti nationaliste flamand qui était la *Volksunie* en créant le *Vlaams Belang*, le *Vlaams Blok*, et sur base du respect du programme, les fondements du nationalisme flamand. (VB – entretien 92)

En vue des élections nationales, le VVP et le VNP forment un cartel du nom de « *Vlaams Blok* » en décembre 1978. En 1979, le VNP et l'aile nationaliste du VVP deviennent officiellement le *Vlaams Blok*, présidé par Karel Dillen. Ce parti visait à défendre l'indépendance de la Flandre d'une manière radicale, c'est-à-dire en refusant tout compromis, en refusant « de mettre de l'eau dans son vin » (Dillen, 1992 : 47). Ce rapide recours à l'histoire permet de mettre en lumière les motivations ayant présidé à la création du *Vlaams Blok*. Alors que l'UDC est créée sur une base agrarienne et que le FN est créé par la volonté de rassembler des groupuscules d'extrême droite autour d'un parti pouvant accéder au pouvoir, c'est sur une base nationaliste que le VB est fondé. Les questions communautaires conserveront une place centrale dans les discours du VB pendant les quatre décennies à venir (*e.g.* Dillen, 1987 ; Dillen, 1992 ; Van Grieken, 2017). Néanmoins, sur le plan idéologique, les idées de droite radicale – qui se caractérisent principalement par un rejet de l'immigration et par une volonté de renforcement de la sécurité intérieure (Ignazi, 2005 ; Mudde, 2007) – sont rapidement adoptées par le parti, sous l'impulsion de la branche « jeunes » du parti qui s'inspire du développement du FN français[19] (VB – entretien 102). En son sein, le VB comporte d'ailleurs bon nombre d'anciens cadres et élus de partis tels que le Verdinaso ou le VNV, partis d'extrême droite ayant collaboré avec l'occupant allemand durant la Deuxième Guerre mondiale puisque voyant là une opportunité de satisfaire leurs aspirations nationalistes. En outre, dès sa fondation, le VB critique déjà les partis traditionnels, *l'establishment*, bien qu'il n'adopte un style populiste à part entière qu'à la fin des années 1980 (de Cleen, 2016 : 231). Cela contribue à la diabolisation et à la marginalisation du parti dans le système politique belge ; marginalisation dont se saisit le VB lui-même pour accentuer sa communication à l'égard des citoyens et ainsi espérer de futures victoires électorales. Ainsi, le fondateur et président du VB de l'époque, Karel Dillen, écrit un ouvrage intitulé « *Wij, marginalen* »[20] en 1987, pour expliquer en quoi le VB est distinct des autres partis et en quoi il est dès lors marginalisé. Selon lui, il tire un certain profit électoral de cette situation, bien que cela l'empêche d'exercer tout pouvoir exécutif[21]. L'adoption de ce style populiste est corrélée à l'instauration d'un cordon sanitaire par les autres partis à l'égard du VB, le 10 mai 1989, et à une phase d'enracinement du VB dans le paysage politique belge, qui se traduit par l'accroissement du nombre d'élus au sein de diverses assemblées parlementaires (*cf.* graphique 3), particulièrement lors des élections nationales de 1991 – souvent appelées « dimanche noir » (Walgrave & De Swert, 2004 : 480) – qui consacrent le dépassement de la VU par le VB. À partir de ce moment, le VB voit ses performances électorales s'accroître considérablement, touchant un électorat nationaliste, critique à l'égard de l'immigration et des étrangers, défendant une vision autoritaire de la société et négative à propos du fonctionnement de la démocratie (Kochuyt & Abts, 2017).

En 2004, trois organisations constitutives du VB sont condamnées par la justice pour infraction à la loi tendant à réprimer certains actes inspirés par le racisme ou la xénophobie (dite loi Moureaux). En

---

[19] Par exemple, le slogan « *eigen volk eerst* » du *Vlaams Belang* est fortement inspiré du slogan « les Français d'abord », développé par Jean-Marie Le Pen dans les années 1980 (VB – entretien 102).

[20] Trad. : « Nous, les marginaux ».

[21] Le 24 novembre 1991, le *Vlaams Blok* devient le 4ᵉ parti de Flandre. Puisque la composition de l'exécutif flamand repose sur une base proportionnelle entre 1988 et 1992, le *Vlaams Blok* a droit à un poste ministériel. Néanmoins, celui-ci refuse le poste – tout comme le PVV et la VU (Spruyt, 2006).

conséquence, le 14 novembre 2004, le *Vlaams Blok* réuni en congrès se dissout et se refonde en *Vlaams Belang*[22] (Biard, 2019a). Malgré ce changement de nom, les cadres du parti demeurent les mêmes et seuls quelques changements programmatiques sont apportés afin d'amener l'image d'un parti davantage modéré (Erk, 2005 ; Spruyt, 2006 ; Lucardie *et al.*, 2016). Comme l'indique un ex cadre et parlementaire VB (entretien 97) :

> On avait peur et donc il fallait faire quelque chose. Plutôt cosmétique que vraiment intellectuel, idéologique et style.

Deux mois après la condamnation du parti, celui-ci rencontre un succès électoral inédit, devenant le premier parti de Flandre avec 24,15 % des suffrages valablement exprimés (Spruyt, 2006). Le parti continue son ascension jusque 2009, avant que deux partis se posent comme véritables concurrents électoraux : la *Lijst Dedecker* (LDD) et la *Nieuw-Vlaamse Alliantie* (N-VA). Le VB tente d'abord d'aborder ceux-ci pour regrouper leurs forces autour d'une « Forza Flandria » (LDD – entretien 88 ; VB – entretien 104) mais, ne pouvant poursuivre cette stratégie, son électorat se tourne rapidement vers ces deux autres partis (Pauwels, 2011 ; Deschouwer *et al.*, 2014). Cette fluctuation électorale n'est pas sans conséquence pour le VB lui-même. Elle provoque d'importants conflits internes qui se transforment en véritable guerre – principalement autour des personnes de Filip Dewinter, Gerolf Annemans, Marie-Rose Morel et Franck Vanhecke – et de nombreux départs du parti, soit pour des raisons idéologiques, soit pour des raisons stratégiques (Cochez, 2010). C'est sous la présidence de Gerolf Annemans que le parti parvient à se stabiliser, en 2012, tout en conservant son idéologie fondatrice (VB – entretien 104). En 2014, suite à un nouvel échec électoral du VB, Tom Van Grieken devient le nouveau président du parti, incarnant l'avènement d'une nouvelle génération au sein du parti.

À aucun moment le VB ne parvient à exercer le pouvoir exécutif, à quelque niveau que ce soit. C'est donc depuis les bancs de l'opposition que le VB – avec 18 députés à la Chambre des représentants entre 2003 et 2007, soit au moment où il obtient le plus grand nombre de

---

[22] Le nom « Vlaams Belang » était à la base un slogan de campagne de la *Volksunie*, en 1978 : « *Volksunie, Vlaams Belang* » (Spruyt, 2006 : 36).

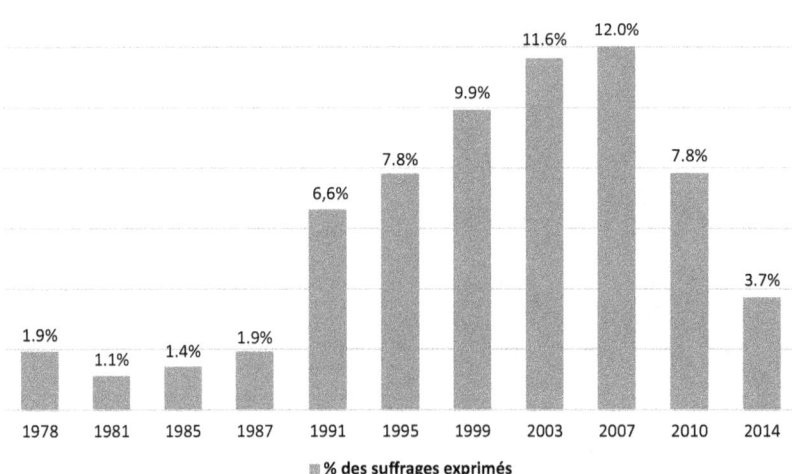

Graphique 3 : Résultats du VB lors des élections à la Chambre des représentants de Belgique en % des suffrages exprimés. Bien que le VB ne soit pas présent en Wallonie, ces résultats expriment le % de voix obtenues par le VB en Belgique lors des différents scrutins organisés. Source : Graphique réalisé par Benjamin Biard sur la base des données issues de Lucardie *et al.* (2016 : 211), sur la base des données fournies par le Service public fédéral Intérieur.

députés fédéraux de son histoire[23] – est actif. Pendant cette période mais aussi au-delà, le VB demeure pleinement un parti adoptant une stratégie populiste pour défendre un programme de droite radicale (de Lange & Akkerman, 2012 ; de Cleen, 2016).

---

[23] C'est à nouveau le cas dans la foulée des élections du 26 mai 2019.

PARTIE III :

ANALYSES ET RÉSULTATS

Chapitre 6

L'influence de l'Union démocratique du centre (UDC)

Si vous voulez faire dans l'extrême suisse, vous allez faire dans l'extrême démocratie directe et le fédéralisme. C'est-à-dire la culture qui fait voter le peuple et qui fait prendre les décisions au plus bas niveau possible. Par conséquent, les dérives autoritaires qu'on peut associer à une pensée politique à la fois nationale et populiste, vous ne les trouvez pas ici parce que la dérive qu'on pourrait avoir, c'est de vouloir trop voter. Et d'ailleurs c'est ce qu'on fait. (UDC – entretien 3)

Avec un gouvernement élu par le parlement et caractérisé par une grande stabilité (la formule magique), avec la disponibilité et l'usage fréquent d'outils de démocratie directe et avec une forte implication des acteurs intéressés au sein du processus de fabrique des politiques publiques (notamment avec la phase pré-parlementaire de consultation), le système politique helvétique est atypique en Europe. Ces spécificités complexifient la fabrique des politiques publiques puisque, *a priori*, elles font intervenir un nombre d'acteurs important dans le processus. Alors que l'UDC occupe une place centrale dans le système partisan helvétique – en tant que premier parti en termes de sièges au Conseil national depuis 2003 et en tant que membre du gouvernement fédéral depuis plusieurs décennies – la place qu'elle occupe dans la fabrique des politiques publiques est questionnée dans ce chapitre. Quelle influence l'UDC exerce-t-elle dans le processus ? Ses promesses électorales parviennent-elles à se développer, voire à se traduire en décisions publiques ? Le cas échéant, est-ce le fruit d'interventions de l'UDC ? Comment intervient l'UDC dans la fabrique des politiques publiques et quels sont les freins qu'elle rencontre quand elle tente d'exercer une influence sur le processus ?

Tableau 2 : Promesses de l'UDC en matière de droit des sanctions

- **Courtes peines** : « L'UDC réclame la réintroduction des peines privatives de liberté de moins de six mois avec ou sans sursis » – *Programme électoral de l'UDC 2011–2015, p. 45*
- **Jours-amendes** : « L'UDC demande l'abolition des peines pécuniaires avec sursis et desdites réparations ainsi que la réintroduction des amendes pour des contraventions et des délits » – *Programme électoral de l'UDC 2011–2015, p. 45*
- **Travail d'intérêt général** : « L'UDC exige que les délinquants puissent être condamnés sans sursis à un travail d'intérêt public même sans l'assentiment du condamné » – *Programme électoral de l'UDC 2011–2015, p. 45*
- **Sursis partiel à l'exécution des peines privatives de liberté** : « L'UDC s'engage pour la suppression du sursis partiel pour des peines de plus de deux ans » – *Programme électoral de l'UDC 2011–2015, p. 45*

1. Étude de la trajectoire des promesses électorales de l'Union démocratique du centre

1.1. Droit des sanctions

Le 1er janvier 2007, la nouvelle partie générale du code pénal suisse entrait en vigueur. Celle-ci instaurait notamment un nouveau type de sanction : les jours-amendes. Proportionnellement calculés sur la base du revenu de la personne jugée, ces jours-amendes – qui se substituent à une peine privative de liberté – constituent une sanction pénale prononcée par un juge et exigeant le paiement d'une somme à l'État. Cette peine pécuniaire, contrairement aux amendes, est assortie d'un sursis automatique et est la peine prioritaire que les juges doivent appliquer dans leurs jugements. Le régime des peines de travail d'intérêt général a également été revu afin de subordonner cette peine à l'accord de la personne condamnée et afin que le sursis soit systématiquement octroyé. En outre, la possibilité pour les juges de prononcer des courtes peines (moins de six mois) privatives de liberté a été supprimée. Ces trois évolutions législatives ont fait l'objet de promesses électorales de l'UDC en 2011. Par ailleurs, l'UDC a également formulé une promesse en matière de sursis partiel à l'exécution des peines privatives de liberté (cf. tableau 2).

Face aux nouvelles dispositions – dont celles énoncées en constituent les majeures –, des critiques se sont rapidement levées et ont été canalisées par les partis politiques. Certains ont rapidement demandé des révisions plus ou moins sévères du nouveau code pénal (UDC, PLR) alors que d'autres ont plutôt entendu répondre aux critiques par des demandes d'analyses (PS). Quelques mois seulement après l'entrée en vigueur du nouveau texte, le parti UDC déposait une initiative parlementaire[24] par l'intermédiaire du conseiller national Luzi Stamm afin de réclamer un retour au code pénal antérieur, notamment pour ce qui est des **courtes peines** de prison, des **peines pécuniaires** et des **travaux d'intérêt général**. Un débat était alors provoqué au sein de la Chambre basse. Un an plus tard, le groupe libéral-radical (PLR), sous l'impulsion du conseiller national Christian Lüscher, remettait en cause une série de principes consacrés dans le nouveau texte. C'est suite à des réactions issues des « acteurs de terrain », notamment de procureurs, que le PLR propose cette révision (PDC – entretien 25 ; PLR – entretien 31 ; PES – entretien 32). À travers une initiative parlementaire déposée le 5 juin 2008[25], l'élu PLR propose de « supprimer la peine pécuniaire ou de la rendre subsidiaire à la peine privative de liberté et au travail d'intérêt général ». Si l'UDC et le PLR se prononcent tous les deux négativement à l'égard des jours-amendes et demandent le retour aux courtes peines privatives de liberté, l'objectif n'en demeure pas moins différent :

> En ce qui concerne le code pénal, en ce qui concerne le comportement de la police, il faut mener le chemin beaucoup plus dur. (UDC – entretien 4)
> Ce n'est pas crédible. Donc il faut être plus sévère, il faut un durcissement, surtout en ce qui concerne on met quelqu'un en prison. Même si c'est une punition plutôt courte. (UDC – entretien 22)
> Les criminels ils rigolent sur cette loi [des jours-amendes]. Ils s'en foutent. Et nous voulons un droit pénal qui est dur avec tous les criminels. (UDC – entretien 30)

L'objectif de l'UDC est de rendre le système pénal plus crédible en durcissant le droit. Pour le PLR, au contraire, l'objectif est de défendre la marge de manœuvre des juges dans le cadre de leur travail et de respecter le principe d'individualisation des peines. Le premier se base donc sur

---

[24] Initiative parlementaire 07.428 intitulée « Abroger les dispositions révisées du Code pénal concernant le système des peines » déposée au Conseil national le 23 mars 2007 par Luzi Stamm (UDC) : https://www.parlament.ch/fr/ratsbetrieb/suche-curia-vista/geschaeft?AffairId=20070428

[25] Initiative parlementaire 08.431 intitulée « Suppression ou subsidiarisation de la peine pécuniaire » déposée au Conseil national le 5 juin 2008 par Christian Lüscher (PLR) : https://www.parlament.ch/fr/ratsbetrieb/suche-curia-vista/geschaeft?AffairId=20080431

le populisme pénal –c'est-à-dire sur « un discours qui appelle à punir au nom des victimes bafouées et contre les institutions disqualifiées » (Salas, 2010 : 14) – alors que le deuxième articule sa demande en conformité avec un principe libéral.

Quelques jours après le dépôt de l'initiative du conseiller national PLR, c'est Carlo Sommaruga (PS) qui proposait un postulat[26] – cosigné par tous les partis présents sauf l'UDC[27] – demandant au Conseil fédéral d'évaluer l'impact de l'instauration des jours-amendes, « notamment en matière de récidive et d'occupation des établissements pénitenciers ». Suite à cette demande, le Conseil fédéral mandatait le Département fédéral de la Justice et Police pour mener cette évaluation.

En juin 2009, grâce à sa représentation parlementaire importante, l'UDC parvenait à convoquer une session extraordinaire[28] sur le « renforcement du droit pénal et la criminalité ». Les sessions extraordinaires, d'une manière générale, sont décrites par l'ensemble des représentants de partis et politistes rencontrés comme offrant une tribune médiatique aux partis et aux élus et comme permettant la mise à l'agenda d'enjeux spécifiques, plus que comme la possibilité d'adopter des décisions concrètes (*e.g.* PLR – entretien 31). À titre d'illustration, l'extrait suivant synthétise l'avis général des personnes interrogées pour cette recherche :

> [Les sessions spéciales] sont très médiatisées, très thématisées. Vous avez une tribune publique pour montrer ou expliquer pourquoi vous voulez que tel ou tel objet soit mis en avant, soit priorisé, soit suivi d'effet. Je pense que ça c'est important. C'est assez nouveau cette utilisation mais comme vous n'avez pas la volonté des autres partis de mettre à l'agenda telle ou telle motion, tel ou tel objet, c'est le seul moyen qu'il reste. (UDC – entretien 21).

Cette convocation est le résultat de l'intervention de l'UDC. Cette dernière a ainsi réussi à forcer les autres partis politiques à s'exprimer sur

---

[26] Postulat 08.3381 intitulée « Évaluation du système de sanction pénale des jours amendes » déposé au Conseil national le 12 juin 2008 par Carlo Sommaruga (PS) : https://www.parlament.ch/fr/ratsbetrieb/suche-curia-vista/geschaeft?AffaiRId=20083381

[27] Ont cosigné ce texte des représentants Vert, Vert 'Libéral, de La Gauche, du PBD, des Évangéliques, du PDC et du PLR

[28] L'article 151 de la Constitution fédérale suisse (du 18 avril 1999 – état le 18 mai 2014) prévoit que « un quart des membres de l'un des conseils ou le Conseil fédéral peuvent demander la convocation des conseils à une session extraordinaire ».

la révision du code pénal. Cependant, il est à noter que l'enjeu avait déjà été problématisé et amené à l'agenda par l'UDC mais aussi par d'autres partis (essentiellement le PLR, *cf. supra*) et qu'aucune décision concrète ne ressort de cette session. À cet égard, le Conseil des États a joué un rôle important pour bloquer l'influence de l'UDC puisqu'il considère que le code pénal ne peut être révisé partiellement, à l'égard de certaines dispositions, sans tenir compte de l'ensemble du texte (PS – entretien 24 ; PDC – entretien 25 ; PES – entretien 32). Il a donc systématiquement rejeté les textes adoptés par le Conseil national réuni en session extraordinaire et sur lequel l'UDC était parvenue à exercer une influence, c'est-à-dire des textes visant à concrétiser des promesses électorales de l'UDC, comme celles réinstaurant les courtes peines privatives de liberté[29] ou instaurant un registre national pour pédophiles récidivistes[30]. L'influence de l'UDC au sein de l'arène parlementaire est donc ici bloquée.

Le 30 mars 2012, le Département fédéral de la Justice et Police publie le rapport commandé par le Conseil fédéral (*cf. supra*). Ce qui en ressort est que la récidive n'évolue pas significativement mais que les condamnations, elles, tendent à augmenter sensiblement. En conséquence, le 4 avril 2012, le Conseil fédéral proposait un projet de réforme à la Commission des Affaires juridiques du Conseil national. Celui-ci reprenait entre autres la suppression de la primauté des jours-amendes sur les peines privatives de liberté, la réintroduction des courtes peines de prison et la suppression du sursis aux peines pécuniaires. La Commission des Affaires juridiques – ayant nommé une sous-commission pour traiter de cette réforme – adoptait quant à elle une série de principes qui, dès le 23 septembre 2013, engageaient des débats en plénière et dans les deux chambres autour de ce texte, chaque parti entrant en compétition pour que le texte final soit le plus proche possible de sa volonté respective.

Lors des premiers échanges à propos de la réforme proposée par le Conseil fédéral, le 23 septembre 2013, le Parti socialiste ne revendique pas d'évolution majeure et refuse catégoriquement d'abolir le système des jours-amendes et de fixer un montant minimal du jours-amende à

---

[29] Motion 09.3300 du conseiller national Luzi Stamm (UDC). Adoptée par le Conseil national le 10 juin 2009, elle se voit rejetée par le Conseil des États le 10 décembre 2009.

[30] Motion 08.3033 de la conseillère nationale Nathalie Rickli (UDC). Adoptée par le Conseil national le 10 juin 2009, elle se voit rejetée par le Conseil des États le 29 novembre 2010.

plus de 10 Francs[31]. Néanmoins, il accepte rapidement de réintroduire les courtes peines privatives de liberté. Tout comme pour les Verts (PES), c'est selon la même justification que celle fournie par le PLR que le Parti socialiste se prononce en ce sens et non dans le strict but de durcir le droit pénal :

> Je considère qu'il est important de laisser le plus large pouvoir d'appréciation possible aux juges. Je pense qu'il est indispensable que le législateur fixe la peine, qu'il puisse dire, en somme, quels sont les tarifs maximums qu'entraine tel ou tel comportement. Mais il faut que, en restant dans ce cadre fixé par le législateur, le juge puisse avoir une grande liberté d'appréciation pour déterminer ce qui est le plus adéquat à la situation d'espèce, en gardant bien sûr à l'esprit que l'objet de la peine est multiple. (PES – entretien 32)

Cet extrait d'entretien est utile pour comprendre l'influence de l'UDC sur cet aspect de la réforme. Les justifications fournies par les partis ayant accepté un élément non souhaité initialement rejoignent davantage celles du PLR que celles de l'UDC. Dès lors, il apparait que c'est surtout le PLR qui a exercé une influence. Cela suggère que l'adoption de politiques publiques « sécuritaires » ne répond pas nécessairement à une logique de populisme pénal, contrairement à ce que certaines études mettent en évidence (*e.g.* Jennings *et al.*, 2017).

Durant ces mêmes débats, le Parti socialiste souhaite aussi réduire le nombre maximal de jours-amendes et introduire le bracelet électronique. L'UDC, très rapidement, se réserve le droit de rejeter le texte final si celui-ci ne correspond pas à ses attentes, parmi lesquelles figure l'abolition des jours-amendes (qui est une promesse électorale du parti en 2011). Une tentative de mise sous pression des autres partis par l'UDC s'exerce donc dès les échanges du 23 septembre 2013. Outre cette demande de retour à l'ancien droit, sur des éléments plus spécifiques et sur la base de la supposition qu'il ne soit pas possible d'abolir les jours-amendes, l'analyse des comptes rendus de séances au parlement indique que l'UDC – par la voix de Yves Nidegger – propose d'en réduire le montant maximum à 90 Francs (au lieu de 360 Francs dans le texte en vigueur lors des discussions, et au lieu de 180 Francs proposés par la Commission des Affaires juridiques du Conseil national). En première lecture, le vote du

---

[31] Selon Carlo Sommaruga (PS), il s'agit là d'une ligne rouge qui, franchie, justifierait un rejet du projet en vote final par le groupe socialiste du Conseil national (extrait du procès-verbal du 23 septembre 2013).

texte par le Conseil national révèle des indications précieuses quant à l'influence respective des partis. Spécifiquement, le Parti socialiste s'abstient et l'UDC vote contre le texte. Si le PS s'abstient plutôt que de voter contre le texte, c'est essentiellement pour éviter de « rouvrir la porte aux propositions extrémistes de l'UDC » (PS – entretien 16). En ce sens, en première lecture, l'UDC est parvenue à exercer un effet sur la prise de position du Parti socialiste et, ce faisant, à exercer une influence sur la problématisation et la mise à l'agenda de l'enjeu. Cependant, en votant contre le texte et en annonçant régulièrement qu'elle se réserve le droit de voter contre le texte en vote final, l'UDC tend à se marginaliser et laisser la place à des accords entre les partis de centre-droit traditionnels (PDC et PLR) et le Parti socialiste. Sa marge de manœuvre en termes d'influence devient alors faible.

Lors de la deuxième séance de débats au Conseil national, le 25 septembre 2013, outre ses nouvelles demandes de retour à l'ancien droit, l'UDC tente, en vain, de mettre en œuvre son initiative populaire pour le renvoi des criminels étrangers à travers la réforme du code pénal (*cf. infra*). Après avoir été discuté au sein du Conseil des États, le projet revient au sein du Conseil national le 24 septembre 2014. À cette occasion, l'UDC – ainsi que le PLR d'ailleurs – rappelle qu'il est « insensé » (Nidegger, UDC – extrait de procès-verbal au 24 septembre 2014) de fixer le montant minimum des jours-amendes à 10 Francs, comme le propose le Parti socialiste et comme cela a été repris par le Conseil des États. Lors d'une deuxième séance, le Conseil des États maintient sa position sur ce montant et ce sont alors des « solutions de compromis » qui sont ultérieurement (le 4 mars 2015) proposées par le PLR et le PDC. L'UDC ne semble pas s'en accommoder et refuse de déroger à la proposition initiale du Conseil fédéral qui fixait ce montant à 30 Francs. Lors de cette même séance, le débat sur la question de la prolongation du délai pour le payement des jours-amendes est relancé. L'UDC se veut inflexible alors que le Parti socialiste, au Conseil des États, souhaite introduire cette possibilité de prolongation du délai. Enfin, l'UDC propose d'abroger l'article 41 du texte afin que les jours-amendes ne demeurent pas la règle. Le Parti socialiste, dans ce même but, maintient la nécessité pour les juges de motiver leur décision mais propose de supprimer les termes « de manière circonstanciée » (extrait de procès-verbal au 24 septembre 2014). Le PLR, quant à lui, demande d'abroger la disposition demandant au juge de motiver sa décision lorsqu'il prononce une peine de prison.

Le 19 juin 2015, les deux assemblées fédérales ont voté en faveur du nouveau texte. L'UDC, non satisfaite du résultat, met sa « menace » à exécution et vote contre la réforme. Le parti socialiste ainsi que le parti libéral-radical, eux, se montrent satisfaits du résultat :

> Il y a eu beaucoup de succès […]. À la fin, il reste un projet sur lequel le PS a clairement obtenu ce qu'il avait d'emblée demandé pour pouvoir soutenir la loi. (PS – entretien 18)
>
> Nous on est entièrement satisfait avec cette nouvelle mouture du droit pénal des sanctions. (PLR – entretien 31)

Le résultat de la réforme est important à prendre en considération au regard des promesses électorales de l'UDC et de ses positions défendues tout au long des débats menés depuis 2007.

Tout d'abord, **les jours-amendes** avec sursis ne sont pas abolis, comme l'aurait pourtant souhaité l'UDC. Ensuite, il est désormais inscrit dans le code pénal qu'une peine pécuniaire « ne peut excéder 180 jours » (article 34). À ce stade aussi, la volonté de l'UDC, en cas de conservation du système des jours-amendes dans l'arsenal juridique suisse, d'abaisser ce montant à 90 jours, n'a pas eu d'écho. Pour ce qui concerne l'introduction d'un montant minimal de jours-amendes dans le texte de loi, la règle est fixée à un minimum de 30 Francs mais des exceptions peuvent l'abaisser à 10 Francs dans certaines circonstances (article 34). Dans ce cas, c'est donc la « proposition de compromis » du PDC qui a été adoptée. »

Les **courtes peines de prison** sont quant à elles réintroduites. Si cette demande a été formulée explicitement par l'UDC à intervalles réguliers et si elle revendique la paternité de cette promesse (*e.g.* UDC – entretien 3), nombreux sont les partis à avoir adhéré à cette position dès le début des débats parlementaires (*e.g.* le conseiller national Jositsch, le 23 septembre 2013). En outre, les acteurs interrogés reconnaissent que c'est le PLR qui a joué un rôle moteur sur cette question :

> [L'UDC n'a] pas collaboré dans le cadre du projet de loi. Si quelqu'un a politiquement gagné là-dessus, c'est plutôt le PLR parce que, au fond, le PLR, c'était son objectif principal et ils y sont parvenus ; l'objectif principal de l'UDC était la suppression du nouveau système. (PS – entretien 16)
>
> On était tous pour ça. Ce ne sont pas eux [l'UDC] qui ont managé l'affaire. […] La révision des jours-amendes c'est même un PLR qui a été le leader de ça. C'est Christian Lüscher. Ce n'est pas l'UDC. (PVL – entretien 22)

Notamment grâce à l'impulsion de deux PLR romands – Christian Lüscher du côté de Genève et Isabelle Moret du PLR Vaud – on est revenu à des jours, des courtes peines de prison. [...] Donc ça a un petit peu été édulcoré pour revenir à un système moins dissuasif. Et là c'est beaucoup plus le PLR qui est... Parce que la raison en est simple. De nouveau, l'UDC n'est pas tellement dans les solutions. (PLR – entretien 9)

À l'analyse des débats parlementaires, il ressort également que le PLR – essentiellement par la voix de Christian Lüscher – est celui ayant défendu le plus ardemment cette mesure. Si l'influence de l'UDC ne peut être tout à fait exclue sur cette question, l'UDC ne peut toutefois pas être reconnue comme ayant été un acteur à l'influence décisive. L'UDC est un parti influent en ce sens qu'il est intervenu dans le mécanisme causal à différentes phases du processus de fabrique des politiques publiques, mais l'intervention d'autres acteurs politiques est aussi cruciale pour la viabilité du mécanisme.

En matière de **sursis partiel à l'exécution de peines privatives de liberté**, le 3 juin 2009, l'UDC était parvenue à faire adopter une motion (09.3428)[32] de Nathalie Rickli au Conseil national demandant de limiter cette possibilité aux peines de deux ans en lieu et place de trois ans. Initialement en accord avec cette proposition, le Conseil fédéral a modifié sa position dans son projet de texte suite à la phase de consultation lancée le 30 juin 2010 et lors de laquelle les avis rendus ont été très partagés. Dans le texte final, la dernière prise de position du Conseil fédéral a été retenue et l'article 43 stipule que « le juge peut suspendre partiellement l'exécution d'une peine privative de liberté d'un an au moins et de trois au plus ». Sur cette question, l'UDC a exercé une influence lors de la mise à l'agenda et de la formulation de solutions. Néanmoins, cette influence a été limitée et n'a pu se concrétiser dans la loi. Ce sont essentiellement les « acteurs de terrain » étant intervenus lors de la consultation qui ont exercé une influence à ce dernier stade de la fabrique des politiques publiques.

Avec l'abrogation des articles 37 à 39 du code pénal, **le travail d'intérêt général**, préalablement considéré par le droit comme étant une peine, est devenu un mode d'exécution de la peine. Cela signifie qu'il peut être

---

[32] Motion 09.3428 intitulée « Suppression du sursis partiel à l'exécution des peines de plus de deux ans » déposée au Conseil national le 20 mai 2009 par Nathalie Rickli (UDC) : https://www.parlament.ch/fr/ratsbetrieb/suche-curia-vista/geschaeft?AffairId=20093428

imposé à la personne condamnée (1) sans sursis (2). Cette modification, réclamée par l'UDC dans son programme électoral, peut a priori être perçue comme étant le résultat de l'influence de ce dernier. En effet, seuls deux élus du Conseil national interviennent spécifiquement sur cet aspect de la réforme[33] et la motion déposée par le conseiller national Dominique Baettig (UDC) en 2009 est acceptée par les deux chambres, avant d'être classée. Cependant, il ressort que c'est le Conseil fédéral qui, dans son message pour le Parlement et suite à la phase de consultation (essentiellement des cantons dans ce cas), propose ces modifications :

> Lors de la consultation, la majorité des cantons a demandé que le travail d'intérêt général ne soit plus une peine, mais une mesure d'exécution. En effet, un travail d'intérêt général ne peut être que volontaire et il le restera avec le projet du Conseil fédéral qui a le soutien de la majorité de la commission. Si le travail d'intérêt général restait une peine, nous nous trouverions dans la situation paradoxale où c'est le juge qui doit demander au condamné s'il est d'accord d'exécuter la peine prévue. La commission, par 16 voix contre 5 et 1 abstention, soutient le projet du Conseil fédéral. (Extrait de discours de Jean-Christophe Schwaab – rapporteur de la commission des Affaires juridiques – issu du procès-verbal de la séance de débats au Conseil national du 23 septembre 2013)

L'UDC a ainsi activement contribué, notamment avec le PDC et le PLR, à la modification de cet aspect du code pénal. Cependant, ce sont essentiellement les acteurs consultés (cantons) qui ont joué un rôle moteur dans ce cas.

Pour résumer, des empreintes empiriques permettent d'indiquer que l'UDC exerce systématiquement une influence en matière de droit des sanctions. Néanmoins, son influence est variable d'une phase du processus de fabrique des politiques publiques à l'autre et ne s'exerce jamais lors de la phase de prise de décision. Par ailleurs, son influence dans ce dossier est toujours congruente et active, et s'exerce à travers les institutions et sans contexte spécifique. Seuls le caractère exclusif ou partagé de l'influence ainsi que le procédé d'intervention au sein du processus sont variables selon les promesses et selon la phase du processus.

---

[33] Initiative parlementaire 08.513 déposée au Conseil national le 18 décembre 2008 par Pirmin Schwander (UDC) (https://www.parlament.ch/fr/ratsbetrieb/suche-curia-vista/geschaeft?AffairId=20080513) et motion 09.3233 déposée au Conseil national le 19 mars 2008 par Dominique Baettig (UDC) (https://www.parlament.ch/fr/ratsbetrieb/suche-curia-vista/geschaeft?AffairId=20093233)

Tableau 3 : Promesses de l'UDC en matière de délinquance sexuelle

Promesses de l'UDC
• **Internement à vie de criminels violents et sexuels extrêmement dangereux et inguérissables** : – « L'UDC soutient l'internement à vie de criminels violents et sexuels extrêmement dangereux et inguérissables » – *Programme électoral de l'UDC 2007-2011, p. 37* – « L'UDC exige que l'initiative sur l'internement soit enfin fidèlement appliquée » – *Programme électoral de l'UDC 2011-2015, p. 45* • **Peine minimale pour viols** : « L'UDC demande que la peine minimale pour viol soit portée à trois ans et même à sept ans pour le viol d'enfants » – *Programme électoral de l'UDC 2011-2015, p. 45* • **Registre pour pédophiles** : « L'UDC réclame la tenue d'un registre des pédophiles et criminels violents et sexuels » – *Programme électoral de l'UDC 2011-2015, p. 45*

1.2. Délinquance sexuelle

Trois promesses sont formulées par l'UDC en matière de délinquance sexuelle dans ses programmes de 2007 et de 2011. Dans ce dossier, et plus spécifiquement en matière de pédophilie, les interventions parlementaires sont nombreuses, particulièrement depuis la fin des années 1990. Cela s'explique par le fait que l'UDC considère que la délinquance sexuelle est un dossier crucial (UDC – entretien 35). Cependant, le soutien partisan a, lui, évolué. Ainsi, si c'est davantage le Parti socialiste qui a déposé le plus grand nombre de textes parlementaires à la fin des années 1990 et au début des années 2000, ce sont les autres partis – dont l'UDC – qui se sont ensuite emparés de l'enjeu. La transition partisane s'effectue à un moment particulièrement médiatisé.

En mars 2001, un reportage télévisé de *Temps présent* abordait la thématique de **la pédophilie** et, considérée comme une « émission choc » (entretien 15), provoqua un regain d'intérêt et de questionnements au sein de la population suisse. Interpellée par l'émission et s'informant à propos des mesures prises en Suisse pour lutter contre la pédophilie, Christine Bussat, en tant que citoyenne helvétique et mère de deux enfants, décide de lancer un débat sur des forums de discussion en ligne et d'inviter les personnes interpellées à une réunion informelle de parents, à Nyon (Vaud). Suite à cette dernière, une Marche Blanche, sur le modèle de la Marche Blanche organisée en Belgique en 1996, est annoncée en mai 2001 et, se déroulant le 6 octobre 2001 simultanément dans 7 villes, rassemble quelques 8000 manifestants. Le mouvement étant lancé, c'est une série de marches blanches qui vont se succéder durant les années suivantes et deux initiatives populaires initiées par le Mouvement de Christine Bussat vont être acceptées par le peuple, avec les modifications constitutionnelles que cela implique[34].

Le mouvement social se revendiquant apolitique (entretien 15), il tente d'obtenir le soutien de partis politiques de diverses tendances. À l'origine, et dans la continuité des objets parlementaires dont il est fait mention plus haut, ce sont – uniquement – des élus du Parti socialiste (dont Pierre Tilmanns et Régine Aeppli) qui inspirent et soutiennent le mouvement (entretien 15). En 2003, un appel est lancé à tous les présidents de partis suisses pour élargir cette base de soutien. En 2004, Oskar Freysinger (UDC) rejoint le collectif Marche blanche. Plus tard, Nathalie Rickli (UDC) et Gregor Rutz (UDC) soutiendront également les idées défendues par la Marche Blanche. L'arrivée d'Oskar Freysinger dans le mouvement et ses interventions publiques à ce propos complexifient les relations partisanes du Mouvement et les soutiens de gauche tendent à s'étioler. Par exemple, le Parti socialiste se retire officiellement du comité de soutien afin de ne pas être associé à l'élu UDC valaisan et, lors des campagnes pour les initiatives populaires, le Parti socialiste exerce une pression sur certains de ses élus pour réduire leur soutien (entretien 15). Dès lors, même si l'UDC, en tant que parti, limite son rôle à une consigne de vote favorable aux initiatives populaires lancées par le collectif, ce dernier devient « étiqueté » UDC et l'UDC, par l'intermédiaire des élus susmentionnés, défendra plusieurs dossiers en matière de pédophilie au sein du Parlement en s'appropriant l'enjeu autrefois aux mains du Parti socialiste.

Nonobstant le fait que l'UDC n'est pas à la base de la problématisation de l'enjeu et n'a contribué à sa mise à l'agenda que partiellement, les promesses formulées dans son programme électoral (*cf. supra*) soit assurent le suivi de décisions populaires acceptées, soit vont au-delà des propositions amenées par la Marche Blanche. Cela renforce l'idée d'interdépendance entre partis politiques et mouvements sociaux (Baumgartner *et al.*, 2009). L'UDC étant le seul parti politique suisse à soutenir formellement, à travers la presse, ses meetings mais aussi au sein des arènes parlementaires, les initiatives de la Marche blanche – dont celle sur l'internement à vie (*cf. infra*) –, elle devient importante en termes de soutien politique et d'influence du processus de fabrique des politiques publiques.

---

[34] Source : bilan d'activité 2001–2008 (mis à jour en mai 2009) du collectif Marche Blanche

C'est ainsi en 2004 que le groupe UDC intervient pour la première fois au niveau parlementaire en matière de pédophilie (via le conseiller national Oskar Freysinger), d'abord avec une interpellation[35], ensuite avec une initiative parlementaire visant à la non-radiation au casier judiciaire des condamnations pour actes de pédophilie[36]. Aucune suite ne sera accordée à cette initiative.

En 2009, deux questions[37] ont été adressées par des conseillers nationaux UDC au Conseil fédéral afin de l'interroger quant à **la mise en œuvre**[38] **de l'initiative sur l'internement à vie** qui avait préalablement été lancée par le collectif Marche Blanche et acceptée par le peuple en 2004. Ces questions ne sont pas suivies d'effets particuliers. L'intervention de l'UDC à ce stade ne provoque donc pas de nouvelle séquence dans le processus. Aucune empreinte empirique n'atteste le fait que l'UDC a été influente.

Pour ce qui est de sa mise en œuvre, un certain nombre de cas critiqués par le comité organisateur et par l'UDC qui réclamaient son « application fidèle » ont été intégrés dans les textes légaux afin de nuancer la disposition constitutionnelle comme la vieillesse ou la maladie. Selon le Conseil fédéral, il s'agit de respecter le droit international. Pour l'UDC, ces dispositions sont à la source d'un dysfonctionnement :

---

[35] Interpellation 04.3029 intitulée « Sites Internet faisant du prosélytisme pour la pédophilie » déposée au Conseil national le 3 mars 2004 par Oskar Freysinger (UDC) : https://www.parlament.ch/fr/ratsbetrieb/suche-curia-vista/geschaeft?AffairId=20043029

[36] Initiative parlementaire 04.441 intitulée « Condamnation pour pédophilie. Non-radiation du casier judiciaire » déposée au Conseil national par Oskar Freysinger (UDC) : https://www.parlament.ch/fr/ratsbetrieb/suche-curia-vista/geschaeft?AffairId=20040441

[37] Question 09.5167 intitulée « Initiative sur l'internement à vie » déposée au Conseil national le 16 mars 2009 par Ulrich Schlüer (UDC) : https://www.parlament.ch/fr/ratsbetrieb/suche-curia-vista/geschaeft?AffairId=20095167; Question 09.1130 intitulée « Mise en œuvre de l'initiative sur l'internement à vie » déposée au Conseil national le 23 septembre 2009 par Andrea Martina Geissbühler (UDC) : https://www.parlament.ch/fr/ratsbetrieb/suche-curia-vista/geschaeft?AffairId=20091130

[38] La notion de « mise en œuvre » mobilisée ici ainsi que plus loin ne réfère pas à une étape du cycle des politiques publiques. Il s'agit plutôt, au sein de la fabrique des politiques publiques, de la concrétisation d'éléments constitutionnels. Une initiative populaire apportant des modifications à la Constitution, ces modifications doivent être précisées à travers une loi.

Si on n'est pas capable, dans ce pays, d'interner à vie un délinquant dangereux, [...] c'est d'abord soit parce que les lois sont trop exigeantes pour permettre ça, soit parce que les tribunaux sont trop lâches pour protéger vraiment les victimes. (UDC – entretien 35)

Par ailleurs, de par la nature des moyens d'action parlementaire mobilisés, les deux questions posées en 2009 reposent moins sur une réelle volonté d'exercer une pression forte sur le Conseil fédéral que sur la nécessité de répondre à des faits d'actualité spécifiques.

Puisqu'aucune empreinte empirique ne permet de mettre au jour qu'une intervention de l'UDC a provoqué une nouvelle séquence allant dans le sens souhaité par l'UDC, son influence n'est pas avérée. Plus encore, le fait que l'UDC rejoigne le Collectif sur la question de l'internement à vie a conduit à une séquence non favorable à la concrétisation de la promesse puisque d'autres partis (comme le PS) se sont écartés du Collectif en réaction.

En 2009, Nathalie Rickli (UDC) déposait une motion visant à **« durcir » le droit pénal à l'égard des violeurs d'enfants, en fixant une peine plancher de sept ans**[39]. Cette demande – qui coïncide avec un élément programmatique du parti – est adoptée par le Conseil national mais rejetée par le Conseil des États. Dans la même logique, cette conseillère nationale intervient à nouveau en 2010, par voie de postulat, pour demander l'aggravation des peines pour les actes de pédophilie. En suspens pendant plus de deux ans, celui-ci n'a pas le temps d'être traité au Parlement et est classé. Sur cette ouverture de l'agenda, une pétition est lancée en 2013 par la ville de Hittnau pour également réclamer le durcissement du droit pénal en matière de pédophilie. Elle ne reçoit pas de meilleure issue. L'influence de l'UDC à l'égard de cette promesse s'exerce essentiellement au niveau des deux premières phases de la fabrique des politiques publiques puisque l'UDC parvient, seule, à inscrire la question à l'agenda politique et à rassembler une majorité dans la chambre basse. Son influence est donc exclusive et active durant ces phases. Toutefois, après le rejet de la chambre haute, l'intervention n'est pas considérée comme prioritaire par le Bureau du Conseil national puisqu'il n'agit pas

---

[39] Motion 09.3418 intitulée « Viols d'enfants de moins de 12 ans. Alourdir la peine » déposée au Conseil national le 20 avril 2009 par Nathalie Rickli (UDC) : https://www.parlament.ch/fr/ratsbetrieb/suche-curia-vista/geschaeft?AffairId=20093418

Étude de la trajectoire des promesses électorales 139

pour la traiter dans les deux ans impartis. Enfin, l'UDC ne parvient pas à traduire sa promesse en texte légal.

Parallèlement à cette volonté avortée de renforcer le droit pénal en la matière, une autre demande est formulée avec insistance par l'UDC. Nathalie Rickli (UDC) a déposé cinq objets parlementaires de différentes natures à propos de **la création d'un registre pour pédophiles et criminels violents** entre 2008 et 2013[40]. En 2013, sa collègue Andrea Martina Geissbühler (UDC) dépose elle aussi une motion en ce sens[41]. Comme cela est proposé dans le programme de l'UDC (2011), ce registre national vise à indexer de manière permanente toutes les condamnations pour actes de pédophilie. Si certaines de ces interventions sont cosignées par des élus au-delà de l'UDC, aucune ne parvient à avoir de réelle incidence et à conduire à la création des bases légales pour l'instauration d'un tel registre. Certaines interventions sont soutenues par la majorité du Conseil national (il adopte par exemple la motion 08.3033[42]) mais aucune ne parvient à l'être au Conseil des États, les arguments présentés

---

[40] Motion 08.3033 intitulée « Créer un registre national pour les pédophiles récidivistes » déposée au Conseil national le 5 mars 2008 par Nathalie Rickli (UDC) : https://www.parlament.ch/fr/ratsbetrieb/suche-curia-vista/geschaeft?AffairId=20083033; Interpellation 08.3462 intitulée « Registre des pédophiles, des délinquants sexuels et des auteurs de violences » déposée au Conseil national le 16 septembre 2008 par Nathalie Rickli (UDC) : https://www.parlament.ch/fr/ratsbetrieb/suche-curia-vista/geschaeft?AffairId=20083462; Initiative parlementaire 09.423 intitulée « Registre des pédophiles, des délinquants sexuels et des auteurs de violences » déposée au Conseil national le 20 mars 2009 par Nathalie Rickli (UDC) : https://www.parlament.ch/fr/ratsbetrieb/suche-curia-vista/geschaeft?AffairId=20090423; Question 11.5008 intitulée « Registre national des pédophiles », déposée au Conseil national le 5 mars 2011 par Nathalie Rickli (UDC) : https://www.parlament.ch/fr/ratsbetrieb/suche-curia-vista/geschaeft?AffairId=20115008; Motion 13.3127 intitulée « Registre des délinquants sexuels et des auteurs de violence sur des enfants » déposée au Conseil national le 20 mars 2013 par Nathalie Rickli (UDC) : https://www.parlament.ch/fr/ratsbetrieb/suche-curia-vista/geschaeft?AffairId=20133127

[41] Motion 13.3731 intitulée « Registre central sur les délinquants sexuels ou violents ainsi que sur les juges et les experts » déposée au Conseil national le 18 septembre 2013 par Andrea Martina Geissbühler (UDC) : https://www.parlament.ch/fr/ratsbetrieb/suche-curia-vista/geschaeft?AffairId=20133731

[42] Motion 08.3033 intitulée « Créer un registre national pour les pédophiles récidivistes » déposée au Conseil national le 5 mars 2008 par Nathalie Rickli (UDC) : https://www.parlament.ch/fr/ratsbetrieb/suche-curia-vista/geschaeft?AffairId=20083033

étant essentiellement l'inutilité d'un registre compte tenu des outils déjà existants et la difficulté technique de le mettre en place :

> On a refusé assez clairement au niveau du Conseil des États [cette proposition] parce qu'à l'époque on ne voyait pas l'utilité de ce registre pour ces délinquants-là parce qu'il y avait déjà suffisamment de dispositions qui permettaient de... Oui. [...] Et aussi pour que les gens aient une chance d'essayer de se réinsérer et que si un délinquant, un pédophile arrive dans un quartier et qu'on met à sa porte « il est un pédophile », il est stigmatisé d'emblée. (PDC – entretien 25)

> Il y a la question de se dire « on fait le registre des pédophiles, pourquoi on ne ferait pas le registre des escrocs et puis... ? ». Cela aurait tout autant de pertinence, j'entends. On dit « vous faites le registre des pédophiles parce qu'il faut qu'on puisse donner des extraits de ce registre pour des gens qui s'occupent d'enfants. Bon d'accord. Le registre des escrocs ça peut être intéressant par rapport à tous les gens qui ont envie de s'occuper de commerce d'une façon ou d'une autre. *Etc.* ». Donc il n'y a pas de... La pédophilie est certainement une infraction terrible et extrêmement grave mais il y en a bien d'autres qui sont du même degré de gravité et qui [...]. Alors pourquoi distinguer cette infraction des autres ? (PES – entretien 32)

Les propositions ne sont ainsi jamais acceptées au parlement ou deviennent caduques par le simple fait que le délai de deux ans durant lequel l'objet doit être traité est dépassé. Des empreintes empiriques de l'UDC peuvent être repérées lors des deux premières phases du processus de fabrique des politiques publiques mais aucune ne permet de prouver une quelconque influence de l'UDC ultérieurement.

Ce qui est néanmoins à souligner est que, en 2013 et en 2015, deux interventions du conseiller national Christian van Singer (PES) proposent de créer un « registre national des criminels dangereux » afin que l'historique criminel des condamnés soit conservé et transmis à la justice ainsi qu'aux autorités de détention (van Singer, PES). Si la focale n'est plus explicitement orientée vers les auteurs d'actes de pédophilie, le principe de base est identique. Toutefois, l'auteur de ces objets parlementaires réfute fermement l'idée selon laquelle l'UDC aurait inspiré la promesse de création d'un registre et souligne plutôt que ce sont des événements survenus en Suisse romande qui en sont à l'origine (l'évasion spectaculaire d'un criminel balkanique) et que c'est en tant qu'élu vaudois, en collaboration avec la conseillère d'État vaudoise Béatrice Métreaux, que la proposition a été formulée. En outre, le PES n'a pas soutenu la proposition de l'UDC. Cependant, comme pour la proposition de l'UDC, ces demandes ne parviennent pas à aboutir.

Étude de la trajectoire des promesses électorales

Tableau 4: Promesses de l'UDC en matière de délinquance juvénile

Promesses de l'UDC
• **Durcissement du droit pénal des mineurs :** « L'UDC soutient des mesures du droit pénal des mineurs tout en demandant le durcissement de celui-ci ; le travail personnel d'intérêt général doit durer jusqu'à trois mois indépendamment de l'âge. Pour une peine privative de liberté allant jusqu'à 4 ans, l'âge minimal doit être abaissé à 14 ans » – *Programme électoral de l'UDC 2011–2015, p. 45*
• **Application du droit pénal des adultes dès 16 ans :** « L'UDC veut que les juges puissent, face à des délits graves comme le viol, les lésions corporelles graves ou l'assassinat, appliquer le droit pénal des adultes dès l'âge de 16 ans déjà » – *Programme électoral de l'UDC 2011–2015, p. 45*
• **Information relative aux délits commis par des élèves aux enseignants et maîtres d'apprentissage :** « L'UDC demande que les jeunes délinquants soient automatiquement dénoncés aux enseignants et maîtres d'apprentissage concernés avec indication du délit commis » – *Programme électoral de l'UDC 2011–2015, p. 45*

1.3. Délinquance juvénile

Absentes de son programme de 2007, trois promesses sont formulées par l'UDC dans son programme de 2011 en matière de délinquance juvénile. Ces trois promesses visent à renforcer les sanctions prononcées à l'égard de jeunes délinquants ainsi qu'à fournir des informations concernant les jeunes délinquants aux enseignants et maîtres d'apprentissage.

En matière de délinquance juvénile, 15 interventions au Conseil national et au Conseil des États sont recensées entre 2007 et 2015. Toutes ces interventions ont pour auteur un élu UDC. Ce qu'elles réclament est un « **durcissement du droit pénal des mineurs** », en demandant l'application du droit pénal ordinaire ou du **droit pénal des adultes dès l'âge de 16 ans** dans un certain nombre de cas. Elles proposent aussi de diminuer l'âge à partir duquel un mineur peut être privé de liberté pour une certaine période. En outre, une proposition demande que, dès l'âge de 10 ans, les mineurs condamnés puissent « fournir une prestation personnelle de trois mois au maximum » (motion 09.3782)[43]. L'UDC a

---

[43] Motion 09.3782 intitulée « Droit pénal des mineurs. Instaurer des prestations personnelles plus longues » déposée au Conseil national par Nathalie Rickli (UDC) : https://www.parlament.ch/fr/ratsbetrieb/suche-curia-vista/geschaeft?AffairId=20093782

également déposé deux motions[44] réclamant la mise en place d'un dispositif permettant la détention de weekend pour jeunes délinquants. L'UDC a aussi souhaité renforcer la responsabilité parentale dans le cas de délinquance juvénile. Enfin, trois motions ont été déposées afin de permettre d'informer les enseignants et maîtres d'apprentissage à propos des jeunes délinquants[45].

Aucune des interventions n'a bénéficié d'un suivi au-delà du débat qu'elles ont provoqué au parlement, le Conseil fédéral et les chambres parlementaires se prononçant systématiquement contre les textes et les faisant avorter.

En 2013, spécifiquement, Hans Fehr (UDC) parvient toutefois à faire cosigner une motion visant à « durcir le droit pénal des mineurs »[46] au-delà de son propre groupe politique, en obtenant notamment le soutien de parlementaires libéraux-radicaux et démocrates-chrétiens, et obtient ainsi une majorité de 110 conseillers nationaux sur 200. Néanmoins, après une recommandation négative du Conseil fédéral, par la voie de Simonetta Sommaruga le 21 septembre 2015, la motion se voit rejetée par le Conseil national réuni en plénière. Si l'UDC est alors intervenue en amont du processus, c'est pour mettre très temporairement la question à l'agenda institutionnel et pour imposer son point de vue que pour

---

[44] Motion 10.3062 intitulée « Détention de week-end pour les jeunes délinquants » déposée au Conseil national le 9 mars 2010 par Andrea Martina Geissbühler (UDC) : https://www.parlament.ch/fr/ratsbetrieb/suche-curia-vista/geschaeft?AffairId=20103062; Motion 12.3471 intitulée « Détention de week-end pour les jeunes délinquants » déposée au Conseil national le 12 juin 2012 par Andrea Martina Geissbühler (UDC) : https://www.parlament.ch/fr/ratsbetrieb/suche-curia-vista/geschaeft?AffairId=20123471

[45] Motion 07.3701 intitulée « Information des enseignants et des maîtres d'apprentissage » déposée au Conseil national le 5 octobre 2007 par Peter Föhn (UDC): https://www.parlament.ch/fr/ratsbetrieb/suche-curia-vista/geschaeft?AffairId=20073701; Motion 09.3731 intitulée « Obliger les autorités à informer les enseignants des infractions commises par des jeunes et autoriser les maîtres d'apprentissage à consulter les dossiers » déposée au Conseil des États le 11 août 2009 par This Jenny (UDC) : https://www.parlament.ch/fr/ratsbetrieb/suche-curia-vista/geschaeft?AffairId=20093731; Motion 09.4059 intitulée « Informer d'office les maîtres d'école et les maîtres d'apprentissage sur les jeunes auteurs d'infractions » déposée au Conseil national le 3 décembre 2009 par Sylvia Flückiger-Bäni (UDC) : https://www.parlament.ch/fr/ratsbetrieb/suche-curia-vista/geschaeft?AffairId=20094059

[46] Motion 13.3725 intitulée « Durcissement du droit pénal des mineurs » déposée au Conseil national le 18 septembre 2013 par Hans Fehr (UDC) : https://www.parlament.ch/fr/ratsbetrieb/suche-curia-vista/geschaeft?AffairId=20133725

une période très relative. Face à l'exécutif, l'UDC n'est pas parvenue à conserver son influence sur les autres partis.

À trois reprises, l'UDC a déposé une motion visant à **informer les enseignants et maîtres d'apprentissage des délits commis par leurs élèves**[47] et celles-ci ont été débattues au sein du Conseil national. Toutefois, ces interventions parlementaires précèdent l'inscription de cette promesse – absente du programme de 2007–2011 – au sein du programme électoral de 2011–2015. Suite à ces propositions, aucune autre n'est formulée en ce sens. Aucune empreinte empirique ne permet par ailleurs d'attester une action complémentaire de l'UDC afin de concrétiser cette promesse. Il semble donc qu'il n'existe pas de volonté forte du parti de tenter de traduire cette promesse en décision concrète. En outre – élément important puisqu'appuyant la thèse du manque d'influence – aucun interrogé ne garde en mémoire le souvenir de cette promesse de l'UDC (*e.g.* PS – entretien 18 ; PS – entretien 24).

Ce que ces paragraphes mettent en lumière est que l'UDC est isolée sur la question de la délinquance juvénile, qu'elle ne parvient que difficilement et à la marge à imposer la thématique aux autres partis – ceux-ci n'intervenant pas sur cet enjeu (par exemple en cosignant un objet parlementaire) durant cette même période ou après – et qu'elle n'arrive pas à faire évoluer ses promesses électorales au sein des arènes législatives et exécutives.

Ce manque d'influence est d'autant plus remarquable au regard des statistiques de la délinquance juvénile en Suisse. Selon plusieurs études (*e.g.* Guéniat, 2007 : 41–44), il ressort que la délinquance des mineurs (sous différents aspects) s'est considérablement accrue depuis le début des années 1990 et qu'une forme de « banalisation » de la violence se soit installée en Suisse (Guéniat, 2007 : 44). Les propos tenus par les élus

---

[47] Motion 07.3701 intitulée « Information des enseignants et des maîtres d'apprentissage » déposée au Conseil national le 5 octobre 2007 par Peter Föhn (UDC): https://www.parlament.ch/fr/ratsbetrieb/suche-curia-vista/geschaeft?AffairId=20073701; Motion 09.3731 intitulée « Obliger les autorités à informer les enseignants des infractions commises par des jeunes et autoriser les maîtres d'apprentissage à consulter les dossiers » déposée au Conseil des États le 11 août 2009 par This Jenny (UDC) : https://www.parlament.ch/fr/ratsbetrieb/suche-curia-vista/geschaeft?AffairId=20093731; Motion 09.4059 intitulée « Informer d'office les maîtres d'école et les maîtres d'apprentissage sur les jeunes auteurs d'infractions » déposée au Conseil national le 3 décembre 2009 par Sylvia Flückiger-Bäni (UDC) : https://www.parlament.ch/fr/ratsbetrieb/suche-curia-vista/geschaeft?AffairId=20094059

UDC (*e.g.* UDC – entretien 22) pour justifier le dépôt de textes visant à renforcer le droit pénal des mineurs s'inscrivent donc dans une réalité objectivée. Toutefois, l'UDC ne parvient pas à maintenir la problématique à l'agenda politique et à la développer, ce qui traduit un manque d'influence du parti. Cela permet de conforter empiriquement et de manière actualisée les propos de Kingdon (2011) selon lequel les solutions ne nécessitent pas de problèmes pour exister. Alors qu'un problème souligné par un acteur politique peut être objectivé scientifiquement, les solutions proposées par cet acteur pour le résoudre peuvent ne pas s'imposer. Des problèmes et des solutions peuvent donc coexister sans que ceux-ci ne soient nécessairement couplés.

1.4. Criminalité commise par des étrangers

Comme le suggère l'extrait d'entretien suivant, dans son programme et dans ses discours, l'UDC traite souvent les thèmes de la sécurité et de l'immigration de manière concomitante, en établissant un lien entre eux. De fait, tant en 2007 qu'en 2011, l'UDC formule plusieurs promesses en matière de criminalité commise par des étrangers.

> Un des thèmes où on est profilé le plus, c'est clair que c'est la criminalité étrangère, où on remarque que le nombre de délits commis par des étrangers est en forte progression. Ça c'est un fait et puis on doit bien l'admettre, même si ça dérange certaines personnes d'en parler ou bien d'aborder le sujet. (UDC – entretien 33)

L'expulsion des criminels étrangers a été ardemment défendue par l'UDC. Les interventions parlementaires de l'UDC ont tout d'abord et surtout porté sur l'exécution des peines de délinquants étrangers dans leur pays d'origine. Luzi Stamm (FDP jusque 2001, UDC depuis lors) dépose le premier une motion en ce sens (n° 08.3441), en 1992. Plusieurs interventions émanant tantôt de l'UDC, tantôt du PDC suivent et bénéficient d'un large soutien, notamment au sein des partis libéral-radical et socialiste. Notoirement, la motion de l'élu UDC Luzi Stamm[48] bénéficie du soutien du Conseil fédéral et est cosignée par 155 conseillers nationaux, étant adoptée par le Conseil national et par le Conseil des

---

[48] Motion 08.3441 intitulée « Exécution de la peine dans le pays d'origine » déposée au Conseil national le 13 juin 2008 par Luzi Stamm (UDC) : https://www.parlament.ch/fr/ratsbetrieb/suche-curia-vista/geschaeft?AffairId=20083441

Tableau 5: Promesses de l'UDC en matière de criminalité commise par des étrangers

Promesses de l'UDC
- **Renvoi des criminels étrangers et peine à l'étranger :**
  - « L'UDC exige que les délinquants étrangers qui ont commis des délits graves ou des crimes violents soient expulsés de Suisse » – *Programme électoral de l'UDC 2007–2011, p. 47*
  - « L'UDC s'engage pour une justice qui punit plus sévèrement les criminels et pour l'expulsion des étrangers criminels » – *Programme électoral de l'UDC 2011–2015, p. 45*
- **Déchéance de nationalité :**
  - « L'UDC demande la mise en place d'une base légale qui permette de retirer la nationalité suisse à des personnes qui, dans les cinq ans suivant leur naturalisation suisse, ont commis des infractions graves ou des crimes violents » – *Programme électoral de l'UDC 2007–2011, p. 47*
  - « L'UDC réclame que la citoyenneté suisse soit retirée aux doubles nationaux ayant commis un crime grave » – *Programme électoral de l'UDC 2011–2015, p. 58*
- **Naturalisation à l'essai :** « L'UDC se prononce pour une naturalisation à l'essai afin que le droit de citoyenneté suisse puisse être retiré à des naturalisés tombant dans la délinquance » – *Programme électoral de l'UDC 2011–2015, p. 58*

États, avant d'être classée ultérieurement. Si ce dossier semble bénéficier d'un soutien assez large, il ne parvient pourtant pas à se concrétiser. Ces objets sont distincts de ceux traitant de l'expulsion des criminels étrangers (UDC – entretien 22). Dans le premier cas, il s'agit d'envoyer les criminels purger leur peine dans leur pays d'origine ; dans le deuxième cas, il s'agit de renvoyer les criminels, après avoir purgé leur peine en Suisse, dans leur pays d'origine. D'une manière générale, c'est un glissement qui semble avoir été opéré et, ensemble, les interventions à propos du lien entre la criminalité commise par des étrangers et le renvoi dans le pays d'origine contribuent à maintenir la problématique au cœur de l'agenda politique et l'UDC, par le nombre d'objets parlementaires déposés, y a significativement contribué.

Des interrogés de la quasi-totalité des partis politiques suisses reconnaissent cette influence de l'UDC en termes de problématisation et de mise à l'agenda politique de la question des criminels étrangers (PDC – entretien 13 ; PLR – entretien 26 ; PS – entretien 18). Plus encore, certains avancent que l'UDC est parvenue à problématiser un problème inexistant (*e.g.* PDC – entretien 13 ; PVL – entretien 14).

L'analyse empirique permet de mettre en évidence que l'UDC a également réussi à forcer les autres partis à se positionner sur cet enjeu grâce au recours à l'initiative populaire :

> Quand je vous dis que j'étais prête à mettre leur initiative sur le renvoi des criminels étrangers intégralement dans la loi… Pour moi je cédais sous la menace, sachant très bien que c'était contre des lois internationales. Mais que, pour moi, à terme, c'est plus facile de changer la loi que la Constitution. C'est simplement de la tactique. (PVL – entretien 14)
>
> C'était avec l'initiative et l'acceptation de l'initiative que le Parlement a commencé à faire un pas dans cette direction d'être plus strict. (UDC – entretien 27)

Refusant initialement de reconnaitre un problème soulevé par l'UDC, le Conseil fédéral et le parlement ont ensuite rédigé un contre-projet qui, sur le fond, est reconnu comme étant plutôt proche du projet de l'UDC :

> Le Ministre de la Justice a trop voulu aller dans le sens de l'UDC. Et en fait quand on fait voter l'original et une pâle copie, les gens choisissent l'original. (PES – entretien 28)

Pour l'UDC, il s'agit d'une « victoire d'étape » (UDC – entretien 21 ; UDC – entretien 33) et cette dernière semble également reconnue par les autres partis :

> Dans toutes ces initiatives l'UDC exerce une influence forte sur les autres partis. La récolte de signatures est la démonstration d'une inquiétude dans l'opinion et incite à rédiger des législations qui vont dans le sens des initiatives. (PES – entretien 32)

Ces extraits sont de précieuses empreintes empiriques de l'influence de l'UDC. À ce stade, le parti est particulièrement influent car son influence s'exerce à deux niveaux : sur la pertinence de l'enjeu – puisque les autres partis réagissent avec un contre-projet – mais aussi sur la position des autres partis – puisqu'ils adoptent et défendent un positionnement similaire à celui de l'UDC.

Grâce à des moyens financiers et humains importants, l'UDC parvient enfin à faire accepter son projet –qu'elle est seule à défendre – et refuser le contre-projet. Le principe du renvoi des criminels étrangers est alors inscrit dans la Constitution suisse (article 121, alinéas 3 à 6). Néanmoins, l'influence de l'UDC semble s'amoindrir au niveau de la traduction de la disposition constitutionnelle en loi d'application. Suite à de nombreux débats et à une proposition du Conseil des États, le parlement a en effet intégré une clause de rigueur dans le texte afin de permettre aux juges d'éviter de prononcer le renvoi dans un certain nombre de cas de par leur caractère exceptionnel. Le but de la chambre haute – et de la chambre basse qui accepte cette solution – est de respecter les dispositions constitutionnelles existantes (par exemple, le principe de proportionnalité tel que décrit dans l'article 5, alinéa 2 de la Constitution suisse) ainsi que le droit international (par exemple, le droit de la famille tel que protégé par l'article 8 de la Convention européenne des droits de l'homme). L'UDC estime cependant que ce texte d'application ne respecte pas la volonté populaire :

> La loi d'application dénature [le texte voté par le peuple] car elle laisse trop de marge de manœuvre aux juges [...]. La situation est assez claire. L'étranger qui vient ici, s'il fait un délit ou s'il récidive plusieurs fois, il doit être expulsé. Et on ne veut pas qu'il y ait à discuter qu'il ait une famille ou autre chose. Non, non. La loi doit être faite et doit être appliquée et aller dans ce sens-là. Voilà. (UDC – entretien 33)
>
> [Le projet de loi d'application] ne va pas induire l'automatisme qui est souhaité, en fait, dans le raisonnement de base et qui va malgré tout permettre à un nombre relativement conséquent de criminels étrangers de rester en Suisse. [...] Ce n'est pas admissible. Le peuple a clairement choisi l'automatisme. (UDC – entretien 34)

Comme l'illustrent ces extraits, malgré le texte d'application proposé, l'UDC persiste dans sa volonté de mettre en œuvre le texte dans son intégralité et refuse la clause de rigueur proposée par le parlement. Lors de la révision du droit des sanctions, ce parti a tenté de mettre en œuvre la disposition constitutionnelle par le biais du code pénal. Cette manœuvre a vite été repérée et empêchée par les autres partis politiques à travers un vote négatif (*e.g.* PS – entretien 16 ; PLR – entretien 31). Le 24 juillet 2012, anticipant une non-conformité entre l'esprit du texte initial et le projet de loi d'application en cours d'élaboration, l'UDC procède au lancement de la récolte des signatures nécessaires pour la mise en votation d'une nouvelle initiative populaire de « mise en œuvre », soumise au peuple suisse le 28 février 2016. Cette deuxième initiative propose d'inscrire directement dans la Constitution helvétique les dispositions jugées nécessaires par l'UDC pour le renvoi effectif des criminels étrangers, proposant un « catalogue » (UDC – entretien 35) de crimes et délits provoquant automatiquement un renvoi. Néanmoins, indépendamment des résultats de la votation populaire du 28 février 2016, l'UDC est déjà satisfaite de son influence sur ce dossier :

Là, quoi qu'il se passe, on a déjà avancé. On a gagné un petit peu. L'initiative d'application, c'est clair, elle ne va pas assez loin selon nous. Elle ne correspond pas à la volonté du peuple. Mais c'est quand même déjà un pas dans notre direction. Et puis comme ça on gagne à chaque fois petit à petit plusieurs pas. Ça c'est une bonne chose. (UDC – entretien 33)

Le 28 février 2016, l'initiative de mise en œuvre du renvoi des criminels étrangers est rejetée par 58,9 % des voix et par la majorité des cantons (dont l'ensemble des cantons romands) et l'influence de l'UDC dans ce dossier semble ainsi avoir atteint son paroxysme. Toutefois, malgré les freins rencontrés et malgré le rejet de cette deuxième initiative, l'UDC est clairement parvenue à exercer une influence majeure sur l'ensemble du processus de fabrique des politiques publiques et ce, au travers d'une influence exercée sur les autres partis politiques et sur les citoyens. Selon l'Office fédéral suisse de la statistique (OFS, 2016), le nombre de criminels étrangers renvoyés de Suisse était d'environ 500 en 2015. Avec l'adoption du texte du parlement, le nombre total d'étrangers criminels renvoyés est estimé à 3863 et, avec l'initiative de mise en œuvre soumise au peuple suisse le 28 février 2016, à 10210. Si l'automaticité des peines n'est pas adoptée, le texte qui découle du changement constitutionnel induit par l'UDC va quand même permettre le renvoi effectif d'un nombre plus conséquent de criminels étrangers et ce durcissement du droit est une conséquence directe de l'UDC.

En résumé, l'UDC est parvenue à exercer une influence à chaque phase du processus sur la question du renvoi des criminels étrangers. Chaque séquence du mécanisme causal initiée par l'UDC est capitale pour comprendre l'aboutissement de ce mécanisme, c'est-à-dire l'adoption d'une mesure allant dans le sens souhaité par l'UDC. Dans ce mécanisme, l'outil de démocratie directe qu'est l'initiative populaire est essentiel pour permettre cette influence de l'UDC.

En matière de **déchéance de la nationalité** ou de **naturalisation à l'essai**, aucune des trois promesses formulées en 2007 et en 2011 n'a cependant pu se concrétiser. En 2006 – date qui précède l'inscription de la promesse électorale dans le programme de l'UDC –, une initiative parlementaire de l'UDC[49] allait dans le sens d'un retrait de la nationalité

---

[49] Initiative parlementaire 06.486 intitulée « Retrait de la nationalité suisse » déposée au Conseil national le 18 décembre 2006 par Jasmin Hutter-Hutter (UDC) : https://www.parlament.ch/fr/ratsbetrieb/suche-curia-vista/geschaeft?AffairId=20060486

Étude de la trajectoire des promesses électorales 149

suisse aux binationaux reconnus responsables d'infractions à la loi. Le Conseil national refusait toutefois de donner suite à cette intervention. En 2014, un élu PDC proposait un texte similaire[50] à propos des binationaux ayant combattu au sein de groupes armés aux motivations idéologiques. Seuls des élus PDC cosignaient ce texte à propos duquel le Conseil fédéral a proposé le rejet. Cette proposition émanant du PDC est plus à comprendre en tant que réaction à l'actualité politique – caractérisée par une multiplication des actes de terrorisme islamiste à travers le monde – que comme résultat de l'influence de l'UDC qui, au demeurant, n'a plus déposé de texte en ce sens depuis 2006.

Seule une intervention de l'UDC[51] caractérise la promesse de naturalisation à l'essai. Celle-ci est rapidement liquidée – ne provoquant alors aucun débat au sein des institutions – et ne sera pas reprise ultérieurement, bien que faire aboutir ce dossier soit reconnu comme étant « clairement la volonté [de l'UDC] » (UDC – entretien 34).

En 2015–2016, les élus interrogés lors des entretiens ne conservent pas le souvenir de ces promesses sur la naturalisation (*e.g.* PDC – entretien 25), notamment au sein de l'UDC elle-même (*e.g.* UDC – entretien 33 ; UDC – entretien 35). L'analyse ne permet pas de trouver des empreintes empiriques attestant l'intervention de l'UDC au sein d'un mécanisme causal quelconque. Dès lors, son influence n'est pas avérée.

1.5. Fonctionnement de la justice

Une seule promesse est formulée par l'UDC concernant le fonctionnement de la justice helvétique. Dans son programme électoral de 2007 (p. 37), l'UDC considérait ainsi que l'instauration de tribunaux jugeant en procédure accélérée était une priorité. Lors des entretiens menés, cette priorité est parfois évoquée spontanément par les élus (*e.g.* UDC – entretien 11 ; l'UDC – entretien 34), ce qui conforte le statut important accordé à la promesse par le parti.

---

[50] Motion 14.3705 intitulée « Retrait de la nationalité suisse pour les djihadistes doubles nationaux » déposée au Conseil national le 11 septembre 2014 par Romano Marco (UDC) : https://www.parlament.ch/fr/ratsbetrieb/suche-curia-vista/geschaeft?AffairId=20143705

[51] Interpellation 10.3965 intitulée « Pour des naturalisations à l'essai » déposée au Conseil national le 14 décembre 2010 par le groupe UDC : https://www.parlament.ch/fr/ratsbetrieb/suche-curia-vista/geschaeft?AffairId=20103965

Tableau 6: Promesse de l'UDC concernant le fonctionnement de la justice

Promesses de l'UDC
• **Justice accélérée** : « L'UDC demande l'institution de tribunaux jugeant en procédure accélérée » –*Programme électoral de l'UDC 2007–2011, p. 37*

Au niveau cantonal, certaines interventions demandant **l'instauration de tribunaux jugeant en procédure accélérée** ont été réalisées, notamment dans le Valais (UDC – entretien 35). Toutefois, les élus de l'UDC eux-mêmes ont rapidement reconnu que c'est à l'échelle fédérale que la loi doit être modifiée pour permettre la mise en place d'une justice accélérée :

> J'en ai parlé au niveau cantonal, et puis on avait abandonné le sujet au niveau cantonal parce qu'il faut réviser le droit fédéral pour ça. [...] C'est l'affaire de la procédure et de l'organisation judiciaire. Et puis du moment que l'organisation judiciaire, aussi, est devenue largement une question de droit fédéral à la suite de l'entrée en vigueur du code de procédure pénale, c'est une raison de plus qui fait que ça ne peut être traité que sur ce plan-là. (UDC – entretien 35)

Au niveau fédéral et en termes parlementaires, il ressort que le parti n'a pas été particulièrement mobilisé autour de cette promesse puisque seule une intervention est repérée. Acceptée par le Conseil national, la motion 09.3311 du conseiller national Luzi Stamm[52] proposant de mettre en place des procédures de justice accélérée est rejetée par la Commission des affaires juridiques du Conseil des États et par le Conseil des États réuni en session plénière qui, le 19 août 2010, suit le vote négatif de cette dernière. En outre, le président de la Commission des affaires juridiques susmentionnée de l'époque est Herman Bürgi, conseiller aux États UDC. Cela traduit la faible capacité d'influence exercée par l'UDC à travers ses responsables politiques.

Des cadres ou élus de l'UDC eux-mêmes reconnaissent ce manque d'influence du parti en la matière :

---

[52] Motion 09.3311 intitulée « Mettre en place des procédures rapides pour juger les auteurs d'infractions qui sont passés aux aveux ou qui ont été pris en flagrant délit » déposée au Conseil national le 20 mars 2009 par Luzi Stamm (UDC) : https://www.parlament.ch/fr/ratsbetrieb/suche-curia-vista/geschaeft?AffairId=20093311

Étude de la trajectoire des promesses électorales 151

Tableau 7 : Promesses de l'UDC en matière de prévention

Promesses de l'UDC
• **Interdiction de la mendicité** : « L'UDC veut empêcher la mendicité organisée en bande par une interdiction nationale de la mendicité dans l'espace public » – *Programme électoral de l'UDC 2011-2015, p. 45* • **Interdiction de la dissimulation du visage**

Un [...] échec pour notre parti, c'est l'installation d'un tribunal de flagrant délit. Ça c'est quelque chose qui manque très clairement dans notre système juridique [...]. Du coup on perd beaucoup de temps en procédure, beaucoup d'argent et souvent, ça, c'est au profit de criminels dont la culpabilité ne fait l'ombre d'un doute et qui vont peut-être bénéficier d'une certaine clémence à travers une procédure qui s'étire en longueur. (UDC – entretien 34)

Ces rares empreintes empiriques indiquent que seule une influence en amont du processus de fabrique des politiques publiques (lors de la mise à l'agenda et de la formulation de solutions) est observée, mais seulement dans le très court terme.

1.6. Prévention

Deux promesses électorales sont formulées par l'UDC en matière de prévention sécuritaire. La première est explicitement formulée dans son programme en 2011 alors que la deuxième ne figure pas dans ses programmes électoraux. Visant à interdire la dissimulation du visage, cette deuxième promesse est inclue au corpus en conséquence de son importance : systématiquement soulevée par les élus et cadres des partis interrogés mais aussi par les chercheurs rencontrés, elle émerge également de la recherche par mots clés.

Tout d'abord il convient de préciser que si la promesse relative à la **mendicité** fait partie du programme de l'UDC (2011), elle n'est pas considérée par les cadres et élus du parti comme étant une promesse phare (UDC – entretien 30). Lors des entrevues menées, aucun interrogé n'a abordé ce point spontanément.

Les partis de droite et de centre-droit[53] se répartissent les quelques interventions liées à la mendicité au sein des arènes institutionnelles puisque 4 objets parlementaires ont été déposés entre 2008 et 2011

---

[53] Communément nommés les « partis bourgeois » en Suisse (Meuwly, 2010)

par le PDC, le PLR et l'UDC[54]. Déjà en 1992, les Démocrates suisses (DS) – considérés comme étant un parti populiste de droite radicale (Skenderovic, 2009 : 78–92) – proposaient d'inscrire l'interdiction de la mendicité dans le code pénal. Toutefois, aucune intervention identique – et donc conforme à la promesse formulée dans le programme de l'UDC (2011) – n'est formulée depuis lors. Les quatre objets parlementaires précités visent tous à appeler à réfléchir à la question (à travers des interpellations et questions) mais pas à interdire fermement, au niveau national, la mendicité. Seule la motion de l'élue PDC Ida Glanzmann-Hunkeler[55] tend à s'approcher de la promesse UDC en proposant d'interdire, dans le code pénal, la mendicité aux mineurs. Les cosignataires de ces interventions sont en outre peu nombreux (des conseillers nationaux bourgeois se soutenant mutuellement lors de leurs interventions) et cela s'explique essentiellement par le fait que nombreux sont les élus – y compris au sein de l'UDC – à considérer cette question comme étant une matière cantonale et non fédérale (*e.g.* PS – entretien 18 ; PDC – entretien 13; UDC – entretien 21; PS – entretien 24 ; UDC – entretien 27 ; PES – entretien 32 ; UDC – entretien 33).

Pourtant soulevée par des élus de trois partis qui, ensemble, pourraient contribuer à faire adopter cette interdiction au Conseil national, les positions internes aux partis divergent et le dossier n'a jamais pu évoluer au sein des arènes législatives ou exécutives. En outre, les élus et cadres interrogés n'ont pas souvenir de discussions à ce propos au parlement ou dans le débat citoyen. Dès lors, dans ce domaine, aucune empreinte empirique ne permet d'attester une influence de l'UDC, quelle que soit la phase de la fabrique des politiques publiques.

---

[54] Question 08.5098 intitulée « Interdiction de la mendicité » déposée au Conseil national le 17 mars 2018 par Esther Egger-Wyss (PDC) : https://www.parlament.ch/fr/ratsbetrieb/suche-curia-vista/geschaeft?AffairId=20085098 ; Interpellation 10.3274 intitulée « Droit des étrangers et mendicité » déposée au Conseil national le 19 mars 2019 par Isabelle Moret (PLR) : https://www.parlament.ch/fr/ratsbetrieb/suche-curia-vista/geschaeft?AffairId=20103274; Interpellation 10.3840 intitulée « Mendicité transfrontalière. Vide juridique » déposée au Conseil national le 1er octobre 2010 par Yves Nidegger (UDC) : https://www.parlament.ch/fr/ratsbetrieb/suche-curia-vista/geschaeft?AffairId=20103840; Motion 11.3332 intitulée « Interdire la mendicité impliquant des enfants » déposée au Conseil national le 12 avril 2011 par Ida Glanzmann-Hunkeler (PDC) : https://www.parlament.ch/fr/ratsbetrieb/suche-curia-vista/geschaeft?AffairId=20113332

[55] Motion 11.33.32 intitulée « Interdire la mendicité impliquant des enfants » déposée au Conseil national le 12 avril 2011 par Ida Glanzmann-Hunkeler (PDC) : https://www.parlament.ch/fr/ratsbetrieb/suche-curia-vista/geschaeft?AffairId=20113332

Étude de la trajectoire des promesses électorales

Entre 2011 et 2014, faisant suite à une initiative cantonale du canton d'Argovie, l'UDC dépose 5 objets parlementaires – au Conseil national et au Conseil des États – visant à demander **l'interdiction nationale de la dissimulation du visage**[56]. Aucune ne sera suivie d'effet, étant généralement rejetées par le parlement. En 2011 et en 2013, Hans Fehr (UDC) parvient pourtant à bénéficier d'un large soutien pour ses motions sur cette problématique. En 2011, sa motion[57] est cosignée par 134 conseillers nationaux et, en 2013, sa motion[58] est cosignée par 128 élus. La première est acceptée par le Conseil national mais est toutefois rejetée par le Conseil des États. Si l'esprit du texte n'est pas combattu en tant que tel, c'est pour des raisons d'ordre constitutionnel que celui-ci n'a pas pu être adopté. La conseillère aux États Géraldine Savary (PS) justifie son refus du texte en argumentant en plénière, le 6 juin 2013, qu'il s'agit d'une compétence essentiellement cantonale et non fédérale[59]. C'est également en ce sens que s'expriment d'autres conseillers aux États :

---

[56] Motion 11.3043 intitulée « Interdiction nationale du port de la cagoule » déposée au Conseil national le 3 mars 2011 par Hans Fehr (UDC) : https://www.parlament.ch/fr/ratsbetrieb/suche-curia-vista/geschaeft?AffairId=20113043; Motion 13.3525 intitulée « Inscrire dans le Code pénal l'interdiction de dissimuler son visage » déposée au Conseil national le 20 juin 2013 par Hans Fehr (UDC) : https://www.parlament.ch/fr/ratsbetrieb/suche-curia-vista/geschaeft?AffairId=20133525; Motion 13.3520 intitulée « Inscrire dans le Code pénal l'interdiction de dissimuler son visage » déposée au Conseil des États le 20 juin 2013 par Peter Föhn (UDC) : https://www.parlament.ch/fr/ratsbetrieb/suche-curia-vista/geschaeft?AffairId=20133520; Motion 14.3555 intitulée « Interdiction de stade à vie pour les personnes qui dissimulent leur visage » déposée au Conseil national le 19 juin 2014 par Ulrich Giezendanner (UDC) : https://www.parlament.ch/fr/ratsbetrieb/suche-curia-vista/geschaeft?AffairId=20143555; Initiative parlementaire 14.467 intitulée « Interdiction de se dissimuler le visage » déposée au Conseil national le 11 décembre 2014 par Walter Wobmann (UDC) : https://www.parlament.ch/fr/ratsbetrieb/suche-curia-vista/geschaeft?AffairId=20140467

[57] Motion 11.3043 intitulée « Interdiction nationale du port de la cagoule » déposée au Conseil national le 3 mars 2011 par Hans Fehr (UDC) : https://www.parlament.ch/fr/ratsbetrieb/suche-curia-vista/geschaeft?AffairId=20113043

[58] Motion 13.3525 intitulée « Inscrire dans le Code pénal l'interdiction de dissimuler son visage » déposée au Conseil national le 20 juin 2013 par Hans Fehr (UDC) : https://www.parlament.ch/fr/ratsbetrieb/suche-curia-vista/geschaeft?AffairId=20133525

[59] D'ailleurs, plusieurs cantons disposaient déjà, avant le dépôt du premier objet parlementaire en la matière, d'une législation interdisant la dissimulation du visage lors de manifestations publiques. C'est par exemples le cas des cantons de Berne, Zurich, Bâle-Ville, Lucerne, Thurgovie, Argovie, Soleure et Schaffhouse.

Finalement le plus petit commun dénominateur – et ça c'est vraiment très Conseil d'État dans la façon de voir les choses – ça a consisté à dire que l'histoire du port de la cagoule tel qu'elle est prévue dans ce genre de proposition c'est lié à des questions de sécurité et les autorités compétentes pour la sécurité ce sont les polices cantonales. Donc ce serait une entrave au fédéralisme, à la répartition des tâches entre la Confédération et les cantons que la Confédération s'occupe d'eux. (PES – entretien 32)

Le facteur temps est ensuite ce qui a empêché à la deuxième motion de se développer, le délai de deux ans pour la traiter étant arrivé à son terme :

Il y a trop d'interventions parlementaires. On ne réussit pas à les traiter toutes, *etc., etc.* Il y a toujours une partie des interventions parlementaires qui tombe dans la corbeille à papier parce qu'on ne réussit pas ou bien on ne veut pas réussir, parfois, à traiter au parlement. (UDC – entretien 22)

Comme le reconnait l'élu interrogé, le non-traitement de certaines interventions peut relever d'un manque de volonté politique, c'est-à-dire du Bureau du Conseil national qui est en charge d'organiser les séances plénières. Malgré la représentation de l'UDC au sein du Bureau, elle n'est pas parvenue à mettre la priorité sur cette intervention qu'elle considère pourtant comme d'importance majeure. L'influence de l'UDC sur cette question a donc pu s'exercer au niveau des deux premières phases du processus de fabrique des politiques publiques mais seulement pour une durée très limitée. Au-delà, aucune empreinte empirique ne permet d'établir une quelconque influence de la part de l'UDC. Lors d'un entretien, un conseiller national UDC (entretien 22) perçoit lui-même ce manque d'influence.

2. Qualifier l'influence de l'Union démocratique du centre sur la fabrique des politiques publiques

Après avoir analysé la trajectoire des 16 promesses formulées par l'UDC dans le secteur de la sécurité intérieure et après avoir systématiquement étudié si et comment l'UDC intervient dans le processus de fabrique des politiques publiques lorsque ses promesses se développent, cette section vise à établir un bilan de l'influence exercée par l'UDC. Pour ce faire, la focale est placée sur la capacité d'influence de l'UDC et son périmètre, sur la manière avec laquelle l'influence est exercée et les freins qui se posent à son influence.

2.1. L'influence de l'Union démocratique du centre : typologie

L'analyse de la trajectoire de chaque promesse électorale permet de mettre au jour le fait que l'UDC est un acteur politique qui influence la fabrique des politiques publiques dans le secteur de la sécurité intérieure (*cf*.tableau 8). Cette influence s'exerce par ailleurs dans chacun des dossiers qui caractérise ce secteur. Cela signifie que, pour au moins une promesse dans chacun de ces dossiers, des empreintes empiriques permettent d'appuyer l'idée selon laquelle l'UDC exerce une influence – à travers une action ou des actions spécifiques – permettant la survenance d'une nouvelle séquence au sein du processus.

La structure et le périmètre de l'influence sont néanmoins variables. Ainsi, si des empreintes empiriques permettent de repérer l'influence de l'UDC au regard de 12 promesses (sur 16) lors de la première phase de la fabrique des politiques publiques, cela diminue ensuite puisque c'est le cas au regard de 10 promesses lors de la deuxième phase et seulement d'une seule lors de la dernière. L'influence est donc de moins en moins importante. Comme tout autre parti politique, cela peut s'expliquer par le nombre d'acteurs impliqués dans les processus décisionnels et par des obstacles classiques – telle l'obstruction parlementaire – (El Berhoumi & Pitseys, 2016) mais aussi par des freins potentiellement spécifiques à l'UDC.

L'analyse de l'influence de l'UDC doit ensuite être réalisée au regard de la typologie développée dans le cadre d'analyse (*cf*.tableau 9). Tout d'abord, l'UDC exerce principalement une influence exclusive. Cela signifie que lorsqu'elle agit et provoque une nouvelle séquence au sein du processus de fabrique des politiques publiques, elle procède seule, sans le concours d'autres acteurs qui partagent potentiellement sa position. C'est le cas pour 9 promesses lors de la mise à l'agenda (sur 11 promesses lors

Tableau 8: Nombre de promesses pour lesquelles des empreintes de l'influence de l'UDC sont repérées

Mise à l'agenda	*Formulation de solutions*	*Adoption de décisions*
Empreintes empiriques d'influence : 12	Empreintes empiriques d'influence : 10	Empreintes empiriques d'influence : 1
Pas de d'empreinte empirique d'influence : 4	Pas d'empreinte empirique d'influence : 6	Pas d'empreinte empirique d'influence : 15

desquelles une influence est repérée) et 8 (sur 10) lors de la formulation de solutions. Lors de la phase d'adoption de décisions, une influence de type exclusive est repérée au regard de l'unique promesse à l'égard de laquelle l'UDC exerce une influence. L'influence partagée est donc beaucoup plus rare lors de chaque phase de la fabrique des politiques publiques. Cela traduit le fait que l'UDC parvient à exercer une influence même sans le soutien d'autres partis politiques.

L'influence de l'UDC est ensuite systématiquement active. Cela signifie que, lors de chaque phase de la fabrique des politiques publiques lors desquelles elle exerce une influence, c'est l'UDC qui en provoque la dernière séquence. C'est donc spécifiquement l'action qu'elle engage qui permet de tendre vers la phase ultérieure du processus. Cela signifie que les actions que l'UDC déploie ne sont pas secondaires mais occupent bien une place cruciale dans le développement de ses promesses électorales à travers le processus.

La structure de l'influence de l'UDC au regard du type d'influence suivant est plus complexe. En effet, une nette distinction se réalise selon les phases de la fabrique des politiques publiques. Une influence discontinue est ainsi repérée au regard de 8 promesses lors de la première phase. Ce type d'influence ne se retrouve qu'à l'égard d'une seule promesse lors de la deuxième phase, et disparait lors de la dernière. À l'inverse, des empreintes empiriques indiquent qu'une influence continue s'exerce au regard de 3 promesses lors de la première phase, de 9 promesses lors de la deuxième et d'une promesse lors de la dernière. Cette structure montre que les tentatives d'influence lors de la mise à l'agenda sont nombreuses, se réalisent à plusieurs moments et sont rarement fructueuses du premier coup. Dans la majorité des cas, plusieurs tentatives d'influence doivent intervenir pour qu'elle ait vraiment lieu. Lors de la phase de formulation de solutions, la logique inverse s'impose : dans la majorité des cas, la ou les tentatives d'influence ont lieu lors d'une seule période, ce qui signifie que lorsqu'une influence s'exerce, c'est rapidement après les tentatives engagées. Lors de la dernière phase du processus, seule une influence continue s'exerce. Cela traduit le fait que l'UDC ne parvient pas à multiplier les efforts d'influence : soit une influence se réalise en un même moment, soit elle n'a pas lieu.

L'influence de l'UDC est par ailleurs systématiquement congruente. Les séquences que l'UDC provoque ou contribue à provoquer traduisent ainsi exactement les promesses électorales formulées par l'UDC. Par exemple, la promesse formulée par l'UDC et visant à restaurer les courtes peines est traduite en décision : les courtes peines sont restaurées. Dans certains cas, des propositions parlementaires visent à traduire partiellement des promesses de l'UDC, mais l'analyse de ces dernières ne permettent pas de déceler une quelconque influence de l'UDC.

L'UDC exerce ensuite une influence principalement institutionnelle, ce qui signifie que c'est à travers les institutions (surtout le parlement) qu'elle tente de traduire ses promesses en décisions. Elle mobilise ainsi les objets parlementaires qui sont à sa disposition. Une influence de type extra-parlementaire s'opère seulement à l'égard d'une seule promesse électorale : le renvoi des criminels étrangers. Dans ce cas, un outil de démocratie directe (l'initiative populaire) est mobilisé par l'UDC. Cela s'explique par le coût élevé – en termes humain, temporel et financier – que représente l'emprunt de la voie extra-institutionnelle (UDC – entretien 3).

Enfin, l'influence que l'UDC exerce est toujours « sans tension ». Cela ne signifie pas qu'aucun conflit n'a caractérisé le développement d'une promesse et qu'aucun fait d'actualité n'ait pu être évoqué pour justifier des actions. Néanmoins, ces conflits ou faits d'actualité n'ont pas acquis une importance permettant de qualifier la période durant laquelle la fabrique des politiques publiques s'est déroulée de « période de tension » – une période de tension étant repérée lorsque, lors d'entretiens ou dans des procès-verbaux, les acteurs ayant pris part au processus réfèrent tous et de manière systématique à des faits d'actualité identiques pour justifier leur tentative d'influence ou de non-influence lors d'une séquence de la fabrique des politiques publiques. Puisque l'UDC dispose d'une majorité parlementaire dans la chambre basse, elle détient certaines clés lui permettant d'imposer un débat aux autres partis (par exemple en convoquant une session extraordinaire) et peut donc agir selon son propre calendrier. Elle gagne dès lors en autonomie.

2.2. Théorisation de l'influence de l'Union démocratique du centre : quel mode opératoire ?

2.2.1. La voie parlementaire

Plusieurs voies sont empruntées par l'UDC afin de traduire ses promesses électorales en décisions. Comme suggéré par Williams (2006), les outils parlementaires ne sont pas seulement utilisés par les partis traditionnels mais également dans une large mesure par les partis populistes

Tableau 9: **Nombre de promesses pour lesquelles différents types d'influence sont repérés**

Mise à l'agenda	Formulation de solutions	Adoption de décisions
Influence partagée : 2	Influence partagée : 2	Influence partagée : 0
Influence exclusive : 9	Influence exclusive : 8	Influence exclusive :1
NA : 5	NA : 6	NA : 15
Influence active : 11	Influence active : 10	Influence active : 1
Influence passive : 0	Influence passive : 0	Influence passive : 0
NA : 5	NA : 6	NA : 15
Influence discontinue : 8	Influence discontinue : 1	Influence discontinue : 0
Influence continue : 3	Influence continue : 9	Influence continue : 1
NA : 5	NA : 6	NA : 15
Influence congruente : 11	Influence congruente : 10	Influence congruente : 1
Influence partiellement congruente : 0	Influence partiellement congruente : 0	Influence partiellement congruente : 0
NA : 5	NA : 6	NA : 15
Influence institutionnelle : 10	Influence institutionnelle : 9	Influence institutionnelle : 0
Influence extra-institutionnelle : 1	Influence extra-institutionnelle : 1	Influence extra-institutionnelle : 1
Influence institutionnelle et extra-institutionnelle : 1	Influence institutionnelle et extra-institutionnelle : 0	Influence institutionnelle et extra-institutionnelle : 0
NA : 5	NA : 6	NA : 15
Influence sans tension : 11	Influence sans tension : 10	Influence sans tension : 1
Influence sous tension : 0	Influence sous tension : 0	Influence sous tension : 0
NA : 5	NA : 6	NA : 15

de droite radicale. En Suisse, c'est même la voie prioritairement choisie par l'UDC. Cela peut s'expliquer par le poids de l'UDC au sein du Parlement, et particulièrement du Conseil national (où il est le premier parti en termes de sièges durant la période investiguée). Différents types d'alliances – dont des alliances de circonstance, qui se matérialisent notamment par des alliances entre le PS et l'UDC – peuvent alors voir le jour, selon les dossiers, afin de mener au plus loin le texte défendu. La quasi-totalité des promesses électorales de l'UDC a été évoquée au parlement à travers un objet parlementaire de la part de l'UDC. Dans certains cas, l'objet est cosigné au-delà de l'UDC et, parfois, il est adopté par une des deux Chambres.

Au parlement, l'UDC se distingue par un recours récurrent à la « menace » pour tenter de faire rallier les autres partis politiques à ses positions (UDC – entretien 34). Comme précisé par Luther (2011), la menace peut être de plusieurs types. Elle peut reposer sur un vote en défaveur d'un texte ou être référendaire. Le premier cas est illustré par les débats ayant eu lieu à propos de la réforme du droit des sanctions, lors desquels l'UDC a souligné à plusieurs reprises qu'elle se réservait le droit de ne pas voter le texte, droit qu'elle s'est accordée lors du vote final le 19 juin 2015. La menace peut être crédible pour les autres partis en ce sens que l'UDC est le premier parti en termes de sièges à la Chambre basse. Néanmoins, elle ne tend pas à augmenter l'influence de l'UDC. Cette menace peut aussi être référendaire et est gérable grâce aux moyens – financiers et humains – que peut aisément mobiliser le parti. Un conseiller national PVL (entretien 14) indique que si l'UDC peut se permettre de mener une campagne à une occasion quelconque grâce aux moyens dont elle dispose, ce n'est pas le cas des autres partis, comme le PVL lui-même, qui ne disposent que de moyens modestes :

> Ils disent 'nous on ira devant le peuple'. [...] Et puis aujourd'hui ça marche et ils peuvent le faire parce qu'ils ont de l'argent. C'est clair. Argent et petites mains. Et ça marche. Et du coup, évidemment que la menace marche parce qu'on en a marre, parce qu'on n'a pas les moyens de suivre, de faire des campagnes contre ou tout ce qu'on veut. [...] Cela veut dire qu'on cède à certains de leurs... Pour se dire « Ok, on ne va pas aller devant le peuple. (PVL – entretien 14)

Cette menace référendaire a été agitée lors de la réforme de la partie générale du code pénal, l'UDC demandant que ses amendements soient acceptés dans l'ensemble, sous peine de le soumettre au vote populaire. Dès lors, sous cette menace, si les autres partis ne reconnaissent pas avoir accepté l'ensemble des amendements déposés par l'UDC, ils acceptent cependant de reconnaitre qu'ils ont été forcés de leur faire des concessions (*cf.* extrait précédent). Ainsi, la voie parlementaire, appuyée par la menace référendaire, s'avère être une voie permettant à l'UDC d'influencer la fabrique des politiques publiques une fois qu'un dossier est ouvert et débattu.

Outre les outils parlementaires traditionnellement déployés par les partis politiques, il est aussi possible de convoquer une *session extraordinaire* du parlement afin de travailler exclusivement autour d'un enjeu précis. Pour ce faire, la demande doit émaner d'un quart des membres de l'un des deux conseils ou du Conseil fédéral (article 151 de la Constitution suisse). En matière de sécurité intérieure, l'UDC a recouru à cette possibilité en 2009, le 3 juin au Conseil national et le 11 juin au Conseil des États, afin de « renforcer le droit pénal ». Bien que ce type de session parlementaire ne soit pas reconnu par les interrogés comme offrant une possibilité sérieuse d'influencer le travail parlementaire (*e.g.* PVL – entretien 14), l'analyse empirique montre qu'elle permet d'influencer la mise à l'agenda et la formulation de solutions. Ce n'est toutefois pas le cas pour ce qui concerne la dernière phase de la fabrique des politiques publiques.

La question des postes au sein des bureaux du parlement et de ses commissions peut aussi être interrogée. Plusieurs cadres et élus rencontrés avancent d'abord que présider une commission – en l'occurrence, dans la présente étude, la Commission des Affaires juridiques – n'offre pas de possibilité supplémentaire d'influencer la fabrique des politiques publiques. Un conseiller national UDC (entretien 3) amène lui-même que, alors qu'il présidait la Commission des Affaires juridiques, le dossier de la réforme du droit des sanctions n'a pas été traité suffisamment rapidement et n'a pas conduit au résultat escompté. Il en va de même pour la présidence des assemblées fédérales. Si le rôle peut se révéler important au niveau de la préparation et de la gestion des séances, de leur ordre du jour ainsi qu'en termes diplomatiques (UDC – entretien 12), le président d'assemblée est réputé par la majorité des interrogés comme travaillant en commission de la même manière que tout autre parlementaire (*e.g.* PS – entretien 24). Cependant, la littérature scientifique retient que présider une assemblée ou une commission parlementaire confère un rôle important en termes de blocage ou de contre-blocage du processus législatif. El Berhoumi et Pitseys (2016) indiquent ainsi que l'obstruction parlementaire est une pratique courante desservant plusieurs objectifs et que le président d'une assemblée ou d'une commission est un acteur clé dans la tenue des travaux ainsi que dans l'élaboration du calendrier. De la même manière, certains interrogés reconnaissent qu'accéder à ces postes peut permettre d'accélérer le traitement de certains dossiers et d'accorder une visibilité médiatique accrue à l'élu exerçant le poste (*e.g.* PES – entretien 32 ; UDC – entretien 3). De plus, en Suisse, après un délai de deux ans, tout objet parlementaire non traité est frappé de caducité. Dès lors, disposer de la possibilité d'avancer ou de retarder le traitement de certains dossiers peut devenir une tâche importante en termes d'influence pour éviter que certains d'entre eux demeurent non traités ou, au contraire, pour éviter que certains objets ne soient traités. Néanmoins, de l'analyse empirique il ressort que l'UDC n'a pas retiré d'avantage significatif – en termes d'influence de la fabrique des politiques publiques – de sa présence à certains postes clés. Plusieurs promesses électorales de l'UDC ont pu être inscrites à l'agenda politique mais n'ont pas pu se concrétiser à cause du dépassement du délai de traitement des objets parlementaires et ce, alors que plusieurs de ses élus exerçaient des responsabilités au sein des bureaux du parlement et/ou des commissions.

Le recours à la voie parlementaire permet donc à l'UDC d'exercer une influence. Cependant, il ne s'agit pas d'une voie permettant à l'UDC d'exercer une influence sur la phase de prise de décision. C'est en amont du processus de fabrique des politiques publiques que l'influence s'exerce (mise à l'agenda et formulation de solutions). Par ailleurs, ce sont les actions de l'UDC qui contribuent à son influence, et non sa position (par exemple au sein du bureau d'une commission parlementaire). Le tableau 10 synthétise l'influence qu'exerce l'UDC à travers la voie parlementaire.

2.2.2. Les outils de démocratie directe

L'analyse montre que le recours à la voie parlementaire ne permet pas d'exercer une influence à chaque phase de la fabrique des politiques publiques et pour chaque promesse électorale, et ce malgré le poids de l'UDC (première force politique) au sein de la chambre basse. Cela implique la nécessité, pour l'UDC, de développer d'autres stratégies, et celles-ci sont notamment à trouver dans les fondements du système

Tableau 10 : L'UDC au Parlement : influence

	Mise à l'agenda	*Formulation de solutions*	*Adoption de décisions*
Dépôt d'objets parlementaires	+	+	−
Recours à la menace d'un vote négatif	−	−	−
Recours à la menace référendaire	+	+	−
Convocation d'une session extraordinaire	+	+	−
Postes au sein du Parlement	−	−	−

Légende : les phases durant lesquelles une influence s'exerce sont marquées par « + » et les phases durant lesquelles elles ne s'exerce pas par « − »

politique suisse. Il s'agit des instruments de démocratie directe que sont le référendum et l'initiative populaire. Le référendum est largement mobilisé par l'UDC, mais surtout comme outil de menace afin d'exercer une pression au sein des arènes parlementaires. Néanmoins, il s'agit d'un outil pour lequel des empreintes empiriques d'influence n'ont pu être relevées.

Mobilisées en un deuxième temps, après avoir mobilisé la voie parlementaire, les initiatives populaires sont lancées pour défendre certains dossiers jugés « essentiels » par les cadres et élus du parti (UDC – entretien 3 ; UDC – entretien 30 ; UDC – entretien 34). Étant donné une double contrainte liée aux coûts inhérents à leur déploiement (financiers, humains et logistiques) et à la nécessité de conserver un message univoque (comme indiqué par un conseiller national UDC – entretien 3), les sujets sur lesquels elles portent sont soigneusement sélectionnés. L'initiative populaire peut être considérée comme étant un outil permettant de contourner un frein à l'exercice de l'influence par l'UDC sur la fabrique des politiques publiques. Les élus et cadres de l'UDC perçoivent l'initiative populaire comme étant une manière de s'exprimer en ces mots :

> Ah vous ne voulez pas faire ce qu'on vous dit, à Berne, […]. Et bien attendez… On va vous coller le peuple au cul et puis vous verrez. (UDC – entretien 2)

D'une part, si la récolte de signatures est menée à bien, elle impose un sujet et un enjeu à l'agenda politique puisque les citoyens ainsi que leurs représentants se retrouvent « forcés » (UDC – entretien 34) de prendre position, voire de se prononcer. Plus encore, indépendamment d'une visibilité médiatique accrue pour les organisateurs et, surtout, pour le sujet mis en votation, une initiative populaire impose aux autres partis de considérer une question qu'ils ne jugent pas nécessairement pertinente, au point de l'intégrer durablement dans leur propre programme, sans toutefois en reconnaitre davantage la pertinence. C'est en ce sens qu'un conseiller national PDC (entretien 13) justifie la position du PDC (et du PLR) face aux enjeux sécuritaires. Selon le conseiller national, ce problème sécuritaire n'existe pas en Suisse, est un « mythe total » mais est toutefois évoqué « rituellement » pour des raisons tactiques dans un contexte de compétition partisane. Dans un sens similaire, un conseiller national PVL (entretien 14) admet qu'il est nécessaire de reprendre à son propre compte certaines des promesses de l'UDC. Si cela participe à augmenter l'influence de l'UDC sur l'ensemble du processus, il estime qu'il faut avoir une vision à moyen ou à long terme et qu'une influence de l'UDC dans le court terme est inévitable pour espérer, ultérieurement, contrer le parti populiste. À des fins stratégiques, le parti entend donc remettre en cause le modèle de la rationalité pure de la décision (de Bruyne, 1981) puisque celle-ci n'est pas optimale dès lors qu'elle contribue à renforcer, dans le court terme, un parti avec lequel il est en compétition et ce, à son propre détriment.

Indépendamment de la mise à l'agenda d'un problème et de la proposition de solutions, une initiative populaire peut conduire à imposer une solution de manière solide, puisqu'une initiative acceptée est directement transposée dans la Constitution fédérale. C'est le cas de l'initiative pour le renvoi des criminels étrangers. L'influence que peut procurer le lancement d'une initiative populaire peut donc être importante.

Pour qu'une initiative populaire ait des répercussions au sein de la population, des médias et du monde politique, il est nécessaire qu'un certain nombre de moyens soient déployés. À ce niveau, comme l'affirme un conseiller national UDC (entretien 3), l'UDC est dotée d'une véritable « machine à récolter des signatures ». Cette machine dispose de moyens financiers conséquents qui permettent, par exemple, d'éditer des journaux *ad hoc* qui visent à informer l'ensemble de la population suisse à propos de l'initiative qu'il propose. Plus généralement, c'est l'agence de communication de l'UDC qu'il est possible de financer grâce à ces moyens. Toutefois, les moyens humains s'avèrent eux aussi cruciaux et peut-être davantage encore que les moyens financiers (UDC – entretien 5). Ces moyens peuvent ainsi permettre de réaliser des campagnes d'affichage importantes ou d'occuper le terrain, c'est-à-dire d'assurer une présence lors de marchés ou autres événements. Par exemple, l'UDC vaudoise a organisé un cycle de huit soirées d'information, du 19 janvier au 16 février 2016, dans la perspective de la votation sur l'initiative dite de mise en œuvre [du renvoi des criminels étrangers].

Les outils de démocratie directe sont ancrés dans le système politique suisse et y recourir est une manière classique, en Suisse, d'essayer d'influencer certains enjeux ou dossiers (Knoepfel *et al.*, 2014). L'UDC s'inscrit toutefois dans un rapport singulier avec ceux-ci. En tant que parti populiste, l'UDC accorde une place importante au peuple tant dans ses discours que dans ses actions. Proposer au peuple suisse de décider lui-même de l'adoption ou non de nouvelles lois ou dispositions constitutionnelles permet effectivement à l'UDC de renforcer sa légitimité. Dès lors, et considérant les importants moyens requis dont dispose l'UDC, il n'est pas étonnant d'observer que l'UDC est le parti politique suisse qui recourt le plus à ces outils de démocratie directe (Cherix, 2016).

Les outils de démocratie directe peuvent par ailleurs faire l'objet d'une double utilisation dans un même dossier. Ainsi, en 2016, pour la première fois de son histoire, les citoyens suisses ont été invités par l'UDC à se prononcer une deuxième fois sur une même question. La première traitant du « renvoi des criminels étrangers » (2010) et la deuxième de la « mise en œuvre de l'initiative sur le renvoi des criminels étrangers » (2016). Cette stratégie est critiquée par les autres partis politiques, dénonçant un « abus de la démocratie directe » (PVL – entretien 14). Si cette double utilisation des outils de démocratie directe est une manière de « bétonner une initiative populaire » (UDC – entretien 3) en aval, des stratégies afin de la « bétonner » en amont sont également imaginées et c'est notamment au travers du style du parti que cela se réalise.

Bien que l'initiative populaire ne soit mobilisée qu'une seule fois dans l'échantillon analysé, l'UDC y recourt aussi dans d'autres secteurs et au regard d'autres promesses électorales (Leeman, 2015). Ainsi – et sans entrer dans une analyse poussée du dossier – il convient de citer une promesse pour laquelle une initiative populaire a également été utilisée et qui est souvent décrite par les élus et cadres interrogés comme étant une « victoire » de l'UDC (*e.g.* UDC –entretien 1 ; UDC – entretien 34) : « la limitation de l'immigration de masse ». Le but de cette initiative populaire était de limiter l'immigration grâce à l'instauration de quotas fixés annuellement par le gouvernement fédéral suisse en remettant dès lors en cause l'accord sur la libre circulation entré en vigueur en 2001. Cette initiative de l'UDC n'est pas reprise dans la liste de promesses en ce sens qu'elle est davantage liée au secteur de l'immigration qu'à celui de la sécurité intérieure. Toutefois, il est intéressant d'observer que, *a priori*, l'UDC semble avoir exercé une influence sur la fabrique des politiques publiques à l'égard de cette promesse, à chaque phase du processus. Soumise à votation le 9 février 2014 et combattue par l'ensemble des autres partis politiques suisses et la majorité des associations économiques du pays, l'initiative est acceptée par le peuple et transcrite dans la Constitution. Si une analyse empirique plus poussée du dossier est nécessaire pour mieux cerner l'influence de l'UDC à son égard, ces éléments généraux permettent toutefois de renforcer l'idée selon laquelle le recours aux outils de démocratie directe est important dans les tentatives d'influence de l'UDC. La démocratie directe ne semble donc pas être mobilisée par les partis politiques suisses uniquement dans le but de renforcer l'importance accordée à certains enjeux (comme cela a été démontré par Leeman, 2015 ou par Mazzoleni, 2016) mais apparait être également un puissant outil d'influence en termes de formulation de solutions et de prise de décision, à tout le moins lorsqu'elle est mobilisée par l'UDC.

2.2.3. Un style de communication atypique

Le style de communication adopté par l'UDC vise à provoquer afin de mettre à l'agenda certains thèmes et afin d'imposer ses propres solutions. Néanmoins, ce style vise également à obtenir le soutien populaire, en exerçant une influence extra-institutionnelle, via les citoyens. Alors, c'est par un langage « simple », vulgarisé, parfois cru que l'UDC s'exprime :

> De temps en temps on envoie un pavé dans la mare et ça fait un petit peu débat… ce qui permet au moins d'avoir un dialogue. (UDC – entretien 5)
>
> Le populisme, le soi-disant populisme, moi je le définis de la manière suivante – celui de l'UDC en tout cas : c'est la capacité à parler d'une manière simple des vrais problèmes que les gens vivent tous les jours. Alors si c'est ça le populisme, effectivement, l'UDC est un parti populiste et fier de l'être. (UDC – entretien 35)

Un élu cantonal UDC (entretien 2) reconnait que le style de l'UDC est parfois « excessif ». Un conseiller national UDC (entretien 29) ajoute quant à lui « nous sommes trop agressifs ». Deux autres élus UDC (entretiens 5 et 10) admettent enfin que le parti « est assez extrême sur certains points, dans le but de faire réagir », « qu'il n'a pas peur de dire les choses ». Les affiches – hautement controversées – de l'UDC déployées dans le cadre de ses campagnes « pour le renvoi des criminels étrangers » (mettant en évidence l'expulsion d'un mouton noir par un mouton blanc) et « contre l'immigration de masse » (représentant une rangée de pieds foulant le drapeau suisse) illustrent et objectivent ces propos. Leur importante médiatisation et la dramatisation invoquée par les affiches ou les messages les accompagnant semblent avoir facilité la mise à l'agenda politique d'enjeux spécifiques, dont l'enjeu de la sécurité dans le premier cas. Ces affiches sont ainsi systématiquement évoquées lors des entretiens avec des élus ou cadres de partis traditionnels.

Cela confirme l'importance de la définition et de la dramatisation des problèmes lors de la première phase du processus de fabrique des politiques publiques (Rezsohazy, 1996 ; Zittoun, 2014) puisque, que cet enjeu sécuritaire constitue un véritable problème ou non, l'UDC semble parvenir à l'imposer et à le transformer en un véritable sujet de débat politique.

En outre, l'UDC essaye d'influencer la position à adopter autour de la thématique amenée et, *in fine,* la décision. Par l'adoption d'un style d'action hors du commun et de promesses « qui dérangent la société » (UDC – entretien 17), l'UDC parvient à bénéficier d'une représentation importante dans les médias et celle-ci est perçue comme étant un facteur permettant de contribuer, à terme, à instaurer un « climat » (PDC – entretien 13 ; PS – entretien 16 ; PDC – entretien 25 ; PLR – entretien 26 ; PES – entretien 32) propice aux changements désirés par l'UDC. À travers ce style, c'est donc lentement, progressivement et notamment à travers l'arène médiatique que l'UDC parvient à influencer l'agenda politique et les positions des autres partis sur un enjeu précis. Comme l'indiquent Ernst *et al.* (2017), l'UDC est le parti suisse qui reçoit la part d'attention médiatique la plus importante. Cela découle notamment de la dramatisation provoquée autour de certains enjeux, notamment en période de campagne référendaire ou électorale. Cette analyse corrobore l'idée mise en évidence par Wodak (2015) selon laquelle les médias jouent un rôle important dans la tentative des partis populistes de droite radicale d'influencer l'agenda politique.

Au-delà du rôle important exercé par les médias dans la préparation d'un climat favorable à la problématisation de l'enjeu sécuritaire et aux promesses formulées par l'UDC, l'UDC elle-même développe une stratégie de « campagne permanente » grâce à la publication de journaux et tracts, à la participation plus ou moins directe à des initiatives populaires ou encore par des interventions médiatiques remarquées. Enfin, l'UDC a poursuivi une stratégie de pénétration dans l'espace médiatique (avec la *Schweizerzeit*, la *Basler Zeitung* et la *Weltwöche,* par exemple) ainsi que dans l'espace associatif (dont l'ASIN et la SIFA) lui permettant également de défendre ses enjeux et ses positions au sein de la société suisse et contribuant au climat dont il a été fait mention.

2.2.4. Synthèse

La figure 4 synthétise les différents mécanismes causaux développés dans l'analyse et suggère un mécanisme causal général, expliquant comment l'UDC intervient lorsque ses promesses électorales se concrétisent, d'une façon générale. Les différentes voies et stratégies que développe l'UDC y sont synthétisées.

Qualifier l'influence de l'Union démocratique

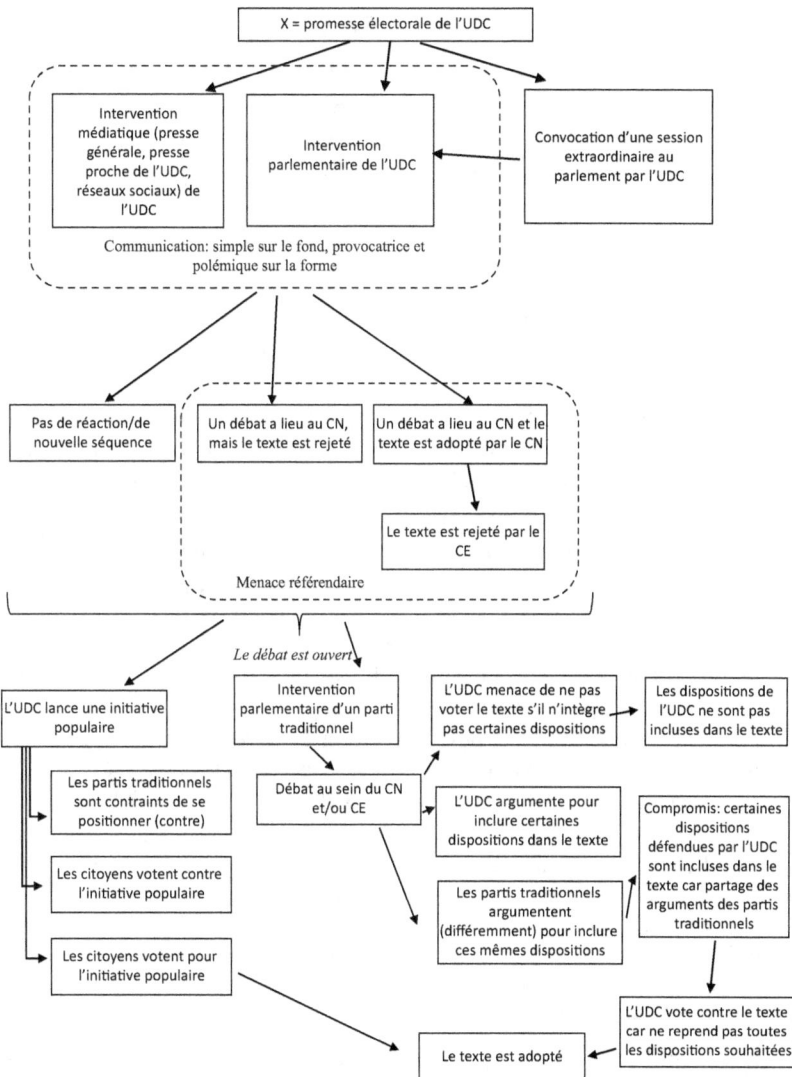

Figure 4: Mécanisme de l'influence de l'Union démocratique du centre sur la fabrique des politiques publiques

2.2.5. Freins à l'influence de l'Union démocratique du centre

Un certain nombre de freins empêchent à l'UDC d'exercer une influence sur la fabrique des politiques publiques. Ceux-ci se développent à travers le processus et sont de deux ordres : exogènes et endogènes. Les freins exogènes sont essentiellement liés au système politique suisse alors que les freins endogènes sont plus directement liés au style adopté par l'UDC.

Le premier frein est le bicaméralisme parfait et égalitaire qui caractérise le système politique suisse puisque toute décision parlementaire doit rassembler la majorité dans chacune des chambres. Le mode de scrutin étant différent d'une chambre à l'autre (la chambre basse est élue au scrutin proportionnel et la chambre haute au scrutin majoritaire), la composition de celles-ci se révèle être souvent différenciée. Plus spécifiquement, l'UDC peine à remporter les élections majoritaires, notamment à cause du style qu'elle adopte. Dès lors, obtenir une double-majorité peut se révéler être une tâche ardue. En outre, indépendamment de la couleur politique, le mode de raisonnement des élus varie d'une chambre à l'autre :

> Le Conseil des États est plus rationnel. Le Conseil national repose plus sur les émotions de la rue. (PS – entretien 24)
>
> Eux font le show, là-bas, et puis nous on est censé remettre les choses à leur place. Voilà, je trouve ça un peu fatiguant, personnellement. Parce qu'il y a simplement des interventions qui ne sont pas correctes. (PDC – entretien 25)
>
> Aux États c'est toujours un petit peu plus, disons, calme ou moins excité [...]. C'est le grand avantage de la petite chambre parce que le rôle des partis est beaucoup moins intense. Et comme ça on arrive à trouver des solutions qui sont de temps en temps entre les deux extrêmes, mais sur un niveau assez technique, assez direct, sans émotion. Ça c'est un grand avantage du système. (UDC – entretien 27)

Cette différence notoirement citée par tous les élus de la chambre haute souligne la difficulté pour un parti politique – dont l'UDC – bénéficiant d'une large majorité au Conseil national autour d'un projet de mener celui-ci à son terme. Le Conseil des États se veut être le gardien de la Constitution et de ses grands principes (*e.g.* UDC – entretien 27).

> Notre position, au Conseil des États, depuis un moment, avec toutes ces motions ou interventions parlementaires populistes qui, après chaque fait divers, consistent à vouloir augmenter les peines sans aucune considération

de l'ensemble du système... [...] On ne v[eut] pas modifier le code pénal comme ça, un article par ci, un article par-là, alors qu'on doit prendre en compte l'ensemble de la problématique des points à traiter. (PDC – entretien 25)

Parmi les grands principes que le Conseil des États entend défendre, le principe de la proportionnalité (article 5, alinéa 2 de la Constitution fédérale) est souvent évoqué lors des entretiens (*e.g.* PLR – entretien 26 ; PS – entretien 24) en tant que frein à l'influence de l'UDC, alors considérée comme un parti ne respectant que peu ce principe (PS – entretien 24). En outre, le Conseil des États se reconnait aussi conservateur et est doté d'une série de principes qui bloquent un certain nombre de propositions – particulièrement populistes – issues du Conseil national :

> À la base je considère que le Conseil des États est un parlement qui est conservateur, au sens premier du terme. Au Conseil des États, la première question qui est posée face à un texte, c'est 'y a-t-il un besoin de légiférer ?'. On ne demande pas si ce qui est proposé est intelligent ou pas intelligent, souhaitable ou regrettable. On se dit 'est-ce que vous avez déjà remarqué que là il y a un besoin de faire quelque chose ?'. Et puis dans ces termes, la réponse à la question, neuf fois sur dix, c'est non. On peut continuer à vivre dans le système actuel. Donc toute proposition [...] se heurte à ce jeu qui consiste à dire 'bof, où est le besoin de légiférer ?' (PES – entretien 32)

Le mode de formation du gouvernement est un deuxième élément qui freine l'UDC dans ses ambitions. Tout d'abord, c'est le Parlement réuni qui élit les membres de l'exécutif fédéral. Sachant que les chambres sont traditionnellement composées différemment et que l'UDC est peu représentée au sein de la chambre haute, une première difficulté apparait pour l'UDC en termes de soutien parlementaire. Ensuite, les pratiques institutionnelles font que les portefeuilles ministériels ne sont pas choisis mais accordés selon l'ancienneté des conseillers fédéraux. Certains départements considérés comme importants pour un parti peuvent dès lors lui être refusés et inversement. En outre, la collégialité est une règle qui impose le consensus au sein du Conseil fédéral. À titre d'exemple, le département *Police et Justice* a été placé sous la responsabilité de Christoph Blocher (UDC) entre 2003 et 2007 alors que celui-ci briguait plutôt le département des Finances (UDC – entretien 4). Ce choix est considéré comme tactique puisque constituant une possibilité d'orienter les critiques envers lui (UDC – entretien 2) en lui imposant de passer « de la théorie à la pratique » (UDC – entretien 3). Comme cela a été démontré empiriquement dans cette recherche, diriger un département ministériel spécifique n'accroît pas automatiquement l'influence du parti qui en est à la tête. La capacité d'influence de l'UDC en matière de sécurité intérieure n'a ainsi pas été accrue de par sa présence au sein de l'exécutif fédéral. Cette présence n'est d'ailleurs pas relevée au sein du mécanisme causal. Cela corrobore les recherches selon lesquelles la collégialité gouvernementale conduit les partis politiques à diminuer l'attention qu'ils portent pour des enjeux spécifiques et ce, afin de conserver une stabilité et éviter l'éclatement de la coalition (Klüver & Spoon, 2017).

Troisièmement, certains acteurs sont dotés d'une capacité d'influence importante, notamment sur les parlementaires. C'est le cas du Conseil fédéral. Comme le montrent plusieurs des objets parlementaires analysés (*e.g.* motion 13.3725[60]), des soutiens importants en faveur d'une promesse se rétractent de manière conséquente suite à la prise de position du Conseil fédéral. Ce poids du Conseil fédéral est par ailleurs reconnu lors des entretiens :

> Ceux qui sont très forts en Suisse, c'est l'administration. C'est eux qui vont faire que ça va vite ou pas. Le parlementaire il peut toujours s'agiter ou s'exciter, il ne va rien faire. Au Conseil fédéral, vous croyez qu'ils réclament deux UDC pourquoi ? Sérieusement ? Parce que c'est là qu'est le pouvoir. (PVL – entretien 14)
>
> Le gouvernement bloque souvent les propositions des parlementaires. […] Nous sommes des parlementaires de milice. Et je ne peux pas être un spécialiste pour toutes les lois. Et le gouvernement a des spécialistes pour toutes les lois. […] Il est plus informé, il sait plus que nous. […] Ils sont là et quelques fois ils parlent avec nous comme des enfants. (UDC – entretien 30)

Les acteurs issus de la société civile se posent également à plusieurs reprises – dans les dossiers analysés – comme un véritable frein à l'UDC. En ce sens, ces acteurs exercent une influence. Cette influence s'exerce lors la problématisation et de la mise à l'agenda mais aussi et surtout lors des phases pré-parlementaires de consultation. L'analyse empirique a souligné de quelle manière le Conseil fédéral et/ou les élus nationaux peuvent modifier significativement leur point de vue à propos d'un objet parlementaire suite à l'intervention de ces acteurs.

Quatrièmement, le style adopté par l'UDC constitue un frein endogène et réduit les possibilités d'influence du parti dans les dossiers pour lesquels elle a le leadership, notamment en termes d'alliances avec les

---

[60] Motion 13.3725 intitulée « Durcissement du droit pénal des mineurs » déposée au Conseil national le 18 septembre 2013 par Hans Fehr (UDC) : https://www.parlament.ch/fr/ratsbetrieb/suche-curia-vista/geschaeft?AffairId=20133725

autres partis, que ce soit en matière de votes ou en matière de soutien au sein du Conseil fédéral :

> Le PLR refuse la main tendue par l'UDC et ils ont souvent des bonnes raisons… Alors ce Monsieur Blocher a eu un impact sur la politique suisse… Qu'on l'aime ou qu'on ne l'aime pas ! Malheureusement… Je dis malheureusement… ça induit un système de communication qui a donné la grosse tête à l'UDC et qui ne pouvait que pousser nos adversaires – mais hélas également nos cousins – dans les cordes. (UDC – entretien 2)
>
> Cet ostracisme existe. C'est clair. Mais ils en sont les premiers responsables. Si on fonctionne comme un parti d'opposition, les partis qui essayent de gouverner vont nécessairement tenir à l'écart ce parti qui essaie de démolir les institutions. (PDC – entretien 13)

L'UDC se retrouve ainsi isolée lorsqu'elle tente d'attirer l'attention sur des dossiers liés à la délinquance juvénile ou la naturalisation.

Outre le style du parti en tant que tel (macro), le style des élus (micro) semble lui aussi contribuer à un amoindrissement des possibilités d'influence pour l'UDC. En proposant des candidats au Conseil fédéral qui adoptent un style particulièrement provocateur, les élus de l'UDC se retrouvent mis à l'écart par leurs collègues (comme précisé lors d'entretiens : *e.g.* PDC – entretien 12 ; PLR – entretien 9 ; UDC – entretien 30) qui demandent des candidats « éligibles » (UDC – entretien 10). D'une manière générale, si ce style est une stratégie développée par l'UDC pour exercer une influence, il constitue aussi une opportunité pour les autres partis représentés au Parlement – dans le contexte compétitif caractérisant la vie politique suisse – pour nier l'existence de problèmes liés à la sécurité intérieure et pour discréditer la légitimité des initiateurs de ces problèmes, à savoir de l'UDC (Cobb & Ross, 1997 ; Heinze, 2018).

Enfin, certaines promesses ne parviennent pas à se concrétiser de par leur nature intrinsèque. En effet, dans certains cas l'UDC et ses cadres n'ont pas le souvenir de promesses pourtant inscrites dans leur programme. Parfois, ils se positionnent même en porte-à-faux à l'égard de ces promesses. C'est par exemple le cas pour ce qui est de l'interdiction nationale de la mendicité.

3. Conclusion : l'UDC, un parti influent

Ce qui ressort de ce chapitre est que l'Union démocratique du centre (UDC) influence la fabrique des politiques publiques et que cette influence s'exerce à l'égard des différents dossiers constituant le secteur de la sécurité intérieure. Cela corrobore les résultats mis en évidence par Afonso et Papadopoulos (2015), selon qui l'UDC est influente en remettant en cause les compromis traditionnels entre la gauche et la droite et en poussant les autres partis à adopter des décisions davantage à droite. Ces résultats corroborent aussi ceux d'Albertazzi et McDonnell (2015), qui mettent en évidence que l'UDC parvient à traduire ses préférences en décisions législatives.

Néanmoins, l'analyse va plus loin que les études préalablement menées en indiquant que cette influence n'est pas figée. Des empreintes empiriques permettent en effet d'indiquer que cette influence s'exerce surtout lors de la phase de mise à l'agenda, puis un peu moins lors de la phase de formulation de solutions et, enfin, qu'exceptionnellement lors de la phase de prise de décision. Principalement exclusive, l'influence est aussi surtout institutionnelle et sans tension, et systématiquement active et congruente. Enfin, l'influence est essentiellement discontinue en amont du processus puis continue en aval. Ces différents types d'influence permettent de mieux la saisir et de mieux comprendre dans quel contexte l'UDC exerce une influence. Il ressort ainsi que l'UDC exerce généralement une influence à l'égard d'une promesse alors qu'elle est seule à défendre cette promesse (influence exclusive), qu'elle agit (influence active) afin de traduire sa promesse telle quelle en décision (influence congruente) principalement via les institutions (influence institutionnelle) et sans que cette action ne prenne place dans un contexte ou une période de tension spécifique (influence sans tension). Enfin, plusieurs tentatives d'influence sont classiquement nécessaires pour qu'une promesse soit mise à l'agenda (influence discontinue), alors que le processus est plus rapide par la suite (influence continue).

Par ailleurs, l'analyse a mis en évidence l'idée selon laquelle l'adoption de politiques sécuritaires ne répond pas nécessairement à une logique de populisme pénal. Cela contredit ce que certains chercheurs ont pu indiquer (*e.g.* Jennings *et al.*, 2017). En effet, le fin degré d'analyse que permet le *process-tracing* fait ressortir que les arguments développés par les acteurs en présence lorsqu'ils se prononcent dans le sens souhaité par l'UDC sont d'un autre ordre que ceux de l'UDC. Là où les partis traditionnels défendent la marge de manœuvre dont disposent les magistrats lorsqu'ils partagent une position de l'UDC, l'UDC défend plutôt une vision « autoritaire » de la sécurité, c'est-à-dire visant à punir davantage les auteurs d'actes de délinquance ou de crimes.

L'influence de l'UDC est le résultat du recours à des stratégies et ressources spécifiques par ce parti. Ainsi, de façon systématique, l'UDC recourt d'abord à la voie parlementaire, à travers différents types d'actions (dépôt d'objets parlementaires, menace référendaire, *etc.*). Toutefois, ces différentes actions ne permettent pas toutes d'exercer une influence à quelque niveau que ce soit. Par ailleurs, lorsqu'une influence s'exerce, c'est seulement lors des deux premières phases du processus et jamais ensuite. Ces résultats permettent donc de dépasser et nuancer l'analyse de Minkenberg (2001) selon laquelle une simple présence parlementaire n'est pas une condition suffisante pour influencer la fabrique des politiques publiques. Intervenir au sein du Parlement permet d'exercer une influence selon le type d'intervention et seulement en amont du processus. Pour aller plus loin, l'UDC mobilise aussi l'initiative populaire – outil caractéristique du système politique suisse. Lorsqu'elle y recourt, son influence s'exerce sur chacune des phases du processus de fabrique des politiques publiques. Enfin, le recours à un style atypique contribue également – de façon plus diffuse – à exercer une influence.

Afin de comprendre dans quelle mesure l'influence est limitée, les freins à l'influence de l'UDC ont enfin été étudiés et distingués selon qu'ils sont endogènes ou exogènes. La typologie des freins ainsi élaborée contribue à la littérature en science politique puisqu'elle permet d'affirmer que les stratégies de désengagement (Heinze, 2018) adoptées par les partis traditionnels à l'égard de partis populistes de droite radicale n'importent pas seulement en termes électoraux – comme cela a été démontré par la littérature (*e.g.* Meguid, 2005 ; Minkenberg, 2006 ; Pauwels, 2011) – mais aussi en termes de politiques publiques puisqu'elles en limitent – au moins partiellement – la capacité d'influence. Cette typologie est aussi l'occasion de rappeler l'importance de la prise en compte du système politique dans l'analyse de l'influence : la disponibilité d'outils de démocratie directe – et particulièrement de l'initiative populaire – est capitale pour expliquer l'influence de l'UDC lors de la dernière phase de la fabrique des politiques publiques en matière de sécurité intérieure.

Chapitre 7

L'influence du Front national (FN)

Si être un parti populiste c'est faire passer l'intérêt du peuple avant l'intérêt d'un système, d'une caste ou d'une bourgeoisie, alors, effectivement, nous pouvons être fiers d'être un parti populiste [...]. Si c'est ça être populiste, alors oui, nous sommes populistes, nous en sommes fiers et nous le revendiquons. (FN – entretien 40)

Reposant sur un mode de scrutin majoritaire, le système politique français ne favorise pas le développement électoral des partis de niche, parmi lesquels le Front national (Lijphart, 1994 ; Ehrhard, 2016). En conséquence, le FN est un parti qui n'a pas toujours été représenté au sein du Parlement national depuis sa fondation en 1972 et qui, lorsqu'il y est représenté, ne l'est que faiblement. Par ailleurs, il n'a jamais exercé de responsabilité au sein d'un exécutif national et n'a jamais été invité à en rejoindre un dans le cadre d'une ouverture politique de la part d'un parti majoritaire. Pourtant, il s'agit d'un parti souvent présenté comme exerçant une influence non négligeable sur la fabrique des politiques publiques (*e.g.* Ignazi, 2012). En conséquence, ce chapitre propose d'étudier empiriquement l'influence qu'exerce le FN en répondant aux questions suivantes : les promesses électorales formulées par le FN parviennent-elles à se développer ? Lorsque c'est le cas, quelle influence peut être imputée au FN, et à travers quelles interventions ? Quels freins le FN rencontre-t-il dans ses tentatives d'influence ?

1. Étude de la trajectoire des promesses électorales du Front national

1.1. Droit des sanctions

En matière de droit des sanctions, le FN n'est pas le seul parti politique français à formuler des promesses. L'UMP a elle aussi développé une série de promesses en la matière dans ses programmes électoraux successifs. Ainsi, en 2007, l'UMP propose de créer des peines planchers pour les multirécidivistes, de réformer le droit pénal des mineurs, d'améliorer la prise en charge psychiatrique de prisonniers dangereux remis en liberté ou encore de « veiller à la pleine et entière exécution de la condamnation »[61]. En 2012, l'UMP propose d'élargir le système des peines planchers aux réitérants, de ne pas autoriser la libération conditionnelle tant qu'un condamné n'a pas purgé les deux tiers de sa peine ou encore de supprimer le système de réduction automatique des peines. À la gauche du spectre politique, les quelques promesses formulées en matière de droit pénal vont dans une tout autre direction. C'est davantage en faveur du développement de peines alternatives aux peines de prison que le PS se prononce (par exemple dans son programme de 2007, p. 17). Si l'UMP et le FN sont proches du point de vue de l'importance qu'ils accordent au droit des sanctions, les promesses qu'ils formulent varient pourtant sensiblement (cf. tableau 11 pour les promesses du FN). Ici se justifie donc à nouveau l'utilité de l'approche par la trajectoire des promesses électorales pour l'étude de l'influence. Seule une promesse est commune à chacun de ces partis dans leurs programmes électoraux : la remise en cause de la remise de peine automatique (défendue par l'UMP et le FN en 2007). La suspension du versement d'allocations sociales aux récidivistes ainsi que la mise en place de l'injonction civile ne font ainsi pas partie des programmes consécutifs de l'UMP.

Dans leurs programmes électoraux respectifs, l'UMP et le FN partagent une même vision quant à **la remise en cause de la remise de peine automatique**. L'UMP, à travers des interventions parlementaires mais aussi médiatiques (*e.g.* carte blanche dans Le Monde cosignée par cinq députés UMP le 3 septembre 2011[62]), s'est particulièrement saisie de cet enjeu. Sa prise de position en la matière résulte notamment d'une série d'auditions de magistrats menées par le député UMP Éric Ciotti (Ciotti, 2015 : 167). D'un point de vue institutionnel, le FN n'est quant à lui pas intervenu au parlement pour remettre en cause l'article 721 du code de procédure pénale, qui traite de cet aspect précis. D'un point de

---

[61] Programme électoral de l'Union pour un Mouvement populaire 2007–2012, p. 55
[62] MALLIE R., GERARD B., GARRAUD JP., BOËNNEC Ph. & GROSSKOST A. (2011), *Halte aux remises de peine « automatiques »*. Carte blanche publiée dans le quotidien Le Monde le 9 mars 2011 : https://www.lemonde.fr/idees/article/2011/03/09/halte-aux-remises-de-peine-automatiques_1490437_3232.html

Tableau 11 : Promesses du FN en matière de droit des sanctions

Promesses du FN

- **Remise en cause de la remise de peine automatique :** « Assurer une sanction réelle des crimes et des délits : Réhabiliter la notion de peine prompte et incompressible : revoir le système des remises de peine systématiques. » – *Programme électoral du FN 2007–2012, p. 8*
- **Suspension des prestations sociales aux récidivistes :** « Sanctions renforcées contre les délinquants récidivistes. Plus aucune prestation sociale (aides, logements, RSA, etc.) ne doit être versée aux récidivistes délinquants ou criminels justiciables d'une peine d'un an de prison ou plus. » – *Programme électoral du FN 2012–2017, p. 19*
- **Injonction civile :** « Mise en place de l'injonction civile, qui signifie l'interdiction prononcée par la Justice de pénétrer dans des territoires définis pendant une certaine période de temps après avoir purgé sa peine. [...] Pénétrer dans le territoire interdit signifiera, pour le délinquant, un retour immédiat en prison. Des mesures judiciaires d'interdiction de territoire (sur un département par exemple) devront également être mises en œuvre. » – *Programme électoral du FN 2012–2017, p. 18*
- **Réclusion criminelle à perpétuité réelle :** « Instauration de la réclusion criminelle à perpétuité réelle. » – *Programme électoral du FN 2012–2017, p. 19*

vue discursif, il en a néanmoins défendu la remise en cause. Si l'UMP/LR et le FN ont tous les deux contribué – certes de manière différenciée – à la mise à l'agenda de l'enjeu, force est toutefois de constater que c'est le gouvernement Valls II – socialiste – qui a joué un rôle moteur dans l'adoption d'une loi révisant l'article 721 du code de procédure pénale en ce sens. Le 21 juillet 2016, était en effet adoptée une loi dans laquelle les crédits de réduction de peine automatique pour les terroristes étaient supprimés. Le Parti socialiste n'a jamais souhaité remettre en cause ce principe de réduction de peine automatique au préalable et il s'agit d'une prise de position nouvelle pour le PS (PS – entretien 61). Néanmoins, c'est le contexte qui a conduit le PS à adopter et défendre ce point de vue pour le cas spécifique de terroristes. Dans le contexte terroriste ayant marqué la France en 2015–2016, une commission d'enquête parlementaire (présidée par Georges Fenech) a été mise sur pied pour « mieux anticiper la menace et combattre le terrorisme » (rapport d'information n° 3922 de l'Assemblée nationale). Cette commission d'enquête aborde la question de la réduction automatique des peines lors d'une table ronde des syndicats de magistrats (par l'intermédiaire de Jean de Maillard, membre associé de FO Magistrats) organisée le 23 mars 2016, ainsi que lors de l'audition du Garde des Sceaux, Jean-Jacques Urvoas, le 1ᵉʳ juin 2016. Dans le rapport final de la Commission, un ensemble de propositions est formulé par les députés, dont celle « d'exclure les personnes condamnées pour des actes terroristes du bénéfice du crédit de réduction de peine automatique prévu à l'article 721 du code de procédure pénale » (rapport d'information n° 3922 de l'Assemblée nationale, tome 1, p. 210). Il est à noter qu'aucun élu FN ou proche du FN (comme Jacques Bompard, ancien cadre du FN) n'est membre de cette Commission. La Commission des lois de l'Assemblée nationale a souhaité adopter la loi [du 21 juillet] « relative à l'état d'urgence et portant mesures de renforcement de la lutte antiterroriste » rapidement et grâce à un large soutien afin de pouvoir prolonger l'état d'urgence – devant prendre fin le 31 juillet 2016 – dans les temps. Dès lors, afin que le Sénat – majoritairement composé d'élus républicains – ne rejette pas le texte voté à l'Assemblée nationale, un certain nombre de concessions ont été réalisées. D'après plusieurs députés membres de la Commission des lois (*e.g.* PS – entretien 56 ; LR – entretien 63 ; PS – entretien 66), la révision de l'article 721 du code de procédure pénale fait partie de ces concessions faites à la droite :

> Ah mais on est clairement dans une origine parlementaire qui est un amendement de l'opposition, des Républicains. Je ne le lâche pas en séance à l'Assemblée. Je donne un avis défavorable. Le Sénat le réintroduit. Donc la majorité de droite du Sénat. Et c'est le prix de l'accord qui fait que c'est le texte qui est voté et qu'on ne refait pas une navette pour donner le dernier mot à l'Assemblée nationale. On ne souhaitait pas refaire une navette pour plusieurs raisons. (PS – entretien 66)

Cette situation se trouve corroborée par la lecture des comptes rendus des auditions de la Commission d'enquête, où les députés LR défendent largement cette position, face au Garde des Sceaux (PS) qui indique que « il n'est pas nécessaire de faire évoluer la législation sur ce point » (rapport d'information n° 3922 de l'Assemblée nationale, tome 2, p. 914). Selon d'autres élus de la même Commission des lois (*e.g.* PCD – entretien 59 ; PS – entretien 61), puisqu'il ne s'agit que des cas de terrorisme, il n'est pas tant question de concession faite à la droite mais d'une adhésion entière sur le fond. Quelle que soit la justification donnée par les élus socialistes, ce qui ressort est que l'adoption de cet aspect de la loi est une conséquence du contexte terroriste :

> C'est le contexte qui fait qu'on a trouvé anormal qu'un terroriste bénéficie de crédit de réduction automatique de peine. (PS – entretien 54)

L'installation du terrorisme en France, ces dernières années, a fait évoluer très clairement la gauche parlementaire sur ce sujet. (PCD – entretien 59)

Au-delà de sa contribution à la mise à l'agenda et à la formulation de solutions – à travers des arènes extra-institutionnelles – aucune empreinte empirique de l'intervention du FN n'est repérée et ne permet d'attester une influence du FN sur la phase d'adoption de la décision. Un cadre du FN reconnait d'ailleurs ce manque d'influence :

> Je pense que le laxisme judiciaire est total. Voilà. Et je pense que malgré le Front national, les résistances dans ce domaine sont très fortes [...]. Mais je pense que, dans ce domaine, nous n'avons pas, malheureusement, exercé d'influence. (FN – entretien 57)

Dès le mois d'août 2016, la droite parlementaire (LR) a souhaité élargir cette possibilité au-delà des cas de terrorisme, mais sans qu'un réel débat ne soit rouvert sur la question. Le FN, lui, n'est plus intervenu sur cette question depuis lors.

Pour ce qui est de **la suspension des prestations sociales aux récidivistes**, le FN a tenté d'agir par la voie institutionnelle, en vain. En 2016, dans un contexte marqué par des manifestations dans le cadre de l'adoption de la « loi travail »[63], le député Gilbert Collard déposait ainsi une proposition de loi à l'Assemblée nationale intitulée « suspension du revenu de solidarité active pour les 'casseurs' »[64]. Jamais mise à l'ordre du jour, celle-ci n'a pu être présentée oralement et débattue au sein du Parlement. Si le PS a toujours ouvertement rejeté ce type de mesure, plusieurs élus UMP/LR ont multiplié des déclarations allant en ce sens –principalement entre 2012 et 2017 – et sont intervenus au sein de l'Assemblée nationale pour tenter de faire adopter des décisions visant à suspendre le versement de certaines allocations sociales dans des cas bien précis. Outre la suspension du versement d'allocations sociales dans les cas d'absentéisme scolaire dans le cadre de la loi n° 2010-1127 – dite loi Ciotti – (abrogée en 2013), l'UMP n'est cependant pas intervenue

---

[63] Loi 2016-1288 du 8 août 2016 relative au travail, à la modernisation du dialogue social et à la sécurisation des parcours professionnels : https://www.legifrance.gouv.fr/affichLoiPubliee.do?idDocument=JORFDOLE000032291025&type=general&legislature=14

[64] Proposition de loi n° 3823 intitulée « Suspension du revenu de solidarité active pour les "casseurs" » déposée à l'Assemblée nationale par Gilbert Collard (FN) le 8 juin 2016 : http://www.assemblee-nationale.fr/14/dossiers/suspension_rsa_casseurs.asp

en la matière et n'a pas davantage concrétisé cette promesse lorsqu'elle était au pouvoir entre 2007 et 2012. Une explication soulevée par un ex conseiller de membres des gouvernements Fillon 1, 2 et 3 (entretien 49) est que l'UMP aurait craint de montrer ouvertement un rapprochement idéologique, sur ce point précis, avec le FN :

> Ils avaient [l'UMP] les pleins pouvoirs pour mettre en œuvre une politique qui aurait pu, peut-être, être plus sévère sans être extrémiste, et plus exigeante sans être excessive. En l'occurrence ça n'a pas été fait [...] parce que ça aurait inexorablement montré la conjonction avec les idées rances, excessives, xénophobes, racistes, enfin tout ce que vous pouvez imaginer, du Front national.

Cette vision est par ailleurs partagée par d'autres Républicains qui indiquent que le « la peur du politiquement incorrect » justifie la non-décision en la matière, y compris à une époque où ils disposaient d'une majorité, entre 2007 et 2012 (LR – entretien 53). D'une manière plus générale, dans un ouvrage publié en 2015 (p. 51), Éric Ciotti indique que :

> Si les socialistes, par essence, se montrent les champions des réponses erronées et des 'solutions' dangereuses, ma propre famille politique [UMP] a souvent péché par sa grande difficulté à mesurer l'ampleur du phénomène.

Selon un ex conseiller de membres des gouvernements Fillon 1, 2 et 3 (entretien 49), c'est l'actualité qui, aujourd'hui, inciterait ce même parti et ses principaux cadres à défendre plus clairement cette promesse, pour répondre à une demande – réelle ou imaginée – de la population :

> Là on est un peu rattrapé par le train et, finalement, l'évolution du climat sécuritaire fait qu'on n'a plus ce genre de coquetterie et qu'on est bien obligé, et pour répondre aux besoins sécuritaires et pour répondre à l'angoisse des gens, d'adopter des mesures sévères.

Un député LR justifie également la non-action de l'UMP sur ce dossier entre 2007 et 2012 par le fait que l'actualité rendait la question moins urgente :

> Le problème se posait beaucoup moins. Il ne vous a pas échappé que, depuis quatre ans, il y a une aggravation terrible de l'état de santé morale de la société française. (LR – entretien 50)

À gauche également on reconnaît l'évolution du contexte face à cette promesse :

> Il n'y a pas si longtemps, on était sur une forme d'inhibition à penser qu'il devait y avoir une punition sociale sur un fait de délinquance sécuritaire. Et on est sur une période politique qui change énormément et aujourd'hui c'est possible. On a levé tellement de verrous que, aujourd'hui, effectivement, on peut. (PS – entretien 58)

Deux éléments majeurs permettent donc d'expliquer la non adoption de décision en la matière. D'une part, il s'agit d'une conséquence du fait que la promesse est initialement défendue par le FN. Le style adopté par le FN ainsi que son idéologie – auquel l'UMP/LR ne souhaite pas être assimilé – empêche son influence – dans le sens où sa promesse ne parvient pas à être concrétisée, même si elle est partagée par d'autres acteurs politiques (UMP/LR en l'occurrence). D'autre part, le contexte – tel qu'il est relayé par les médias – a aussi un rôle crucial dans l'évolution de l'importance accordée à la question. Dans un premier temps, les médias ne développent pas particulièrement certains faits de délinquance spécifiques, et cela ne donne pas lieu à une réaction de la part des partis politiques. Dans un deuxième temps, le contexte est différent et les élus perçoivent – à travers les médias, notamment – une demande de la population allant dans le sens d'un durcissement du droit pénal. En conséquence, une demande plus formelle visant à suspendre le versement d'allocations sociales est réalisée par l'UMP/LR. Comme l'indique un interrogé (*cf. supra*), il y a une volonté de « répondre à l'angoisse des citoyens ». Au FN, on admet que ce n'est pas tant l'action du parti qui a provoqué une réaction de la part de la droite, mais bien le contexte sécuritaire :

> Ce sont les faits d'actualité qui viennent, finalement, valider les mises en garde qui ont été faites depuis longtemps sur le Front national. (FN – entretien 37)
>
> Mais bien sûr, oui, l'actualité parle pour nous de toute façon. Ça c'est clair et net. Mais les faits nous donnent raison. (FN – entretien 40)

Des empreintes empiriques de l'influence du FN peuvent donc être relevées, mais sont particulièrement limitées. Le FN a ainsi tenté d'intervenir à travers la voie parlementaire – sans provoquer quelque réaction – et à travers les médias (sociaux) pour faire connaître sa promesse et défendre sa position. Toutefois, c'est surtout l'UMP/LR, à travers certains de ses cadres et élus, qui a exercé une influence lors de la mise à l'agenda et lors de la formulation de solutions. Le contexte est par ailleurs important à prendre en compte pour comprendre le mécanisme à l'œuvre. L'influence du FN est donc partagée, passive et sous tension. Cela signifie que, dans un contexte de tension spécifique, ce sont d'autres acteurs qui ont provoqué la dernière séquence des phases de mise à l'agenda et de formulation de solutions. Le rôle du FN dans le mécanisme est donc plus diffus.

Pour ce qui est de **la mise en place de l'injonction civile**, il ne s'agit visiblement pas d'une promesse centrale pour le FN. Ainsi, un conseiller régional et cadre du FN (entretien 40) reconnaît : « je découvre cette proposition, là, en même temps que vous ». Par ailleurs, cette mesure est déjà existante dans le droit français au moment de la formulation de la promesse. Un juge français peut ainsi décider d'interdire l'accès à certains lieux à des personnes après une condamnation. Cet état de fait est d'ailleurs régulièrement cité par les interrogés, notamment du FN (*e.g.* FN – entretien 57 ; PDC – entretien 59 ; PS – entretien 61), pour justifier le fait qu'aucun débat n'émerge autour de cette question. La proposition n'a ainsi pas été développée au sein du processus de fabrique des politiques publiques et aucune empreinte empirique ne permet d'indiquer que le FN a exercé une influence.

Bien que la position du FN soit plus claire en ce qui concerne **l'instauration de la réclusion criminelle à perpétuité réelle** lors des entretiens menées (*e.g.* FN – entretien 37 ; FN – entretien 40 ; FN – entretien 65) et bien qu'il souhaite l'imposer, aucune empreinte empirique ne permet d'indiquer que le FN a exercé une influence sur cette question. Le FN n'est ainsi pas intervenu à travers les institutions afin de concrétiser cette promesse et, lors de manifestations publiques (*e.g.* Estivales de Marine Le Pen des 17 et 18 septembre 2016), il ne s'agit pas d'une promesse mise en avant spontanément par ses cadres et élus. Cela peut s'expliquer par le fait qu'il s'agit d'une peine déjà existante en France. En effet, la loi du 1er février 1994[65] institue une peine incompressible (il s'agit d'une peine à perpétuité assortie d'une période de sûreté illimitée) dans une série de cas déterminés (article 421–7 du code pénal). Néanmoins, après 30 ans d'incarcération, un juge d'application des peines peut encore mettre fin à la sûreté illimitée. C'est donc cet aspect qui semble être remis en cause par le FN, mais sans être évoqué explicitement. Récemment, sur la base d'un amendement déposé par le député LR Guillaume Larrivé, la loi du

---

[65] Loi 94-89 du 1er février 1994 instituant une peine incompressible et relative au nouveau code pénal et à certaines dispositions de procédure pénale : https://www.legifrance.gouv.fr/affichTexte.do?cidTexte=JORFTEXT000000546575&categorieLien=id

3 juin 2016[66] a révisé la loi du 1er février 1994 en élargissant sa portée aux cas de crimes terroristes (article 132-23 du code pénal). Cette révision s'inscrit pleinement dans le contexte terroriste ayant marqué les années 2015 et 2016 et ayant conduit à l'adoption de la loi du 3 juin 2016. Si un type de cas pouvant tomber sous le coup de la loi du 1er février 1994 a été ajouté à l'arsenal juridique, la procédure n'a néanmoins pas changé et le débat n'a lui-même pas été soulevé. Cette relative stabilité dans le droit peut trouver son origine dans l'obligation de respecter les normes internationales ; la Cour européenne des droits de l'homme imposant une possibilité de réexamen de toute peine (voir, par exemple, l'arrêt *Vinter et autres c. Royaume-Uni* du 9 juillet 2013[67]).

1.2. Délinquance juvénile

En 2007 comme en 2011, le FN formule une promesse en matière de délinquance juvénile. Chacune de ces promesses vise à renforcer les sanctions à l'égard des jeunes délinquants. En 2012, la promesse va plus loin en suggérant également de responsabiliser les parents de jeunes délinquants en les sanctionnant.

Les promesses en matière de délinquance juvénile ne sont pas neuves pour le FN et sont partiellement partagées par d'autres partis politiques, principalement à droite de l'échiquier politique. L'UMP, dans ses programmes électoraux de 2007 et de 2012, abordait elle aussi la question de la délinquance juvénile, en indiquant qu'il était nécessaire de **réformer l'ordonnance de 1945**. Ainsi, en 2007, l'UMP proposait notamment de juger les jeunes multirécidivistes comme des adultes dès l'âge de 16 ans. Cette proposition a par ailleurs été fortement défendue par le candidat UMP à l'élection présidentielle de 2007 Nicolas Sarkozy et se rapproche singulièrement de la promesse formulée par le FN dans son programme lors de cette même campagne électorale. Néanmoins, cette proposition n'a pas été concrétisée pendant le quinquennat de Nicolas Sarkozy. Un

---

[66] Loi n° 2016-731 du 3 juin 2016 renforçant la lutte contre le crime organisé, le terrorisme et leur financement, et améliorant l'efficacité et les garanties de la procédure pénale : https://www.legifrance.gouv.fr/affichTexte.do?cidTexte=JORF-TEXT000032627231&categorieLien=id

[67] CEDH, grande chambre, 9 juillet 2013, *Vinter et autres c. Royaume-Uni*, n° 66069/09, 130/10 et 3896/10.

Tableau 12: Promesses du FN en matière de délinquance juvénile

Promesses du FN
• **Réforme de l'ordonnance de 1945** : « Modifier l'ordonnance de 1945 sur les mineurs délinquants : abaissement de la majorité pénale, renforcement de la justice des mineurs (les limites inférieures d'âge respectives de 13, 15 et 18 ans prévues par la loi seront ramenées à 10, 13 et 15 ans). Il convient de mettre un terme à l'inadéquation de la loi avec les réalités sociologiques et mettre fin à l'impunité des jeunes délinquants, notamment récidivistes. » – *Programme électoral du FN 2007–2012, p. 8*
• **Responsabilité pénale parentale** : « Il est nécessaire d'accentuer les peines contre les élèves ou parents d'élèves coupables d'agression verbale ou physique contre un enseignant. » – *Programme électoral du FN 2012–2017, p. 18*

collaborateur parlementaire LR (entretien 53) justifie cette non-action par le rôle du contexte :

> Je ne pense pas que ce soit des divisions internes. Il y a eu d'autres sujets entre 2007 et 2012. Il y a eu pas mal de questions économiques avec la crise, il y a eu la réforme constitutionnelle que Sarkozy a portée.

En outre, aucun élu – de quelque parti que ce soit –n'a défendu cette promesse de manière institutionnelle – par exemple par le dépôt d'un projet de loi. La promesse – qui demeure au stade de la campagne électorale –n'est donc pas inscrite à l'agenda politique et aucune empreinte empirique ne permet d'attester que le FN a exercé une influence à une quelconque phase du processus de fabrique des politiques publiques.

D'une manière plus large, en matière de délinquance juvénile et au-delà de la question de la majorité pénale, durant le quinquennat de Nicolas Sarkozy, est adoptée la loi du 10 août 2011[68]. Celle-ci prévoit de faire participer les citoyens au fonctionnement de la justice pénale et vise à améliorer la procédure de jugement des mineurs, en créant des tribunaux correctionnels pour mineurs. Ces tribunaux correctionnels pour mineurs – compétents pour juger des mineurs âgés de 16 à 18 ans récidivistes et ayant commis un délit puni d'une peine privative de liberté de trois ans ou plus – sont néanmoins supprimés durant le quinquennat de François Hollande, à travers la loi « de modernisation de la justice

---

[68] Loi n° °2011-939 du 10 août 2011 sur la participation des citoyens au fonctionnement de la justice pénale et le jugement des mineurs : https://www.legifrance.gouv.fr/affichTexte.do?cidTexte=JORFTEXT000024456769

du XXIᵉ siècle » portée par le Garde des Sceaux Jean-Jacques Urvoas et définitivement adoptée le 12 octobre 2016[69]. En la matière, aucune empreinte empirique de l'influence du FN n'est repérée. L'origine de la suppression des tribunaux correctionnels pour mineurs – jugés non efficaces par François Hollande –n'est pas à trouver dans un fait contextuel ou d'actualité quelconque, ni dans une pression qui aurait été exercée par un acteur politique quel qu'il soit. Il s'agissait pour François Hollande de mettre en œuvre une promesse de campagne :

> C'était un engagement du Président de la République, pendant sa campagne électorale : supprimer les tribunaux correctionnels pour mineurs. Ça ne fonctionnait pas. Il y a eu très, très peu de convoqués et… Voilà, on a mis en œuvre une promesse de campagne. (PS – entretien 54)

La promesse visant à renforcer le droit pénal à l'égard des jeunes délinquants ne se concrétise donc pas mais, en parallèle, les tribunaux correctionnels pour mineurs sont supprimés, ce qui est considéré par la droite comme étant le signe d'un plus grand laxisme dans le domaine judiciaire (LR – entretien 63). L'influence du FN n'est donc pas attestée à travers des empreintes empiriques, qu'il s'agisse de mettre en œuvre sa promesse ou d'empêcher l'adoption d'une décision allant à l'encontre de l'esprit de sa promesse.

Portée depuis de longues années par le FN et défendue par celui-ci lors de ses rencontres et à travers les médias, la question de **la responsabilité pénale parentale** est aussi évoquée par Nicolas Sarkozy en 2010. Il s'agit de rendre les parents pénalement responsables des faits de délinquance de leurs enfants, comme le vol par exemple. Rédigé par Éric Ciotti, un texte est déposé en ce sens :

> Avec toutes les chances de 'passer' dès lors qu'un tel projet est validé par l'autorité gouvernementale. Mieux : une réunion de haut niveau dans une annexe de l'Élysée […] avait garanti un tel soutien. (Ciotti, 2015 : 98)

Néanmoins, suite à une couverture médiatique jugée peu favorable au texte proposé par le député UMP des Alpes-Maritimes, le soutien apporté s'étiole :

---

[69] Loi n° 2016-1547 du 18 novembre 2016 de modernisation de la justice du XXIᵉ siècle : https://www.legifrance.gouv.fr/affichLoiPubliee.do?idDocument=JORFDOLE000030962821&type=general&legislature=14

Bon nombre de mes 'chers collègues de la majorité' se désolidarisent [...]. Le soutien de l'Élysée ? Bizarrement évanoui à l'époque. (Ciotti, 2015 : 100)

Bien qu'il s'agisse d'un texte qui, idéologiquement, est proche de la ligne défendue par le FN, il ne traduit pas tout à fait la promesse formulée par le FN qui, elle, vise à « accentuer les peines contre les élèves ou parents d'élèves coupables d'agression verbale ou physique contre un enseignant » (programme électoral du FN 2012–2017, p18). En outre, les empreintes empiriques de l'influence du FN indiquent que son influence est partagée et passive. Le FN intervient donc dans la fabrique des politiques publiques, sans toutefois exercer un rôle crucial – rôle qui est plutôt exercé par l'UMP –, par sa communication à travers les médias (sociaux).

1.3. Criminalité commise par des étrangers

Tout comme pour le cas de l'UDC suisse, des promesses portant à la fois sur la sécurité intérieure et sur l'immigration sont systématiquement formulées par le FN dans ses programmes électoraux successifs. Cela résulte de l'importance que le FN accorde à chacune de ces thématiques. En 2007 et en 2011, plusieurs promesses sont ainsi proposées en ce sens.

Les élus et cadres du FN défendent la paternité de la promesse visant à **déchoir de leur nationalité les ressortissants étrangers coupables d'un crime ou d'un délit** (*e.g.* FN – entretien 36) et, en effet, il s'agit d'une promesse classiquement défendue par le FN depuis ses origines et que l'on ne retrouve dans aucun programme électoral du PS et de l'UMP. Lors de ses meetings (comme les Estivales de Marine Le Pen, à Fréjus, les 17 et 18 septembre 2016), le FN met régulièrement en avant cette promesse et en demande l'application, tout comme il la défend à travers les médias et les réseaux sociaux. Néanmoins, seule une proposition de loi a été rédigée par les députés FN[70] durant les dix dernières années et celle-ci n'a provoqué aucune réaction. La seule suite apportée à cette proposition de loi – non inscrite à l'ordre du jour – a été le partage de l'information sur les réseaux sociaux par son auteur. Puisque le FN considère – et cela se vérifie par ailleurs empiriquement –qu'il n'est pas possible de faire adopter une proposition de loi au sein des institutions étant donné sa

---

[70] Proposition de loi n° 4011 « relative à l'acquisition de la nationalité et à deux abrogations prioritaires » déposée à l'Assemblée nationale par Gilbert Collard (FN) et Marion Maréchal-Le Pen (FN) le 31 août 2016 : http://www.assemblee-nationale.fr/14/propositions/pion4018.asp

Étude de la trajectoire des promesses électorales du Front national 187

Tableau 13 : Promesses du FN relatives à la criminalité commise par des étrangers

Promesses du FN
• **Déchéance de nationalité :** « La déchéance de nationalité pourra être prononcée par la juridiction concernée [dans le cas de naturalisation acquise depuis moins de 10 ans et] dans le cas de crime ou délit grave ayant entraîné une condamnation à plus de 6 mois de prison, non assortie d'un sursis. » – *Programme électoral du FN 2007–2012, p. 6*
• **Expulsion des délinquants et criminels étrangers et peines à l'étranger :** – « Expulser les ressortissants étrangers condamnés qui purgeront leur peine dans leur pays d'origine. » – *Programme électoral du FN 2007–2012, p. 8* – « Rétablir l'expulsion des délinquants multi récidivistes étrangers. » – *Programme électoral du FN 2007–2012, p. 6* – « Exécution dans leur pays d'origine des peines d'emprisonnement prononcées contre les étrangers grâce à des accords bilatéraux passés avec les pays dont sont originaires les ressortissants les plus représentés dans les statistiques françaises de la délinquance. Dans tous les cas, rétablissement des expulsions dans leur pays d'origine des étrangers condamnés pénalement. » – *Programme électoral du FN 2012–2017, p. 12* – « Assurer le renvoi chez eux des délinquants étrangers condamnés : des accords bilatéraux seront passés avec les pays étrangers dont les ressortissants sont les plus représentés dans les statistiques françaises de la délinquance (Afrique du Nord, Turquie, Europe de l'Est) afin que l'application de la peine s'effectue dans le pays d'origine » – *Programme électoral du FN 2012–2017, p. 16*
• « **Racisme anti-français** » **:** « Le racisme anti-Français comme motivation d'un crime ou d'un délit sera considéré comme une circonstance particulièrement aggravante et alourdira la peine encourue. » – *Programme électoral du FN 2012–2017, p. 12*

faible représentation parlementaire, le travail qu'il réalise à l'Assemblée nationale et au Sénat est volontairement réduit (FN – entretien 45). Seuls les députés FN déposent ainsi des propositions de loi (et non les sénateurs) car, dans cette arène, la probabilité que leur texte ou leur intention soit médiatisée est plus élevée et, *in fine*, leur capacité d'influence passive est potentiellement plus forte :

> Nous on n'est pas très propositions de loi, ici, parce que comme elles ne sont jamais étudiées, à un moment, on est assez pragmatique. Puis c'est moins médiatisé qu'une proposition de loi à l'Assemblée. Au Sénat euh... vous interrogez les gens dans la rue, le travail du Sénat est quand même relativement confidentiel. Comme les propositions de loi ne sont pas discutées, on n'en dépose pas forcément. (FN – entretien 45)

Au-delà des programmes électoraux, il s'agit d'une promesse électorale que l'UMP a déjà portée, par la voix de Nicolas Sarkozy lorsqu'il était Président de la République. Ainsi, le 30 juillet 2010, à Grenoble, Nicolas Sarkozy promettait d'élargir la déchéance de nationalité pour les assassins de représentants des forces de l'ordre. Voté au sein de l'Assemblée nationale[71], le projet n'était pas soutenu par la majorité du Sénat (composée d'élus UMP mais aussi de centristes) et avait finalement été retiré par le Président de la République lui-même, pour éviter l'implosion de sa majorité. Durant cette première tentative de légiférer en matière de déchéance de nationalité, c'est essentiellement la droite, via Nicolas Sarkozy, qui, dans un contexte spécifique, entend répondre à une émotion.

Après cette tentative de Nicolas Sarkozy d'aborder la question de la déchéance de la nationalité, la question a été à nouveau mise au-devant de l'agenda politique en 2015, pendant le quinquennat de François Hollande. Dans la réactivation du débat, à nouveau, l'actualité a joué un rôle majeur. C'est en effet à partir du 13 novembre 2015 – date des attentats dits « de Paris » –qu'est revenue la question au-devant de l'agenda politique. Plusieurs élus et cadres de partis, y compris du FN, reconnaissent l'importance de ce contexte (*e.g.* LR – entretien 53 ; FN – entretien 36 ; PS – entretien 43 ; PDC – entretien 59). Le Président de la République lui-même, lors d'un entretien, confie :

> Ce n'est pas tellement sur le fond, on peut être ou ne pas être d'accord avec la déchéance, moi-même je ne suis pas par principe pour la déchéance, j'ai fait ça parce qu'on était dans un contexte, et pace que ça pouvait rassembler. (François Hollande, *in* Davet & Lhomme, 2017 : 433)

Dès le dimanche 15 novembre, le Président de la République François Hollande organisait une réunion avec les différentes formations politiques pour tenter de dégager des propositions consensuelles en matière de lutte contre le terrorisme. Principalement portée par les Républicains et par le FN, la déchéance de nationalité devient alors rapidement un élément auquel le Président de la République entend accorder une place centrale dans les débats, bien qu'il ait été peu favorable à cette idée lors de la rencontre avec les dirigeants du FN :

---

[71] Projet de loi n° 2400 intitulé « projet de loi relatif à l'immigration, à l'intégration et à la nationalité » présenté par Éric Besson (UMP) et adopté à l'Assemblée nationale le 30 septembre 2010 : http://www.assemblee-nationale.fr/13/projets/pl2400.asp

Je me souviens d'ailleurs, pour l'anecdote, que lorsque François Hollande nous a reçus, avec Marine Le Pen et Florian Phillipot – on était tous les trois à l'Élysée, dans son bureau, le surlendemain des attentats du Bataclan, le dimanche soir – on a évoqué cette possibilité et il disait « oui mais non, on ne souhaite pas toucher aux dispositions actuelles du droit, qui sont assez restrictives » et, finalement, dès le lendemain, devant le Congrès de Versailles, il annonçait cette extension de la déchéance de nationalité française. (FN – entretien 65)

Nicolas Sarkozy – alors président des Républicains – est reconnu comme ayant exercé un rôle particulièrement influent lors de cette consultation (PS – entretien 43 ; PS – entretien 61 ; PS – entretien 66) :

La raison c'est qu'il y a eu un chahut tout de suite à l'Assemblée nationale. Ils se sont fait siffler, Valls, et tout ça, et donc Hollande a négocié quand ils ont eu l'idée de faire le Congrès à Versailles après le 13 novembre. Et lors des négociations il a rencontré tous les chefs de partis et il a demandé à Sarkozy « qu'est-ce que vous voulez ? ». Et l'autre a dit « il faut prendre des mesures claires : la déchéance de nationalité ». Et Hollande a dit « top là, d'accord. Bon, en échange, c'est l'union nationale et tout le monde applaudit le Président à Versailles ». Et donc après il n'a plus voulu renoncer à la promesse qu'il avait faite à Sarkozy d'introduire la déchéance de nationalité. Alors tout le monde sait bien que c'est non seulement faux, absurde, grotesque, que ce n'était pas le sujet, *etc*. Il y a eu quand même trois mois de discussions à fond là-dessus. Jusqu'à ce qu'ils renoncent. Alors là on peut dire de façon caractéristique que c'est un mot d'ordre du genre Le Pen, fasciste, raciste et nationaliste qui est repris par la droite et que la gauche fait un accord dessus au nom de l'unité nationale, contre un terrorisme que l'on qualifie, à ce moment-là, d'antinational. (PS – entretien 43)

À ce moment-là, il y a un garçon qui s'appelle Nicolas Sarkozy [...]. Et il lui tient en substance le discours suivant : « on peut se rassembler mais on ne se rassemblera pas que sur vos bases ; il faut que vous preniez un certain nombre des choses que nous vous demandons depuis déjà longtemps ». Alors il en cite un certain nombre [...] et sur la déchéance de nationalité [le Président de la République] prend. Il prend parce que ça existe déjà. C'est-à-dire qu'un binational peut, en l'état actuel du droit – mais c'était déjà le cas avant – être déchu de sa nationalité. Et il l'annonce à Versailles. Et au moment où il l'annonce on va dire que tout le monde est aussi dans l'émotion des attentats, de cette séance solennelle [...]. Tout le monde a applaudi. (PS – entretien 66)

La position des Républicains et, plus spécifiquement, de Nicolas Sarkozy face à la déchéance de nationalité se confirme à travers l'ouvrage publié en janvier 2016 (alors que le débat est encore ouvert) par Nicolas Sarkozy lui-même. Par ailleurs, François Hollande lui-même a reconnu qu'une pression de la droite s'était exercée et que le maintien de la déchéance de nationalité, dans un premier temps, était une concession faite aux Républicains, notamment afin de pouvoir constitutionnaliser l'état d'urgence :

> Je sais que la droite, pour des raisons totalement de posture, ne veut pas m'offrir une révision de la Constitution, c'est ça la dimension tactique ! Si j'avais enlevé cette disposition [l'extension de la déchéance], il était clair que la droite aurait eu un prétexte tout trouvé pour dire : 'on ne votera pas'. (François Hollande, in Davet & Lhomme, 2017 : 722)

La gauche a lancé le débat sur la déchéance de la nationalité, à travers le Président de la République, mais elle s'est néanmoins avérée rapidement divisée sur la question. Cette division se marque tant au niveau parlementaire qu'au niveau de l'exécutif. La démission de la Garde des Sceaux Christiane Taubira le 27 janvier 2016 – qui s'était exprimée clairement en opposition à cette idée – en est une illustration forte. Certains élus et cadres du PS interrogés le reconnaissent par ailleurs :

> Moi je l'ai combattu. Je l'ai combattu, en étant proche du Président de la République et en ayant été membre du gouvernement. Pour moi ce n'était pas acceptable. Pour moi c'était la remise en cause totale des valeurs que je viens d'évoquer. Je ne comprenais pas [...]. J'étais en désaccord total là-dessus, d'autant que la loi permet déjà la déchéance. (PS – entretien 48)
>
> Ça a divisé y compris chez nous. Ce n'est un secret pour personne, au regard des prises de position des uns et des autres. Moi je me suis exprimée dans la presse contre ce sujet-là. Je pense tout simplement que c'était inefficace et, en termes de valeurs, ça ne répondait pas à l'aspiration républicaine de la gauche. (PS – entretien 55)
>
> C'est la seule fois où je me suis opposé au gouvernement. Mais je l'ai fait. (PS – entretien 61)

La droite, elle, n'a également pas soutenu en bloc la proposition de modification constitutionnelle du PS. Selon certains élus de droite, il est déjà possible de déchoir un Français de sa nationalité et il ne fait pas sens de l'inscrire dans la Constitution française (LR – entretien 50). En conséquence, le projet de texte[72] est largement amendé par le parlement – surtout par le Sénat – et François Hollande retirait son projet de modification constitutionnelle le 30 mars 2016. Bien que placé au-devant de

---

[72] Projet de loi n° 3381 intitulé « projet de loi constitutionnelle de protection de la Nation » déposé par Manuel Valls (PS) le 23 décembre 2015 : http://www.assemblee-nationale.fr/14/dossiers/protection_nation.asp

l'agenda politique pendant une courte période, l'enjeu n'a donc pas pu se développer et aucune décision publique n'a pu voir le jour en la matière.

Les Républicains ont exercé un rôle crucial, à côté du Parti socialiste, dans la mise à l'agenda et la formulation de cette proposition. Néanmoins, les empreintes empiriques de l'influence du FN sont beaucoup moins nombreuses. Si ce n'est son rôle de « pression permanente » (PS – entretien 43), ou le fait qu'il joue une « musique douce pour pénétrer les esprits » (PS – entretien 48) à travers les médias et les réseaux sociaux, le FN intervient peu au sein des institutions pour réclamer la déchéance de nationalité. Plus encore, un collaborateur parlementaire FN (entretien 51) indique que si le débat avait été tenu et que la modification constitutionnelle avait été soumise au vote, le FN se serait abstenu. C'est donc dans un contexte bien spécifique et avec une volonté forte de la part d'autres acteurs politiques (Les Républicains) que le débat a pu émerger. Au niveau de la mise à l'agenda et de formulation de la solution, l'influence du FN est donc sérieusement limitée et seulement passive, en amont du processus.

En matière d'**expulsion des délinquants et criminels étrangers**, le FN considère aussi qu'il s'agit d'une proposition dont il est exclusivement à l'origine (FN – entretien 40). L'analyse des programmes électoraux suggère en effet que seul le FN a formulé cette promesse dans ses programmes successifs.

Néanmoins, l'analyse ne permet pas de déceler des empreintes empiriques permettant d'attester l'influence du FN, tant pour ce qui est de la mise à l'agenda, que la formulation de solutions ou encore l'adoption de décisions. En effet, alors qu'il est le Président de la République, Nicolas Sarkozy supprime la double peine, c'est-à-dire le renvoi automatique des étrangers criminels après avoir purgé leur peine de prison. C'est donc dans le sens inverse de celui préconisé par le FN que l'UMP se prononce et agit. Cette position de Nicolas Sarkozy résulte d'une volonté d'ouvrir sa majorité gouvernementale à des sensibilités de gauche et du centre, comme l'indique un ancien conseiller de membres des gouvernements Fillon 1, 2 et 3 (entretien 49) :

> Nicolas Sarkozy, au début du quinquennat de 2007–2012, a estimé qu'il était plus sain pour la conduite des affaires du pays d'ouvrir. Il a ouvert au centre et à la gauche, avec Kouchner, Besson, *etc*. À partir de là il faut donner quelques gages. On ne peut pas à la fois faire rentrer des gens du centre et de la gauche, et avoir une politique totalement droitière. Donc, là, typiquement, le renoncement à la double peine fait partie de ces gages qui

sont des marqueurs, clairement, pas de droite. C'était des gages donnés à l'ouverture.

La suppression de la double peine, en ce sens, est donc un gage offert par Nicolas Sarkozy à ses nouveaux partenaires. Par ailleurs, un ancien collaborateur de Nicolas Sarkozy affirme que « Nicolas Sarkozy [...] n'hésite pas à aller loin, pour montrer qu'en contrepartie de sa volonté de fermeté sur les flux migratoires, il veut être « juste » et « humain » : c'est la fin de la double peine » (Marleix : 2014 : 158). En outre, dans son ouvrage publié en 2016, Patrick Buisson – ex conseiller de Nicolas Sarkozy – indique que la suppression de la double peine était également motivée par le fait que Nicolas Sarkozy « croyait pouvoir jouer un tour à la gauche en lui dérobant ses concepts » (Buisson, 2016 : 38). Quelle que soit la motivation ayant conduit à la décision de supprimer la double peine, ce qui résulte de l'analyse est que le FN n'a pas réussi à empêcher l'adoption d'une décision inverse à ce qu'il défend. Les acteurs ayant influencé la décision de Nicolas Sarkozy sont plutôt – directement ou indirectement – des partis traditionnels du centre et de la gauche.

Enfin, **le « racisme anti-Français »** est considéré par les opposants politiques du FN comme étant un thème porté essentiellement par le FN (*e.g.* LR – entretien 53). En effet, seuls ses programmes électoraux y réfèrent. Le thème ne semble par ailleurs pas avoir été amené au cœur des débats, que ce soit de manière institutionnelle ou à travers les médias. Aucune empreinte empirique n'est décelée. Par ailleurs, au sein du FN, certains n'ont plus souvenir d'une telle promesse :

> Alors là, honnêtement, aussi, vous faites allusion à une proposition que je ne connais pas. (FN – entretien 64)

Les autres partis ne se sont pas saisis de cette question. Selon un collaborateur parlementaire LR (entretien 53) – qui regrette que les Républicains ne se soient pas saisis de la question avant le FN –c'est « la peur du politiquement incorrect » qui justifie la raison pour laquelle la droite n'a pas tenté de mettre elle-même ce sujet à l'agenda politique.

1.4. Peine de mort

Pourtant condamnée par l'article 5 de la Déclaration universelle des droits de l'Homme de 1948, la peine de mort est une promesse électorale récurrente du FN. Ainsi, tant en 2007 qu'en 2012, le FN inclut cette promesse dans son programme.

Tableau 14 : Promesse du FN relative à la peine de mort

Promesses du FN

- Peine de mort :
  – « Rétablir la peine de mort pour les crimes les plus graves. » – *Programme électoral du FN 2007–2012, p. 8*
  – « Rétablissement de la peine de mort. » – *Programme électoral du FN 2012–2017, p. 19*

Le FN est particulièrement isolé sur la question de **la peine de mort**. Aucun autre parti politique n'aborde cette question dans son programme[73]. Au sein même du FN, il s'agit d'une question qui ne fait pas l'unanimité et qui est peu mise en débat (FN – entretien 37). Un nombre important d'élus et cadres du FN interrogés avance par ailleurs que, à titre personnel, ils ne se prononcent pas en faveur d'une telle mesure. Ils reconnaissent que, comparativement à d'autres sujets, il s'agit d'un « sujet plus marginal » (FN – entretien 36), « qui n'est pas une obsession au Front national » (FN – entretien 38) et que, pour eux, « ce n'est pas le sujet prioritaire » (FN – entretien 45). Ces propos semblent corroborés par les observations participantes réalisées. Durant ses meetings, en ce compris les Estivales de Marine Le Pen[74] ou la quatrième convention présidentielle de Marine Le Pen initiée par le collectif « Banlieues patriotes »[75], la promesse du FN de rétablir la peine de mort ou d'organiser un référendum sur le rétablissement de la peine de mort n'a jamais été évoquée. Au niveau institutionnel, le FN n'est pas non plus intervenu sur ce sujet, que cela soit à l'Assemblée nationale ou au Sénat. Aucune

---

[73] Exception est faite par l'UMP qui, dans son programme de 2007, aborde brièvement la question de la peine de mort pour mettre en évidence le fait que certaines mesures adoptées par la gauche – abolissant la peine de mort, par exemple – sont soutenues et ne sont pas remises en cause par la droite.

[74] Université d'été du parti, organisée sur deux jours, du 17 au 18 septembre 2016. Lors de cet événement, un vaste ensemble de sujets a été traité, en séance plénière et/ou lors de tables rondes, comme l'immigration, la santé, la culture, l'agriculture, l'environnement, la sécurité ou l'identité.

[75] En 2016–2017, une série de conventions thématiques – portées par des collectifs créés par le Front national – sont organisées, à Paris, dans le but de remettre à Marine Le Pen un ensemble de propositions destinées à alimenter le programme du Front national et, plus spécifiquement, le programme de Marine Le Pen en vue de l'élection présidentielle de mai 2017. Le 15 novembre 2016, une convention thématique abordait la question des banlieues et de la sécurité.

empreinte empirique d'une tentative du FN d'exercer une influence sur la fabrique des politiques publiques à propos de cette question précise n'est repérée. Son influence n'est en conséquence pas avérée. Enfin, la peine de mort n'apparait plus dans le programme électoral de Marine Le Pen de 2017.

Lorsque les autres partis représentés au Parlement et au gouvernement abordent la question de la peine de mort, c'est dans le sens inverse. Depuis 2007, trois lois en lien avec la peine de mort ont été portées dans les arènes gouvernementale et parlementaire : la loi constitutionnelle du 23 février 2007 relative à l'interdiction de la peine de mort[76], la loi du 1er août 2007 autorisant la ratification du protocole n° 13 à la Convention de sauvegarde des droits de l'homme et des libertés fondamentales relatif à l'abolition de la peine de mort en toutes circonstances[77], et une proposition de loi tendant à créer une journée nationale pour l'abolition universelle de la peine de mort[78]. Dans aucun cas le FN n'a développé des actions afin d'exercer une influence concourant à éviter l'adoption de ces décisions publiques. Aucun (projet de) texte allant dans le sens du rétablissement de la peine de mort n'a vu le jour entre 2007 et 2017.

Cette absence d'empreinte empirique visant à appuyer la thèse d'une influence du FN résulte du fait que, bien qu'étant le seul parti politique à défendre cette position, le FN n'est pas unanime sur la question et est non actif sur ce débat.

1.5. Fonction publique

En matière de respect de l'autorité publique, les élus et cadres du FN revendiquent la paternité de l'ensemble des promesses (*e.g.* FN – entretien 36 ; FN – entretien 40). Ainsi, au FN, on avance que « il faut frapper,

---

[76] Loi constitutionnelle n° 2007-239 du 23 février 2007 relative à l'interdiction de la peine de mort : https://www.legifrance.gouv.fr/affichTexte.do?cidTexte=JORFTEXT000000792320&dateTexte=20070224

[77] Loi n° 2007-1165 du 1er août 2007 autorisant la ratification du protocole n° 13 à la Convention de sauvegarde des droits de l'homme et des libertés fondamentales, relatif à l'abolition de la peine de mort en toutes circonstances : https://www.legifrance.gouv.fr/affichTexte.do?cidTexte=JORFTEXT000000647969

[78] Proposition de loi n° 3596 intitulée « proposition de loi tendant à créer une journée nationale pour l'abolition universelle de la peine de mort » déposée à l'Assemblée nationale le 4 juillet 2017 : http://www.assemblee-nationale.fr/11/propositions/pion3596.asp

Tableau 15 : **Promesses du FN relatives à la fonction publique**

Promesses du FN
• **Légitime défense des policiers** :   – « Mettre fin à la suspicion qui pèse sur les forces de l'ordre lorsqu'elles font usage de la force, en créant une présomption de légitime défense. » – *Programme électoral du FN 2007-2012, p. 8*   – « Mise en place d'une présomption de légitime défense pour les forces de l'ordre concernant l'exercice de leurs fonctions sur le modèle de la gendarmerie nationale. Les policiers et gendarmes sont trop souvent injustement attaqués et dénigrés en lieu et place des auteurs de méfaits. » – *Programme électoral du FN 2012-2017, p. 19*
• **Aggravation des peines pour les personnes coupables de violence envers un représentant de l'autorité de l'État** : « Aggraver les peines pour les personnes coupables de violences verbales ou physiques contre un représentant de l'autorité de l'État et mettre en place une amende forfaitaire contraventionnelle de 1500 euros pour les outrages à agents de la force publique. » – *Programme électoral du FN 2012-2017, p. 19*

marteler, réaffirmer en tout cas la loi de la République et être systématiquement du côté de nos forces de l'ordre » (FN – entretien 39). À l'analyse des programmes électoraux, il ressort que le FN est effectivement le seul parti, en période électorale et jusque 2017, à défendre officiellement ces promesses. Dans leurs programmes successifs et respectifs, le PS n'aborde jamais cette question et l'UMP ne l'aborde que pour indiquer qu'elle entend revaloriser les fonctionnaires, en ce compris les forces de l'ordre (programme de 2007).

Même si aucune trace de la promesse ne figure dans ses programmes électoraux, l'UMP prétend avoir défendu discursivement l'idée de **la présomption de légitime défense** avant l'arrivée du FN au parlement :

> On n'a pas attendu Monsieur Collard pour poser à chaque fois qu'il le fallait la question de l'application du principe de légitime défense aux forces de l'ordre, avec la différence entre les policiers et les gendarmes, et en plus avec la différence, maintenant, qui est encore plus visible entre les policiers municipaux et les policiers nationaux. (LR – entretien 50)

Cet extrait d'entretien est corroboré par les faits. Au-delà des programmes électoraux, c'est en effet l'UMP, à travers Claude Guéant – Ministre de l'Intérieur dans le gouvernement François Fillon III (2011-2012) – qui intervient le premier sur cette question, suite à la mise en examen d'un policier ayant tué un homme armé et en fuite, le

21 avril 2012 à Noisy-le-Sec. Suite à cet événement, le syndicat *Alliance police nationale* lance notamment une pétition pour réclamer le droit à la présomption de légitime défense. La déclaration du Ministre de l'Intérieur semble ne pas avoir été motivée par une pression quelconque exercée par le FN mais par le contexte d'alors, ainsi que par le rôle du syndicat *Alliance police nationale*.

Depuis l'accession du FN au parlement, au niveau institutionnel, le FN a notamment défendu l'idée de mettre en place une présomption de légitime défense pour les forces de l'ordre dans l'exercice de leurs fonctions à travers le député Gilbert Collard qui, en 2015, déposait deux propositions de loi en ce sens[79]. Celles-ci n'ont cependant pas été inscrites à l'ordre du jour et aucun débat n'a pu en découler. Des entretiens, il ressort que c'est suite au rôle exercé par les syndicats de police ainsi que par des professionnels du milieu que ces propositions ont été formulées par le FN. Le rôle du FN – bien que ne provoquant aucune nouvelle séquence dans le mécanisme causal – est donc parallèle à celui des autres partis. Il répond à une demande formulée dans un contexte spécifique :

> Il y a des individus, des agents qui viennent en leur nom propre et qui nous disent exactement la même chose que les syndicats. Nous, on ne regarde pas l'étiquette du syndicat. On écoute les professionnels qui parlent. Et quand on a entendu les choses une fois, deux fois, trois fois, quand on nous a raconté mille et une situations extraordinaires, aberrantes, on se dit qu'il faut absolument agir là-dessus [...]. Nous on est influencé simplement par ce que vivent les gens, quoi [...]. Donc les gens nous font part de leur remontée d'expérience et nous, derrière, on analyse, fait des propositions qui vont dans le bon sens. (FN – entretien 54)

À côté de cette participation institutionnelle, le FN intervient également sur le terrain en participant directement à des manifestations de policiers [organisées en octobre et novembre 2016 et lors desquelles la présomption de légitime défense est une revendication forte].

---

[79] Proposition de loi n° 2639 intitulée « Présomption de légitime défense dans le cas d'un usage légal de la force armée » déposée à l'Assemblée nationale le 18 mars 2015 par Gilbert Collard (FN) : http://www2.assemblee-nationale.fr/documents/notice/14/propositions/pion2639/(index)/propositions-loi; Proposition de loi n° 3028 intitulée « Précision de la notion de légitime défense » déposée à l'Assemblée nationale le 23 juillet 2015 par Gilbert Collard (FN) : http://www2.assemblee-nationale.fr/documents/notice/14/propositions/pion3028/(index)/propositions-loi

C'est en 2016, avec la loi du 3 juin 2016[80] que la question de la légitime défense des policiers revient au-devant de la scène politique, à travers la question du périple meurtrier. Il est ainsi prévu que les forces de l'ordre faisant usage de leur arme en vue d'empêcher la potentielle réitération d'un meurtre qui vient d'être commis ne sont pas pénalement responsables de leur acte. Si, en 2012, c'était un gouvernement de droite ainsi qu'un syndicat de police – réputé proche de la droite[81] – qui se saisissaient de l'enjeu, c'est le gouvernement socialiste dirigé par Manuel Valls qui s'en saisit au printemps 2016, puis le gouvernement socialiste dirigé par Bernard Cazeneuve. Cette situation s'explique essentiellement par le contexte d'alors :

> Objectivement, dans la question du périple meurtrier, il y avait une question d'engagement du feu qui a nécessité une sécurité juridique, et on a octroyé cette sécurité juridique dans le cadre de la loi du 3 juin qui portait sur la criminalité organisée et le terrorisme. Donc voilà, on a apporté la sécurité juridique qui était nécessaire sur l'usage des armes, puisqu'on avait eu une agression dans le 18e arrondissement, on avait eu une multiplication des attentats de masse, et donc la volonté d'apporter – je le répète – cette sécurité juridique à l'engagement du feu par un policier ou un gendarme qui ne serait pas directement menacé mais qui serait contraint d'ouvrir le feu pour empêcher la poursuite d'un périple meurtrier. (PS – entretien 54)

En 2016, une décision publique en la matière est donc adoptée[82], sous l'impulsion du Gouvernement Valls II. Bien que le FN était le seul parti à formuler une promesse en la matière dans son programme électoral de 2012, d'autres acteurs politiques sont intervenus dans le processus de fabrique des politiques publiques. L'influence du FN est donc partagée. Elle est aussi passive en ce sens que le FN intervient à travers les institutions et au-delà de celles-ci, mais sans que cela ne suffise pour créer un débat autour de sa proposition, pour imposer cette dernière ou pour la faire adopter.

---

[80] Loi n° 2016-731 du 3 juin 2016 renforçant la lutte contre le crime organisé, le terrorisme et leur financement, et améliorant l'efficacité et les garanties de la procédure pénale : https://www.legifrance.gouv.fr/affichTexte.do?cidTexte=JORFTEXT000032627231&categorieLien=id

[81] Son dirigeant – Mr. Lepage – étant également député Républicain

[82] Loi n° 2016-731 du 3 juin 2016 renforçant la lutte contre le crime organisé, le terrorisme et leur financement, et améliorant l'efficacité et les garanties de la procédure pénale : https://www.legifrance.gouv.fr/affichTexte.do?cidTexte=JORFTEXT000032627231&categorieLien=id

Malgré l'adoption de cette décision le 3 juin 2016, plusieurs acteurs se montrent insatisfaits et souhaitent la développer davantage, par un « engagement du feu simplifié ». Portées par des députés Républicains, ces propositions trouvent leur origine, à nouveau, au sein de syndicats – dont le syndicat *Alliance police nationale* – et dans un contexte marqué par d'importantes manifestations de policiers à travers la France, notamment suite à l'agression violente de policiers à Viry-Châtillon, le 8 octobre 2016. Les médias – relayant de façon importante cet événement – ont par ailleurs exercé un rôle permettant d'intensifier la saillance de l'enjeu. Cet événement spécifique peut être qualifié de moment de tension, au sens où l'entendent Almond et Verba (1963 : 140) ; cette tension permettant de stimuler la réaction politique. Le gouvernement dépose un projet de loi[83] en procédure accélérée le 21 décembre 2016, et celui-ci est débattu au Sénat puis à l'Assemblée nationale en janvier et février 2017. Durant ces débats, l'attaque de Viry-Châtillon est régulièrement évoquée (par exemple par Thierry Benoit, en séance plénière à l'Assemblée nationale, le 7 février 2017). Néanmoins, le vote final conduit à l'adoption d'un texte[84] qui ne va pas dans le sens souhaité par le FN (instauration d'une présomption de légitime défense pour les forces de l'ordre). Plutôt, comme l'indique un député PS (entretien 66), il s'agit d'un texte qui permet de mettre par écrit des dispositions déjà en vigueur dans les faits, à travers la jurisprudence, et de créer un cadre unique pour les forces de l'ordre. Lors de cette nouvelle phase dans le développement du débat sur la doctrine de l'emploi des armes des agents de l'État, le FN ne semble pas être intervenu :

> Le débat actuel est à l'ordre du jour parce qu'on a le contexte qu'on a. (LR – entretien 53)
>
> À l'occasion de l'attaque dans l'Essonne – à Viry-Châtillon – au cocktail molotov contre une patrouille de police [...] cette question est revenue sur le devant de la scène. (PS – entretien 56)
>
> C'est un débat qui a été soulevé, surtout, par l'actualité. Par l'actualité et par les médias qui, aussi, ont leur rôle de lanceur d'alertes et de lanceur de débats. (LR – entretien 60)

---

[83] Projet de loi n°263 (2016–2017) déposé par Bruno Le Roux (PS) et Jean-Jacques Urvoas (PS) le 21 décembre 2016 à l'Assemblée nationale et au Sénat : http://discours.vie-publique.fr/notices/166003737.html

[84] Loi 2017-258 du 28 février 2017 relative à la sécurité publique : https://www.legifrance.gouv.fr/eli/loi/2017/2/28/INTX1634434L/jo/texte

Ça a été un débat qui a été surtout porté – pour tout vous dire – par la droite, et sur lequel le gouvernement n'avait pas souhaité donner suite pour des questions juridiques, et sur lequel le gouvernement a évolué suite au mouvement des policiers de l'automne dernier [...]. J'ai senti un véritable rôle des organisations syndicales. (PS – entretien 61)

Les empreintes empiriques du FN sont à nouveau peu nombreuses dans la suite du processus. Sur le plan institutionnel, aucune intervention n'a été formulée par le FN sur ce sujet durant l'automne 2016, c'est-à-dire lors du pic d'attention accordé à cette question. Lors de l'examen du projet de loi relatif à la sécurité publique (du 21 décembre 2016), aucun amendement n'est par ailleurs déposé à l'Assemblée nationale ou au Sénat par le FN. Il se contente de voter en faveur du texte, avec les Socialistes et les Républicains. Sur le plan médiatique, toutefois, le FN a souhaité manifester son soutien en faveur des forces de l'ordre, que ce soit discursivement (comme lors de la quatrième convention thématique de Marine Le Pen, à Paris, le 15 novembre 2016) ou que ce soit en se rendant à des manifestations organisées par les policiers. C'est par exemple le cas en région PACA, Bretagne ou encore Ile de France :

> Par exemple Marion Maréchal Le Pen était là ces jours derniers. Elle animait un repas militant au Pontet et puis une heure avant que ça ne commence [elle] a eu l'information qu'il y avait une manifestation de policiers à Avignon. Nuit debout des policiers, là. [...] Elle a quitté le repas à l'heure dite pour aller retrouver les policiers. C'est de la proximité, c'est de l'écoute, c'est de l'attention à toutes ces catégories socio-professionnelles qui sont en souffrance et qui sont en attente de solutions, qui ont le sentiment terrible de ne pas être entendu – c'est une chose – mais, en plus, d'être pris pour des cons. Donc ils voient qu'on est là, que nous on propose des solutions – que les uns et les autres reprennent à chaque élection. (FN – entretien 42)

> Dans un climat de violences où les casseurs d'extrême-gauche font la loi dans les centres des grandes villes bretonnes, les policiers attaqués dans les médias, insultés par la CGT et désarmés par un pouvoir de gauche qui refuse d'établir l'ordre républicain sont excédés. Ils ont organisé devant l'hôtel de Police de Rennes une manifestation pour dénoncer la « violence anti-flic ». Les élus régionaux du Front national furent les seuls à être présents à leurs côtés afin de leur témoigner sympathie et soutien. (Extrait de la Lettre du groupe Front national au Conseil régional de Bretagne, n° 3, p8)

> D'abord on a eu beaucoup de contacts avec les organisateurs. Ensuite on a été présent à la manifestation qui a eu lieu à la Place de la Concorde. Nous y étions. Avec un certain nombre de parlementaires nationaux européens. Moi j'y étais avec Marion et Gilbert. Et nos élus locaux – parce qu'on en a maintenant beaucoup – ont été partout aux côtés des policiers. Souvent ils

étaient assez visibles. Ils étaient là avec leurs écharpes, les élus municipaux et régionaux, aux côtés des policiers. (FN – entretien 65)

Durant cette nouvelle étape dans le développement législatif de la question étudiée, le rôle du FN se limite donc à la phase de mise à l'agenda et de formulation de solutions. Néanmoins, son influence est à nouveau partagée et passive. Elle s'exerce aussi dans un contexte spécifique, marqué par des violences à l'égard de forces de police. Par ailleurs, si la légitime défense des policiers est débattue, il ne s'agit pas de décider de l'instauration d'une présomption de légitime défense. La question au cœur des débats est essentiellement celle de l'alignement du régime des policiers à celui des gendarmes pour ce qui concerne l'usage des armes. L'influence exercée n'est donc que partiellement congruente.

En somme, outre un contexte favorable à la concrétisation de la promesse, comme le reconnaissent l'ensemble des autres acteurs politiques interrogés, ce sont essentiellement les syndicats de policiers qui ont contribué à la mise à l'agenda de cette question ; en attestent les nombreux courriers qu'ils ont adressés aux parlementaires durant l'automne 2016 (lettres ouvertes, propositions de questions écrites au gouvernement, propositions et projets de lois). Un député PS (entretien 66) avance ainsi que :

> La montée en pression des attentes des policiers ont rendu la chose davantage prégnante qu'elle ne pouvait l'apparaître à certains députés de la majorité de gauche avant.

Des élus et cadres du FN reconnaissent que si l'idée existait déjà auparavant au sein du parti, la formalisation de l'idée à travers deux propositions de loi répond à un contexte spécifique et à une demande de la part d'officiers et de syndicats de policiers (FN – entretien 64). L'intention même des élus du FN présents aux manifestations de policiers était par ailleurs davantage de montrer une marque de soutien à l'égard des policiers que de tenter d'influencer les revendications et/ou les décisions, comme l'indique un cadre et élu du FN (entretien 65). Au niveau des autres partis politiques, ce sont les Républicains qui semblent avoir été les plus réceptifs aux doléances des syndicats et qui ont amené cet enjeu au cœur de l'agenda institutionnel ; comme l'indiquent leurs nombreuses interventions parlementaires. Ce sont enfin les socialistes qui ont proposé de débattre plus en profondeur sur la question de la légitime défense des policiers, en décembre 2016 – janvier 2017.

Pour ce qui est de **l'aggravation des peines pour les personnes coupables de violence envers un représentant de l'autorité de l'État**,

Tableau 16: *Promesse du FN en matière de lutte anti-drogue*

Promesses du FN
• **Lutte anti-drogue :** « Lutter contre la drogue et les dealers. Il faut refuser toute dépénalisation des drogues et accentuer la répression contre les trafiquants mais aussi contre les consommateurs. » – *Programme électoral du FN 2012–2017, p. 19*

aucune mesure particulière n'a été débattue ou adoptée. Un collaborateur parlementaire FN (entretien 64) avance même que :

> Très franchement, cette proposition, je la découvre un peu. Comme proposition concrète. Je ne savais pas que ça figurait dans un des programmes.

Les partis traditionnels (PS et LR) considèrent par ailleurs que les lois pénales existantes sont suffisantes et qu'il n'est pas nécessaire d'aller audelà. Dès lors, aucune empreinte empirique de l'intervention du FN au sein du processus de fabrique des politiques publiques ne peut être repérée.

1.6. Lutte anti-drogue

Une seule promesse est formulée par le FN en matière de lutte anti-drogue, dans son programme électoral de 2012. Celle-ci vise à renforcer les sanctions à l'égard des trafiquants mais aussi des consommateurs de drogues.

Bien qu'il s'agisse d'un sujet régulièrement invité au centre des débats publics, en 2007 et 2012, la question de **la lutte anti-drogue** ne fait pas partie des programmes électoraux de l'UMP et du PS. Seul le PS aborde la question des drogues en 2007 mais davantage sous l'angle « santé publique », en proposant de développer une politique de soins spécifiques.

Par ailleurs, François Hollande a amené la thématique au centre des débats durant son quinquennat, à travers la Loi de santé, portée par la Ministre Marisol Touraine[85]. À travers cette loi, l'expérimentation de salles de consommation de drogue à moindre risque – dites « salles de shoot » – était autorisée. La Loi de santé ayant été définitivement adoptée le 17 décembre 2015 et promulguée le 26 janvier 2016, la première salle a été inaugurée le 11 octobre 2016, à Paris. Malgré leur forte opposition à

---

[85] Loi n° 2016-41 du 26 janvier 2016 « de modernisation de notre système de santé » : https://www.legifrance.gouv.fr/affichLoiPubliee.do?idDocument=JORFDOLE000029589477&type=general&legislature=14

cette loi et à sa mise en œuvre, tant les Républicains que le FN n'ont pu empêcher la mise à l'agenda de la thématique, la formulation de la solution ainsi que la prise de décision. Des cadres et élus du FN reconnaissent le manque d'influence du FN durant tout le processus de fabrique des politiques publiques (*e.g.* FN – entretien 51).

La question des salles dites de shoot est le seul dossier relatif aux drogues ayant été débattu et porté à l'agenda public entre 2007 et 2017 et l'analyse empirique ne permet pas de situer le FN au sein du mécanisme causal. Son influence n'est donc pas avérée sur cette promesse En outre, le FN n'a pas réussi (et aucune empreinte empirique ne montre qu'il a tenté de le faire) à éviter l'adoption de la décision permettant l'expérimentation de salles de consommation de drogues.

2. Qualifier l'influence du FN sur la fabrique des politiques publiques

13 promesses portant sur la sécurité intérieure ont été repérées dans les programmes électoraux du FN de 2007–2012 et de 2012–2017. La trajectoire de chacune d'elles a été analysée et l'influence du FN questionnée lorsque celles-ci ont trouvé à se développer. Cette section revient sur les promesses électorales analysées empiriquement et tente de dresser un bilan de l'influence exercée par le FN.

2.1. L'influence du Front national : typologie

L'analyse met en lumière le fait que le FN est un parti qui influence la fabrique des politiques publiques dans le secteur de la sécurité intérieure (*cf.* tableau 17). Cette influence ne s'exerce toutefois que dans certains dossiers : le droit des sanctions, la délinquance juvénile, la criminalité commise par des étrangers et la fonction publique. Concrètement, cela signifie que le FN intervient au sein du processus à travers une action ou des actions, provoquant alors une nouvelle séquence en direction de la traduction de la promesse en décision publique. Aucune empreinte empirique d'influence n'est repérée dans les deux autres dossiers (peine de mort et lutte anti-drogue).

Tout comme pour le cas de l'UDC, la structure et le périmètre de l'influence sont variables. Une influence est ainsi exercée par le FN au regard de 5 promesses (sur 13) lors des deux premières phases de la fabrique des politiques publiques, mais jamais lors de la dernière phase.

Contrairement à l'UDC, l'influence est ici similaire lors des phases de mise à l'agenda et de formulation de solutions. Cela s'explique par la manière avec laquelle l'influence s'exerce.

Tableau 17: Nombre de promesses pour lesquelles des empreintes de l'influence du FN sont repérées

Mise à l'agenda	Formulation de solutions	Adoption de décisions
Empreintes empiriques d'influence : 5	Empreintes empiriques d'influence : 5	Empreintes empiriques d'influence : 0
Pas d'empreinte empirique d'influence : 8	Pas d'empreinte empirique d'influence : 8	Pas d'empreinte empirique d'influence : 13

La typologie développée permet ensuite de réduire la complexité caractérisant l'influence exercée par le FN sur la fabrique des politiques publiques (cf. tableau 18). L'influence du FN est tout d'abord systématiquement partagée, ce qui signifie que le FN ne parvient pas à exercer une influence au regard de ses promesses électorales si celles-ci ne sont pas aussi défendues, au moins partiellement, par d'autres acteurs politiques. Ces autres acteurs sont généralement des membres de l'exécutif ou des parlementaires des partis traditionnels (généralement UMP/LR), des syndicats ou des acteurs de terrain (magistrats, par exemple).

Ensuite, et à l'opposé des résultats de l'analyse menée pour le cas de l'UDC, l'influence est systématiquement passive. Cela signifie que le FN n'est jamais l'acteur qui provoque la dernière séquence d'une phase du processus de fabrique des politiques publiques. Concrètement, il ne provoque jamais par lui-même l'ouverture d'un débat autour d'une de ses promesses (mise à l'agenda) et n'impose jamais lui-même directement ses propositions (formulation de solutions). Au contraire, il contribue – davantage en amont du processus – à ouvrir un débat et à imposer ses propositions, sans toutefois être l'acteur crucial de ce processus.

L'influence du FN est par ailleurs systématiquement discontinue. Cela s'explique par le fait que son influence est passive : ne pouvant provoquer lui-même l'ultime séquence d'une phase du processus afin de développer ses promesses, le FN multiplie les tentatives d'influence, à travers la voie extra-parlementaire. En effet, lorsque le FN recourt à la voie parlementaire (à l'Assemblée nationale et jamais au Sénat) au regard de certaines promesses, ses interventions ne sont jamais suivies d'effets au sein du Parlement. Les conséquences qu'elles comportent sont donc indirectes puisque sont généralement liées à la médiatisation qui est faite de ces interventions – soit par eux-mêmes via les réseaux sociaux, soit par les médias plus traditionnels.

Ensuite, l'influence du FN est presqu'à chaque fois (à l'exception près de la déchéance de nationalité) seulement partiellement congruente. Les séquences que le FN provoque ou contribue à provoquer traduisent donc seulement partiellement les promesses électorales qu'il formule. Par exemple, la remise en cause de la remise de peine automatique a bien lieu, mais seulement dans les cas de terrorisme (alors que la promesse du FN avait une visée générale).

Enfin, l'influence que le FN exerce est traditionnellement « sous tension » (à une exception près, dans le cas de la responsabilité pénale parentale). Des périodes de tension telles que des agressions de policiers, des attentats terroristes ou des faits divers particulièrement médiatisés caractérisent les périodes durant lesquelles le FN parvient à exercer une influence. C'est donc aidé par des tensions spécifiques que le FN est influent.

Tableau 18 : **Nombre de promesses pour lesquelles différents types d'influence sont repérés**

Mise à l'agenda	*Formulation de solutions*	*Adoption de décisions*
Influence partagée : 5	Influence partagée : 5	Influence partagée : 0
Influence exclusive : 0	Influence exclusive : 0	Influence exclusive : 0
NA : 8	NA : 8	NA : 13
Influence active : 0	Influence active : 0	Influence active : 0
Influence passive : 5	Influence passive : 5	Influence passive : 0
NA : 8	NA : 8	NA : 13
Influence discontinue : 5	Influence discontinue : 5	Influence discontinue : 0
Influence continue : 0	Influence continue : 0	Influence continue : 0
NA : 8	NA : 8	NA : 13
Influence congruente : 1	Influence congruente : 1	Influence congruente : 0
Influence partiellement congruente : 4	Influence partiellement congruente : 4	Influence partiellement congruente : 0
NA : 8	NA : 8	NA : 13
Influence institutionnelle : 0	Influence institutionnelle : 0	Influence institutionnelle : 0
Influence extra-institutionnelle : 5	Influence extra-institutionnelle : 5	Influence extra-institutionnelle : 0
NA : 8	NA : 8	NA : 13
Influence sans tension : 1	Influence sans tension : 1	Influence sans tension : 0
Influence sous tension : 4	Influence sous tension : 4	Influence sous tension : 0
NA : 8	NA : 8	NA : 13

2.2. Théorisation de l'influence du Front national : quel mode opératoire ?

2.2.1. La voie parlementaire

Le FN est particulièrement actif au sein du Parlement – et surtout au sein de l'Assemblée nationale – afin de porter ses promesses auprès de ses collègues et de tenter de les traduire en décisions publiques. Le recours à la voie parlementaire est ainsi la voie prioritaire choisie par le FN dans sa tentative d'influence. L'analyse a en effet permis de recenser un ensemble d'objets parlementaires (propositions de lois, questions orales ou écrites, *etc.*) rédigés par le FN et liés à ses promesses. Ceux-ci prennent la forme de textes soumis au parlement en vue de provoquer un débat.

Toutefois, alors que l'UDC suisse bénéficie d'un accès privilégié aux outils parlementaires étant donné son poids au sein du Conseil national, le FN a un rapport différent à leur égard. En effet, le FN dispose d'un nombre d'élus très réduit au sein des assemblées législatives nationales durant la période investiguée et ne dispose pas de groupe parlementaire. En conséquence, le FN ne peut convoquer une session extraordinaire visant à débattre d'un enjeu spécifique et ne peut recourir à la menace de ne pas voter en faveur d'un texte. Par ailleurs, aucun représentant du FN ne siège à la conférence des présidents au sein de ces assemblées législatives et les textes déposés par des élus FN au parlement ne sont jamais inscrits à l'ordre du jour. Cela s'explique par le fait qu'aucun parti traditionnel (comme l'UMP/LR et le PS, par exemple) ne cosigne ou ne soutient un texte déposé par un ou des élus FN. Les propositions du FN sont donc isolées ; cet isolement résultant d'un principe stratégique mais aussi idéologique adopté par les cadres et élus des partis traditionnels à l'égard du FN :

> Une personne présente une idée. On dit 'ah oui, on est d'accord avec vous', 'ah oui mais comme vous êtes du Front national euh...'. (FN – entretien 45)
>
> Cosigner, non. Je ne crois pas. En tout cas, pour notre part, on n'a jamais cosigné quoi que ce soit avec le Front national [...]. Par principe parce qu'on essaie déjà de marquer une différence, et également parce que la situation ne s'est jamais posée. La question ne s'est jamais posée. On n'a d'ailleurs jamais été sollicité par le Front national, par les quelques députés frontistes qui sont à l'Assemblée. (LR – entretien 53)

Le FN n'a par ailleurs jamais exercé de responsabilités au sein du bureau de l'Assemblée nationale, du Sénat, ou d'une commission

Tableau 19 : Le FN au parlement : influence

	Mise à l'agenda	Formulation de solutions	Adoption de décisions
Dépôt d'objets parlementaires	–	–	–
Recours à la menace d'un vote négatif	–	–	–
Convocation d'une session extraordinaire	–	–	–
Postes au sein du Parlement	–	–	–

Légende : les phases durant lesquelles une influence s'exerce sont marquées par « + » et les phases durant lesquelles elles ne s'exerce pas par « – »

parlementaire. Il n'a donc jamais été en mesure d'accélérer lui-même et directement le traitement d'un dossier lui étant favorable, et inversement. Ce n'est donc pas par l'approche élitiste (Mills, 1956) que l'influence du FN est à repérer.

En conséquence de son éloignement du pouvoir exécutif et de sa difficulté à exercer une influence à travers la voie parlementaire, le FN ne parvient pas à exercer une influence exclusive et active. Comme l'indique clairement le tableau 19, la voie parlementaire ne permet donc pas en soi au FN d'exercer une influence sur la fabrique des politiques publiques. Néanmoins, le FN se saisit des interventions parlementaires de ses élus pour communiquer en interne (universités d'été, conventions présidentielles ou autres meetings[86] ainsi que courrier à ses membres) mais aussi de manière plus large, notamment à travers les médias (sociaux).

2.2.2. Un style de communication atypique

Afin de faire connaitre ses promesses électorales et afin de tenter de les concrétiser, le FN communique autour de celles-ci à travers différents canaux. Tout d'abord, il imprime et distribue des tracts, affiches et magazines autour de thématiques spécifiques. Ces documents peuvent être produits par le niveau national mais aussi par le niveau régional (avec un magazine nommé « Mistral » en région PACA ou « Bretagne Bleu Marine » en Bretagne, par exemple). Cela lui permet de mieux souligner

---

[86] *Cf.* chapitre 4 pour une liste exhaustive des observations participantes réalisées.

les problèmes qu'il considère comme importants, de désigner des responsables et de faire connaître ses propositions. C'est notamment le cas en matière de sécurité intérieure, où le FN essaie d'exercer une pression à travers ce canal :

> Il y a la pression [...] qu'exerce le Front national [...] par ses discours qui consistent à mettre le doigt sur les problèmes, à stigmatiser la classe politique et, en particulier, les partis qui se sont succédé au pouvoir et qui n'ont pas su, pas pu, pas voulu les résoudre. (FN – entretien 44)

Ensuite, le FN prend activement part à des manifestations –qu'il organise (comme la fête du 1er mai) ou qui sont organisées par la société civile (comme les manifestations de policiers) – afin de rappeler ses propositions et montrer son soutien à certains secteurs :

> C'est un thème qui est récurrent dans notre discours, la sécurité intérieure. On l'a vu à l'occasion des attentats, en particulier. Là, les manifestations de policiers, *etc*. On a également communiqué là-dessus. (FN – entretien 42)
>
> Moi j'ai été à plusieurs reprises à Rennes dans les manifestations de ces policiers que l'on connait bien et qui savent aussi que nous sommes de leur côté. Et pas seulement au niveau de la légitime défense. (FN – entretien 57)

Enfin, le FN recourt également aux médias. Néanmoins, une distinction est à opérer entre les médias traditionnels (presse écrite, télévision, radio) et les médias sociaux (Twitter et Facebook, par exemple) en ce sens que le FN perçoit les premiers comme ne permettant pas de diffuser leurs messages objectivement et de façon impartiale :

> Il y a le problème des médias. C'est vrai que, notamment pendant la campagne régionale, on a vu le comportement de la presse, de la Voix du Nord, qui s'est engagée officiellement contre Marine Le Pen. On le voit encore avec Libération, qui a constitué une cellule de surveillance du Front national. Ça n'existe pour aucun autre parti que nous. [...] Le traitement reste absolument biaisé. (FN – entretien 37)
>
> Quand le quotidien de référence refuse de publier une tribune de Marine Le Pen... Quoi qu'on en pense, c'est quand même un des grands responsables politiques actuels et elle aura au moins 25 %, voire 30 % de votes sur sa voix. Ça pose question sur l'indépendance des médias. (FN – entretien 45)

En conséquence de cette perception du rôle exercé par les médias traditionnels à leur égard, les cadres et élus du FN recourent intensément aux médias sociaux (Albertini & Doucet, 2016). Selon eux, cela permet de partager plus aisément leurs propositions et argumentaires avec les citoyens. La communication est alors plus directe puisque les médias sociaux permettent une diffusion d'information non médiée et des échanges avec les internautes :

> Le Front national a, très tôt, misé sur les réseaux sociaux parce qu'il trouvait que c'était un beau moyen, en tout cas, de faire vivre la démocratie, la démocratie participative puisqu'on est capable [...] de faire remonter des choix et même, finalement, de démonter des articles complètement caricaturaux de certains médias. (FN – entretien 39)

Bien que ces différents canaux de communication soient propres aux partis politiques d'une manière générale et à leur manière d'organiser leurs activités militantes, le FN se distingue en ce sens qu'il perçoit une difficulté à communiquer à travers les médias traditionnels et qu'il fait face à des freins qui lui sont spécifiques de la part des autres partis politiques. Dès lors, que ce soit à travers les médias traditionnels ou les médias sociaux, le FN développe un style de communication censé lui permettre de faire percoler ses messages auprès des citoyens et ce style est distinct de celui adopté par les partis traditionnels. Il se caractérise ainsi par une manière de s'exprimer qui rompt avec le politiquement correct et qui se veut provocateur :

> Et la provocation verbale avait pour lui un bel avantage. D'une part ça faisait parler de lui [Jean-Marie Le Pen], et il aimait bien qu'on parle de lui. D'autre part, effectivement, ça créait un processus de diabolisation qui avait comme avantage, dans un premier temps en tout cas, de resserrer le parti autour de lui sur le thème de la victimisation. (FN – entretien 47)

Ce style de communication atypique – reconnu par les interrogés et repéré à travers les observations directes (comme lors des Estivales de Marine Le Pen de 2016 à Fréjus, par exemple) – est par ailleurs une constante dans les discours du FN, comme l'a déjà démontré la littérature en science politique mais aussi en linguistique (Biard, 2015 ; Alduy & Wahnich, 2015). D'une manière plus générale, ce style est caractéristique des partis populistes, de droite radicale mais aussi de gauche radicale (Taggart, 2000). Pour le FN, il constitue une manière d'exercer une influence – bien que non active –, à travers les citoyens.

2.2.3. Synthèse

Bien que les interventions parlementaires du FN ne soient jamais suivies d'effets, elles sont systématiquement relayées par le FN lui-même via les médias traditionnels et les médias sociaux, notamment à travers un style de communication atypique. La visibilité portant sur les promesses défendues par le FN est donc accrue en conséquence de cette communication. C'est principalement à travers ces deux biais que le FN parvient à exercer une influence. Puisqu'il ne parvient pas à exercer une influence exclusive et active, c'est à travers les citoyens et le soutien populaire tel qu'il peut être perçu que le FN tente d'exercer une influence sur la fabrique des politiques publiques. L'objectif assumé (lors des entretiens) du FN est alors d'obtenir un large soutien des citoyens pour exercer une pression sur les autres partis et, *in fine*, concrétiser ses promesses électorales. Néanmoins, l'influence du FN est essentiellement une influence sous tension, ce qui signifie que c'est uniquement quand le contexte s'y prête –c'est-à-dire quand un fait d'actualité est particulièrement médiatisé et qu'il provoque une réaction de la part des citoyens (c'est le cas lors de l'agression de policiers ou lors d'attentats terroristes, par exemple) – que le FN a l'opportunité d'exercer véritablement une influence. Lors de cette période de tension, la communication du FN s'intensifie alors – toujours dans un style lui permettant de se démarquer de ses adversaires politiques et d'être écouté. Plus spécifiquement, il répète ses promesses et ses argumentaires et rappelle qu'il les défend depuis plusieurs années, à travers les médias mais aussi en prenant part à des manifestations (par exemple les manifestations de policiers). Une narration est ainsi construite par le FN, dans un contexte propice à la concrétisation de ses promesses.

Lors des entretiens réalisés, il ressort que, dans des contextes spécifiques, une demande des citoyens allant dans le sens des promesses formulées par le FN est perçue par les cadres et élus des partis traditionnels. Celle-ci n'est pas nécessairement avérée, mais elle est en tout cas perçue comme telle. En conséquence, les partis traditionnels y répondent et la promesse est alors mise à l'agenda puis formulée –presqu'à chaque fois seulement partiellement – par des partis traditionnels. Le rôle exercé par les acteurs de la société civile (par exemple des syndicats de policiers) et les partis de droite est important lors de ces deux phases du processus puisque ce sont leurs propres interventions qui concrétisent la réalisation de phases de ce même processus. Concrètement, cela signifie que la mise à l'agenda et la formulation de solutions ne peut avoir lieu en l'absence de ces acteurs. Cette réaction est tantôt motivée par des raisons électorales, tantôt par des raisons pragmatiques, tantôt parce qu'il s'agit d'une fenêtre d'opportunité pour les partis traditionnels. Électoralement, un parti traditionnel peut considérer que répondre à cette demande – réelle ou non – leur permettra d'accroître leurs scores électoraux, notamment au détriment du FN. Pragmatiquement, certains élus peuvent considérer que la promesse n'est pas à écarter et qu'elle serait même judicieuse. Enfin, certains peuvent souhaiter la concrétisation d'une promesse sans pour autant parvenir à le faire, généralement de crainte d'être associé à l'image du FN et, en conséquence, d'en subir une sanction électorale. Le développement du contexte peut, à ce moment, constituer une fenêtre d'opportunité idéale pour ces partis.

Lorsque ce sont des gouvernements de gauche qui contribuent à la mise à l'agenda et à la formulation de solutions similaires à celles du FN, c'est généralement suite à une négociation avec les partis de droite et/ou les acteurs de la société civile, ou suite à l'audition d'acteurs de terrain, issus de la société civile. C'est donc bien de façon passive, diffuse même, que l'influence du FN s'exerce, en amont du processus de fabrique des politiques publiques.

Le mécanisme causal représenté par la figure 5 permet d'illustrer la manière avec laquelle le FN intervient dans le processus lorsque ses promesses électorales deviennent des décisions. Il illustre notamment le fait que le FN est le premier acteur à tenter de mettre en œuvre ses propres promesses mais que ce sont d'autres acteurs qui, en aval du processus, agissent pour les faire adopter – au moins partiellement.

2.2.4. Freins à l'influence du Front national

L'influence du FN se retrouve limitée par plusieurs freins, qui s'imposent à lui tout au long du processus de fabrique des politiques publiques. Tout d'abord, le système politique français est caractérisé par un mode de scrutin majoritaire pour l'élection des parlementaires. Comme le reconnait la littérature, ce mode de scrutin ne favorise pas les partis de niche comme le FN puisqu'il amplifie la victoire des partis les plus importants, au détriment des partis qui obtiennent un nombre de suffrages moins important (Ehrhard, 2016). En conséquence, le FN peine à obtenir des sièges au sein du Parlement et ne parvient pas à exercer une influence à travers l'arène parlementaire – que ce soit à travers le dépôt d'objets parlementaires ou différemment, comme par l'occupation de certains postes clés au sein du Parlement. Le système politique français contribue donc lui-même à réduire considérablement la capacité d'influence du FN sur la fabrique des politiques publiques.

Qualifier l'influence du FN sur la fabrique des politiques publiques 211

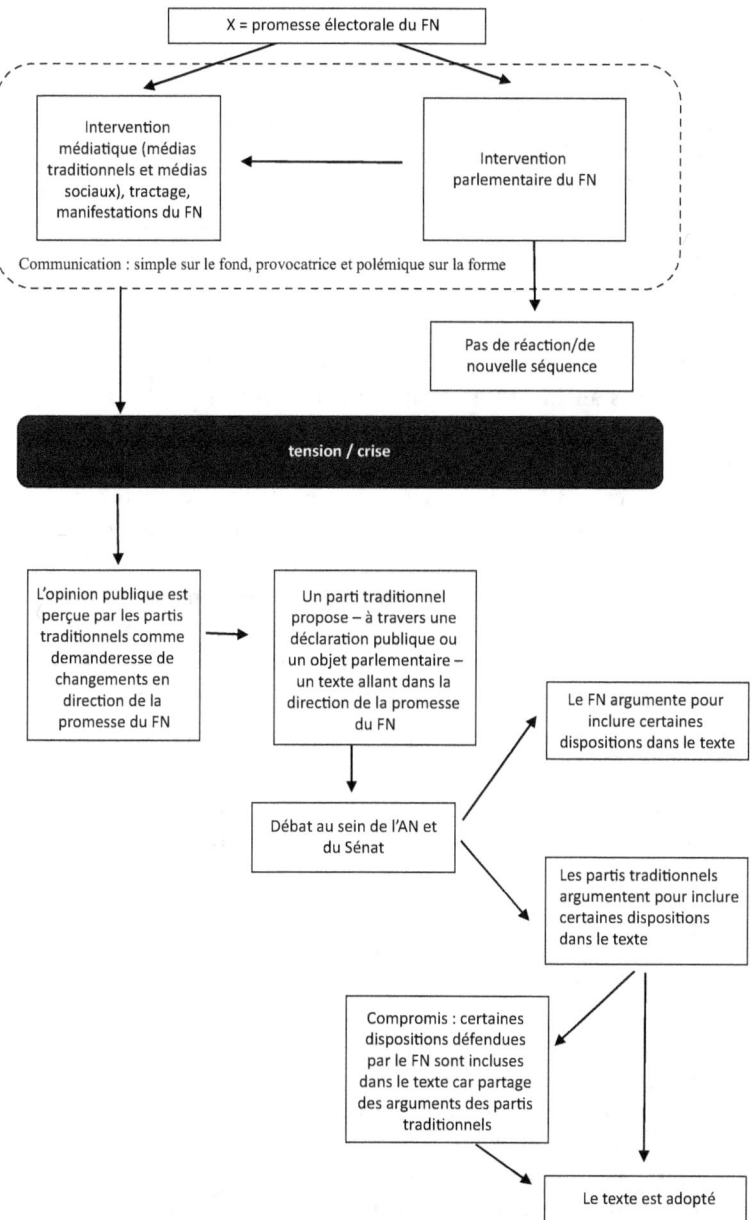

Figure 5: Mécanisme de l'influence du Front national sur la fabrique des politiques publiques

Outre ce frein lié au système politique français, le frein le plus conséquent consiste en un rejet par l'ensemble des partis traditionnels de toute alliance ou de toute collaboration avec le FN, ne fut-ce qu'autour d'un texte législatif isolé. S'il n'est pas de cordon sanitaire formel à l'égard du FN, un front républicain est établi depuis plusieurs décennies et – bien qu'il soit parfois questionné – demeure particulièrement important (Perrineau, 2014). Ce front républicain a été régulièrement évoqué lors des entretiens réalisés. Formé à de nombreuses reprises, il est une alliance entre les partis traditionnels à l'encontre du FN, principalement en période électorale mais aussi pendant une législature.

Au-delà du refus de toute alliance avec le FN, des consignes de vote non favorables au FN sont régulièrement données par les autres partis politiques. Par ailleurs, certains partis ont mis en place une cellule ou un groupe de travail spécifiquement destiné à lutter contre le FN, à le « décrédibiliser » (PS – entretien 55). C'est le cas du Parti socialiste et d'Europe Écologie – Les Verts. Dans les faits, l'action de ces groupes de travail se traduit par l'organisation de formations internes, par la production d'outils de communication externe, par des interventions médiatiques ciblées, *etc*. En outre, les bureaux exécutifs de ces partis attachent tous les deux une importance élevée à l'exclusion du FN des arènes politiques françaises (*e.g.* PS – entretien 55 ; EELV – entretien 62).

Les partis traditionnels justifient tous cette position par l'identité du FN, en indiquant qu'il est un parti populiste, d'extrême droite, antidémocratique ou fasciste et que, en conséquence, aucune collaboration de quelque nature que ce soit ne doit être établie avec lui :

> Après c'est clairement un parti à l'extrême du champ politique et à l'extrême droite dans les prises de position et puis dans l'entourage, aussi, des dirigeants et de… Il faut voir le look des gens qui accompagnent, encadrent les parlementaires. Je ne veux pas faire du délit de sale gueule mais ces gens qui encadrent Marine Le Pen ou Jean Marie Le Pen euh… C'est un look de facho. On peut se le dire. (EELV – entretien 41)

> Et notre inquiétude, toujours, c'est que c'est un noyau fasciste, il n'a pas la base qu'il veut, mais c'est un noyau fasciste. Ça, il n'y a pas de doute avec les Le Pen. Il n'y a aucun doute. (PS – entretien 43)

> Je pense qu'il faut dire les choses telles qu'elles sont. C'est à force de se cacher, de ne pas utiliser les mots justes qu'on recule. Donc c'est un parti raciste, xénophobe, populiste, fasciste. Voilà. Ce sont des choses qui sont, pour moi, très claires. Et il faut le dire. Il faut le dire. Ce n'est pas un parti comme un autre. (PS – entretien 48)

Madame Le Pen et tous les gens du Front national. Ça c'est l'extrême droite. (LR – entretien 50)

Les partis traditionnels craignent aussi d'être assimilés à l'image du FN (classiquement désigné comme étant populiste ou d'extrême droite) en défendant des positions similaires. Cela peut être un frein considérable à l'influence du FN puisque certaines de ses promesses – pourtant partagées sur le fond par d'autres partis – ne se développent pas précisément parce qu'il s'agit d'une promesse formulée par le FN. L'exemple de la suspension des prestations sociales pour les délinquants est éloquent à cet égard.

En France, il n'existe pas de cordon sanitaire médiatique à l'égard du FN, comme c'est par exemple le cas en Belgique francophone (De Jonge, 2020). Néanmoins, les relations entre le FN et les médias sont reconnues par l'ensemble des cadres et élus du FN interrogés comme étant particulièrement compliquées :

> C'est vrai que, notamment pendant la campagne régionale, on a vu le comportement de la presse, de la Voix du Nord, qui s'est engagée officiellement contre Marine Le Pen. On le voit encore avec Libération, qui a constitué une cellule de surveillance du Front national. Ça n'existe pour aucun autre parti que nous. On a La Croix, aussi qui, par le biais d'une association, envoie des manuels à l'ensemble de ses abonnés – je crois que c'est quasiment 80.000 abonnés – pour les informer sur le Front national. Pareil, hein, c'est un travail qui n'est absolument pas fait pour les autres partis politiques. Donc voilà, c'est vrai que même si on a un accès qui a quand même été facilité – sauf pour les jeunes, comme j'ai pu l'expliquer avant –, même si on a un accès général qui a été facilité, il n'en reste pas moins que le traitement reste absolument biaisé. (FN – entretien 37)

Enfin, la nature des promesses formulées par le FN est elle-même parfois un obstacle à l'influence du FN. Bien que son influence soit partiellement congruente, certaines des promesses électorales du FN concernent des dispositions déjà en vigueur dans le droit français. Il en est par exemple ainsi pour la volonté du FN de créer une injonction civile.

3. Conclusion : le Front national, un parti à l'influence limitée

Ce chapitre met en évidence le fait que le FN influence la fabrique des politiques publiques dans le secteur de la sécurité intérieure en France, et ce dans presque tous les dossiers caractérisant ce secteur. Ces résultats confirment ce qu'ont conclu d'autres auteurs, comme Carvalho (2014) qui indique que le FN exerce une influence sur la fabrique des politiques publiques en poussant les partis traditionnels français à adopter des mesures plus restrictives en matière d'immigration, et ce indépendamment de son rapport à l'exécutif ou de ses relations avec les autres partis.

Toutefois, comme pour le cas de l'UDC, l'influence du FN n'est pas figée. Les empreintes empiriques collectées indiquent en effet que l'influence du FN ne s'exerce que lors des deux premières phases du processus de fabrique des politiques publiques, et jamais lors de la dernière. Ici aussi, ces résultats nuancés permettent de corroborer la littérature existante et de la préciser. En effet, selon Schain (2006), le FN exerce une influence en imposant ses thématiques à l'agenda politique, en forçant les partis traditionnels – de droite comme de gauche – à coopter ses positions en matière d'immigration et de sécurité. L'idée selon laquelle le FN exerce une influence sur le processus de fabrique des politiques publiques mais exclusivement en amont de celui-ci est donc renforcée.

Comme l'avait indiqué Minkenberg (2001), bien que le FN soit présent au sein du Parlement depuis 2012 et bien qu'il intervienne à travers le dépôt d'objets parlementaires variés (surtout à l'Assemblée nationale), la voie parlementaire n'est pas celle qui permet au FN d'exercer une influence sur la fabrique des politiques publiques. Au plus, les interventions parlementaires d'élus du FN sont relayées et, *in fine*, utiles en termes de communication à l'égard de ses militants, électeurs et, plus généralement, des citoyens. En cela (et aussi parce que le FN n'est pas membre de l'exécutif national), l'influence du FN est extra-institutionnelle. C'est par des interventions multiples et répétées (influence discontinue) et hors des institutions publiques que le FN exerce une influence.

L'influence du FN est aussi systématiquement partagée et passive. Cela signifie que lorsque ses promesses se développent au sein du processus de fabrique des politiques publiques, c'est parce que d'autres acteurs – généralement d'autres partis (comme l'UMP/LR ou le PS) mais aussi des acteurs issus de la société civile (comme des syndicats de policiers) – portent la même promesse (en tout cas partiellement) et que ce sont eux qui ont un rôle central dans leur développement, par exemple en ouvrant un débat au sein du Parlement suite au dépôt d'une proposition de loi par un député ou en ouvrant un débat au sein du Parlement suite à une déclaration publique du Président de la République.

Conclusion : le Front national, un parti à l'influence limitée 215

L'influence du FN est par ailleurs partiellement congruente – ce qui signifie qu'elle porte sur des promesses qui ne trouvent à se développer qu'à certains égards, partiellement – et ne s'exerce pas (à une exception près) lorsqu'elle n'est pas accompagnée d'une tension. Les attentats terroristes de 2015 et 2016 ainsi que les violences policières qui ont marqué les années 2016 et 2017 (notamment suite à l'adoption de la loi travail en 2016) sont ainsi deux événements majeurs à considérer pour comprendre les processus de fabrique des politiques publiques à l'étude. L'influence du FN est donc dépendante de tensions caractérisant la société française.

L'analyse des freins à l'influence du FN permet de mieux comprendre pourquoi elle est ainsi limitée (selon les phases du processus de fabrique des politiques publiques mais aussi selon la typologie développée). Développée autour de cinq freins principaux (mode de scrutin, relations compliquées avec la presse, crainte pour les partis traditionnels d'être associés au FN, front républicain et nature des promesses du FN), la typologie des freins qui émerge renforce la littérature selon laquelle des stratégies de désengagement (Heinze, 2018) comportent des implications fortes en termes d'influence : ces stratégies qui consistent à exclure le FN et ses idées de tout accord ne concourent pas seulement à affaiblir le FN sur le plan électoral, mais aussi sur le plan des politiques publiques. La capacité d'influence du FN s'en retrouve ainsi limitée. Nonobstant ce constat, l'analyse permet de dépasser la littérature en indiquant aussi que c'est l'influence institutionnelle du FN qui se retrouve réduite en conséquence de ces stratégies de désengagement. En effet, le FN parvient à conserver – certes de manière limitée – une capacité d'influence. Cette influence est peu active, s'exerce surtout à travers des canaux non institutionnels et sur un temps long (puisque plus diffuse). Dès lors, l'analyse comporte des implications en termes d'étude de l'influence : évaluer les effets de stratégies partisanes ne peut se faire qu'à condition de dépasser une approche purement institutionnelle.

Chapitre 8

L'influence du *Vlaams Belang* (VB)

Contrairement à cette épithète « anti-démocratique », moi je ne vois d'ailleurs pas le terme 'populisme' comme une insulte ou une injure. Je pense que nous tenons compte de ce que beaucoup de gens veulent. C'est pour ça que, d'ailleurs, nous sommes partisans d'un référendum. (VB – entretien 84)

Le VB se distingue des autres partis populistes de droite radicale étudiés dans cette recherche en ce sens qu'un cordon sanitaire formel a été adopté à son égard par les partis traditionnels en 1989 et est toujours d'application (Biard, 2019a : 40). En parallèle, il a réussi à bénéficier d'une représentation parlementaire non négligeable dans le paysage électoral belge, principalement en Flandre. Lors des élections régionales de 2004, le VB devient ainsi le premier parti de Flandre en termes de suffrages exprimés. Ce développement électoral du parti s'explique notamment par le mode de scrutin proportionnel en vigueur en Belgique (Lijphart, 1994 ; Laurent *et al.*, 2004). Néanmoins, à partir de 2006, les performances électorales du VB commencent à s'étioler et sa représentation parlementaire au niveau fédéral s'affaiblit.

Étant donné le grand nombre de partis qui caractérise le système partisan belge, des accords sont privilégiés pour l'adoption de décisions publiques et, en conséquence du cordon sanitaire adopté à l'égard du VB, ce parti se retrouve exclu de ces accords (Pauwels, 2014). Pourtant, certains auteurs ont prédit une influence considérable pour le VB (De Winter, 2005 ; Erk, 2005). Le VB parvient-il donc à exercer une influence sur la fabrique des politiques publiques ? Les promesses du VB se développent-elles et, le cas échéant, est-ce le résultat d'interventions du VB ? Comment le VB opère-t-il ? Quels freins rencontre le VB lorsqu'il tente d'exercer une influence ?

1. Étude de la trajectoire des promesses électorales du VB

1.1. Droit des sanctions

Les promesses formulées par le VB en matière de droit des sanctions sont particulièrement nombreuses et visent toutes à renforcer les sanctions (cf. tableau 20). Elles concernent généralement la durée durant laquelle une personne condamnée est en prison et tendent à augmenter celle-ci. Ces promesses ont rarement été concrétisées et n'ont laissé presqu'aucune empreinte empirique de l'influence du VB. Néanmoins, le droit a évolué en matière de libération conditionnelle, en matière de délai de prescription pour certains crimes, ainsi qu'en ce qui concerne l'augmentation du plafond des peines prononcées par un tribunal correctionnel.

Tout d'abord, force est de constater que le système de libération conditionnelle que le VB veut supprimer existe toujours en Belgique (Biard & Lefebve, 2020). En ce sens, l'influence du VB semble d'emblée particulièrement limitée. À cet égard, la seule tentative d'influence directe exercée par le VB a été menée dans les années 1990, lors de la Commission d'enquête parlementaire « sur la manière dont l'enquête, dans ses volets policiers et judiciaires a été menée dans 'l'affaire Dutroux-Nihoul et consorts' » (Biard & Lefebve, 2020). Le VB était pleinement intégré à ces travaux par l'intermédiaire de Gerolf Annemans, alors député et chef de groupe VB à la Chambre des représentants. S'il n'est pas parvenu à imposer la suppression du système de libération conditionnelle, la nécessité d'aboutir à un consensus a permis au VB d'exiger d'inscrire – dans le rapport de la Commission – la nécessité de réviser ce système afin de le durcir[87] :

> Je me rappelle des dernières négociations sur les textes que j'ai... J'ai joué les durs. Mais bien sûr j'avais une partie de la droite derrière moi. Mais c'était moi qui voulais, dans les textes, une garantie là-dessus. Et c'est à cause de mon initiative que Verwilghen l'a mise dans le texte. J'ai dit « vous aurez un rapport à l'unanimité, y compris la mienne ». (VB – entretien 92)

Si le VB semble avoir exercé un rôle important à cette période – bien qu'elle sorte du cadre temporel de cette étude – ses cadres reconnaissent que d'autres partis – comme les libéraux – ont également pu formuler

---

[87] Rapport du 14 avril 1997, p. 150.

Tableau 20 : Promesses du VB en matière de droit des sanctions

Promesses du VB

- **Révision du système de libération conditionnelle :**
  - « Le VB plaide pour la suppression de la libération anticipée » – *Programme électoral du VB 2007, p. 30*
  - « La loi Lejeune et les autres mécanismes de libération anticipée (qui sont par ailleurs tout à fait illégaux) doivent être supprimés. » –*Programme électoral du VB 2010, p. 9*
- **Prescription pénale :** « Sur l'exemple néerlandais, la prescription pour des crimes particulièrement graves comme des meurtres, assassinats, tortures ou prises d'otages entrainant la mort doit être supprimée. » – *Programme électoral du VB 2010, p. 9*
- **Augmentation des peines maximales :** « La peine de prison maximale doit être augmentée de 30 à 40 ans. » – *Programme électoral du VB 2010, p. 9*
- **Cumul des peines :**
  - « Il doit être possible de prononcer des peines cumulées, ce qui peut conduire à doubler la peine maximale. » – *Programme électoral du VB 2007, p. 29*
  - « Le juge doit recevoir plus de possibilités pour pouvoir prononcer des peines cumulées en fonction du crime commis. » – *Programme électoral du VB 2010, p. 9*
- **Travail d'intérêt général :** « Le plafond de 300h de travail d'intérêt général doit être fortement augmenté. » – *Programme électoral du VB 2010, p. 9*
- **Sanctions envers les récidivistes :** « Des sanctions plus sévères doivent être prononcées pour les récidivistes. » – *Programme électoral du VB 2010, p. 9*
- **Peines non contestables :** « Le VB veut une politique pénale juste qui prononce des peines à nouveau non contestables. » – *Programme électoral du VB 2010, p. 9*
- **Réclusion à perpétuité réelle :** « Dans les cas de crimes répugnants ou terroristes, de meurtre après meurtre et pour les récidivistes dangereux, une 'réclusion à perpétuité réelle' doit être créée, afin d'être certain que le condamné ne puisse jamais être libéré. » – *Programme électoral du VB 2010, p. 9*

des demandes similaires à l'époque. Le résultat du rapport n'est donc pas uniquement imputable au VB, même si l'inscription de cette disposition – au-delà de toutes les autres demandes du VB – était une condition *sine qua non* fixée par le membre VB de la Commission d'enquête pour apporter son soutien aux résultats de celle-ci (VB – entretien 87 ; VB – entretien 92).[88]

---

[88] Cette période étant en dehors du cadre temporel fixé pour cette étude, elle n'est pas davantage développée et prise en compte ultérieurement. Néanmoins, une référence y est faite étant donné cette opportunité d'exercer une influence directe qui est offerte au VB.

Plus récemment, l'accord de gouvernement de 2011[89] prévoyait de durcir les conditions d'octroi de la **libération conditionnelle**[90], en révisant la loi du 17 mai 2006[91]. Le 17 mars 2013, conformément à cet accord de gouvernement, deux projets de loi sont adoptés en la matière[92]. Ceux-ci visent à modifier la composition des tribunaux d'application des peines (deux juges professionnels et deux juges assesseurs, et non plus un juge professionnel et deux juges assesseurs) ainsi que leur mode de fonctionnement (décisions prises à l'unanimité et non plus à la majorité), à rehausser les seuils d'admissibilité à la libération conditionnelle, à supprimer l'automaticité de la procédure (le condamné doit désormais effectuer une demande lui-même pour lancer la procédure) et à allonger le délai d'épreuve (c'est-à-dire le laps de temps qui suit la libération conditionnelle). Le MR indique qu'il souhaite aller en ce sens « depuis 20 ans » (MR – entretien 72) – soit depuis l'Affaire Marc et Corine (1992)[93] ainsi que l'Affaire Dutroux (1996)[94], considérées comme des moments particulièrement important dans l'évolution de l'opinion en matière de libération conditionnelle. Cela se confirme à la lecture des programmes

---

[89] Gouvernement composé des partis suivants : PS, SPA, MR, Open VLD, CD&V et cdH

[90] « Pour des infractions d'une extrême gravité ayant entraîné la mort [...], le seuil d'admissibilité à la libération conditionnelle sera porté au minimum à la moitié de la peine, et trois quart en cas de récidive, en cas de condamnation à 30 ans ou à perpétuité. » (accord de gouvernement 2011 : p. 140)

[91] Loi du 17 mai 2006 relative au statut juridique externe des personnes condamnées à une peine privative de liberté et aux droits reconnus à la victime dans le cadre des modalités d'exécution de la peine : http://www.ejustice.just.fgov.be/cgi_loi/loi_a1.pl?language=fr&tri=dd%20AS%20RANK&value=&table_name=loi&cn=2006051735&caller=image_a1&fromtab=loi&la=F

[92] Loi du 17 mars 2013 modifiant le Code judiciaire et la loi du 17 mai 2006 relative au statut juridique externe des personnes condamnées à une peine privative de liberté et aux droits reconnus à la victime dans le cadre des modalités de la peine – http://www.ejustice.just.fgov.be/cgi/article_body.pl?numac=2013009126&caller=list&article_lang=F&row_id=1&numero=3&pub_date=2013-03-19&pdda=2013&dt=LOI&language=fr&fr=f&choix1=ET&choix2=ET&pdfa=2013&pddj=01&fromtab=+-moftxt+UNION+montxt&nl=n&pddm=03&pdfj=31&sql=dt+%3D+%27LOI%27+and+pd+between+date%272013-03-01%27+and+date%272013-03-31%27+&pdfm=03&rech=32&tri=dd+AS+RANK+&trier=promulgation

[93] L'affaire Marc et Corine est une affaire criminelle qui eut lieu en 1992 en Belgique. Deux jeunes personnes furent assassinées par un bénéficiaire de la libération conditionnelle au moment des faits.

[94] L'affaire Dutroux est une affaire criminelle qui eut lieu en 1996 en Belgique et qui a mis au jour d'importantes failles dans le système politico-judiciaire belge.

électoraux du parti. Ainsi, en 2007 (p. 305), le MR souhaite « étendre la règle de la libération conditionnelle aux deux tiers de la peine, et non plus au tiers, comme pour les récidivistes, à toutes les catégories de faits pour lesquels une peine complémentaire obligatoire de mise à disposition est prévue ». Selon un cadre du MR (entretien 72), c'est sous la pression – électorale – de la N-VA que les partis de centre et de centre-droit flamands (CD&V et Open VLD) contribuent à l'adoption de ces lois en 2013 :

> Qu'est-ce qui se passe en 2013 pour qu'il y ait un *momentum* qui permette d'intervenir ? [...] Il y a une montée importante de la N-VA, avec un problème sécuritaire qui est très clair. Il y a donc une course des partis flamands derrière la N-VA : VLD et CD&V. Il y a le PS qui a le Premier ministre et qui, donc, pour garder l'équilibre, à l'époque... Parce que c'est un gouvernement qui commence quand même, déjà, à pencher à droite. Avec un MR très fort en son sein, avec un VLD qui court derrière la N-VA et le CD&V aussi. sp.a : absent. Pour le PS il n'est donc pas possible d'aller chercher le partenaire traditionnel. Donc le PS est un peu dans le coin de ce côté-là. (MR – entretien 72)

En outre, le PS ainsi que le cdH reconnaissent avoir subi une forte pression de la part de leurs partenaires de coalition pour l'adoption de cette mesure :

> Il a subi une grande pression de la part du MR et du VLD, sans aucun doute. Sans aucun doute. Ça faisait partie de la négociation. À la base nous n'étions pas pour la modification de la loi à ce moment-là. Mais bon, le VLD étant au pouvoir, étant aux manettes de la Justice, et le MR ayant toujours fait son cheval de bataille de la lutte contre la [...] libération conditionnelle, et certainement quand on l'invoquait, voilà, ça ne nous a pas surpris que la pression était très, très forte de la part des partis de droite. (PS – entretien 77)

Par ailleurs, le contexte dans lequel se déroule l'adoption de cette loi n'est pas neutre. Deux événements liés à l'affaire Dutroux se produisent respectivement en 2012 et en 2013. Le 28 août 2012, Michèle Martin – l'épouse de Marc Dutroux – bénéficiait d'une libération conditionnelle et sortait de prison. Par ailleurs, le 4 février 2013, ayant purgé un tiers de sa peine, Marc Dutroux introduisait une demande de libération conditionnelle. L'émotion populaire ayant accompagné cet événement a été particulièrement forte et les décideurs publics se sont sentis forcés de réagir à travers la législation. Selon certains, sans ces faits d'actualité, ces lois n'auraient pas vu le jour :

Je pense qu'il y a une évolution ici, au sein de la Chambre, mais aussi dans la société. Il y a une volonté d'être plus sévère. Dans le monde politique on ne peut plus prendre de risques et on veut éviter une libération avec la conséquence que les gens libérés commettent un crime. (CD&V – entretien 75)

La modification légale de 2013 démarre du cas de Michèle Martin, qui est un cas évidemment emblématique en Belgique. Je pense [...] qu'il y a une volonté depuis un bout de temps des partis de droite – et certainement d'extrême droite – d'être beaucoup plus strict au niveau de la libération conditionnelle et qui veulent en effet instaurer des peines de sûreté pour supprimer la libération conditionnelle. Et donc tout ce qui peut faire eau au moulin permet de réinsister sur le fait que la population ne pourrait pas comprendre que, dans le cadre d'une personne comme Michèle Martin, on puisse libérer et donner une seconde chance à cette personne alors que les pauvres victimes n'ont pas de seconde chance [...]. Si on n'avait pas eu le cas de Michèle Martin, on n'aurait pas lâché sur la conditionnelle. Une fois de plus, parce que nous pensons que la conditionnelle est une manière de réinsérer la personne dans la société. (PS – entretien 77)

Au moment de l'Affaire Martin c'est clair qu'il y a eu [...] une pression de l'opinion publique qui ne comprenait pas la libération de Michèle Martin [...]. Très clairement, sur la question de la libération conditionnelle, en tout cas dans le gouvernement précédent, il y a eu une pression médiatique qui faisait que le cdH ne pouvait pas faire autrement que monter dans ce train-là. Ce que j'ai trouvé très dommage, d'ailleurs. (cdH – entretien 85)

Et je crois que, allez, sur ce point-là c'était absolument à expliquer pour essayer de limiter la réaction populaire, la colère publique au cas où Michèle Martin serait libérée. (CD&V – entretien 96)

Ces demandes de libération conditionnelle par ces deux personnes-là ont certainement remis le sujet de la libération conditionnelle à l'agenda – d'abord médiatique et puis politique – et, donc, ont pu sur le plus long terme entraîner une modification de la loi. (MR – entretien 101)

Au sein du PS, comme l'illustre l'extrait d'entretien suivant, la question a fait débat, mais ceux qui pensaient qu'il fallait soutenir une évolution législative dans le sens d'un renforcement du système de libération conditionnelle ont réussi à imposer leur point de vue en interne. Cela s'explique par le rôle important du soutien populaire tel qu'il peut être perçu :

Il est vrai qu'au sein du Parti socialiste il y a des parlementaires qui font valoir leur proximité avec la population, le fait que ce sont des parlementaires de terrain, souvent des bourgmestres qui sont en même temps parlementaires, et qui, eux, ne comprennent pas qu'on n'ait pas des peines incompressibles, qui ne comprennent pas qu'on puisse libérer conditionnellement des personnes. [...]. Je ne fais pas partie du tout de ces personnes-là [...]. Ce sont des gens qui courent derrière l'opinion publique. Et ce sont des collègues pourtant. Mais ils courent derrière l'opinion publique. Et moi je ne fais pas de la politique pour ça. (PS – entretien 100)

En conséquence d'un soutien populaire perçu comme étant important par les élus et cadres de partis, les groupes politiques n'ayant pas voté la réforme de 2013 expliquent la difficulté qu'ils ont rencontrée face aux citoyens pour exprimer leur opposition. Ainsi, chez Ecolo-Groen, on admet qu'on s'y est opposé sans utiliser tous les moyens imaginables et à disposition. Par ailleurs, le groupe Ecolo-Groen a tenté de limiter son rapport à la presse, les citoyens risquant de ne pas comprendre leur position étant donné l'actualité :

> Oui [ça a été compliqué de s'y opposer face à l'opinion publique] mais dans ce cas-là, on ne va pas aller dans la presse pour dire "nous on est contre" [...]. Si les gens nous demandent pourquoi, on explique bien. (Groen – entretien 80)

Par ailleurs, la N-VA justifie le fait qu'elle n'a pas soutenu le texte au sein du Parlement étant donné que, selon elle, il ne renforçait pas assez les conditions de libération conditionnelle (N-VA – entretien 95).

En 2014, le nouvel accord de gouvernement[95] prévoit à nouveau de renforcer les conditions d'octroi de la libération conditionnelle[96]. Le 14 mai 2017, un Conseil des Ministres extraordinaire réuni pour aborder la question de la sécurité intérieure traite de ce point précis, en adoptant un texte permettant aux juges de prononcer une période de sûreté ; une période de sûreté étant une durée associée à une peine de prison durant laquelle aucun aménagement de peine ne peut être envisagé. Le texte a été adopté par la Chambre des représentants le 14 décembre 2017. Outre un contexte particulièrement incitatif à ce moment précis (MR – entretien 82), selon des élus et cadres du MR (MR – entretien 70 ; MR – entretien 72 ; MR – entretien 81), il s'agit d'une question qui figurait de longue date dans son programme électoral (ce qui se vérifie à l'analyse des programmes, par exemple en 2007 (p. 305), en 2010 (p. 25) ou en

---

[95] Gouvernement composé des partis suivants: MR, N-VA, Open VLD et CD&V

[96] « Pour certaines infractions d'une extrême gravité [...], le gouvernement donnera au juge du fond la possibilité d'assortir la peine qu'il prononce d'une période de sûreté avant l'échéance de laquelle aucune libération anticipée ne peut intervenir. » (accord de gouvernement 2014 : pp. 117–118).

2014 (p. 182)) et qui ne pouvait être concrétisée préalablement, selon le MR, étant donné la présence du PS au sein du gouvernement fédéral. Il est ainsi reconnu que les concessions faites par le PS lors de sa présence au sein du gouvernement n'ont pas tant porté sur le droit des sanctions, d'une part parce que le contexte s'y prêtait moins, d'autre part parce que le PS considérait que les propositions formulées par ses partenaires de coalition ne permettaient pas de sauvegarder certains droits essentiels (PS – entretien 93). C'est donc l'absence du PS qui justifierait l'introduction des peines de sûreté. Par ailleurs, au FDF/DéFI, il est admis que, durant la cohabitation FDF-MR :

> On a souvent été amené à jouer un rôle de frein et [...] certainement pas d'accepter un principe général de peines incompressibles. (DéFI – entretien 73).

Si le MR est satisfait de cette décision, il reconnaît néanmoins qu'elle est essentiellement d'ordre symbolique puisque la mise à disposition du tribunal d'application des peines – peine complémentaire visant à garder un condamné sous contrôle à l'issue de sa peine de prison – existe déjà dans le droit et que cette mesure tend à s'en rapprocher (MR – entretien 72). Par ailleurs, la philosophie défendue est différente de celle du VB. Selon le MR, il s'agit d'offrir au pouvoir judiciaire une nouvelle possibilité de jugement, et non pas d'imposer automatiquement une peine de sûreté dans un certain nombre de cas prédéterminés (MR – entretien 81), contrairement à ce que souhaite le VB. Au CD&V, on se dit satisfait de cette décision dont Koen Geens (CD&V) a été le moteur en tant que Ministre de la Justice (CD&V – entretien 74) et il ressort qu'il s'agit d'une décision que les pouvoirs publics ne pouvaient pas éviter étant donné le contexte et le soutien populaire perçu à ce propos (CD&V – entretien 75). Néanmoins, en l'absence de ce contexte et sans la présence de partenaires gouvernementaux « plus sévères » sur la question, le CD&V indique qu'il n'est pas certain qu'il ait milité en faveur de cette mesure (CD&V – entretien 75).

Au cdH, toutefois, on assume qu'une proposition de loi visant à introduire des peines de sûreté[97] avait été déposée lors de la législature 2010–2014 mais que, depuis 2014 (alors que le cdH n'est plus membre du

---

[97] Proposition de loi n° 53K1779, déposée par Christian Brotcorne (cdH) et Joseph George (cdH) modifiant le Code pénal, le Code d'instruction criminelle et la loi du 17 mai 2006 relative au statut juridique externe des personnes condamnées à une peine privative de liberté et aux droits reconnus à la victime dans le cadre

gouvernement fédéral), étant donné le durcissement des peines qui a déjà eu lieu, cette mesure n'est plus nécessaire :

> On ne l'a pas redéposée sur [cette législature]-ci. Pourquoi ? Parce que sous la précédente législature, déjà, on a assisté – avec Madame Turtelboom – à la réponse du politique à chaque fois qu'il y avait un souci. Elle disait toujours « ah, on augmente les peines ». Et les peines ont été augmentées, augmentées, augmentées. Alors à ce moment-là la mesure de sûreté, elle est déjà, d'une certaine manière, dans la sanction. (cdH – entretien 71)

Des entretiens menés, il ressort que l'adoption de la décision résulte d'une volonté de longue date de la part de plusieurs des partenaires de la coalition gouvernementale d'instaurer des peines de sûreté. Si le MR reconnait qu'il se bat en faveur de cette mesure depuis « 20–25 ans », il admet aussi que « clairement, la N-VA est très demanderesse » (MR – entretien 72).

Enfin, l'adoption de décisions allant dans le sens d'un renforcement du droit en matière de libération conditionnelle va systématiquement de pair avec un contexte particulièrement favorable : affaire Dutroux, libération de Michèle Martin (épouse de Marc Dutroux), agressions de policiers et attentats terroristes. Les interrogés reconnaissent tous ce rôle prépondérant du contexte pour expliquer l'évolution du droit en la matière.

Bien que le VB soit intervenu de nombreuses fois au sein du Parlement pour demander – en tout ou en partie –l'abrogation du système de libération conditionnelle[98], ces interventions n'ont pas été suivies d'effets. Elles n'ont donc pas spécifiquement permis à la thématique ainsi qu'à la promesse précise d'être inscrites à l'agenda institutionnel et de provoquer un débat. Des réformes ont été réalisées mais semblent être davantage le fait de l'actualité et d'une pression exercée, d'une part, par la population et, d'autre part, par d'autres partis favorables à un durcissement (et non à la suppression) du système de libération conditionnelle. Cela est par

---

[98] des modalités d'exécution de la peine, concernant l'instauration de périodes de sûreté : https://www.lachambre.be/kvvcr/showpage.cfm?section=/flwb&language=fr&cfm=/site/wwwcfm/flwb/flwbn.cfm?legislat=53&dossierID=1779
Par exemple à travers la proposition de loi n° 52K0551 déposée par Filip De Man (VB), Bart Laeremans (VB) et Bert Schoofs (VB) modifiant la législation pénale en ce qui concerne la répression de certaines infractions graves : https://www.lachambre.be/kvvcr/showpage.cfm?section=/flwb&language=fr&cfm=/site/wwwcfm/flwb/flwbn.cfm?legislat=52&dossierID=0551

exemple le cas de la N-VA et du MR. Le rôle du VB est donc particulièrement limité et, au plus, peut se résumer à un exercice de communication visant à rendre les citoyens favorables à sa promesse. Cette communication s'est exercée lors de campagnes électorales, mais aussi à travers des interventions parlementaires médiatisées à travers les réseaux sociaux, ainsi que par la publication de tracts ou brochures. Par exemple, une brochure intitulée « Adieu au laxisme »[99] et qui explique dans le détail comment et pourquoi la suppression du système de libération conditionnelle est nécessaire a été diffusée au printemps 2014.

Le VB se dit peu satisfait de l'état actuel du droit en la matière (*e.g.* VB – entretien 90), notamment parce que ce durcissement ne concerne pas les courtes peines, qui constituent pourtant la majorité des peines prononcées. Il voit donc l'évolution du droit comme étant surtout symbolique.

L'intervention du VB au sein du mécanisme causal expliquant l'adoption de décisions visant à durcir le système de libération conditionnelle est prouvée empiriquement lors des deux premières phases du processus, sans toutefois pouvoir être reconnue comme étant exclusive ou active. Cela signifie que son influence ne peut être écartée mais qu'elle n'est pas reconnue comme étant indispensable au bon déroulement du mécanisme causal. Le VB ne constitue pas un maillon central de ce mécanisme : d'autres acteurs défendent également – seulement partiellement – cette promesse et contribuent eux-mêmes à son développement.

La loi du 19 octobre 2015 portant des dispositions diverses en matière de justice[100] a été déposée par le Ministre de la Justice Geens (CD&V) et inclut un article visant à porter **le délai de prescription pénale** à 20 ans pour les crimes passibles de la réclusion à perpétuité. En Belgique, le délai de prescription est alors de 15 ans (mais peut être doublé). Cette disposition prévue dans l'accord de gouvernement de 2014 – qui ne supprime en aucune manière la prescription pénale dans quelque cas que ce soit mais qui en prolonge le délai dans certains cas spécifiques – répond à un fait d'actualité particulièrement médiatisé. Au printemps 2014, les médias relaient les demandes des familles des victimes des tueries

---

[99] LAEREMANS B., SCHOOFS B., LOGGHE P. (2014), *Adieu aan de laksheid. Brochure over veiligheid en justitie*. Vlaams Belang

[100] Loi du 19 octobre 2015 portant des dispositions diverses en matière de justice : http://www.ejustice.just.fgov.be/cgi_loi/change_lg.pl?language=fr&la=F&table_name=loi&cn=2015101901

du Brabant – vague de crimes ayant marqué la Belgique entre 1982 et 1985 – qui demandent l'augmentation du délai de prescription pénale ; ce délai arrivant à échéance le 8 novembre 2015 (soit 30 ans après les faits). En mai 2014, l'Affaire des tueries du Brabant connait un rebondissement avec l'arrestation d'un suspect. À nouveau, l'affaire est largement médiatisée. En conséquence, les partis négociant un accord de gouvernement incluent cet allongement du délai de prescription dans l'accord de gouvernement. Présentée par le Ministre de la Justice (CD&V), la loi se retrouve modifiée le 19 octobre 2015. Puisqu'il s'agit d'une loi de procédure pénale et non d'une loi pénale (il ne s'agit pas d'aggraver les peines), l'application de la loi est immédiate pour l'ensemble des dossiers dont le délai de prescription n'a pas encore expiré, et s'applique donc à l'Affaire des tueries du Brabant. Si le PS s'est opposé à cette loi, d'autres partis pourtant non membres du gouvernement l'ont soutenue, comme Ecolo-Groen. Au sein du PS, on reconnait par ailleurs que deux tendances se distinguaient, et que si c'est une opposition au texte qui a finalement prévalu, cette position n'était pas acquise dès le début des débats étant donné le rôle de pression exercé par les citoyens, à laquelle certains cadres et élus du PS souhaitaient répondre (PS – entretien 100).

Le processus à travers lequel cette loi a été votée ne permet pas d'attribuer un rôle quelconque au VB. Aucune empreinte empirique de son intervention n'est repérée et les justifications de cette modification en matière de procédure pénale reposent sur un fait d'actualité brûlant, renforcé par l'urgence. Par ailleurs, des cadres du VB (*e.g.* entretien 97) reconnaissent ce manque d'influence sur cette question.

Le VB souhaite que **les peines maximales puissent être augmentées**. Le 14 octobre 2015, le Conseil des Ministres adoptait la loi dite « pot-pourri 2 »[101], présentée par le Ministre de la Justice Koen Geens (CD&V). Celle-ci permet de correctionnaliser tous les crimes – ce qui signifie qu'un crime, en principe jugé par la Cour d'assises selon l'article 150 de la Constitution, est considéré comme un délit, jugé par un

---

[101] Loi du 5 février 2016, modifiant le droit pénal et la procédure pénale et portant des dispositions diverses en matière de justice : http://www.ejustice.just.fgov.be/cgi/article_body.pl?numac=2016009064&caller=list&article_lang=F&row_id=1&numero=1&pub_date=2016-02-19&dt=LOI&language=fr&du=d&fr=f&choix1=ET&-choix2=ET&fromtab=+moftxt+UNION+montxt+UNION+modtxt&n-l=n&trier=promulgation&pdda=2016&pdfa=2016&pddj=01&pddm=02&pdfj=29&sql=dt%3D+%27LOI%27+and+pd+between+date%272016-02-01%27+and+-date%272016-02-29%27+&rech=27&pdfm=02&tri=dd+AS+RANK+

tribunal correctionnel. La procédure d'assises devient donc une procédure d'exception. Adoptée par le Parlement, cette loi du 5 février 2016 rehausse notamment les plafonds des peines d'emprisonnement lorsqu'il y a correctionnalisation de crimes. Une nouvelle peine est introduite et il devient dès lors possible pour un tribunal correctionnel de prononcer une peine de 40 ans d'emprisonnement. Dans les faits, la promesse électorale du VB se retrouve donc adoptée. Néanmoins, lorsque le rôle réellement exercé par ce parti est analysé, il ressort qu'aucune empreinte empirique ne permet de prouver qu'il a exercé une quelconque influence. L'extrait d'entretien suivant souligne par ailleurs le fait que des cadres du VB n'ont pas pris connaissance de cette évolution législative :

> [La loi] n'a pas changé. Ça c'est sûr. Une peine de prison à perpétuité est limitée à 30 ans de prison. Nous pensons que cela devrait être plus. Je ne pense pas que nous avons une influence sur cela. Je ne le pense pas. (VB – entretien 69)

Plus encore, un député VB admet que l'action du parti à l'égard de cette promesse a été faible :

> – *Chercheur* : Et par rapport à l'augmentation des peines maximales de 30 à 40 ans, avez-vous malgré tout essayé d'être actif par rapport à cela ?
> – *Interrogé* : Non. Non. Pas assez [...]. Parce qu'on a d'autres choses à faire maintenant. L'invasion islamique qui nous préoccupe. La sécurité nationale. Donc il y a d'autres choses à faire en ce moment. (VB – entretien 68)

Au sein des autres partis, même de la majorité, une méconnaissance généralisée à l'égard de cette nouvelle disposition législative est de mise. Ainsi, peu de membres de la Commission Justice de la Chambre des représentants interrogés peuvent parler de cette promesse et très peu nombreux sont ceux qui savent qu'elle a été adoptée (*e.g.* CD&V – entretien 74 ; MR – entretien 81). Cette méconnaissance reflète le fait que cette disposition n'a pas été adoptée sous la pression d'un soutien populaire quelconque puisqu'elle a été adoptée sans même être annoncée largement à travers les médias. Seuls quelques interrogés ont le souvenir de cette promesse mais admettent qu'il s'agit d'une piste nouvelle, qui n'avait jamais été discutée préalablement (*e.g.* PS – entretien 77 ; Groen – entretien 80 ; cdH – entretien 85) et qui a été conçue sous un angle « technique » (MR – entretien 103) pour qu'un tribunal correctionnel – qui est

Étude de la trajectoire des promesses électorales du VB 229

désormais compétent pour la quasi-totalité des crimes à juger[102] – puisse prononcer des peines d'un même niveau que celles que pouvait préalablement prononcer une cour d'assises – qui jugeait ces mêmes crimes (MR – entretien 82). Comme indiqué par certains cadres et élus interrogés (*e.g.* MR – entretien 82), la philosophie suivie n'est en ce sens pas similaire à celle proposée par le VB, à savoir qu'il ne s'agit pas d'augmenter le niveau général des peines. C'est donc dans un cadre plus global que cette disposition a été adoptée. Par ailleurs, elle a créé peu de débats au sein du Parlement, puisqu'elle était intégrée dans un texte beaucoup plus large :

> Ah oui, oui, oui, ça a été noyé dans beaucoup d'autres articles. (Groen – entretien 80)
>
> La discussion a plus porté sur la correctionnalisation en tant que telle que sur sa conséquence, qui était l'adaptation des peines. (MR – entretien 82)
>
> Cette augmentation drastique des peines vient de la volonté du Ministre de la Justice *[CD&V]* de correctionnaliser les crimes et de les sortir de la cour d'assises. Et […] ça n'a pas du tout été discuté. Pas du tout. (cdH – entretien 85)

Aucune empreinte empirique de l'influence du VB ne peut ainsi être décelée et son influence ne peut dès lors pas être prouvée à l'égard de cette promesse.

Pour ce qui est de la possibilité offerte à un juge de **cumuler des peines**, il s'agit d'une mesure peu connue par les autres partis représentés au Parlement et considérée comme étant peu pertinente :

> Quoi, ils veulent dire, comme aux États Unis, qu'il faut condamner trois fois les gens à la peine de mort ? Ahahah. (MR – entretien 70)
> Oh. Surtout pas. Ahahah. Et puis ce sera comme aux États-Unis, où on a 150 ans, par exemple. Non, non […]. Je dirais que dans les débats qu'on a sur la prison en intra-francophones, même le MR ne va jamais Jusque-là en tout cas je ne l'ai jamais entendu. (cdH – entretien 85)

Par ailleurs, cette mesure – que le VB considère toujours comme importante (VB – entretien 69) mais pour laquelle aucune intervention parlementaire n'est repérée – ne s'est jamais concrétisée au sein du processus de fabrique des politiques publiques. Des partis rejetant pourtant le cordon sanitaire et dont la matrice idéologique n'est pas si éloignée du

---

[102] Le 21 décembre 2017, la Cour constitutionnelle belge invalide toutefois cette réforme.

VB – comme la LDD – rejettent par ailleurs cette promesse, dénonçant une « exagération » (LDD – entretien 88). Aucune empreinte empirique ne permet donc de prouver que le VB a exercé une influence dans le processus.

Tout comme la promesse visant à autoriser un juge à cumuler des peines, aucune des autres promesses formulées en matière de droit des sanctions n'a réussi à se concrétiser. Le VB lui-même a limité son action à un rôle de communication envers ses militants et électeurs à l'égard de celles-ci. Aucune empreinte empirique de son intervention n'est repérée.

1.2. Droit des victimes

Tant en 2007 qu'en 2010, le VB formule une ou des promesses relatives au droit des victimes (cf. tableau 21). Concrètement, le VB souhaite permettre l'attribution automatique d'un avocat pro-deo aux victimes d'agression ainsi qu'informer les victimes de la libération – éventuellement anticipée – de l'auteur de leur agression.

Bien que les droits des victimes soient souvent cités à travers des propositions de loi autres, aucun texte n'a été déposé au parlement par le VB ou par un autre parti politique à cet égard. D'un point de vue institutionnel, aucune empreinte empirique d'influence du VB ne peut donc être repérée. Lors d'un entretien, il ressort qu'un cadre du VB ne se souvient pas de la promesse visant à attribuer automatiquement un **avocat pro-deo** aux victimes. Il la juge par ailleurs peu pertinente :

C'est encore dans le programme de 2014 ? (VB – entretien 69)

Nous n'avons aucune influence sur cela parce que ce n'est pas le cas et tout le monde a le droit de recourir à un avocat pro-deo. (VB – entretien 69)

Tableau 21: **Promesses du VB en matière de droit des victimes**

Promesses du VB
• **Avocats pro-deo :** – « L'attribution automatique d'un avocat pro-deo ne doit pas être réalisé seulement à l'égard des coupables, mais aussi des victimes. » – *Programme électoral du VB 2007, p. 30* – « Le VB plaide pour l'attribution automatique d'un avocat pro-deo à toutes les victimes. » – *Programme électoral du VB 2010, p. 12*
• **Information des victimes :** « Le VB plaide pour que les victimes soient informées de la libération de l'auteur des faits ou de la suppression de sa peine. » – *Programme électoral du VB 2007, p. 30*

La seule mesure adoptée et visant à défendre les victimes est issue d'un Conseil des ministres extraordinaire – tenu le 14 mai 2017 – et qui instaurait un stimulant fiscal à l'assurance protection juridique. Néanmoins, sur le fond, elle se distingue nettement de la mesure proposée par le VB. Par ailleurs, cette mesure a été décidée par le gouvernement fédéral afin de compenser la loi du 30 juillet 2013 qui mettait fin à l'exemption de TVA pour les avocats ainsi que à un moment bien spécifique par rapport auquel il n'avait guère de prise (MR – entretien 72 ; MR – entretien 101).

Pour ce qui est de la promesse concernant **l'information des victimes**, le VB souhaite instaurer un mécanisme qui existe déjà dans le droit belge, à travers la loi du 5 mars 1998[103] (article 4, §8). Plusieurs interrogés le reconnaissent (Groen – entretien 80 ; cdH – entretien 85) et avancent d'ailleurs que si les droits des victimes peuvent encore être améliorés, il ne s'agit pas d'une question débattue ces dernières années. Au MR, on indique par ailleurs qu'il est important que des victimes puissent être tenues informées mais que cela ne doit pas être automatique (MR – entretien 101). Sur cette question, aucune empreinte empirique de l'intervention du VB n'est repérée.

L'analyse de ces promesses relatives aux droits des victimes met en évidence le fait qu'il s'agit d'un dossier de la sécurité intérieure dans lequel le VB ne parvient pas à exercer la moindre influence. Cela s'explique par le fait que le VB lui-même est peu actif en la matière mais aussi par le fait que les promesses qu'il formule existent – au moins en partie – déjà.

1.3. Délinquance sexuelle

Absentes de son programme électoral de 2007, deux promesses sont formulées par le VB dans son programme électoral de 2010 afin de lutter contre la délinquance sexuelle (cf. tableau 22). Ces propositions visent à offrir aux juges la possibilité d'imposer une castration chimique ou une thérapie obligatoire aux délinquants sexuels, ainsi qu'à mettre à disposition des bourgmestres les données disponibles à propos des délinquants sexuels.

---

[103] Loi du 5 mars 1998 relative à la libération conditionnelle : http://www.ejustice.just.fgov.be/cgi_loi/arch_a1.pl?sql=(text+contains+(%27%27))&rech=1&language=fr&tri=dd+AS+RANK&value=&table_name=loi&F=&cn=1998030535&-caller=archive&fromtab=loi&la=F&ver_arch=005

Tableau 22 : Promesse du VB en matière de délinquance sexuelle

Promesses du VB
• **Castration chimique et thérapie obligatoire pour délinquants sexuels :** « Le VB veut offrir aux juges la possibilité d'imposer une castration chimique ou une thérapie obligatoire aux délinquants sexuels. » – *Programme électoral du VB 2010, p. 10*
• **Mise à disposition des bourgmestres de données disponibles concernant les délinquants sexuels :** « Nous voulons une plus grande accessibilité de la banque de données des délinquants sexuels. Outre les services de police, les bourgmestres doivent aussi avoir accès à cette banque de données. » – *Programme électoral du VB 2010, p. 9*

En matière de délinquance sexuelle, une seule proposition de loi a été déposée par le VB depuis 2007. Il s'agit d'une proposition déposée en 2013 visant à « imposer la mise à disposition du tribunal d'application des peines ainsi qu'**un traitement ou une guidance pour les délinquants sexuels** »[104]. Non inscrite à l'ordre du jour, cette proposition de loi n'a pas été suivie d'autres interventions parlementaires en la matière de la part du VB. Néanmoins, d'autres partis politiques sont intervenus à la Chambre des représentants ainsi qu'au Sénat à ce propos. Deux parlementaires DéFI ont ainsi formulé une proposition de loi le 26 août 2014[105] afin de créer « un registre national des auteurs d'infractions sexuelles au sein du casier judiciaire central ». L'objectif de cette proposition de loi était essentiellement d'ouvrir un débat plus large sur la question de la délinquance sexuelle (DéFI – entretien 73). Bien que non débattue, cette proposition de loi divergeait néanmoins de la promesse électorale du VB. Le MR est également intervenu de façon régulière tantôt pour proposer d'aggraver les peines prononcées à l'encontre de délinquants sexuels récidivistes,

---

[104] Proposition de loi n°53K3086 déposée le 23 octobre 2013 par Bert Schoofs (VB), Gerolf Annemans (VB) et Peter Logghe imposant la mise à disposition du tribunal de l'application des peines ainsi qu'un traitement ou une guidance pour les délinquants sexuels : https://www.lachambre.be/kvvcr/showpage.cfm?section=/flwb&language=fr&cfm=/site/wwwcfm/flwb/flwbn.cfm?legislat=53&dossierID=3086

[105] Proposition de loi n° 54K0155 déposée le 26 août 2014 par Olivier Maingain (FDF/DéFI) et Véronique Caprasse (FDF/DéFI) visant à créer un Registre national des auteurs d'infractions sexuelles au sein du casier judiciaire central : https://www.lachambre.be/kvvcr/showpage.cfm?section=flwb&language=fr&cfm=/site/wwwcfm/flwb/flwbn.cfm?lang=F&legislat=54&dossierID=0155

tantôt pour « rendre obligatoire le suivi d'une guidance ou d'un traitement en cas de condamnation pour une infraction à caractère sexuel commise sur une personne mineure »[106]. Ces propositions de loi – qui figuraient dans les programmes électoraux du MR en 2007 et qui vont partiellement dans le sens également défendu par le VB –n'ont pas trouvé à être débattues et n'ont donc pas été suivies d'effets. Cela s'explique par le fait que l'actualité terroriste a largement occupé l'agenda politique depuis 2015 et par le fait que ce type de proposition doit s'inscrire dans un cadre plus global pour être débattu et parvenir à être adopté (MR – entretien 81 ; MR – entretien 82). Par ailleurs, les citoyens semblent avoir exercé un pouvoir de non décision en la matière :

> La société accepte mal qu'on mette des moyens sur des psychiatres pour des délinquants sexuels et que, en même temps, par exemple, la remédiation scolaire ne se fasse pas comme on devrait le faire. C'est ça la complexité du système. L'opinion publique n'est pas prête à entendre ça. Et on peut le comprendre. (MR – entretien 103)

Aucune empreinte empirique de l'influence du VB n'est repérée. Par ailleurs, bien que non opposés à la mesure, des cadres VB n'ont pas le souvenir d'avoir proposé la castration chimique ou l'imposition d'une thérapie obligatoire aux délinquants sexuels :

> Ahahah. Je suis presque sûr que ce n'est pas dans mon programme. […] Je trouve que c'est presqu'amusant. (VB – entretien 69)
>
> J'avoue qu'on n'en a pas parlé. On n'a pas, à ma connaissance, soulevé ça, soulevé ce problème. (VB – entretien 84)

La majorité des autres partis politiques représentés au Parlement – opposés à la mesure – découvrent également cette promesse lors des entretiens menés (*e.g.* DéFI – entretien 73 ; CD&V – entretien 74 ; CD&V – entretien 75 ; PS – entretien 76 ; PS – entretien 77 ;

---

[106] Proposition de loi n°53K0608 déposée le 18 novembre 2010 par Daniel Bacquelaine et al. (MR) modifiant la loi du 17 mai 2006 relative au statut juridique externe des personnes condamnées à une peine privative de liberté […] : https://www.lachambre.be/kvvcr/showpage.cfm?section=/flwb&language=fr&cfm=/site/wwwcfm/flwb/flwbn.cfm?legislat=53&dossierID=0608; Proposition de loi n° 52K0483 déposée le 29 novembre 2007 par Daniel Bacquelaine et al. (MR) modifiant la loi du 17 mai 2006 relative au statut juridique externe des personnes condamnées à une peine privative de liberté : https://www.lachambre.be/kvvcr/showpage.cfm?section=/flwb&language=fr&cfm=/site/wwwcfm/flwb/flwbn.cfm?legislat=52&dossierID=0483

Groen – entretien 80). La justification est classiquement la même : il est déjà possible, pour un tribunal, de proposer aux délinquants sexuels de suivre une thérapie, sur une base volontaire ; il n'est par ailleurs pas question de rendre cette thérapie obligatoire.

Aucune empreinte empirique n'est par ailleurs repérée quant à la volonté du VB de mettre à disposition des bourgmestres des **données disponibles concernant les délinquants sexuels**. En conséquence, le débat sur la question n'a jamais eu lieu. D'une part, cela s'explique par le fait qu'il s'agit d'une promesse formulée par le VB et que, étant donné le cordon sanitaire, elle aurait été rejetée par principe par les autres partis politiques. D'autre part, des entretiens il ressort que les partis traditionnels sont opposés à une telle mesure, sur le fond (PS – entretien 77 ; Groen – entretien 80).

Tout comme cela était le cas pour le droit des victimes, aucune empreinte empirique ne permet de prouver que le VB parvient à exercer une influence au regard des promesses formulées en matière de délinquance sexuelle.

1.4. Délinquance juvénile

En matière de délinquance juvénile, le VB formule plusieurs promesses tant en 2007 qu'en 2010 (cf. tableau 23). Par ailleurs, ses cadres et élus avancent qu'ils ont réussi à « sortir cette discussion de la zone tabou » (VB – entretien 84) et que le VB a été le leader en la matière (VB – entretien 87 ; VB – entretien 98). Néanmoins, ils reconnaissent également que leur influence a été limitée en ce sens qu'elle n'a pas permis de concrétiser davantage chacune de ses promesses. C'est à travers un travail de communication intense qu'ils pensent avoir ouvert le débat sur la question :

> [Nous avons influencé ces questions sur la délinquance juvénile] de deux manières différentes. D'une part, au parlement […]. Mais, d'autre part, à côté du parlement, nous avons aussi exercé une pression sur l'opinion publique, grâce aux réseaux sociaux mais aussi des journaux locaux, tracts, *etc.* Puis l'opinion publique partage vos idées. Et cela permet aux autres partis de suivre plus rapidement que si on défend ces idées uniquement au sein du Parlement. (VB – entretien 87)

Le VB revendique la paternité de la promesse visant à **suspendre l'octroi d'allocations familiales** lorsque les parents ne sont pas considérés

Étude de la trajectoire des promesses électorales du VB

Tableau 23 : **Promesses du VB en matière de délinquance juvénile**

Promesses du VB

- **Suspension de l'octroi des allocations familiales :**
  - « Les autorités publiques doivent prendre des sanctions à l'égard des parents qui, de manière manifeste, n'assument pas leurs responsabilités d'éducation, par exemple en suspendant le versement des allocations familiales. » – *Programme électoral du VB 2007, p. 26*
  - « La responsabilité parentale ne doit pas être négligée. La suspension de l'octroi des allocations familiales doit en ce sens être utilisée comme moyen de pression. » – *Programme électoral du VB 2010, p. 11*
- **Incarcération des jeunes mineurs délinquants :**
  - « Sanctionner et, si nécessaire, emprisonner les jeunes délinquants dans des prisons pour mineurs » – *Programme électoral du VB 2007, p. 31*
  - « Notre parti veut que les récidivistes purgent leur peine dans des prisons pour mineurs unilingues, avec une capacité d'au moins 150 places par communauté. » – *Programme électoral du VB 2007, p. 26*
- **Processus de rééducation pour les jeunes délinquants :** « Il doit être possible d'imposer un processus de rééducation strict et long à l'égard des jeunes à partir de 12 ans (et si besoin même avant) [avec un stage militaire que l'armée pourrait mettre en place]. » – *Programme électoral du VB 2010, p. 11*

comme « responsables de leurs enfants » (VB – entretien 69). Dans les faits, le VB a déposé à quatre reprises une proposition de loi au parlement[107] afin de modifier les lois coordonnées du 19 décembre 1939, en

---

[107] Proposition de loi n° 52K1141 déposée le 7 mai 2008 par Filip De Man *et al.* (VB) modifiant la loi du 5 août 1992 sur la fonction de police en ce qui concerne le contrôle de l'absentéisme scolaire : https://www.lachambre.be/kvvcr/showpage.cfm?section=/flwb&language=fr&cfm=/site/wwwcfm/flwb/flwbn.cfm?legislat=52&dossierID=1141; Proposition de loi n° 52K0427 déposée le 23 novembre 2007 par Filip De Man (VB), Koen Bultinck (VB) et Guy D'Haeseleer (VB) modifiant les lois relatives aux allocations familiales pour travailleurs salariés coordonnées le 19 décembre 1939, en ce qui concerne la suppression des allocations familiales en cas d'absentéisme scolaire : https://www.lachambre.be/kvvcr/showpage.cfm?section=/flwb&language=fr&cfm=/site/wwwcfm/flwb/flwbn.cfm?legislat=52&dossierID=0427; Proposition de loi n° 53K1099 déposée le 20 janvier 2011 par Filip De Man *et al.* (VB) modifiant les lois relatives aux allocations familiales pour travailleurs salariés coordonnées le 19 décembre 1939, en ce qui concerne la suppression des allocations familiales en cas d'absentéisme scolaire : https://www.lachambre.be/kvvcr/showpage.cfm?section=/flwb&language=fr&cfm=/site/wwwcfm/flwb/flwbn.cfm?legislat=53&dossierID=1099; Proposition de loi n° 53K0983 déposée le 4 janvier 2011 par Filip De Man *et al.* (VB) modifiant la loi du 5 août 1992 sur la fonction de police en ce qui concerne le contrôle de

vue de suspendre l'octroi d'allocations familiales dans les cas spécifiques d'absentéisme scolaire. À chaque fois, il a été le seul à signer et soutenir ces textes, et ceux-ci n'ont pu se concrétiser dans le processus de fabrique des politiques publiques. Néanmoins, outre le VB, le MR a également proposé à deux reprises, en 2009 et 2010, de supprimer le versement des allocations familiales dans les cas où l'éducation des enfants n'est pas assumée par les parents[108]. La « responsabilisation des parents » fait d'ailleurs partie intégrante de ses programmes électoraux successifs. Ces deux propositions de loi d'élus MR – cosignées par plusieurs députés MR – sont issues de travaux menés par le centre d'étude du MR. Bien que déposées par des députés membres de la majorité gouvernementale, les propositions de loi formulées par le MR n'ont pu être débattues au sein de la Chambre des représentants. Cela s'explique par le fait que le MR n'a pas jugé que ces propositions étaient prioritaires :

> Les groupes ont beaucoup d'imagination. Il y a beaucoup de textes. Et donc pour pouvoir éviter un embouteillage, on doit choisir des textes prioritaires. Donc chaque parti [...] doit choisir ses textes prioritaires, et on en débat. Si chaque groupe prend deux textes, ça fait tout de suite vingt textes à débattre. Et donc ça peut rapidement prendre du temps. Donc notre parti n'a jamais jugé que ce texte-là était prioritaire. Il a à chaque fois choisi d'autres textes. (MR – entretien 70)

Selon un représentant du FDF/DéFI – allié au MR de 1992 à 2011 – cette question ne faisait par ailleurs par unanimité au sein du parti :

---

l'absentéisme scolaire : https://www.lachambre.be/kvvcr/showpage.cfm?section=/flwb&language=fr&cfm=/site/wwwcfm/flwb/flwbn.cfm?legislat=53&dossierID=0983.

[108] Proposition de loi n°52K1996 déposée le 18 mai 2009 par Pierre-Yves Jeholet *et al.* (MR) remplaçant l'article 29 de la loi du 8 avril 1965 relative à la protection de la jeunesse, à la prise en charge des mineurs ayant commis un fait qualifié infraction et à la réparation du dommage causé par ce fait : https://www.lachambre.be/kvvcr/showpage.cfm?section=/flwb&language=fr&cfm=/site/wwwcfm/flwb/flwbn.cfm?legislat=52&dossierID=1996; Proposition de loi n°53K0781 déposée le 7 décembre 2010 par Corinne de Permentier *et al.* (MR) remplaçant l'article 29 de la loi du 8 avril 1965 relative à la protection de la jeunesse, à la prise en charge des mineurs ayant commis un fait qualifié infraction et à la réparation du dommage causé par ce fait : https://www.lachambre.be/kvvcr/showpage.cfm?section=/flwb&language=fr&cfm=/site/wwwcfm/flwb/flwbn.cfm?legislat=53&dossierID=0781

Je n'ai jamais vu ce genre de proposition de loi être débattue au sein du groupe MR quand on en faisait partie et être soutenue par une majorité d'élus. (DéFI – entretien 73)

En outre, cette proposition est considérée comme isolée et, au sein du MR, on précise qu'elle devrait être débattue dans un cadre plus global (MR – entretien 81). Enfin, cette proposition se retrouve combattue par des membres de la coalition gouvernementale, dont le CD&V et le PS (CD&V – entretiens 74 et 75). Cela explique également pourquoi elle n'a pas trouvé à se développer au-delà du MR, ni au sein du MR en tant que question prioritaire (MR – entretien 103).

Dès lors, bien que lancée en interne et bien que proposée à travers des textes parlementaires, la réflexion en matière de suspension des allocations familiales n'a jamais atteint l'agenda politique institutionnel. Par ailleurs, elle ne le sera plus au sein des institutions nationales puisque, dans le cadre de la 6e réforme de l'État (1er juillet 2014), les allocations familiales sont devenues une compétence communautaire. L'influence du VB en la matière n'est donc avérée à aucune phase du processus.

Le VB ne semble par ailleurs pas avoir exercé la moindre influence sur les deux autres propositions. Tout d'abord, il est à noter que – conformément à l'article 57 de la loi du 8 avril 1965 – un tribunal de la jeunesse peut se dessaisir du dossier d'un jeune (dès 16 ans) et le renvoyer devant une juridiction ordinaire (tribunal correctionnel). La conséquence est qu'il est possible de condamner un jeune dès 16 ans à une peine de prison (dans une prison traditionnelle ou dans un centre fédéral fermé). La promesse du VB porte donc sur une disposition déjà partiellement existante depuis de longues années dans le droit belge et cela explique vraisemblablement pourquoi lui-même ainsi que d'autres partis n'ont pas engagé d'action visant à concrétiser la promesse **d'incarcérer les jeunes mineurs délinquants**.

En outre, quasi l'ensemble des interrogés ne connait pas l'existence de la promesse visant à concrétiser un **processus de rééducation pour les jeunes délinquants** (*e.g.* DéFI – entretien 73 ; CD&V – entretien 74 ; CD&V – entretien 75 ; PS – entretien 76 ; Groen – entretien 80 ; cdH – entretien 85). D'autre part, presque tous les interrogés s'opposent, sur le fond, à ces deux questions :

> Rééducation avec appui de l'armée ? Non. Je pense que l'armée n'est pas du tout désireuse de faire ce travail. Ça n'a aucun sens [...]. Non. C'est, une fois

de plus, des mesures de sensationnalisme qui n'ont aucune portée réelle et efficace. (DéFI – entretien 73)
Non. C'est assez rigolo. Non. Je ne connaissais pas ces propositions. (CD&V – entretien 74)

Enfin, les cadres du VB eux-mêmes ne défendent pas activement cette promesse, ne déterminant pas dans quelle direction ils souhaiteraient la voir évoluer :

On ne se prononce pas de la façon concrète d'organiser ça. Mais je pense que ce ne serait pas mal que ces jeunes apprennent un peu à respecter l'autorité, par exemple. (VB – entretien 84)

À nouveau, aucune empreinte empirique ne permet de prouver que le VB a exercé une influence au regard de chacune de ces promesses en matière de délinquance juvénile. Lorsque le MR tente de concrétiser lui-même (au demeurant, sans y parvenir) une de ces promesses, c'est sans l'intervention en amont du VB. Cela ne corrobore pas la perception que le VB a de sa propre influence en la matière, ce qui s'explique notamment par le fait que d'autres partis conservent une position opposée à celle du VB en matière de délinquance juvénile (comme le PS, par exemple[109]).

1.5. Criminalité commise par des étrangers

Tout comme pour le cas de l'UDC suisse et du FN français, le VB formule lui aussi systématiquement des promesses électorales en matière de criminalité commise par des étrangers (cf. tableau 24). Cela s'explique par l'importance qu'accorde le VB tant au secteur de la sécurité intérieure qu'au secteur de l'immigration. Ces promesses se situent au carrefour de ces deux secteurs, elles ont ainsi une place de choix dans ses programmes électoraux.

Face à la question du **renvoi des criminels étrangers** et à la question de les faire **purger leur peine de prison dans leur pays d'origine**, le VB se dit influent. À nouveau, il est nécessaire de vérifier empiriquement cette affirmation, grâce à des empreintes empiriques de son influence.

Le nombre de détenus étrangers ayant fait l'objet d'un éloignement a sensiblement augmenté depuis 2014, même s'il s'agissait d'une tendance déjà entamée préalablement, comme l'indique le tableau 25.

---

[109] Programme du PS de 2010: p. 113

Tableau 24 : **Promesses du VB relatives à la criminalité commise par des étrangers**

Promesses du VB
• **Renvoi des criminels étrangers et peines à l'étranger :** – « Renvoyer les criminels étrangers, et si besoin les déchoir de leur nationalité. » – *Programme électoral du VB 2007, p. 31* – « Les détenus étrangers devraient purger leur peine dans leur pays d'origine. » – *Programme électoral du VB 2010, p. 11* – « Renvoyer les criminels étrangers et, là où c'est possible, les faire purger leur peine dans leur pays d'origine. » – *Programme électoral du VB 2010, p. 16* • **Déchéance de la nationalité :** « Renvoyer les criminels étrangers, et si besoin les déchoir de leur nationalité. » – *Programme électoral du VB 2007, p. 31* • **Banque de données relative aux criminels étrangers :** « Nous exigeons que les statistiques de la criminalité selon la nationalité d'origine soient tenues. » – *Programme électoral du VB 2010, p. 11*

Tableau 25 : **Détenus étrangers faisant l'objet d'un éloignement[a]**

Année	Effectifs
2012	515
2013	688
2014	674
2015	1.434
2016	1.642
2017 (Juillet)	969

a Source: Office des étrangers, le 29 août 2017

En outre, le nombre d'accords de réadmission signés par Théo Francken dans le gouvernement Michel 1 est important. Un lien peut donc être opéré entre la proposition formulée par le VB et les décisions concrètement adoptées. Néanmoins, comme l'indique un cadre du MR (entretien 72), Théo Francken a essentiellement récupéré des accords de réadmission qui existaient déjà auparavant et qui ont été dénoncés lors du Printemps arabe :

> Théo Francken a fait un gros boulot pour qu'on retrouve des accords de réadmission. Donc on en a retrouvé avec le Maroc. On n'en avait plus avec le Maroc. On a réussi à en récupérer […]. Parce qu'en fait on a eu un problème – pour que l'information soit complète – au moment du printemps arabe. C'est-à-dire que lors du printemps arabe il y a une série de pays qui avaient des accords avec les États européens qui, soit au terme de

la révolution – comme l'Egypte – ont dénoncé l'accord et ont dit « non, ça c'est l'ancien gouvernement ; maintenant c'est le nouveau et donc ça s'est terminé », soit où les gouvernements même restés en place mais, vu les troubles internes, ont dénoncé ces accords [...]. Et donc il y a eu un recul à cause de ça. Donc il y a un travail qui a dû être fait par Francken en la matière. (MR – entretien 72)

Par ailleurs, il ressort aussi que, d'une manière générale, cette question a généré peu de débats au sein de la majorité gouvernementale et que tous défendent ce type de mesure. Cela s'explique principalement par le fait qu'une pression importante est exercée par le soutien perçu des citoyens à l'égard des décideurs et que ceux-ci se retrouvent forcés d'en tenir compte. Cette pression est renforcée par des crises migratoires, notamment celle qui touche l'Europe dès 2010 :

> Une pression de l'opinion publique pour en parler ? Oui, hein. C'est souvent un thème qui est... Oui, oui. L'opinion publique est très, très... C'est facile, tout le monde est 'je n'aime pas les étrangers', 'les gens viennent manger notre pain'... C'était le discours 'on ne peut pas accueillir toute la misère du monde', quoi. Mais on n'a jamais demandé d'accueillir toute la misère du monde. (cdH – entretien 86)
>
> Quand on est entré dans la période terroriste, il y a eu des demandes beaucoup plus sévères au niveau de l'intervention publique. (CD&V – entretien 96)

Préalablement au travail de Théo Francken, des accords de réadmission étaient déjà signés par les gouvernements successifs, et ceux-ci l'étaient essentiellement sur la base d'une pression induite par le contexte, plus qu'à la suite d'une pression du VB :

> Oui [j'avais réussi à signer des accords de réadmission]. Avec quelques pays, essentiellement des Balkans. Parce que c'était l'urgence à ce moment-là. (cdH – entretien 86)

Par ailleurs, le soutien qui existe en la matière au sein des gouvernements successifs est motivé par des raisons qui dépassent la simple question de l'influence du VB :

> Il a beaucoup de soutien de Koen Geens. En principe, là aussi est le fait que Geens essaie de libérer le plus possible les prisons pour qu'elles soient moins chargées. Donc pour lui aussi c'est intéressant qu'il y ait des accords bilatéraux pour exécuter les peines à l'étranger. (CD&V – entretien 74)
>
> L'idée de les renvoyer chez eux était de libérer des places dans les prisons belges et de permettre la réhabilitation des prisonniers belges. (PS – entretien 93)

Étude de la trajectoire des promesses électorales du VB 241

Il y a des efforts qui sont faits sur l'expulsion des détenus en séjour illégal et qui permettent de soulager la surpopulation carcérale. (MR – entretien 101)

Au-delà de la signature d'accords de réadmission, le gouvernement a également fait voter deux textes au parlement le 9 février 2017 révisant la loi du 15 décembre 1980 afin de fixer un cadre facilitant l'expulsion de criminels étrangers[110]. Dans ce cadre, l'Office des étrangers peut décider seul du renvoi de criminels étrangers dans leur pays d'origine, et ce même si ces criminels sont nés en Belgique ou sont arrivés sur le territoire avant l'âge de 12 ans. Défendus par le Secrétaire d'État pour leur aspect sécuritaire, ce sont essentiellement des motivations contextuelles qui ont poussé les parlementaires à soutenir ces textes. À l'analyse des annales parlementaires il ressort ainsi que les récents attentats de Paris (et le rôle joué par Salah Abdeslam, né en Belgique) ainsi que le nombre de personnes vivant en Belgique et qui vont combattre en Syrie auprès de *Daesh* ont particulièrement motivé l'adoption de ces textes. Cela se confirme à travers les entretiens réalisés :

> Le contexte terroriste ? Certainement. Il est clair que chaque parti a sa ligne. Ça c'est clair. Mais la ligne du parti est aussi influencée par la situation dans la société. Certainement. Bien sûr. (CD&V – entretien 74)
>
> Donc là aussi [...] la pression en externe et en interne était très, très forte et, en effet, sur la déchéance de nationalité et le renvoi des criminels étrangers. Donc oui, ça nous influence énormément ce qui se passe en matière de terrorisme. (PS – entretien 77)

En matière de renvoi des criminels étrangers dans leur pays d'origine, le rôle du VB se limite, au plus, à un rôle de communication à travers des brochures envoyées à leurs membres, à travers les assemblées parlementaires (par exemple, question posée par le député VB Filip Dewinter le 7 avril 2017 au Ministre de la Justice (CD&V) afin de lui demander des chiffres à propos du renvoi de criminels étrangers) mais aussi dans la société, par exemple via les réseaux sociaux. Le 24 août 2017, le VB se félicitait ainsi de son dynamisme sur les réseaux sociaux :

> Le Niewsblad a réalisé une comparaison [des interactions] de tous les partis sur Facebook, et le *Vlaams Belang* réalise le meilleur score. Cela est

---

[110] Loi du 24 février 2017 modifiant la loi du 15 décembre 1980 sur l'accès au territoire, le séjour, l'établissement et l'éloignement des étrangers afin de renforcer la protection de l'ordre public et de la sécurité nationale : http://www.ejustice.just.fgov.be/cgi_loi/change_lg.pl?language=fr&la=F&table_name=loi&cn=2017022421

seulement grâce à vous, chers fans. Continuez donc à liker, à réagir et à partager ! Nous pouvons ainsi diffuser les vraies informations auprès des citoyens ! (*Vlaams Belang*, Facebook, le 24 août 2017, trad.)

Cette communication est permanente et a lieu depuis plusieurs décennies déjà. Ainsi, en 1992, le *Vlaams Blok* défendait alors cette mesure à travers une brochure publiée par son président (Dillen, 1992 : 30–32). Il s'agit par ailleurs d'une mesure systématiquement présente dans ses programmes électoraux successifs. C'est donc sur le mode de la répétition que cette mesure est défendue par le parti.

Son écho dans la presse est marginal mais existe néanmoins (par exemple, une question posée par le député VB Jan Penris au Ministre de la Justice (CD&V) afin de lui demander des chiffres en termes d'étrangers criminels dans les prisons belges a été relayée à travers le journal en ligne HLN, le 16 août 2017). Ces échos médiatiques sont par ailleurs largement diffusés par le VB, ses cadres et ses élus à travers les médias sociaux.

Les empreintes empiriques de l'influence du VB ne permettent donc que de prouver une influence limitée aux deux premières phases de la fabrique des politiques publiques, et de type exclusive et passive. Par ailleurs, une période de tension est primordiale pour que cette influence puisse se concrétiser.

Comme l'indique un député cdH interrogé dans le cadre de cette recherche (entretien 71), **la déchéance de nationalité** existe déjà dans le droit belge depuis plusieurs décennies. Ainsi, l'article 23 du Code de la nationalité adoptée en 1984 prévoyait déjà la déchéance de nationalité. Néanmoins, plusieurs précisions ont été apportées, modifiant ainsi cet article 23 du Code de la nationalité, respectivement à travers les lois du 13 juin 1991, du 27 décembre 2006, du 4 décembre 2012 et du 20 juillet 2015. Étant donné le cadre temporel qui est celui de cette recherche, la focale est resserrée sur la loi du 20 juillet 2015[111]. Cette loi – votée en urgence sur demande du gouvernement fédéral – étend les possibilités de déchéance de nationalité aux cas de terrorisme en révisant les articles 23/1 et 23/2. Toutes les infractions terroristes (et non plus seulement celles visées dans les articles 137, 138, 139, 140 et 141 du Code pénal)

---

[111] Loi du 20 juillet 2015 visant à renforcer la lutte contre le terrorisme : http://www.ejustice.just.fgov.be/cgi_loi/change_lg.pl?language=fr&la=F&table_name=loi&cn=2015072008

sont désormais prises en compte dans le jugement qui est fait, et l'article prévoyant un délai de dix ans après l'obtention de la nationalité belge et au-delà duquel la déchéance de la nationalité n'est plus possible a été abrogé. Bien que la question de la déchéance de nationalité figurait dans l'accord du gouvernement Michel 1 du 9 octobre 2014, c'est très clairement le contexte terroriste ayant marqué l'actualité en début d'année 2015 (les attentats de Charlie Hebdo du 7 janvier 2015 puis le démantèlement d'une cellule terroriste à Verviers le 15 janvier 2015) qui a permis à cette question de figurer au premier plan de l'agenda politique en 2015. En conséquence de ces événements, le 16 janvier 2015, le gouvernement Michel 1 se réunissait en Conseil des Ministres restreint et adoptait une série de 12 mesures afin de lutter contre le terrorisme. Parmi ces 12 mesures, figurait l'élargissement des possibilités de déchéance de la nationalité aux cas de terrorisme. S'il ressort des entretiens menés que la N-VA et le MR ont joué un rôle particulièrement important dans l'adoption de cette mesure, il est aussi reconnu que le contexte d'alors a constitué une fenêtre d'opportunité capitale et a conduit les partis de la coalition gouvernementale à s'accorder facilement sur l'extension de la déchéance de la nationalité :

> Encore une fois la N-VA a été très demanderesse. Nous on n'était pas les derniers, loin de là. Il faut aussi savoir que l'Open VLD a parfois beaucoup de problèmes avec ce genre de question. Pas sur la déchéance de la nationalité mais sur tout ce qui est attentatoire aux libertés. Mais il faut avouer que ce n'est pas quelque chose qui a été trop, trop compliqué au niveau du gouvernement. Il n'a pas fallu l'échanger contre autre chose, quoi – pour le dire simplement. (MR – entretien 72)
>
> Dans l'alimentation, ici, il y a Hollande. Mais le point de départ ce sont les attentats : Paris, puis la Belgique. Si la Belgique n'avait pas été touchée, je crois que… Ce n'est pas je crois… On ne faisait pas passer la déchéance de nationalité. (MR, entretien 72)
>
> Comme parti, nous avons une offre claire […]. Et en ce qui concerne la déchéance de nationalité pour les terroristes, nous avons effectivement été demandeurs. Il y a d'ailleurs beaucoup de pays européens dans lesquels c'est le cas, comme aux Pays-Bas. Et cela est en conformité avec notre programme. (N-VA – entretien 95)
>
> Il y avait déjà une latitude chez certains de dire 'il faut être sévère, plus agressif, plus offensif, plus répressif', oui, dès le début, mais bien sûr dès le moment où on commence à subir les conséquences d'une nouvelle forme de violence et d'agression et de terrorisme, de radicalisation, plus c'est devenu acceptable, c'est devenu évident, c'est devenu une norme de base pour

pratiquer une politique de sécurité. Donc la politique sécuritaire a quand même évolué. (CD&V – entretien 96)

Au-delà du soutien apporté par les partis de la majorité, d'autres partis ont également soutenu cette révision du Code de la nationalité. Ayant déjà proposé lui-même d'adapter les conditions permettant la déchéance de nationalité à travers une proposition de loi[112], le cdH a ainsi soutenu cette loi. À nouveau, le contexte terroriste est important à prendre en considération pour comprendre ce vote du cdH. À l'initiative du président du parti, le cdH a développé un groupe de travail sur le radicalisme en Belgique au sein de son centre d'étude pour lancer une réflexion autour de la question du terrorisme. Des travaux menés en son sein, la proposition d'étendre la déchéance de nationalité est ressortie (cdH – entretien 78).

Au PS, le rôle du soutien populaire est considéré comme important pour expliquer pourquoi certains de leurs élus se sont montrés favorables à cette mesure, bien que cela n'ait pas été la position officielle du parti – alors dans l'opposition :

> Mais l'opinion publique, elle, y était totalement favorable, et certain de mes petits camarades, bien évidemment, y sont favorables aussi. [...] Et ça, pour moi, c'est clairement une loi d'opinion publique. [...] Ça nous arrive aussi, quelques fois, de suivre l'opinion publique. (PS – entretien 100)

Très rapidement, cette mesure a donc été adoptée par le gouvernement fédéral. Le 16 juillet 2015, le Parlement réuni votait en faveur de ce projet de loi.

Peu nombreuses sont les empreintes empiriques permettant de prouver que le VB a exercé une influence au regard de ce dossier. Les seules empreintes repérées concernent des interventions du VB à travers la presse et des tracts diffusés. En conséquence, son influence est partagée, passive et extra-institutionnelle. Par ailleurs, elle ne s'exerce qu'à l'égard d'un aspect précis de sa promesse (elle se limite aux cas de terrorisme), que dans un contexte bien spécifique et dans le moyen, voire le long terme (influence discontinue).

---

[112] Proposition de loi n° 54K0796 déposée le 14 janvier 2015 par Vanessa Matz (cdH) et Georges Dallemagne (cdH) modifiant le Code de la nationalité belge afin d'étendre les possibilités de déchéance de la nationalité : https://www.lachambre.be/kvvcr/showpage.cfm?section=/flwb&language=fr&cfm=/site/wwwcfm/flwb/flwbn.cfm?legislat=54&dossierID=0796

Enfin, les cadres du VB reconnaissent eux-mêmes que le VB n'a exercé aucune influence (*e.g.* VB – entretien 69) au regard de leur promesse visant à créer une **banque de données relatives aux criminels étrangers**. En effet, aucun texte n'a été proposé par le VB au sein des institutions et ce parti n'en a pas fait une priorité lors de ses interventions de quelque nature que ce soit. Par ailleurs, aucun autre parti n'a soulevé cette question ou n'a même le souvenir d'avoir entendu cette promesse (*e.g.* cdH – entretien 78 ; CD&V – entretien 96). Aucune empreinte empirique n'atteste donc que le VB a exercé une influence.

En matière de criminalité commise par des étrangers, le VB parvient à exercer une influence. Celle-ci est néanmoins particulièrement limitée puisque le VB n'est pas reconnu comme central dans le mécanisme causal : sans son intervention, la promesse qu'il défendait aurait aussi pu être adoptée.

1.6. Lutte anti-drogue

Tant en 2007 qu'en 2010, le VB propose des promesses électorales afin de lutter contre le trafic mais aussi la consommation de drogues (cf. tableau 26). Pour ce faire, il propose essentiellement de renforcer les sanctions à l'égard des trafiquants, des vendeurs et des consommateurs de drogues.

En matière de drogues, le VB souhaite se montrer ferme en **renforçant les sanctions à l'égard des usagers et des trafiquants**. Lors d'un entretien, il est même proposé que la peine de mort soit rétablie dans le cas de la vente d'une dose mortelle de drogue (VB – entretien 68). Cette position ne semble toutefois pas défendue par la direction du parti

Tableau 26: **Promesses du VB relatives à la lutte anti-drogue**

Promesses du VB
• **Renforcement des sanctions à l'égard des usagers et des trafiquants de drogues :** – « Pas de légalisation de la politique de tolérance pour les drogues. » – *Programme électoral du VB 2007, p. 31* – « Posséder et consommer du cannabis doit être de nouveau punissable. » – *Programme électoral du VB 2010, p. 12*
• **Sanction lors de la vente d'une dose mortelle de drogue :** « La vente d'une dose mortelle de drogue doit être punie par la peine la plus stricte. » – *Programme électoral du VB 2007, p. 28*

(VB – entretien 69). Outre ses programmes électoraux et ses discours, le VB a déposé pas moins de 7 textes à la Chambre des représentants ainsi qu'au Sénat afin de légiférer en la matière. Parmi ceux-ci, en 2011, un texte[113] visait à renforcer les peines prévues par la loi du 24 février 1921[114]. Les autres textes avaient pour objectif de renforcer la lutte contre la culture et le commerce de drogues, notamment le cannabis, en autorisant les perquisitions de nuit et sans mandat, et en légalisation le recours à des hélicoptères équipés de caméras thermiques afin de détecter les plantations de cannabis. En 2014, l'Open VLD déposait une proposition de loi allant dans le même sens[115]. Aucune de ces propositions n'a trouvé à se développer au sein du Parlement et n'a eu d'écho. Néanmoins, en 2014, le gouvernement faisait adopter une loi[116] modifiant la loi du 24 février 1921 et renforçant une série de sanctions. Les actes préparatoires au trafic de drogue peuvent désormais être punis. Toutefois, au-delà du fait que cette loi ne met pas en œuvre les propositions du VB en tant que telles, aucune empreinte empirique du rôle du VB n'est repérée. Le VB reconnaît d'ailleurs cet « échec » dans sa tentative d'influence en la matière (VB – entretien 97).

---

[113] Proposition de loi n° 53K1253 déposée le 24 février 2011 par Gerolf Annemans (VB) et Filip De Man (VB) renforçant les peines prévues par la loi du 24 février 1921 concernant le trafic des substances vénéneuses, soporifiques, stupéfiantes, psychotropes, désinfectantes ou antiseptiques et des substances pouvant servir à la fabrication illicite de substances stupéfiantes et psychotropes : https://www.lachambre.be/kvvcr/showpage.cfm?section=/flwb&language=fr&cfm=/site/wwwcfm/flwb/flwbn.cfm?legislat=53&dossierID=1253.

[114] Loi du 24 février 1921 concernant le trafic des substances vénéneuses, soporifiques, stupéfiantes, psychotropes, désinfectantes ou antiseptiques et des substances pouvant servir à la fabrication illicite de substances stupéfiantes et psychotropes : http://www.ejustice.just.fgov.be/cgi_loi/change_lg.pl?language=fr&la=F&table_name=loi&cn=1921022401

[115] Proposition de loi 53K3459 déposée le 18 mars 2014 par Frank Wilrycx (Open VLD) et Carina Van Cauter (Open VLD) modifiant le Code d'instruction criminelle en ce qui concerne l'utilisation de caméras thermiques : https://www.lachambre.be/kvvcr/showpage.cfm?section=/flwb&language=fr&cfm=/site/wwwcfm/flwb/flwbn.cfm?legislat=53&dossierID=3459

[116] Loi du 7 février 2014 modifiant la loi du 24 février 1921 concernant le trafic des substances vénéneuses, soporifiques, stupéfiantes, psychotropes, désinfectantes ou antiseptiques et des substances pouvant servir à la fabrication illicite de substances stupéfiantes et psychotropes : http://www.ejustice.just.fgov.be/cgi_loi/loi_l1.pl?language=fr&caller=list&la=f&fromtab=loi&tri=dd+as+rank&sql=dd+=+-date%272014-02-07%27+and+nm+contains+%272014018083%27

Le CD&V admet qu'il est lui-même particulièrement répressif en la matière (CD&V – entretien 74). Néanmoins, il avance que la marge de manœuvre des magistrats doit être sauvegardée et que cela explique pourquoi **la vente d'une dose mortelle de drogue** n'est pas automatiquement – comme le souhaiterait le VB – punie par la peine maximale :

> Heureusement, dans notre pays, le droit pénal donne une fourchette. C'est à la magistrature de choisir les peines. Ce n'est pas au législateur de donner des maximas [...] Et la magistrature peut dans tous les cas, qui sont toujours individuels, faire le choix le plus adéquat, en tenant compte de tous les éléments repris dans le dossier. (CD&V – entretien 75)

Cette promesse précise est d'ailleurs peu connue par les partis traditionnels (*e.g.* PS – entretien 76) et n'a jamais été mise en débat ou reformulée par d'autres partis. En outre, aucune empreinte empirique n'est détectée. Aucune trace ne permet donc d'indiquer que le VB a mené une action visant à favoriser la concrétisation de cette promesse. Son influence n'est donc pas avérée.

Enfin, d'une manière générale et au-delà de la loi du 7 février 2014 qui porte spécifiquement sur les actes préparatoires à un trafic de drogue, la question des drogues est peu débattue au sein des institutions et dans le débat public. Depuis l'adoption de la directive De Clerck en 1998[117] (directive qui est attaquée par le VB depuis son entrée en vigueur, comme l'indique un cadre du VB – entretien 98), une politique de tolérance à l'égard des consommateurs de cannabis est reconnue et aucune évolution substantielle n'est à relever. Des interrogés expliquent cet écart de l'agenda comme suit :

> Ça n'intéresse plus grand monde. Il y a d'autres délinquances qui ont pris le pas là-dessus et, donc, on s'intéresse beaucoup plus à des choses que la population vit au quotidien. (PS – entretien 77)
>
> Mais comme vous le savez, on est quand même fort branché sur les questions terroristes et moins, pour le moment, sur ces questions-là. (cdH – entretien 85)

---

[117] « Directive commune relative à la politique des poursuites communes en matière de détention et de vente au détail de drogues illicites » du 17 avril 1998, dite directive De Clerck : http://www.ejustice.just.fgov.be/cgi_loi/loi_a1.pl?sql=(text%20 contains%20(%27%27))&language=fr&rech=1&tri=dd%20AS%20RANK&value=&table_name=loi&F=&cn=2003051636&caller=image_a1&from-tab=loi&la=F

Alors que les positions des partis traditionnels sont très variées – entre le CD&V qui s'oppose à toute dépénalisation des drogues douces (CD&V – entretien 75) et le PS qui se prononce en faveur de la création de salles d'injection (PS – entretien 77) – les promesses du VB ne sont pas mises à l'agenda. D'une manière générale, c'est le contexte qui semble ne pas exercer de pression particulière sur les partis politiques pour qu'ils légifèrent en la matière.

1.7. Scission de la Justice

Politique de sécurité mais relevant davantage du judiciaire que du pénal (Compston, 2004), la promesse du VB visant à scinder la justice belge est régulièrement proposée par le VB. En ce sens, elle figure tant dans son programme de 2007 que de 2010 (cf. tableau 27).

La scission de la Justice est un sujet qui fait régulièrement débat mais uniquement de la part de partis néerlandophones, et essentiellement à travers la presse ou des événements spécifiques (par exemple, le 13 mai 2017, Geert Bourgeois (N-VA) se prononçait en faveur d'une justice flamande lors du 200e anniversaire de la faculté de droit de l'Université de Gand). Le rôle de la N-VA à propos de ces débats est régulièrement relevé lors des entretiens (*e.g.* CD&V – entretien 74 ; PS – entretien 76 ; N-VA – entretien 79 ; N-VA – entretien 83). Aucun objet parlementaire allant en ce sens n'est toutefois retrouvé. Au niveau exécutif, seule une empreinte peut être retrouvée en amont des discussions en vue de la formation du gouvernement Di Rupo (*cf. infra*). Néanmoins, l'idée a vite été écartée et n'a plus refait surface. Lors de la formation du gouvernement suivant, la question communautaire a été écartée des négociations et cette thématique n'a donc de nouveau pas été abordée.

> Dans les discussions gouvernementales, au début du début, donc c'est-à-dire en 2010, c'est vrai que dans le schéma de la N-VA, il y avait notamment cette idée que la Justice pouvait être « régionalisée ». […] Il en a été question mais

Tableau 27 : **Promesse du VB relative à la scission de la justice**

Promesses du VB
• **Scission de la Justice**
– « Le VB exige une justice flamande » – *Programme électoral du VB 2007, p. 31*
– « Le VB veut que les régions flamande et wallonne deviennent complètement autonomes sur le plan de la justice » – *Programme électoral du VB 2010, p. 13*

seulement de manière elliptique et durant peut-être un jour. Et ça n'a pas fait long feu. On n'en a plus jamais parlé. (PS – entretien 1993)

La promesse ne parvient ainsi pas à être inscrite à l'agenda institutionnel. Du côté francophone, une opposition forte à cette demande est par ailleurs formulée et contribue à expliquer la raison pour laquelle un débat sur la question est rendu difficile :

> Moi je ne suis pas du tout preneur de ce débat pour plusieurs raisons [...]. La logique voulue par le Belang et la N-VA c'est un système où, progressivement, étape par étape, ce serait le dépeçage intégral du pouvoir judiciaire [...]. Et donc ça veut dire que, oui, c'est le confédéralisme, le séparatisme. Alors autant parler directement de la fin du pays plutôt que de perdre son temps et d'y aller par étapes. (DéFI – entretien 73)
>
> On est contre, hein. (PS – entretien 76)

Le VB s'exprime également sur cette question, mais essentiellement à travers les médias traditionnels et les médias sociaux. Au sein du Parlement, c'est purement et simplement en faveur de l'indépendance de la Flandre qu'il s'exprime. Néanmoins, ces interventions ne provoquent pas de réaction et n'enclenchent nullement un processus de prise de décision. Étant donné que la question ne parvient pas à se développer, par exemple en s'inscrivant à l'agenda institutionnel, et étant donné que le seul parti bénéficiant d'un écho médiatique important en la matière est la N-VA, l'influence du VB n'est pas avérée.

1.8. Justice accélérée

Promesse également formulée par l'UDC suisse, la demande de généraliser le système de justice accélérée est réalisée par le VB tant dans son programme électoral de 2007 que de 2010 (cf. tableau 28).

Tableau 28 : Promesse du VB relative à la justice accélérée

Promesses du VB

• **Justice accélérée :**
  – « Le VB plaide pour un élargissement conséquent de la comparution immédiate, sur le modèle français. » – *Programme électoral du VB 2007, p. 29*
  – « Le VB plaide pour une justice accélérée généralisée pour la criminalité de rue/ de ville. Il a déjà déposé une proposition de loi visant à réintroduire la justice accélérée de Verwilghen (qui a été cassée par la Cour constitutionnelle), de façon modifiée. » – *Programme électoral du VB 2010, p. 8*

Le VB prétend avoir été le premier à demander la mise en place de **la justice accélérée**, c'est-à-dire la possibilité de juger et réprimer un fait de délinquance rapidement (VB – entretien 69). Dans les faits, il faut remonter à 1990 (« Plan de Pentecôte ») et 1992 (« Programme d'urgence sur les problèmes de société ») pour repérer une première volonté de développer la justice accélérée en Belgique, qui se concrétise à travers la loi du 11 juillet 1994 relative à l'accélération et à la modernisation de la justice pénale[118]. Cette loi consacre alors le principe de justice accélérée en Belgique. Ensuite, les tentatives de développement de la mise en œuvre de cette loi sont à trouver dans les apprentissages d'un séjour d'étude organisé à New-York par le Ministre de la Justice de l'époque avec la Commission de la Justice de la Chambre des représentants :

> Il y avait même des tribunaux pendant la nuit. Donc du moment qu'on voyait à New-York quelqu'un qui faisait quelque chose, boum on l'attrapait et on l'emmenait devant le tribunal, et donc il était jugé de suite et mis en prison de suite. C'était 'waw'. C'était 'waw'. C'était 'ça enfin c'est de la justice'. Donc ça a été utilisé comme exemple pour dire 'il nous faut du *snelrecht*, de la justice accélérée' […]. Et donc en revenant, on n'était pas encore arrivé qu'il y avait déjà une conférence de presse de la part du VLD pour dire 'waw, la justice en Belgique ne vaut rien, il faut voir les États-Unis : là on connait le système, là on a vu des choses'. Et donc ils utilisaient le système parce qu'ils étaient dans l'opposition à ce moment-là […]. Et donc oui, ça a été repris comme idée du système américain. (CD&V – entretien 96)

Plus tard, la loi du 29 mars 2000 – portée par un Ministre VLD – entendait aller plus loin que la loi du 11 juillet 1994 en développant la procédure de comparution immédiate, dans le cadre de l'Euro2000 de football[119]. Cette loi prévoyait un traitement encore plus rapide des dossiers et permettait la délivrance d'un mandat d'arrêt et la détention préventive. Néanmoins elle est rapidement rendue inapplicable par la Cour constitutionnelle (arrêt du 28 mars 2002), qui en abrogea la majorité des dispositions. Lors de ces développements de la justice accélérée, aucune empreinte empirique ne permet d'imputer une influence quelconque au VB.

---

[118] Loi du 11 juillet 1994 relative aux tribunaux de police et portant certaines dispositions relatives à l'accélération et à la modernisation de la justice pénale : http://www.ejustice.just.fgov.be/cgi_loi/change_lg.pl?language=fr&la=F&cn=1994071133&table_name=loi

[119] 11e édition du Championnat d'Europe de football, organisée de façon conjointe par les Pays-Bas et la Belgique.

La procédure accélérée telle que définie dans la loi du 11 juillet 1994 demeure aujourd'hui, ce qui signifie qu'une personne peut être convoquée dans les deux mois après son audition auprès du parquet et après avoir été maintenue en liberté. Son application est toutefois limitée par manque de moyens humains et financiers. Bien que tous les interrogés rencontrés se montrent favorables à l'égard de cette procédure et bien que certains partis inscrivent également cette promesse dans leur propre programme électoral (comme le PS, en 2010, p. 109), aucun débat institutionnel et aucun développement législatif n'a eu lieu en la matière depuis 2002 (date de l'arrêt de la Cour constitutionnelle). Il ne s'agit par ailleurs pas d'une question à propos de laquelle les partis politiques traditionnels ressentent une pression (au regard du soutien populaire, par exemple). Aucune influence du VB ne peut donc être repérée sur ce dossier.

1.9. Grâce royale

Dans son programme électoral de 2010, le VB défend l'abolition de la grâce royale (cf. tableau 29). Bien que non formulée dans son programme de 2007, il s'agit pourtant d'une proposition électorale formulée par le parti depuis de nombreuses années.

L'abolition de la grâce royale est ponctuellement questionnée au sein du Parlement, tant à la Chambre des représentants qu'au Sénat. Néanmoins, force est de constater que seuls les partis flamands semblent plaider officiellement en ce sens[120]. Tout d'abord, le VB est le plus actif sur cette question, en déposant régulièrement une proposition de loi visant à réviser l'article 110 de la Constitution et à supprimer la prérogative royale du droit de grâce. Depuis 2007, 6 propositions de loi identiques ont ainsi été déposées par les parlementaires du VB (n° 54S0174, n° 54K0560,

---

[120] Au MR, durant des entretiens, il ressort par exemple que « la grâce royale est un reliquat de l'ancien régime » (MR – entretien 70). Il en est de même au cdH (cdH – entretien 71). Néanmoins, aucune proposition n'est formulée en ce sens au sein des institutions ou à travers les médias. Comme l'indique un député cdH (entretien 71) « Ça fait quand même fort ancien régime [...]. Je ne vais pas me battre non plus pour qu'on vienne en discuter. D'ailleurs en Belgique on a combien de situations comme celle-là ? ». Même s'il pourrait être soutenu plus largement, l'enjeu n'est pas parvenu à être inscrit à l'agenda institutionnel.

Tableau 29 : Promesse du VB relative à la grâce royale

Propositions du VB
• Abolition de la grâce royale : « La grâce royale doit être abolie » – *Programme électoral du VB 2010, p. 10*

n° 53S0644, n° 53K0628, n° 52S1368 et n° 52K2010)[121]. Le VB ne vise pas à supprimer purement et simplement la grâce, mais à éviter que cette prérogative soit dans les mains du Roi :

> Évidemment, il faut pouvoir être gracieux et donner la grâce. [...] Il faut de temps en temps faire la grâce. Mais ce n'est pas le roi qui doit le faire. C'est la démocratie, c'est le parlement. (VB – entretien 68)

Par ailleurs, l'Open VLD a aussi tenté d'ouvrir le débat sur la question au niveau du Sénat, en 2011 et 2014. La N-VA – conformément à ce qu'elle propose dans son programme électoral[122] – a également proposé une mesure identique en 2010 à la Chambre des représentants. Enfin, même s'il n'a pas agi via les arènes institutionnelles à ce propos, le CD&V se revendique également en faveur de la suppression de la grâce royale (CD&V – entretien 74). *A priori*, il semble donc que cette promesse n'est pas uniquement défendue par le VB mais également par d'autres partis flamands. Si la N-VA admet que la grâce royale est « un concept tout à fait dépassé » (N-VA – entretien 79), aucun texte parlementaire en ce sens n'a été formulé depuis 2010.

Si les partis francophones ne défendent pas officiellement une telle proposition, ils ne s'y opposent pas non plus lors des entrevues réalisées avec plusieurs d'entre eux, et avancent les mêmes raisons que celles mises en avant en Flandre par les partis traditionnels. Au MR, durant des entretiens, il ressort que « la grâce royale est un reliquat de l'ancien régime » (MR – entretien 70). Il en est de même chez DéFI (entretien 73) ou au cdH (entretien 71). Néanmoins, aucune proposition n'est formulée en ce sens au sein des institutions ou à travers les médias. Selon eux, il ne s'agit pas d'une question prioritaire :

---

[121] Il s'agit à chaque fois de propositions de déclaration de révision de l'article 110 de la Constitution en ce qui concerne le droit de grâce : https://www.lachambre.be/kvvcr/showpage.cfm?section=flwb&language=fr&cfm=/site/wwwcfm/flwb/flwbn.cfm?lang=F&legislat=54&dossierID=0560

[122] Programme électoral de 2010, p. 49.

Ça fait quand même fort ancien régime [...]. Je ne vais pas me battre non plus pour qu'on vienne en discuter. D'ailleurs en Belgique on a combien de situations comme celle-là ? [...] Je pense qu'on a d'autres choses à faire que ça. (cdH – entretien 71)
Ce n'est pas un sujet prioritaire. Oui. Oui, parce que, d'abord, on n'est quand même pas confronté toutes les semaines à des mesures de grâce royale. Et deuxièmement parce que c'est une des manières qu'a la N-VA et les partis – ce sont surtout la N-VA et le Belang – qui veulent remettre en cause les prérogatives du Roi de tirer la pelote de laine. Et on sait qu'après ça on parlera de la sanction royale pour les textes de loi, et ainsi de suite, et ainsi de suite. (DéFI – entretien 73)

Même si, dans les faits, il pourrait ainsi être soutenu plus largement puisque presqu'aucun parti ne s'y oppose, l'enjeu n'est pas parvenu à être inscrit à l'agenda. À nouveau, étant donné qu'aucune empreinte empirique n'est trouvée en la matière, l'influence du VB n'est pas avérée.

2. Qualifier l'influence du VB sur la fabrique des politiques publiques

Alors que la section précédente a relevé 23 promesses du VB dans ses programmes électoraux de 2007–2010 et de 2010–2014 et a analysé leur trajectoire ainsi que l'influence exercée par le VB lorsqu'elles se développent, la présente section dresse un bilan de l'influence exercée par le VB dans le secteur de la sécurité intérieure.

2.1. L'influence du Vlaams Belang : typologie

Le VB est un parti politique qui exerce une influence sur la fabrique des politiques publiques en Belgique dans le secteur de la sécurité intérieure (cf. tableau 30). Néanmoins, cette influence est très limitée et s'exerce seulement dans des dossiers bien précis : le droit des sanctions et la criminalité commise par des étrangers. Dans les autres dossiers (du secteur de la sécurité intérieure), aucune empreinte empirique ne permet de prouver que le VB a effectivement exercé une influence. Par ailleurs, la structure de l'influence est similaire à celle exercée par le FN en France : c'est uniquement lors des phases de mise à l'agenda et de formulation de solutions que le VB parvient à exercer une influence.

Le tableau 30 illustre comment cette influence qu'exerce le VB sur la fabrique des politiques publiques se réalise au regard de la typologie

Tableau 30 : Nombre de promesses pour lesquelles des empreintes de l'influence du VB sont repérées

Mise à l'agenda	Formulation de solutions	Adoption de décisions
Empreintes empiriques d'influence : 3	Empreintes empiriques d'influence : 3	Empreintes empiriques d'influence : 0
Pas de d'empreinte empirique d'influence : 20	Pas d'empreinte empirique d'influence : 20	Pas d'empreinte empirique d'influence : 23

développée. Pour chacune des trois promesses au regard desquelles une influence est exercée, l'influence comporte les mêmes caractéristiques. Elle est ainsi systématiquement partagée. Lorsque ses promesses ne sont pas aussi défendues, au moins en partie, par d'autres acteurs politiques (essentiellement des partis, dans ce cas), elles ne trouvent jamais à se développer. Cela permet de nuancer la capacité d'influence du VB puisqu'il n'est d'emblée pas isolé dans ses combats.

Ensuite, l'influence est systématiquement passive. En effet, le VB contribue, en amont du processus, à ouvrir un débat et à imposer des solutions sans qu'il ne soit toutefois un acteur crucial dans le processus. Il est un maillon du mécanisme causal mais les empreintes empiriques ne permettent pas d'indiquer que l'absence de ce maillon aurait comporté des conséquences sur la suite du mécanisme tel qu'il s'est développé. Cela découle notamment du fait que d'autres acteurs partagent ses promesses (bien que seulement dans une certaine mesure).

Aussi discontinue, l'influence du VB est le résultat d'une stratégie de communication de moyen, voire de long terme. Elle résulte ainsi de la multiplication des tentatives d'influence du VB. Par ailleurs, ces tentatives sont toutes de nature extra-parlementaire. Comme pour le FN, le VB intervient régulièrement au sein du Parlement pour développer ses promesses mais ces interventions ne sont jamais suivies d'effets. Au plus, elles sont reprises et défendues à travers les médias (sociaux) par le VB dans sa stratégie de communication.

L'influence du VB n'est en outre que partiellement congruente, ce qui signifie que, quand elle s'exerce, c'est toujours à l'égard de certains aspects précis de la promesse. La promesse ne se développe jamais en tant que telle, dans son entièreté. Par exemple, le système de libération conditionnelle est revu et les conditions d'obtention de la libération conditionnelle durcies, mais il demeure. Pourtant, la promesse du VB visait à supprimer cette loi instaurant le mécanisme de libération conditionnelle.

Qualifier l'influence du VB sur la fabrique des politiques publiques   255

Tableau 31 : Nombre de promesses pour lesquels différents types d'influence sont repérés

Mise à l'agenda	Formulation de solutions	Adoption de décisions
Influence partagée : 3	Influence partagée : 5	Influence partagée : 0
Influence exclusive : 0	Influence exclusive : 0	Influence exclusive : 0
NA : 20	NA : 20	NA : 23
Influence active : 0	Influence active : 0	Influence active : 0
Influence passive : 3	Influence passive : 3	Influence passive : 0
NA : 20	NA : 20	NA : 23
Influence discontinue : 3	Influence discontinue : 3	Influence discontinue : 0
Influence continue : 0	Influence continue : 0	Influence continue : 0
NA : 20	NA : 20	NA : 23
Influence congruente : 0	Influence congruente : 0	Influence congruente : 0
Influence partiellement congruente : 3	Influence partiellement congruente : 3	Influence partiellement congruente : 0
NA : 20	NA : 20	NA : 23
Influence institutionnelle : 0	Influence institutionnelle : 0	Influence institutionnelle : 0
Influence extra-institutionnelle : 3	Influence extra-institutionnelle : 3	Influence extra-institutionnelle : 0
NA : 20	NA : 20	NA : 23
Influence sans tension : 0	Influence sans tension : 0	Influence sans tension : 0
Influence sous tension : 3	Influence sous tension : 3	Influence sous tension : 0
NA : 20	NA : 20	NA : 23

Enfin, l'influence du VB ne s'exerce qu'en période de tension. Ces tensions peuvent être variées et liées à un contexte marqué par l'actualité terroriste ou l'actualité judiciaire (demandes de libération de pédophiles), par exemple. En dehors de ces périodes de tension, le VB ne parvient jamais à exercer la moindre influence. Ces tensions sont donc essentielles dans le mécanisme permettant de comprendre l'exercice d'une influence par le VB.

2.2. Théorisation de l'influence du Vlaams Belang : quel mode opératoire ?

2.2.1. La voie parlementaire

Malgré sa présence au sein du Parlement lors des deux législatures étudiées, le VB ne parvient pas à mobiliser l'arène parlementaire afin d'exercer une influence sur la fabrique des politiques publiques. En effet, son poids en termes de sièges et son manque d'alliés politiques ne lui permettent pas d'exercer une pression sous forme de menace, par exemple en termes de vote en faveur ou en défaveur de textes. Par ailleurs, durant la période investiguée, il ne parvient pas à occuper un siège au sein du bureau de la Chambre des représentants ou du Sénat, ou d'une de leurs commissions – postes qui peuvent potentiellement contribuer à accroître la capacité d'influence d'un acteur.

Tout comme l'UDC et le FN, le VB intervient régulièrement à travers la Chambre des représentants et le Sénat de Belgique afin de tenter de traduire ses promesses électorales en décisions. Néanmoins, comme pour le cas du FN, ses objets parlementaires ne sont jamais cosignés ou soutenus au-delà du VB et ils ne provoquent jamais un quelconque débat. Cela résulte notamment de la stratégie adoptée par les partis traditionnels à leur égard :

> Dès qu'ils proposent quelque chose, comme ça vient d'eux, il y a un effet de rejet automatique. Je ne peux pas te montrer les analyses de mon collaborateur, mais quand on a des propositions de loi et qui sont mises en discussion en Commission de l'Intérieur, il me fait une analyse […] projet par projet. Il me dit 'voilà, ce projet propose telle mesure ; le VLD est contre, le PS est pour, le SPa propose d'y mettre un amendement' et il fait des propositions de vote […]. Les propositions du *Vlaams Belang*, il m'écrit 'no comment, nous voterons évidemment contre'. Donc moi je n'ai pas l'analyse. (PS – entretien 76)

Nonobstant cette impossibilité de provoquer directement une nouvelle séquence au sein du mécanisme causal à travers la voie parlementaire, les interventions parlementaires (questions parlementaires, interpellations et propositions de loi) réalisées par des élus VB sont mobilisées par le parti pour communiquer ses propositions à travers les médias (sociaux) et montrer qu'il est actif pour les défendre (VB – entretien 87 ; VB – entretien 90).

Le tableau 32 – négatif dans son ensemble – illustre la difficulté que rencontre le VB à exercer une influence à travers la voie parlementaire. Toutefois, celle-ci – à travers l'activité parlementaire d'élus VB – peut être un tremplin permettant d'exercer une influence d'un autre type, certes moins active, moins institutionnelle et discontinue.

2.2.2. Un style de communication atypique

Une fois les promesses du VB inscrites dans un programme électoral, le VB tente de les défendre afin de les développer et de les traduire en

Tableau 32 : Le VB au parlement : influence

	Mise à l'agenda	Formulation de solutions	Adoption de décisions
Dépôt d'objets parlementaires	–	–	–
Recours à la menace d'un vote négatif	–	–	–
Convocation d'une session extraordinaire	–	–	–
Postes au sein du Parlement	–	–	–

Légende : les phases durant lesquelles une influence s'exerce sont marquées par « + » et les phases durant lesquelles elles ne s'exerce pas par « – »

décisions. Pour ce faire, le VB développe une communication lui permettant de se présenter comme étant à « l'avant-garde » (VB – entretien 69 ; VB – entretien 84) ou un « parti fouet » (VB – entretien 87 ; VB – entretien 104).

C'est essentiellement par sa participation lors des différents scrutins électoraux ainsi que par sa communication permanente autour de certaines thématiques spécifiques – l'immigration, la sécurité et l'indépendance de la Flandre – que le VB tente de propager ses idées et de les imposer dans les débats publics et institutionnels. Sa participation aux élections fédérales doit davantage être perçue comme une manière d'obtenir des sièges parlementaires et d'accroître ainsi sa communication (et, *in fine*, son influence) que comme une manière de prendre le pouvoir :

> Nous voulons participer au pouvoir. Je pense que c'est un peu plus compliqué au niveau fédéral puisque, là, nous avons des doutes sur la faisabilité d'appliquer notre programme. Avec les partis francophones je pense que ce n'est pas faisable. (VB – entretien 84)
>
> Il y a deux niveaux. On est au pouvoir [ou] on exerce une influence sur les événements, l'agenda et les discours. Et c'est là que le *Vlaams Belang* a été le maître [...]. Chercher des contacts avec les autres pour essayer d'entrer en coalition, ça n'a jamais été mon problème. (VB – entretien 92)
>
> Le premier devoir d'un parti comme le nôtre c'est d'être et de rester un parti d'opposition. Il faut faire pression sur les autres partis. [...] Pour avoir du succès il faut être dans l'opposition. C'est plus facile, quand on veut changer des choses, d'être dans l'opposition. Parce que quand on est au pouvoir il faut trouver des consensus, il faut être d'accord avec des compromis. (VB – entretien 102)

Entre les échéances électorales, le VB communique constamment sur les trois thématiques au cœur de son programme, parmi lesquelles la sécurité intérieure. Cette communication se réalise lors de congrès et rencontres en interne, mais aussi, plus largement, à travers la presse flamande et via les médias sociaux. De très nombreux communiqués de presse sont par exemple envoyés par le VB et ses élus aux médias. Néanmoins, la réceptivité des médias face à ces communiqués de presse est perçue par le VB comme étant particulièrement faible et le VB en ressent une « frustration » (VB – entretien 90). Des brochures thématiques sont aussi réalisées afin de montrer que le VB est doté d'une réelle expertise face aux dossiers qu'il défend (VB – entretien 90). Spécifiquement sur les questions de sécurité intérieure, une brochure d'une centaine de pages intitulée « adieu au laxisme »[123] a été diffusée au printemps 2014, rappelant les promesses du VB (parmi lesquelles la suppression du système de libération conditionnelle, le renvoi des criminels étrangers ou la lutte contre les trafiquants et consommateurs de drogue, par exemple), avec un certain nombre d'analyses et de chiffres à l'appui.

Étant donné le rapport difficile qu'entretient le VB avec les médias traditionnels – rapport objectivé dans la littérature (de Cleen & van Aelst, 2017) –, le VB développe une communication qui se veut « radicale », « provocatrice » ou « extrême ». En ce sens, la communication du VB peut être dite atypique :

> On a fait des provocations. Et c'est vrai qu'on en a fait. Mais notre but n'était pas de faire de la provocation gratuite, en tout cas puisque notre but ultime était quand même de faire appliquer notre programme. (VB – entretien 84)
>
> Nous avons, surtout dans le passé, formulé les problèmes de manière dure, extrême pour attirer l'attention. (VB – entretien 87)
>
> Le *Vlaams Belang* est dans le grand show, c'est de la rhétorique. (VB/N-VA – entretien 89)
>
> Les gens ne veulent pas une telle sorte de rhétorique agressive. Le monde politique a changé aussi et [Filip Dewinter] *keeps going on*. Il continue et il continue avec une manière agressive de discuter. Et il exagère aussi. Il provoque tout le temps […]. C'est une forme d'extrémisme qu'il a aussi sur le plan de la sécurité. (VB – entretien 90)
>
> Comme on était un parti isolé […] c'était pour nous nécessaire pour attirer l'attention, pour rompre le blocage de notre parti. Il fallait avoir un style un

---

[123] LAEREMANS B., SCHOOFS B., LOGGHE P. (2014), *Adieu aan de laksheid. Brochure over veiligheid en justitie.* Vlaams Belang

Qualifier l'influence du VB sur la fabrique des politiques publiques   259

peu choquant [...]. Donc c'était une stratégie pour quand même réussir à rentrer dans la presse. Et on parlait 'Tu as vu les affiches du *Vlaams Belang* ?' 'Tu as vu ce qu'ils ont proposé ?' 'Leur slogan ?'. (VB – entretien 97)
Avec un parti comme la N-VA face à nous, il faut faire autre chose, il faut faire quelque chose qui choque ou qui, quand même, provoque un débat. Si on ne fait pas ça, personne ne parle de vous. On peut faire dix conférences de presse ici, au parlement, sur la sécurité sociale, les pensions, la mobilité, *etc., etc.* On n'aura pas un journaliste. Mais si je vais à la grande mosquée et que je prends les 167 ou 164 sourates djihadistes, si j'enlève les sourates djihadistes du Coran, il y a 4 ou 5 caméras et j'ai des journalistes. Ça marche comme ça. (VB – entretien 102)

Par ailleurs, la communication du VB se veut également simple et peu technique afin de toucher directement le plus grand nombre de citoyens. De la sorte, il peut espérer voir ses idées percoler plus aisément au sein de la population :

Nous avons toujours essayé d'opérer le bon sens. Toujours avec la mentalité qui est celle... Cela peut être un peu... Je n'aime pas le mot populiste, mais cela peut être court et clair. Parce qu'il faut convaincre les gens. Et on ne convainc pas des gens avec des discours qui sont beaucoup trop techniques et nuancés. Il faut être clair dans la communication [...]. Pendant 19 ans j'ai été parlementaire, alors je l'ai fait. (VB – entretien 90)

Étant donné cette stratégie de communication propre au VB – et, plus largement, aux partis populistes de droite radicale (Albertazzi, 2007 ; Delsol, 2015 ; Wodak, 2015 ; Moffitt, 2016) certains anciens cadres et élus du VB considèrent le parti comme étant davantage un mouvement qu'un parti. En ce sens, plusieurs anciens cadres du VB admettent que, au sein du VB, la volonté d'exercer le pouvoir n'existe pas. Dès lors, la communication du parti – pouvant dépasser certaines limites – est facilitée :

Beaucoup de membres du *Vlaams Belang* sont contents du cordon sanitaire. Filip Dewinter est content, il ne peut pas fonctionner dans un parti. Filip Dewinter a peur de devenir Ministre. À cause des limitations budgétaires, de l'État de droit, des coalitions. Tout cela n'est pas pour lui. Filip Dewinter est un propagandiste de première classe. (VB/N-VA – entretien 89)

2.2.3. Synthèse

Le VB n'étant pas capable d'exercer une influence par la voie parlementaire, il recourt à un style de communication atypique afin de faire percoler ses idées au sein de la population et, *in fine*, espérer exercer une influence sur la fabrique des politiques publiques. En période de tension, la communication du VB s'intensifie, tout en rappelant que des promesses sont formulées par le parti depuis longtemps (par exemple en rediffusant une intervention parlementaire à travers les médias sociaux). Cette tension permet donc au VB de légitimer davantage ses discours – tant sur les enjeux qu'il défend que sur la position qu'il adopte à leur égard.

En conséquence de cette réactivation des promesses du VB en période de tension, un soutien populaire (réel ou non) allant dans le sens de la promesse du VB est perçu par les partis traditionnels. Ceux-ci se sentent alors forcés d'y répondre, usant parfois du terme de « tribunal de l'opinion publique » pour référer à ce type de situation (PS – entretien 100). Leur réaction répond à deux logiques majeures. D'un côté, les partis traditionnels étant conscients de la volatilité électorale, ils peuvent craindre une perte électorale ou espérer un gain électoral. D'un autre côté, le contexte peut simplement constituer une fenêtre d'opportunité leur permettant de développer une promesse pour laquelle ils ne trouvaient pas de majorité au préalable. En conséquence, les partis traditionnels prennent en compte la proposition formulée par le VB et formulent eux-mêmes une proposition visant à répondre au problème soulevé. Cette proposition n'est toutefois jamais identique à celle du VB. C'est en ce sens que l'influence du VB est systématiquement partiellement congruente. D'autres partis – *a priori* tout à fait opposés à la proposition – peuvent alors apporter leur soutien à la proposition formulée par des partis traditionnels étant donné la même pression qu'ils ressentent de la population. Si tel n'est pas le cas, une pression peut néanmoins s'exercer en interne (ainsi le PS était-il divisé en interne quant au soutien de la mesure visant à modifier les règles de prescription pénale).

La réponse des partis traditionnels au contexte ainsi créé – sur la base d'une narration construite par le VB – renforce les travaux selon lesquels il existerait une réponse thermostatique des attitudes punitives aux changements en termes de criminalité (Jennings *et al.*, 2017), et cela quel que soit le rôle que tentent d'exercer les partis populistes de droite radicale. Comme l'indiquent plusieurs études, ignorer un enjeu qui a gagné de l'importance (*issue saliency*) à cause d'un contexte spécifique est électoralement très risqué pour les partis politiques et leurs élus (Givens & Luedtke, 2004 ; Howard, 2010). Et c'est précisément à cet instant précis que les partis populistes de droite radicale peuvent être influents. Par ailleurs, lorsque le gouvernement est composé de partis de droite et de centre-droit, il est davantage enclin à adopter des mesures sécuritaires que lorsqu'il est également composé de forces de gauche et de centre-gauche. Les partis de gauche et de centre-gauche ont plus un comportement visant à accepter une proposition formulée par un parti traditionnel que visant à proposer eux-mêmes une proposition allant dans le sens souhaité par le VB. Ces résultats appuient les conclusions amenées par certaines recherches déjà menées en la matière (Howard, 2010). Le contexte constitue donc également une fenêtre d'opportunité, pour ces partis de droite et de centre-droit, pour développer leurs promesses électorales en matière de sécurité intérieure.

L'historique du VB permet de rappeler que le VB a été frappé par une grave crise interne dans les années 2000 et que plusieurs cadres, militants et/ou élus du VB ont quitté le parti pour rejoindre la LDD (comme Jurgen Verstrepen) ou – dans une plus importante mesure – la N-VA (comme Karim van Overmeire ou Luc Sevenhans). Lorsque des promesses formulées par le VB sont – partiellement – adoptées, l'analyse a montré que la N-VA y jouait souvent un rôle majeur. En conséquence, il est légitime de croire *a priori* que le VB ait pu exercer un rôle majeur dans la fabrique des politiques publiques à travers ces transfuges. Pourtant, l'analyse empirique suggère que leur rôle est marginal. Comme l'indiquent des cadres de la N-VA et comme cela a pu être vérifié (entretiens 83 et 95), ces transfuges sont peu nombreux, n'occupent pas de position stratégique au sein de la N-VA (tant en interne qu'en tant qu'élus), sont spécialisés dans certains secteurs de politiques publiques précis – comme les affaires extérieures ou la défense (et non la sécurité intérieure) – et ont réalisé ce changement de parti davantage afin de pouvoir dépasser le cordon sanitaire et prétendre à un mandat électif qu'à des fins purement idéologiques. Ces éléments sont par ailleurs confirmés par des transfuges eux-mêmes (VB/N-VA – entretien 89 ; VB/N-VA – entretien 94). En outre, ceux-ci sont perçus par le VB comme étant des hommes politiques dont la matrice idéologique a évolué ou comme des personnes qui ont pu renier certains aspects idéologiques du VB afin d'obtenir plus aisément un siège législatif ou exécutif (VB – entretien 84 ; VB – entretien 102). Le VB ne les considère donc pas comme capables d'influencer la politique de la N-VA dans le sens du VB. Enfin, l'analyse empirique n'a pas fait émerger le moindre rôle que ce soit pour ces transfuges lors d'une séquence des mécanismes causaux retracés. En conséquence, le rôle de ces transfuges au sein de la N-VA ne peut pas expliquer l'influence du

VB, ni l'importance accordée par la N-VA à la thématique de la sécurité intérieure et aux positions qu'elle adopte eu égard à cet enjeu.

En somme, la manière avec laquelle le VB exerce son influence sur les processus de fabrique des politiques publiques en Belgique peut être théorisée à travers le mécanisme illustré par la figure 6.

2.2.4. Freins à l'influence du Vlaams Belang

Plusieurs freins concourent à limiter l'influence du VB sur la fabrique des politiques publiques. Ceux-ci ne peuvent pas être associés à une phase particulière du processus puisqu'ils se développent tout au long de celui-ci, de la présentation d'une promesse lors d'une campagne électorale jusqu'à l'aboutissement de cette promesse électorale, et ce quelle que soit la forme de cet aboutissement (adoption d'une décision publique, par exemple).

Le principal frein qui se pose à l'influence du VB est le cordon sanitaire – défini comme étant un accord passé entre partis politiques pour empêcher la participation au pouvoir d'une formation d'extrême droite. Des entretiens réalisés, il ressort que la plupart des partis représentés au Parlement[124] n'accepte pas de travailler avec le VB – au niveau législatif ou exécutif :

> Nous n'avons jamais travaillé avec le *Vlaams Belang*. Le MR est un parti démocrate, démocratique. Et le *Vlaams Belang* a toujours été considéré par mon parti comme infréquentable. Donc nous n'avons jamais... On ne parlemente pas avec eux. Donc que ce soit clair. On les salue parce qu'on est poli, mais c'est tout. Donc il n'y a absolument aucun contact, et sûrement pas sur le fond des sujets. (MR – entretien 70)

> Nous c'est systématiquement non [...]. On en fait une question de principe [...]. Dès qu'une motion est déposée par le *Vlaams Belang*, quelle que soit la nature de la motion d'ailleurs, nous on ne la vote pas. On ne vote jamais avec eux [...]. (cdH – entretien 71)

> De temps en temps on se salue quand on se croise dans les couloirs. Et encore... Ahahah. On s'ignore. Je pense que c'est vraiment ça. On s'ignore totalement. (cdH – entretien 78)

> [Nos relations avec le VB sont] nulles. On ne se parle jamais, on ne se dit même pas bonjour. Moi j'ai toujours eu comme principe absolu avec des

---

[124] À l'exception de la N-VA, de la Lijst Dedecker et du Parti populaire.

Qualifier l'influence du VB sur la fabrique des politiques publiques 263

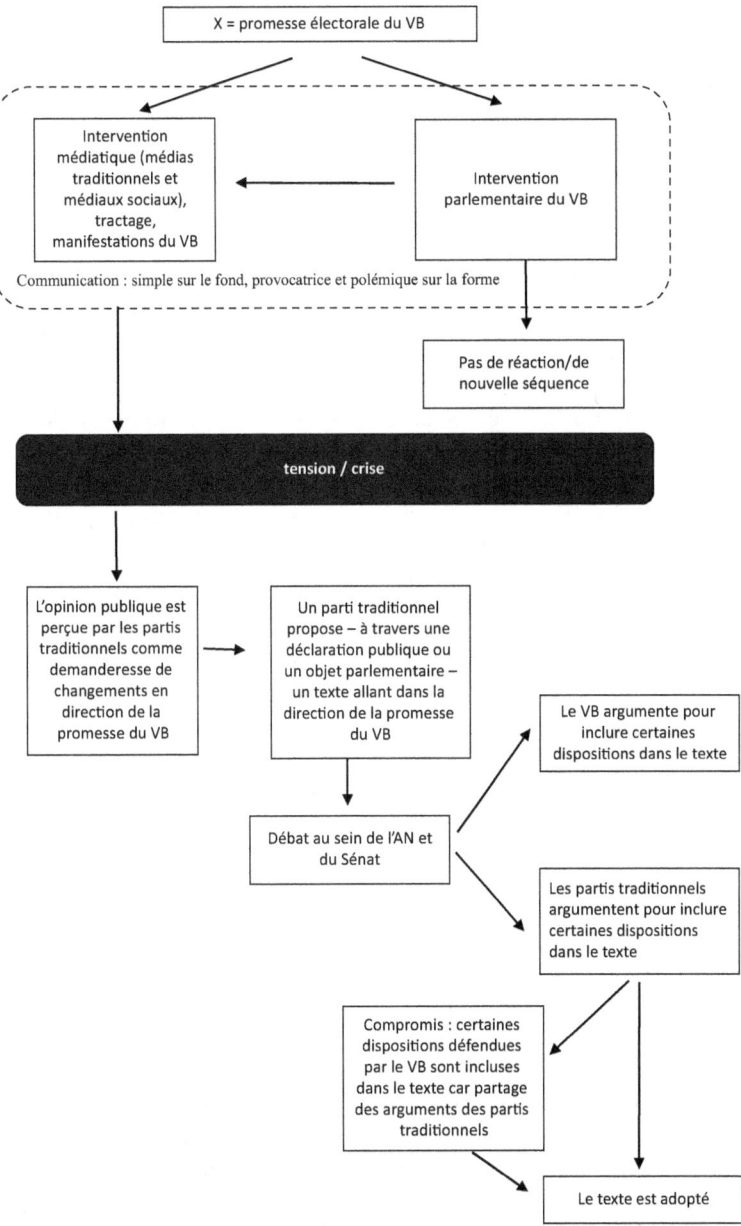

Figure 6: Mécanisme de l'influence du Vlaams Belang sur la fabrique des politiques publiques

partis d'extrême droite : aucun contact, même pas de respect. (DéFI – entretien 73)

Elles n'existent pas. Je n'ai pas de relation avec le *Vlaams Belang*. Je dis bonjour. Je n'ai pas de relation amicale, personnelle, professionnelle, parlementaire. (CD&V – entretien 74)

Aucune [relation]. On ne se dit même pas bonjour […]. Ils ne nous regardent pas et on ne les regarde pas. C'est terrible. (PS – entretien 76)

On ne vote jamais de texte ou d'amendement du *Vlaams Belang*. Et je ne parle pas avec eux. Pas de contacts. (Groen – entretien 80)

Ce rejet du VB par les partis traditionnels s'explique par son identité, considérée comme négative pour l'état de la démocratie en Belgique :

> Je suis évidemment toujours attentif à ces questions d'extrême droite parce que, évidemment, c'est une menace sur nos libertés. (cdH – entretien 78)
>
> Ce n'est pas un parti démocratique. Moi j'ai fait un entretien avec Monsieur Dewinter à la VRT, dans le temps. Et j'avais comme question « qu'est-ce que vous choisissez : les droits de l'homme ou *eigen volk eerst* ? ». Et la réponse était « *eigen volk eerst* ». Et ça suffit. Ça c'est contre la démocratie. Donc les droits de l'homme ça vient avant tout. Ça c'est le fondement de tout […]. Et donc je ne ferai aucun accord avec un parti qui, à mon avis, n'appartient pas à la démocratie. (N-VA – entretien 79)
>
> Je n'ai jamais discuté avec les gens du *Vlaams Belang*. A la fois par principe, et puis ce sont des gens insupportables. Ce sont des gens qui nuisent aux libertés. Donc je n'ai pas du tout… Il n'y a pas de notion de respectabilité à leur égard […]. Donc je n'ai jamais eu le moindre contact avec eux. Et je n'en demande pas. (PS – entretien 93)
>
> Je n'ai jamais travaillé avec, je n'ai jamais eu de contacts avec eux. (CD&V – entretien 96)

Le cordon sanitaire souvent mis en évidence dans la littérature (Jagers & Walgrave, 2007 ; van Spanje & de Graaf, 2018 ; Biard, 2019a) est donc particulièrement présent en Belgique et se maintient dans le temps à l'égard du VB. Cela explique la relative faiblesse de son influence sur la fabrique des politiques publiques. En outre, épuisé, l'électorat du VB se réduit en conséquence de ce cordon sanitaire (Pauwels, 2011). Dès lors, le VB bénéficie d'une représentation parlementaire de moindre importance, ce qui diminue aussi sa capacité d'influence à travers les institutions.

Bien qu'un cordon sanitaire médiatique ne s'impose pas à l'égard du VB – à l'inverse des partis populistes de droite radicale en Belgique francophone – (Biard & Faniel, 2019), il demeure en Flandre une volonté des principaux médias de ne pas inviter de manière régulière le VB à s'exprimer. Cet accès difficile aux médias complique la tâche au VB, qui ne parvient pas à communiquer aisément auprès des électeurs. Par ailleurs, il ne parvient pas à justifier qu'il est actif sur certaines questions – comme la sécurité intérieure – puisque la médiatisation de ses activités est très faible.

En outre, comme l'illustrent les extraits d'entretiens suivants, il existe une crainte de la part des partis traditionnels – essentiellement au centre-droit ou à droite de l'échiquier politique – d'être assimilés au VB lorsqu'ils formulent des promesses proches de ce dernier.

> C'est clair que dans certains cas, le fait de savoir que le *Vlaams Belang* ou le *Vlaams Blok* – à l'époque – prônait le même texte est un élément fragilisant pour le texte, évidemment. Parce que nous refusons, évidemment, toute assimilation ou toute comparaison. (MR – entretien 70)
>
> Je pense que le fait que le *Vlaams Belang* le propose lui-même nous empêche de le faire, nous pousse à ne pas le mettre dans le plan de Geens [...]. Ce n'est jamais agréable pour un parti de devoir avouer qu'on a pris des mesures qui ont déjà été proposées par le *Vlaams Belang*. Ça reste encore un peu le cordon sanitaire. (CD&V – entretien 74)
>
> Je pense que si le *Vlaams Belang* propose une mesure... On tue la mesure si elle est proposée par le *Vlaams Belang*. Même quand on vote. Tu vois ? On est gêné s'il vote avec nous. (PS – entretien 76)
>
> Dans certains cas, certaines questions n'ont jamais été examinées à l'extérieur parce qu'elles étaient portées par le *Vlaams Belang*. (cdH – entretien 78)
>
> Quand le *Vlaams Belang* disait la vérité on le niait. Donc à chaque fois que le *Vlaams Belang* disait quelque chose et que, par exemple, moi ou quelqu'un d'autre [du VLD] disait que le *Vlaams Belang* avait raison, on était blâmé. [...] Ils étaient traités comme des lépreux. (LDD – entretien 88)

Cette crainte s'explique par l'image que la famille politique à laquelle le VB appartient implique. Régulièrement employée par ses adversaires politiques pour le délégitimer mais aussi par des médias afin de le décrire (Ennser, 2010), l'étiquette « populiste » est une notion classiquement perçue négativement par les citoyens (Delsol, 2015). En conséquence, les partis traditionnels tentent de se distancier des partis qualifiés comme tels pour éviter toute sanction.

Enfin, l'influence du VB est parfois limitée étant donné la nature de la promesse formulée par le parti. En effet, il ressort de l'analyse qu'un ensemble de promesses du VB concerne des décisions déjà adoptées. C'est par exemple le cas de la promesse visant à informer les victimes de la libération – éventuellement anticipée – de l'auteur de l'agression. Par ailleurs, certaines promesses ne sont pas considérées comme importantes par le VB lui-même et ne sont dès lors pas défendues. Des cadres et élus du VB eux-mêmes peuvent parfois s'étonner de certaines promesses contenues dans leur propre programme.

3. Conclusion : Le VB, un parti à l'influence fortement limitée

Cette étude de cas permet d'appuyer l'idée – évoquée théoriquement dans la littérature (*e.g.* de Cleen, 2016) – selon laquelle le VB influence la fabrique des politiques publiques en Belgique dans le secteur de la sécurité intérieure. Néanmoins, cette recherche apporte aussi d'importantes nuances puisqu'elle indique que cette influence est fortement limitée. Ainsi, le VB ne parvient jamais à exercer une influence lors de la dernière étape du processus de fabrique des politiques publiques. Comme le suggère Pauwels (2011), cela peut s'expliquer par le cordon sanitaire auquel fait face le VB, le privant ainsi de toute alliance avec des partis traditionnels.

Par ailleurs, son influence ne porte que sur certains dossiers très spécifiques. L'analyse démontre ainsi que parler de « normalisation du VB » ou de « radicalisation des partis traditionnels » en Belgique (Ignazi, 2012 : 42) ne va pas de soi. En effet, les promesses du VB qui deviennent des décisions publiques ne le sont que sur certains aspects. La congruence entre ses promesses et les décisions adoptées n'est ainsi que partielle. Par ailleurs, seules quelques-unes de ses promesses deviennent des décisions publiques. Alors que la littérature reconnaît que les partis traditionnels parviennent généralement à mettre en œuvre la majeure partie de leurs promesses – fussent-ils dans la majorité ou dans l'opposition – (Pétry, 2012 ; Thomson *et al.*, 2017), il n'en va pas de même pour le VB. À cet égard, le VB reste donc un parti distinct.

Lorsque ses promesses parviennent – au moins partiellement – à être traduites en décisions publiques, les empreintes empiriques repérées indiquent que l'influence du VB est également limitée. En ce sens, elle est qualifiée de partagée, passive, discontinue et sous tension. Cela signifie que le VB peut exercer une influence à la quadruple condition que sa promesse soit aussi partagée par d'autres acteurs – parmi lesquels des partis politiques –, que ces autres acteurs exercent un rôle crucial dans le processus de fabrique des politiques publiques (celui de provoquer la dernière séquence d'une phase, c'est-à-dire de déclencher un débat institutionnel, d'imposer une solution et/ou de provoquer l'adoption d'une décision publique), que les tentatives d'influence du VB soient multiples dans le temps et qu'un contexte marqué par des tensions soit présent. L'influence du VB est donc de moyen ou long terme. Enfin, l'influence du VB est extra-institutionnelle puisqu'il ne parvient pas à exercer la moindre influence au sein des institutions publiques, parmi lesquelles le Parlement. Cela corrobore les résultats de Minkenberg (2001) selon lesquels la présence parlementaire n'est pas une condition suffisante pour l'exercice de l'influence par un parti populiste de droite radicale.

Plus précisément, ce chapitre a développé un mécanisme causal expliquant comment le VB intervient lorsque ses promesses deviennent des décisions publiques. Les empreintes empiriques montrent que le VB développe des actions surtout à des fins de communication afin de toucher les citoyens et, *in fine*, exercer une influence sur la fabrique des politiques publiques à travers les partis traditionnels. C'est donc à travers des canaux divers – parmi lesquels les médias (sociaux) que le VB exerce son influence. Cette conclusion comporte des implications quant au rôle du VB puisque le mécanisme causal ainsi développé concourt à soutenir la thèse selon laquelle le VB serait davantage un « parti-lobby » (Camus & Lebourg, 2015 : 218), c'est-à-dire une organisation se comportant à la fois comme un parti – doté d'un programme et visant à exercer le pouvoir – et un lobby – centré sur une ou quelques thématiques principales et ne participant pas au pouvoir (Lebourg, 2010). Ce sentiment que le VB est davantage un lobby est par ailleurs avancé d'emblée par certains élus et cadres de partis rencontrés (*e.g.* VB/N-VA – entretien 94 ; VB – entretien 102). Cette redéfinition du rôle du VB est cruciale puisqu'elle permet de repenser le positionnement du parti dans le jeu politique et les implications que cela comporte en termes de démocratie.

Enfin, une typologie de freins a permis de comprendre quelles difficultés le VB rencontre lorsqu'il tente d'exercer une influence sur la fabrique des politiques publiques : le cordon sanitaire politique, un accès difficile aux médias, la crainte pour les partis traditionnels d'être assimilés au VB et, enfin, la nature même des promesses du VB. Le cordon sanitaire est tout d'abord une stratégie adoptée par des partis traditionnels afin de contrer le succès électoral du VB. Comme indiqué par Pauwels (2011), cette stratégie s'est révélée positive pour ses promoteurs puisque le VB connait un déclin électoral sans précédent depuis 2005. Cette recherche permet toutefois d'aller plus loin en indiquant que l'effet de cette stratégie porte aussi sur l'influence du VB sur les politiques publiques. Alors que le parti – en tant qu'organisation – souffre d'une présence parlementaire de plus en plus faible et d'une mise à l'écart du gouvernement, les promesses qu'il défend ne parviennent pas à être développées puis adoptées aisément. Par ailleurs, les partis politiques ne sont pas les seuls acteurs à adopter des stratégies visant à réduire l'importance du VB (Rovira Kaltwasser, 2017). Cette étude de cas souligne ainsi le rôle important que peuvent exercer d'autres acteurs – comme les médias – dans la limitation de l'influence des partis populistes. À nouveau, alors que la littérature a principalement cartographié les stratégies adoptées par ces acteurs (*e.g.* de Swert, 2001 ; de Cleen & van Aelst, 2017), cette étude de cas permet d'aller plus loin en soulignant les effets que peuvent potentiellement produire l'adoption de telles stratégies. Enfin, les deux autres freins se retrouvent également partagés par le FN et, dans une certaine mesure, par l'UDC.

PARTIE IV :

L'INFLUENCE DES PARTIS POPULISTES DE DROITE RADICALE DANS UNE PERSPECTIVE COMPARÉE

Chapitre 9

Étude de l'influence dans une perspective comparée

> *Malgré plus de 20 ans après le début de la troisième vague des partis populistes de droite radicale, avec des succès électoraux et politiques sans précédent (incluant plusieurs coalitions impliquant des membres de cette famille partisane), la recherche académique sur l'influence de ces partis sur les démocraties européennes et vice-versa a à peine commencé. À quelques exceptions près [...], les études sur les partis populistes de droite radicale avancent souvent qu'ils exercent une influence significative sur les politiques (immigration) et la société (violence), mais ne fournissent que très peu de preuves empiriques. (Mudde, 2007 : 291 – trad.)*

Près de 15 ans après la publication d'un des ouvrages de référence les plus mobilisés par les chercheurs s'intéressant aux partis populistes de droite radicale (Mudde, 2007), la question de l'influence exercée par ces partis demeure ouverte[125]. Les trois chapitres précédents ont proposé de répondre à cette question à travers des études de cas. Le présent chapitre a ainsi vocation à mobiliser une approche davantage transversale. À ce stade, l'objectif n'est pas tant d'effectuer un retour à la littérature, mais plutôt de poursuivre l'analyse empirique à travers une perspective comparée.

1. Les partis populistes de droite radicale aux rapports éloignés avec les partis traditionnels et avec le pouvoir : des partis aux promesses électorales peu développées

Comme l'illustre le tableau 33, le nombre de promesses formulées par l'UDC, le FN et le VB qui se développent au sein du processus de

---

[125] Le 23 septembre 2018, *Google Scholar* repère 2584 citations de cet ouvrage.

Tableau 33 : Niveau de développement des promesses électorales (nombre de promesses)

	UDC	FN	VB
Décisions reflétant les promesses électorales	3	0	2
Décisions reflétant partiellement les promesses électorales	0	2	3
Formulation et imposition des promesses électorales	11	5	5
Mise à l'agenda	13	5	5
Aucun développement	3	8	18
TOTAL des promesses	*16*	*13*	*23*

fabrique des politiques publiques —c'est-à-dire qui tendent à se concrétiser à travers les phases de mise à l'agenda, de formulation de solutions et d'adoption de décisions — est très inégal selon les cas. En Suisse, la majorité (13/16) des promesses formulées par l'UDC se développe —c'est à dire qu'elles franchissent au moins la première phase du processus — alors que, en Belgique, seul un nombre restreint (5/23) de promesses se développe. En France, c'est le cas pour un peu moins de la moitié (5/13) des promesses du FN.

Certaines promesses sont mises à l'agenda, sans toutefois pouvoir s'imposer à quelque acteur que ce soit. Dans ces cas, la phase de mise à l'agenda est de court terme. Plusieurs promesses parviennent toutefois à franchir la deuxième étape du processus, ce qui signifie que les promesses électorales des partis populistes parviennent à être mises à l'agenda et à s'imposer. Cela se concrétise, par exemple, par le soutien de la majorité des membres d'une assemblée parlementaire envers un texte visant à développer la promesse. La plupart du temps, ces promesses ne parviennent pas à se transformer en décisions. Cela peut résulter d'un vote négatif de la deuxième chambre ou d'une intervention de l'exécutif national, par exemple. Par ailleurs, certaines décisions traduisent fidèlement les promesses électorales des partis populistes alors que d'autres ne les traduisent que partiellement. Enfin, un nombre important de promesses électorales ne trouve pas à se développer au sein du processus de fabrique des politiques publiques, particulièrement en France et en Belgique (3/16 en Suisse, 8/13 en France, 18/23 en Belgique). Les premiers éléments d'analyse suggèrent que les promesses électorales des partis populistes de droite radicale suivent des trajectoires variées. Il est ainsi inexact d'affirmer, d'une manière générale, que les partis populistes de droite radicale sont influents *per se*. La réalité est plus complexe et doit être nuancée. Les paragraphes suivants tentent de fournir une explication à cette variation.

Le niveau de développement des promesses électorales semble corrélé aux rapports qu'entretiennent les partis populistes de droite radicale avec les partis traditionnels et, plus spécifiquement, aux stratégies que ces derniers adoptent à l'égard des partis populistes de droite radicale. En effet, les promesses des partis populistes de droite radicale sont davantage développées lorsque les partis traditionnels adoptent des stratégies d'engagement à leur égard, c'est-à-dire des stratégies visant à adresser les enjeux portés par les partis populistes et visant à collaborer avec ces derniers sur le plan exécutif ou parlementaire. En Suisse, le nombre de promesses qui parviennent à se développer est important, et cela va de pair avec le fait que l'UDC se retrouve face à de stratégies d'engagement. Alors que, en France, le FN fait face à un front républicain, un nombre plus restreint de promesses électorales se développe. En Belgique, le VB – à l'égard de qui un cordon sanitaire est d'application – ne voit qu'un nombre très limité de ses promesses développées.

Le niveau de développement des promesses électorales semble également corrélé à la position des partis populistes de droite radicale au sein des arènes parlementaires et gouvernementales. Au plus le parti populiste est représenté au sein du Parlement, au plus ses promesses électorales se développent. C'est le cas en Suisse, où l'UDC est le premier parti de la chambre basse depuis 2003 en termes électoraux. À l'inverse, le FN et le VB ne bénéficient que d'une faible représentation parlementaire durant la période investiguée dans cette recherche. Dans chacun de ces cas, les promesses du FN et du VB se développent peu.

La présence des partis populistes de droite radicale au sein des institutions parlementaires et gouvernementales est par ailleurs grandement liée aux stratégies adoptées par les partis traditionnels. Une stratégie de désengagement conduit en effet à la réduction des performances électorales des partis populistes de droite radicale et, donc, à un amoindrissement de leur poids au sein des institutions parlementaires et/ou gouvernementales (Meguid, 2005 ; Heinze, 2018). À l'inverse, une stratégie d'engagement permet à un parti populiste d'être davantage intégré au sein de ces institutions.

Les sections suivantes comparent les analyses menées pour chacun des cas afin de comprendre, lorsque leurs promesses électorales se développent dans le processus de fabrique des politiques publiques, si les partis populistes sont intervenus et, le cas échéant, comment. Le fait que ces partis interviennent seuls ou avec d'autres partis, le procédé par lequel ils interviennent potentiellement et les moments lors desquels ces interventions se réalisent, la congruence entre les décisions publiques et les promesses formulées par des partis populistes, le lieu où s'exerce l'influence ainsi que le contexte dans lequel elle prend place sont ainsi questionnés, au regard de la typologie développée. Alors que cette première section se focalise sur le nombre de promesses formulées et sur leur trajectoire, les sections suivantes portent également sur le contenu de ces promesses. Différents types de promesses électorales vont aussi être distingués, spécifiquement au regard du dossier (dans le secteur de la sécurité intérieure) qu'elles concernent. Une distinction selon leur vraisemblance – c'est-à-dire sur le fait qu'elles soient *a priori* réalisables ou non – permet aussi d'affiner l'analyse. Néanmoins, la difficulté d'opérationnaliser la notion de « vraisemblance » – qui peut reposer sur une multitude de facteurs, comme le fait qu'elles portent sur une promesse déjà existante ou qui ne respecte pas le droit international – conduit à l'envisager non pas en amont de l'analyse mais en aval. C'est en repérant à quels moments et pourquoi certaines promesses ne se développent pas – donc en repérant les freins à l'influence – que différents types de promesses apparaissent.

2. Les partis populistes de droite radicale : une influence non systématique, qui s'exerce au regard de certains dossiers spécifiques et en amont du processus de fabrique des politiques publiques

Si le constat a déjà été posé pour les partis traditionnels (Hibbs, 1992 ; Schmidt, 1996 ; Hampshire & Bale, 2015 ; Wenzelburger, 2015), la comparaison des études de cas fait ressortir que les partis populistes de droite radicale peuvent aussi exercer une influence sur la fabrique des politiques publiques. Concrètement, l'influence des partis populistes de droite radicale est ici prouvée à travers des empreintes empiriques permettant d'attester que ces partis interviennent au sein du processus pour développer leurs promesses électorales – interventions qui provoquent de nouvelles séquences au sein du mécanisme conduisant à la traduction des promesses en décisions publiques.

L'influence n'est toutefois pas systématique, s'exerce différemment selon les dossiers auxquels sont rattachées les promesses électorales et selon les phases du processus de fabrique des politiques publiques. Ainsi, l'influence peut s'exercer – d'une manière générale – au regard d'un grand nombre de promesses (c'est le cas en Suisse), d'un nombre modéré de promesses (c'est le cas en France) ou d'un nombre de promesses très restreint (c'est le cas en Belgique). La limitation de l'influence peut résulter soit d'une difficulté, voire d'une impossibilité, pour les partis populistes de droite radicale d'exercer une influence, soit d'une non volonté de leur part d'y parvenir. En effet, des cadres et élus – dans chacun des cas étudiés – reconnaissent que certaines de leurs promesses ne sont pas pertinentes ou qu'ils n'ont pas le souvenir que ces promesses sont contenues dans leur programme électoral.

Concernant les dossiers, la différence est importante selon les cas. Alors que, en Suisse, l'UDC exerce une influence dans chacun des dossiers dans le secteur de la sécurité intérieure, le FN exerce une influence dans 4 dossiers sur 6 dans ce même secteur, et le VB seulement dans 2 dossiers sur 8. Toutefois, au-delà de ces différences, le droit des sanctions et la criminalité commise par des étrangers sont deux dossiers dans lesquels une influence des partis populistes de droite radicale est repérée dans les trois études de cas. En conséquence, il s'agit de dossiers qui semblent être prioritaires pour les partis populistes de droite radicale. Cela peut s'expliquer par le fait que le droit des sanctions est un dossier incluant des propositions sur les types de peines, leur portée et leurs modalités d'application, d'une manière générale, et par le fait que la criminalité commise par des étrangers est un dossier en matière de sécurité intérieure qui fait appel au secteur de l'immigration – secteur également crucial pour les partis populistes de droite radicale (Mudde, 2007). L'importance accordée à la criminalité commise par des étrangers renforce par ailleurs les conclusions de Bächler et Hopmann (2017) selon lesquelles l'enjeu de l'immigration est classiquement relié à d'autres enjeux afin de tenter de le mettre plus aisément à l'agenda. Cela conforte la thèse de l'immigration comme « méta-enjeu » (Williams, 2006 : 60), c'est-à-dire d'enjeu qui englobe et transcende tout autre enjeu, comme la sécurité, l'environnement ou le social.

Enfin, l'influence est variable selon les phases du processus de fabrique des politiques publiques. Le nombre de promesses pour lesquelles des empreintes empiriques d'influence sont repérées varie selon les cas et selon les phases du processus. Tout d'abord, une tendance générale semble se dessiner : l'influence est décroissante au fur et à mesure de l'évolution de la fabrique des politiques publiques. Alors que des empreintes empiriques indiquent que les partis populistes de droite radicale exercent une influence en amont du processus, leur influence en aval est beaucoup moins importante, voire non prouvée.

Une différence importante entre les cas est remarquée en termes d'influence. Comme l'indique le graphique 4, alors que l'UDC parvient à exercer une influence au regard de 75 % de ses promesses électorales lors de la mise à l'agenda, le FN n'en influence que 38 % et le VB 13 %. Cette tendance se confirme lors des phases suivantes du processus, avec une influence lors de la phase d'adoption de décisions qui est faible pour l'UDC (mais existante) et non prouvée pour le FN et le VB. Cette différence en termes d'influence peut être mise en parallèle avec les mesures adoptées par les partis traditionnels à l'égard des partis populistes de droite radicale dans chaque pays : alors que, en Suisse, les partis traditionnels adoptent des mesures d'engagement à l'égard de l'UDC, en France, le FN fait face à un front républicain et, en Belgique, le VB connait un cordon sanitaire depuis près de trente ans. Les sections ultérieures de la comparaison permettent d'éclairer davantage ce rapport entre les mesures adoptées par les partis traditionnels à l'égard des partis populistes de droite radicale et la capacité d'influence de ces derniers.

3. L'influence de l'UDC *vs* l'influence du VB et du FN : des différences en termes d'autonomie partisane, de modes opératoires et de temps

Bien que l'UDC, le FN et le VB influencent tous la fabrique des politiques publiques, au moins lors des deux premières phases, la manière avec laquelle l'influence s'exerce et le périmètre de celle-ci sont toutefois très variables selon les cas.

Tout d'abord, l'UDC parvient à exercer une influence principalement exclusive. Cela signifie que, seule, elle parvient à provoquer une nouvelle séquence au sein du processus afin de traduire ses promesses électorales en décisions publiques. L'UDC est donc capable d'exercer une influence sans le concours d'autres acteurs politiques –qu'ils soient des partis ou des acteurs de la société civile. Cela n'est pas vrai pour le FN et le VB. Ces deux partis sont incapables d'exercer une influence sur le processus au regard de leurs seules promesses. Ces dernières doivent être, au moins en partie, partagées par d'autres acteurs politiques ou des acteurs de la société civile pour se développer. L'influence du FN et du VB est

L'influence de l'UDC vs l'influence du VB et du FN 277

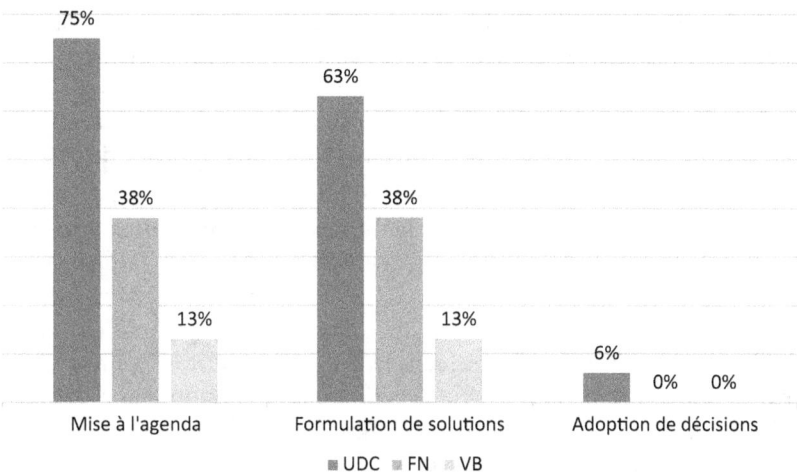

Graphique 4: Nombre de promesses (en %) pour lesquelles des empreintes d'influence sont repérées pour chaque étude de cas. Source : Benjamin Biard

systématiquement partagée. En ce sens, l'UDC exerce une influence différente de celle du FN et du VB. L'UDC est plus autonome dans sa manière d'exercer une influence.

Ensuite, l'UDC se distingue à nouveau du FN et du VB au regard du procédé d'intervention au sein du processus. Alors que l'UDC exerce systématiquement une influence active, le FN et le VB exercent une influence passive. Cela signifie que des empreintes empiriques permettent de prouver que l'UDC est un acteur politique crucial au sein du processus puisque, sans son intervention, les phases de la fabrique des politiques publiques ne peuvent être achevées. En effet, c'est l'UDC qui intervient lors de la dernière séquence des différentes phases du processus et qui, en conséquence, provoque une nouvelle phase. Le FN et le VB n'ont pas cette capacité. S'ils interviennent lors des deux premières phases du processus et s'ils y exercent une influence, le caractère crucial de leurs interventions n'est pas prouvé. En effet, aucune empreinte empirique ne permet d'indiquer que, sans leur intervention, les phases suivantes de la fabrique des politiques publiques ne se seraient produites.

Le VB et le FN ne parviennent à exercer qu'une influence discontinue puisque plusieurs interventions de leur part sont nécessaires dans le temps pour qu'ils réussissent à exercer une influence lors d'une des deux premières phases de la fabrique des politiques publiques. Cela signifie que leur influence ne parvient à se réaliser que dans le moyen ou le long terme et que c'est en multipliant les tentatives d'influence qu'ils parviennent à l'exercer en partie. L'étude de l'UDC suggère des résultats différents : hormis lors de la phase de mise à l'agenda, l'influence de l'UDC est continue. Elle s'exerce donc beaucoup plus rapidement.

L'influence se distingue aussi selon le degré de congruence entre promesses et décisions publiques. Lorsque l'UDC exerce son influence au sein du processus de fabrique des politiques, c'est en parvenant à développer les promesses formulées dans son propre programme électoral. À l'inverse, le FN et le VB exercent leur influence surtout au regard de textes reflétant seulement partiellement leurs propres promesses électorales. Cette influence partiellement congruente résulte par exemple d'une différence dans la portée de la décision.

Ensuite, l'UDC exerce surtout une influence institutionnelle, donc à travers les institutions publiques. Contrairement à l'UDC, le FN et le VB ne parviennent jamais à exercer une influence à travers les institutions publiques (comme le parlement ou le gouvernement). Lorsqu'ils interviennent au parlement, par exemple, ils ne parviennent jamais à provoquer un débat public. Cela résulte des stratégies adoptées par les partis traditionnels à leur égard mais aussi de leur faible présence au sein de ces institutions.

Enfin, l'UDC suisse parvient à exercer son influence alors que le contexte n'est pas marqué par quelque tension que ce soit. Son influence est en effet systématiquement sans tension. En ce sens, elle bénéficie donc à nouveau d'une autonomie dans son exercice de l'influence puisqu'il ne dépend pas de ce facteur extérieur. À l'inverse, le VB ne parvient à être influent qu'en période de tension, ce qui signifie qu'il est systématiquement dépendant du contexte lorsqu'il exerce une influence. Le FN, lui, est surtout influent en période de tension, bien qu'il puisse aussi être influent – dans une moindre mesure –lorsqu'aucune tension ne caractérise le contexte dans lequel il se trouve. Cela peut s'expliquer par le fait que les partis traditionnels ont – en France et davantage encore en Belgique – une crainte d'être associés à un parti populiste de droite radicale s'ils défendent la même position. En conséquence, c'est lorsqu'un contexte crée une situation de tension que ces partis traditionnels sont forcés de prendre position ou qu'ils saisissent l'opportunité pour développer la même position. À ce moment, les problèmes soulevés sont alors couplés (Kingdon, 2011) aux solutions initialement proposées par les partis populistes de droite radicale.

En somme, ces différents types d'influence permettent de distinguer deux catégories de partis populistes de droite radicale : l'UDC d'un côté et le FN et le VB de l'autre. En effet, ils permettent d'indiquer que l'UDC est davantage autonome dans son exercice de l'influence que le FN et le VB puisqu'elle peut exercer une influence exclusive et sans contexte. Cela signifie que son influence ne nécessite pas le soutien éventuel d'autres acteurs et d'un contexte particulier. Par ailleurs, l'UDC exerce son influence différemment du FN et du VB puisqu'elle agit surtout par la voie parlementaire. Elle est aussi active et congruente, et donc cruciale pour le développement des promesses électorales. Enfin, le temps nécessaire à l'exercice de l'influence par le FN et le VB est plus long que celui de l'UDC car le FN et le VB exercent essentiellement une influence discontinue. Cela signifie que c'est en multipliant les tentatives d'influence dans le temps qu'ils parviennent à développer leurs promesses électorales au sein du processus de fabrique des politiques publiques.

4. Comment les partis populistes de droite radicale exercent-ils une influence sur la fabrique des politiques publiques ?

Lors de chaque étude de cas, la manière avec laquelle l'UDC, le FN et le VB exercent leur influence respective au sein du processus de fabrique des politiques publiques a été modélisée grâce aux données empiriques. Un mécanisme causal a ainsi été proposé pour chaque cas. En comparant les études de cas, la présente section a vocation à dégager un modèle général de l'influence des partis populistes de droite radicale sur la fabrique des politiques publiques (*cf.* figure 7).

Après avoir formulé leurs promesses et après les avoir défendues en campagne électorale, les partis populistes de droite radicale tentent de les traduire en décisions publiques. Le premier canal utilisé est la voie parlementaire. Étant donné la représentation parlementaire dont disposent l'UDC, le FN (pendant la deuxième législature étudiée) et le VB, chacun de ces trois partis recourt à cette voie en priorité. Cela s'explique par le coût relativement faible caractérisant le travail au sein de ces institutions pour des partis y ayant des élus (bien que ce coût puisse aussi s'avérer élevé dans la recherche d'alliés ou d'une majorité). Néanmoins, le travail que réalise l'UDC au sein du Parlement est différent de celui que réalisent le FN et le VB en conséquence d'un différentiel électoral important : l'UDC est le premier parti en termes de sièges au Conseil national depuis 2003 alors que le FN et le VB ne sont que faiblement représentés dans leur parlement respectif. L'UDC peut ainsi convoquer une session extraordinaire pour imposer un débat sur un enjeu spécifique ou recourir à la menace d'un référendum. Par ces pratiques, l'UDC parvient à exercer une influence lors des phases de mise à l'agenda et de formulation de solutions. Si sa forte représentation parlementaire lui permet aussi d'obtenir certains postes clés au sein de la chambre basse (présidence ou vice-présidence du Bureau, par exemple) ou de certaines de ses commissions (présidence ou vice-présidence de la Commission des Affaires juridiques) et si elle lui permet de recourir à la menace d'un vote négatif, l'analyse empirique a montré qu'il ne s'agit pourtant pas d'éléments expliquant son influence. Les limites de l'approche élitiste du pouvoir – selon laquelle le pouvoir et l'influence découleraient de la position des acteurs étudiés (Mills, 1956) – sont ainsi pointées. Occuper certains postes clés ne signifie ainsi pas automatiquement exercer une influence. La distinction entre influence virtuelle et influence manifeste suggérée par Dahl (1973 : 81) prend donc tout son sens. Par ailleurs, disposer de tels postes au sein du Parlement ne permet pas de contrer le pouvoir de non-décision (Bachrach & Baratz, 1962, 1963) des autres acteurs : un nombre important d'objets parlementaires – parfois cosignés au-delà de l'UDC – ne sont pas traités au Parlement car ils deviennent caducs en conséquence de leur délai de traitement, et ce malgré le fait que le président de commission et/ou d'assemblée plénière soit membre du groupe UDC.

L'UDC dépose différents types d'objets parlementaires, tout comme le FN et le VB. Néanmoins, une différence est aussi observée à cet égard : alors que le dépôt d'objets parlementaires par l'UDC lui permet d'influencer les deux premières phases du processus de fabrique des politiques publiques en provoquant un débat au sein des institutions et en imposant ses solutions – par exemple en obtenant la cosignature de certains de ses textes au-delà du groupe UDC ou en obtenant un vote favorable en commission ou en plénière – ce n'est pas le cas du FN et du VB. La voie parlementaire est ainsi une voie permettant à l'UDC d'exercer une influence sur le processus alors qu'elle ne l'est pas pour le FN et le VB. Toutefois, l'influence de l'UDC à travers la voie parlementaire ne peut s'exercer que lors des deux premières phases du processus. L'UDC tente donc de mobiliser d'autres outils ou stratégies afin d'accroître son influence et afin de la développer durant l'ensemble du processus. Ces éléments de comparaison permettent de dépasser et nuancer l'analyse de Minkenberg (2001) selon laquelle une simple présence parlementaire ne suffit pas pour influencer les politiques publiques. Son analyse est corroborée pour le FN et le VB. Pour l'UDC, elle doit être nuancée : la forte présence de l'UDC au sein de la chambre basse du parlement lui permet d'exercer une influence sur la fabrique des politiques publiques, principalement lors de la première phase. Cela peut par exemple être suite à la convocation, par l'UDC, d'une session extraordinaire. Néanmoins, la voie parlementaire ne lui permet jamais d'exercer une influence lors de la dernière phase du processus. Il importe donc de distinguer la capacité d'influence que la voie parlementaire procure à un parti fortement représenté au parlement selon les étapes du processus de fabrique des politiques publiques.

Lorsque l'UDC parvient à inscrire une promesse à l'agenda politique et/ou à l'imposer au-delà de son propre groupe politique – par exemple en obtenant une cosignature ou un vote en faveur du texte –, l'analyse révèle que les motifs de ralliement de la part des partis traditionnels sont classiquement variés. Alors que l'UDC considère que le renforcement du droit pénal est une fin en soi, les partis traditionnels l'envisagent comme un moyen permettant la garantie de certains principes libéraux, comme la séparation des pouvoirs (et la marge de manœuvre dont peuvent disposer les juges, par exemple). En France et en Belgique, lorsqu'une proposition similaire à une promesse du FN ou du VB se développe dans le processus de fabrique des politiques publiques, la philosophie défendue par les partis traditionnels est également différente de celle du FN ou du VB. C'est par exemple le cas en Belgique lors du débat sur l'augmentation de la peine maximale (de 30 à 40 ans) que peut prononcer un tribunal correctionnel. Alors que le VB défend une augmentation générale des peines, c'est à une révision technique qu'entendent procéder les partis traditionnels, suite à la modification du rôle de la Cour d'assises. Cela traduit le fait que l'adoption de politiques renforçant le droit pénal ne répond pas nécessairement à une logique de populisme pénal –c'est-à-dire à « un discours qui appelle à punir au nom des victimes bafouées et contre les institutions disqualifiées » (Salas, 2010 : 14).

Puisque la voie parlementaire ne permet pas à l'UDC d'exercer une influence lors de la dernière phase du processus, l'UDC recourt à un outil de démocratie directe – à savoir l'initiative populaire – et celle-ci s'avère être efficace car elle permet à l'UDC d'être influente sur l'ensemble du processus. Les moyens – financiers mais aussi humains – sur lesquels l'UDC peut compter lui permettent de lancer des initiatives populaires à échéances régulières. Cette manière d'influencer la fabrique des politiques publiques – qui ne se retrouve pas en France ou en Belgique puisqu'un tel outil de démocratie directe n'y est pas disponible – est fortement mobilisée par l'UDC mais n'est toutefois pas l'apanage de ce parti. En effet, d'autres partis – comme le PS suisse – recourent aussi régulièrement à l'initiative populaire (Leeman, 2015).

Alors que les interventions parlementaires des partis populistes de droite radicale ne permettent pas nécessairement à ces derniers d'exercer une influence – particulièrement en France et en Belgique – elles conservent un rôle important au sein du mécanisme causal. En effet, ces interventions sont mobilisées par ces mêmes partis – tant par l'UDC que par le FN ou le VB – à des fins de communication, que ce soit à travers les médias traditionnels ou les médias sociaux. Par ailleurs, les promesses que ces partis défendent discursivement et à travers le dépôt d'objets parlementaires sont aussi défendues à travers la diffusion de tracts ou bulletins. Ces modes de communication sont tous caractérisés par un style atypique : simple et non technique sur le fond, provocateur et polémique sur la forme. Cela confirme la tendance déjà soulignée par de précédentes recherches à propos du style de communication adopté par les partis populistes de droite radicale (Delsol, 2015 ; Zaslove, 2008).

En mobilisant un tel style politique, l'UDC, le FN et le VB « montent en spectacle » des faits d'actualité (Moffitt, 2015 : 197) et permettent ainsi de faire connaître leurs promesses électorales plus largement. Bien que cette communication puisse suffire en elle-même dans le cas suisse, ce n'est toutefois pas le cas en France et en Belgique. En effet, pour qu'elle provoque une nouvelle séquence au sein du mécanisme causal –c'est-à-dire pour qu'elle permette au parti populiste y recourant d'exercer une influence sur la fabrique des politiques publiques – il est essentiel qu'elle soit accompagnée ou suivie d'un contexte caractérisé par des tensions (comme des attentats terroristes ou la demande de libération conditionnelle d'un assassin d'enfants, par exemple). Dans de tels contextes, les partis populistes de droite radicale rappellent systématiquement leurs promesses et indiquent qu'ils les formulaient déjà avant la survenance de ce dernier et que, dès lors, ils sont une « force d'anticipation » (FN – entretien 39), un « parti-fouet » (VB – entretien 87). C'est de cette manière – à force de répétition et en greffant leurs discours sur des faits d'actualité brûlants –qu'ils entendent construire leur légitimité et la légitimité de leurs propositions.

Dans ces contextes caractérisés par des tensions, les entretiens ont fait ressortir – tant pour le FN que pour le VB – que les partis traditionnels perçoivent une influence des partis populistes de droite radicale sur les citoyens. Cela signifie qu'ils perçoivent que les citoyens demandent des décisions publiques allant dans le sens des promesses formulées par les partis populistes de droite radicale. Selon les personnes interrogées, les partis populistes parviennent – par une pression continue – à obtenir un certain soutien populaire à travers les médias et ceux-ci constituent alors le canal privilégié par lequel l'influence s'exerce.

Comme cela a été suggéré dans la littérature (Wodak, 2015 ; Aalberg et al., 2017), des liens d'interdépendance existent donc entre partis populistes de droite radicale et médias. C'est en effet à travers les médias – notamment – que l'influence des partis populistes s'exerce. Par ailleurs, ces médias sont traditionnels mais aussi d'un nouveau type : les médias sociaux (les réseaux sociaux comme Facebook et Twitter par exemple) sont ainsi des outils largement mobilisés par les partis populistes de droite radicale (Ernst et al., 2017)[126].

Bien que cette influence des partis populistes sur les citoyens ne soit pas nécessairement avérée, la perception qu'en ont les partis traditionnels est cruciale à prendre en compte puisqu'elle détermine leur réaction. En effet, dans de tels cas, ils avancent eux-mêmes des propositions reflétant – souvent partiellement – les promesses des partis populistes, ou ils se sentent forcés de soutenir des propositions formulées par d'autres partis traditionnels allant également dans ce sens. Cela s'explique par le fait qu'il est reconnu que, pour un parti, ignorer un enjeu qui a gagné en importance conséquemment à un contexte spécifique est risqué pour lui en termes électoraux (Givens & Luedtke, 2004 ; Howard, 2010). Dans d'autres cas, des empreintes empiriques ont prouvé que, alors qu'ils ne défendaient pas ouvertement ces propositions pour éviter d'être assimilés aux partis populistes de droite radicale et d'en subir les conséquences électorales, cette perception du soutien populaire constitue une fenêtre d'opportunité que saisissent des partis traditionnels pour développer une proposition qu'ils souhaitaient voir développée depuis de nombreuses années. Ce processus d'appropriation des promesses électorales des partis populistes de droite radicale par des partis traditionnels explique pourquoi l'influence du VB et du FN est avérée, bien qu'elle soit non exclusive et passive.

---

[126] Bien que le rôle des médias est important à prendre en compte pour comprendre l'exercice de l'influence par les partis populistes de droite radicale, il s'agit d'un objet d'étude en soi que ne couvre pas cette recherche.

Enfin, alors que la littérature a souligné le fait que les citoyens exercent une influence substantielle sur les politiques publiques (*e.g.* Burstein, 2003), les résultats indiquent aussi que le soutien populaire peut être instrumentalisé (1) par des partis populistes de droite radicale afin de se légitimer et de légitimer leurs promesses électorales et (2) par des partis traditionnels pour légitimer le fait qu'ils soutiennent des promesses initialement formulées par des partis populistes de droite radicale. Le soutien populaire est donc un élément clé dans la compréhension du mécanisme par lequel les partis populistes de droite radicale exercent une influence. Ainsi, ces derniers tentent de renforcer la « lepénisation des esprits » (Mayer, 2006 : 1), c'est-à-dire l'idée selon laquelle, indépendamment de leur vote, les citoyens s'habituent et tendent à défendre davantage les idées proposées par le FN et, par extension, par les partis populistes de droite radicale plus généralement.

5. Des freins à l'influence des partis populistes de droite radicale

La comparaison des trois cas permet de dégager une typologie des freins à l'influence des partis populistes de droite radicale. Ce qui ressort de l'analyse est que plusieurs freins caractérisent chaque cas et que ceux-ci sont de diverses natures. Par ailleurs, certains freins sont partagés par l'ensemble des partis populistes de droite radicale étudiés, certains ne le sont que par certains d'entre eux – généralement le FN et le VB – et d'autres encore sont propres à un seul cas.

Des freins de deux natures différentes émergent : des freins exogènes et des freins endogènes. Les premiers sont surtout liés au système politique et ne dépendent pas directement des partis populistes de droite radicale. Ces freins se retrouvent essentiellement en Suisse et en France. En Suisse, il s'agit tout d'abord du mode de formation du gouvernement. Alors que l'UDC est représentée au sein de l'exécutif fédéral, la manière de désigner les membres de l'exécutif (élection par le Parlement réuni) et la manière de travailler au sein de l'exécutif (collégialité) contribuent à affaiblir la capacité d'influence de l'UDC, au profit des autres formations politiques. Ensuite, des acteurs – notamment issus de la société civile – exercent un rôle particulièrement important au sein du processus de fabrique des politiques publiques en Suisse et, à nouveau, ceux-ci affaiblissent la capacité d'influence de l'UDC. Il s'agit d'un frein endogène en ce sens que la consultation des acteurs intéressés est une étape institutionnalisée du processus décisionnel suisse. Enfin, les membres de la chambre haute du parlement fédéral suisse sont élus au mode de scrutin majoritaire, mode de scrutin qui ne favorise pas les partis de niche, parmi lesquels les partis populistes de droite radicale (Ehrhard, 2016). En conséquence, la représentation de l'UDC au sein de cette chambre est faible, ce qui réduit sa capacité d'influence. Bien que sa représentation soit élevée au sein de la chambre basse, ce constat est renforcé par le fait que le système politique suisse est caractérisé par un bicamérisme parfait et égalitaire. En France, le mode de scrutin majoritaire est aussi un frein considérable à l'influence du FN. Il explique ainsi sa représentation marginale au sein des institutions nationales (Ehrhard, 2016). Ces freins endogènes sont surtout des freins au regard de la capacité d'influence des partis populistes à travers les institutions publiques (gouvernement et parlement). Ils sont observables au sein des mécanismes causaux développés pour chaque promesse et permettent d'expliquer pourquoi certaines voies sont privilégiées par rapport à d'autres.

Contrairement aux freins exogènes, les freins endogènes dépendent plus des partis populistes de droite radicale puisqu'ils incluent la nature des promesses formulées, l'étiquette et le style du parti et de ses élus, les relations avec la presse et le cordon sanitaire, qu'il soit formel ou non. Endogènes, ils sont tous la conséquence de choix tactiques de l'UDC, du FN et/ou du VB, principalement à propos des promesses elles-mêmes et du style de communication adopté pour les défendre. Deux freins sont identiques aux trois cas : la nature des promesses et l'étiquette du parti. Tant à l'UDC, qu'au FN ou au VB, certaines promesses n'ont pas vocation à être développées soit parce qu'elles visent à adopter des décisions déjà prévues par le législateur ou à créer des dispositifs déjà existants, soit parce qu'elles ne sont pas défendues par les cadres du parti pour des raisons de fond ou de forme[127].

Les trois partis recourent par ailleurs à un style de communication atypique mais qui leur est commun. Ce style – provocateur – contribue notamment à formuler des solutions qui peuvent paraître radicales. En

---

[127] Sur la forme, il s'agit par exemple de la promesse de l'UDC visant à interdire la mendicité sur le territoire national : lors des entretiens réalisés, les cadres et élus de l'UDC considèrent tous qu'il s'agit d'une compétence cantonale et non fédérale et que, en conséquence, il n'y a pas lieu de développer cette promesse au niveau fédéral.

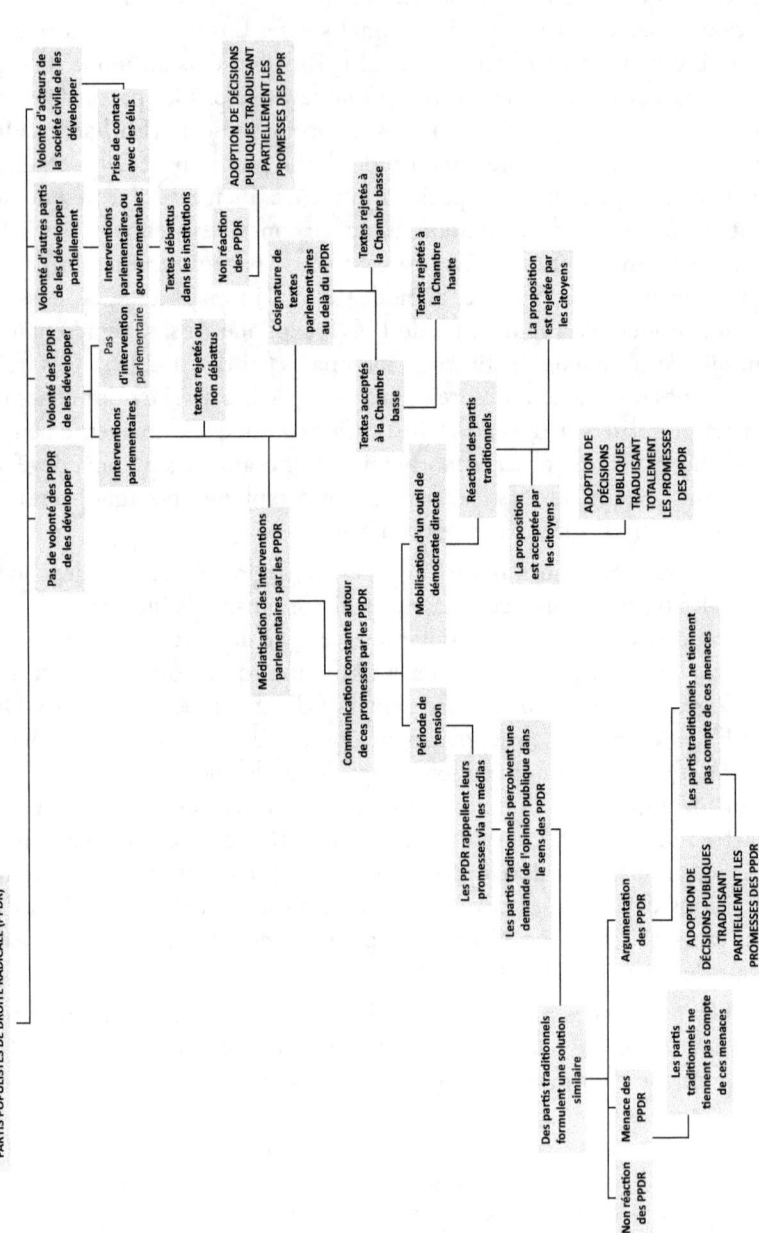

Figure 7: Théorisation de l'influence des partis populistes de droite radicale sur la fabrique des politiques publiques

conséquence, les partis traditionnels craignent toute perception de rapprochement idéologique avec un parti populiste de droite radicale par leur électorat et, dès lors, ils tentent de ne pas formuler de promesses similaires à celles formulées par un parti populiste de droite radicale. En Suisse, par exemple, des élus et cadres de partis engagés auprès du collectif Marche Blanche (dont le PDC) ont changé de position suite à l'intégration de plusieurs cadres de l'UDC au sein du collectif. En conséquence, seule l'UDC a défendu et soutenu une série de textes en matière de lutte contre la pédophilie. En France, la question de la suspension de prestations sociales pour les délinquants – défendue par des élus et cadres UMP/LR –n'a pas trouvé à se développer alors que l'UMP était au pouvoir entre 2007 et 2012, principalement du fait que plusieurs cadres du parti ont craint que cette mesure soit le symbole, pour les citoyens, d'un rapprochement idéologiquement entre l'UMP et le FN. Par ailleurs, dans cette même logique, des partis traditionnels souhaitent ne pas collaborer avec des partis populistes de droite radicale pour éviter de montrer tout rapprochement idéologique. Cela est vrai en France et en Belgique, mais aussi en Suisse – bien que cela ne soit pas systématique dans ce dernier cas. Cette logique peut être poussée à son terme et déboucher sur un cordon sanitaire politique. C'est le cas en France et en Belgique, bien que ce soit à des degrés divers. Formel lorsqu'il résulte d'un accord formalisé entre partis politiques et informel lorsqu'il existe, dans les faits, sans avoir fait l'objet d'accords formalisés sur le moyen ou le long terme, un cordon sanitaire consiste à refuser toute collaboration avec un parti, que ce soit au niveau parlementaire ou gouvernemental. Enfin, ce cordon sanitaire peut aussi être médiatique. Si, en Belgique, un tel cordon ne s'applique que du côté francophone, l'accès aux médias flamands est tout de même différencié pour le VB. En France aussi, les relations qu'entretiennent les médias avec le FN sont compliquées et contribuent à affaiblir la capacité d'influence du FN. Cette relation compliquée découle notamment de la perception qu'ont les cadres et élus du FN du traitement que font les médias du FN.

Ces différents freins – exogènes et endogènes – peuvent coexister à l'égard d'un même parti populiste de droite radicale. Là où ces freins sont les plus nombreux, l'influence des partis populistes est la moins intense, c'est-à-dire que des empreintes empiriques d'influence sont repérées au regard d'un nombre de promesses réduit. Cela traduit le fait que ces freins qui se posent à l'influence des partis populistes ont effectivement un impact : non seulement ils limitent les performances électorales des partis populistes de droite radicale (*e.g.* Meguid, 2005 ; Heinze, 2018), mais ils en limitent aussi l'influence sur la fabrique des politiques publiques. Ainsi, alors que c'est en Belgique que ces freins sont les plus importants – notamment à travers un cordon sanitaire politique formel et un accès compliqué aux médias – le VB est capable d'influencer la fabrique des politiques publiques mais dans une moindre mesure puisqu'exerçant alors une influence surtout passive et extra-institutionnelle.

6. Conclusion : des propositions relatives à l'influence des partis populistes de droite radicale sur la fabrique des politiques publiques

La comparaison des études de cas a permis de faire émerger plusieurs leçons, ou propositions, en termes d'influence des partis populistes de droite radicale sur la fabrique des politiques publiques. Elles permettent de comprendre comment l'influence politique est exercée et quels facteurs contribuent à l'intensifier ou, au contraire, à la restreindre, de manière générale, au-delà des cas étudiés dans cette recherche.

Ces propositions dégagées (synthétisées dans le tableau 34) font ressortir que les partis populistes de droite radicale exercent une influence sur la fabrique des politiques publiques mais que cette influence n'est pas figée et est aussi limitée. En outre, différents types d'influence sont distingués selon les rapports qu'entretiennent ces partis avec les partis traditionnels et avec le pouvoir. Enfin, en conséquence de freins qui s'imposent à eux, les partis populistes de droite radicale tentent d'exercer leur influence à travers des voies et stratégies alternatives, en recourant à des outils de démocratie directe ou en faisant appel aux citoyens à travers les médias.

Tableau 34 : Propositions relatives à l'influence des partis populistes de droite radicale sur la fabrique des politiques publiques

Proposition 1 : Tous les partis populistes de droite radicale – quels que soit leurs rapports avec les partis traditionnels et avec le pouvoir – influencent au moins minimalement la fabrique des politiques publiques.

Proposition 2 : L'intensité de l'influence exercée par les partis populistes de droite radicale est décroissante au fur et à mesure de la progression du processus de fabrique des politiques publiques.

Proposition 3 : Les rapports qu'entretiennent les partis populistes de droite radicale avec les partis traditionnels et avec le pouvoir ont un effet sur le type d'influence exercé. Lorsque ces rapports sont caractérisés par leur proximité, l'influence est exercée en autonomie, à travers les institutions et dans un temps court. À l'inverse, lorsque ces rapports sont distants, l'influence est exercée dans une moindre autonomie, au-delà des institutions et nécessite un temps plus long.

Proposition 4 : En conséquence de leur style populiste et de leur radicalisme, les partis populistes de droite radicale sont confrontés à des freins qui les conduisent à exercer leur influence à travers des voies alternatives et extra-institutionnelles, où l'appel aux citoyens occupe une place majeure.

Chapitre 10

Discussion des résultats

L'influence politique des partis populistes de droite radicale ne peut pas être simplement mesurée en termes de participation directe au gouvernement ou être considérée comme étant le résultat automatique de leur accès au processus de fabrique des politiques publiques. (Carvalho, 2014 : 27–28 – trad.)

Le présent chapitre a pour but de dépasser l'étude des trois cas et de confronter les résultats et les leçons à la littérature afin d'enrichir cette dernière en corroborant, réfutant, nuançant ou prolongeant les résultats antérieurs à cette recherche. Sept axes de discussion sont ainsi proposés.

1. Les partis populistes de droite radicale : des partis influents

L'analyse empirique a indiqué que les partis populistes de droite radicale influencent la fabrique des politiques publiques. En ce sens, elle corrobore les résultats de plusieurs recherches antérieures. Ainsi, Zaslove a-t-il indiqué – sur la base d'une étude portant sur l'Italie et l'Autriche – que « les partis populistes de droite radicale influencent non seulement les discours publics, mais aussi significativement les politiques publiques lorsqu'ils sont au pouvoir » (Zaslove, 2004 : 114–115, trad.). Selon lui, les lois sont devenues davantage restrictives en matière d'immigration lorsque le FPÖ et la Ligue du Nord ont respectivement intégré les gouvernements autrichien et italien. L'analyse fournie dans cet ouvrage a toutefois été plus loin en indiquant que des partis qui ne sont pas au pouvoir sont aussi capables d'influencer la fabrique des politiques publiques. Elle corrobore donc aussi les résultats d'études telles que celle réalisée par Schain (2006) et selon laquelle des partis d'opposition, comme le Front national français, peuvent influencer la fabrique des politiques publiques en forçant les partis traditionnels à coopter leurs positions.

La présente recherche contribue en ce sens à la littérature sur le « *do political parties matter ?* ». Alors que cette littérature reconnait aujourd'hui que les partis comptent puisqu'ils parviennent à traduire leurs préférences électorales en décisions publiques (*e.g.* Schmidt, 1996 ; Guinaudeau & Persico, 2018), cette recherche suggère aussi que les partis populistes de droite radicale – alors qu'ils sont des partis distincts des partis traditionnels, notamment en conséquence de leurs rapports avec la démocratie libérale (Urbinati, 2014) – comptent. À l'instar de partis traditionnels, ils parviennent en effet à exercer une influence sur la fabrique des politiques publiques.

D'autres recherches ont aussi indiqué que les partis populistes de droite radicale ne parviennent que difficilement à influencer la fabrique des politiques publiques. Sur la base d'une étude comparant 9 pays, Akkerman (2012) a par exemple montré que ce sont les partis traditionnels – particulièrement du centre-droit – qui sont responsables de changements vers une immigration plus restrictive, et non les partis populistes de droite radicale. La présente recherche ne contredit pas pour autant ces résultats, mais entend plutôt y apporter des éléments explicatifs et de la nuance. En effet, alors que ces études existantes reposent sur deux approches spécifiques (à savoir l'approche par l'étude de l'effet induit par des changements de gouvernement sur les politiques publiques et par l'étude de la correspondance entre enjeux présents dans les programmes électoraux et agenda des politiques publiques), la présente recherche mobilise une approche plus originale basée sur l'étude du devenir des promesses électorales. Cette approche permet non seulement de répondre à la question posée mais aussi d'y apporter de la nuance. Cette nuance découle du fait que le cheminement des promesses électorales est retracé et que, en conséquence, le jeu d'acteurs à travers lequel l'influence s'exerce peut être plus directement découvert. Comme cela a été démontré dans le chapitre précédent, l'influence n'est pas systématique, s'exerce différemment selon les dossiers auxquels sont rattachées les promesses électorales et selon les phases du processus de fabrique des politiques publiques. Une ouverture de la boite noire de la fabrique des politiques publiques permet d'affirmer que le positionnement des partis traditionnels et/ou l'adoption de leur part de mesures allant dans le sens des propositions formulées par des partis populistes de droite radicale résulte d'une influence, en amont, de la part de ces derniers partis. C'est une forme d'influence que Schain nomme « influence indirecte » (Schain, 2006 : 285), en conséquence du fait qu'elle s'exerce à travers d'autres partis politiques.

Ces résultats permettent d'appuyer la thèse de Lutz (2019) selon laquelle l'effet de contagion des partis traditionnels par des partis populistes est limité. En effet, selon cet auteur, si les partis populistes de droite radicale sont capables d'exercer une influence, c'est essentiellement sur les discours et l'agenda politique des partis traditionnels, davantage que sur les décisions publiques en tant que telles. De fait, peu de décisions publiques traduisant les promesses électorales des partis populistes étudiés sont repérées, particulièrement lorsque ces partis populistes ne font pas partie de l'exécutif.

2. Une influence qui s'exerce en amont du processus de fabrique des politiques publiques

L'analyse comparée a indiqué que l'influence qu'exercent les partis populistes de droite radicale est principalement repérée en amont du processus de fabrique des politiques publiques. Ainsi, c'est surtout lors de la phase de mise à l'agenda puis lors de la phase de formulation de solutions que des empreintes empiriques de l'influence des partis populistes sont mises en exergue. Les empreintes empiriques repérées lors de la dernière phase du processus (à savoir l'adoption de décisions publiques) sont quant à elles nettement moins nombreuses.

Cette tendance appuie ce que la littérature en analyse des politiques publiques a déjà démontré concernant l'influence des partis traditionnels. Au fur et à mesure de la progression du processus, l'influence respective des partis en présence tend à se réduire en conséquence de la complexité du processus (Muller & Surel, 1998). La fabrique des politiques publiques est en effet marquée par un espace non vierge caractérisé par des règles et normes déjà existantes (comme le droit international, par exemple), par des jeux bureaucratiques et par une lutte de pouvoir et d'influence (Muller & Surel, 1998 : 106112). Une même configuration caractérise les processus lors desquels les partis populistes de droite radicale tentent d'exercer une influence. Néanmoins, cette tendance est d'autant plus forte pour ces derniers en ce sens qu'ils font face à des freins qui leur sont spécifiques en conséquence de leur propre nature. Par exemple, le style politique qu'ils adoptent ou le radicalisme de leurs propositions empêche régulièrement la constitution d'alliances avec des partis traditionnels. Plus encore, dans certains cas, le fait qu'une proposition électorale soit portée par un parti populiste de droite radicale empêche cette proposition d'être adoptée alors qu'elle est aussi partagée par d'autres partis politiques. En conséquence, l'influence des partis populistes de droite radicale s'en retrouve affectée.

Ces conclusions permettent de remettre en cause le modèle de la rationalité pure de la fabrique des politiques publiques (de Bruyne, 1981). Selon ce modèle, le décideur – qui est un *homo economicus* – connait parfaitement l'ensemble des traits du problème, toutes les alternatives imaginables pour le résoudre, est capable d'anticiper chacune de leurs conséquences et dispose de l'ensemble de l'information nécessaire pour poser un choix qui se veut optimal (Sfez, 1984). Cette recherche appuie plutôt la thèse d'Allison (1971) selon laquelle la fabrique des politiques publiques est caractérisée par un jeu important d'acteurs. En effet, au-delà des partis politiques, bon nombre d'acteurs institutionnels ou issus de la société civile interviennent dans le processus et peuvent contribuer à empêcher l'influence des partis populistes de droite radicale, par exemple en émettant des avis négatifs quant à une de leurs propositions. Cela est d'autant plus vrai dans des États caractérisés par un modèle de démocratie consociative (Kriesi, 1998). Dans ces modèles de démocratie, la recherche d'un compromis est d'autant plus cruciale lors de la phase d'adoption de décisions. Pourtant, comme cela a été indiqué plus haut, les partis populistes de droite radicale sont peu enclins au compromis. Cela explique aussi pourquoi l'influence des partis populistes de droite radicale est moindre lors de la dernière phase du processus de fabrique des politiques publiques.

3. L'adoption de stratégies de désengagement par les partis traditionnels à l'égard des partis populistes de droite radicale : un impact en termes électoraux mais aussi en termes de politiques publiques

L'analyse comparée a mis en évidence que, en Suisse, l'influence exercée par l'UDC est différente de celle exercée en France et en Belgique respectivement par le FN et le VB. Cette différence en termes d'influence s'explique notamment par le choix des stratégies d'engagement ou de désengagement de la part des partis traditionnels. La littérature en science politique reconnait que ces stratégies comportent d'importantes conséquences en termes électoraux : une stratégie de désengagement en temps 1 impacte ainsi négativement les performances électorales des partis populistes en temps 2 (Meguid, 2005 ; Heinze, 2018). Les partis faisant face à une stratégie de désengagement se retrouvent alors confrontés à un rapport difficile avec le pouvoir –exécutif et/ou législatif – puisqu'ils obtiennent un nombre de voix et de sièges limité et qu'ils ne constituent pas des partis pivots.

Dès lors, il leur est plus difficile de développer leurs promesses électorales. En conséquence, ces partis ne parviennent à exercer une influence sur la fabrique des politiques publiques que lorsque certaines conditions sont réunies (d'autres acteurs doivent également défendre cette promesse et le contexte doit être favorable à son développement), qu'à travers certains modes opératoires (par la voie extra-institutionnelle, par exemple), et en envisageant cette influence sur un temps moyen, voire long. Ces spécificités contribuent à affaiblir la capacité d'influence des partis populistes de droite radicale : ils exercent une influence sur un nombre plus limité de promesses électorales. Reconnue pour le faible coût qui y est associé (Cobb & Ross, 1997), la stratégie visant à éviter la mise à l'agenda puis la prise en compte de problèmes par le déni de la légitimité des initiateurs de ces problèmes semble donc efficace, au-delà du fait que ces stratégies conduisent également à l'affaiblissement électoral des partis populistes (Pauwels, 2011). En outre, ces spécificités propres à l'exercice de l'influence par les partis populistes de droite radicale contribuent à rendre l'influence de ces derniers moins visible, moins perceptible. En effet, c'est essentiellement la troisième dimension de l'influence qui est mobilisée par ces partis puisqu'ils tentent d'exercer une influence en modifiant les préférences des autres acteurs (Lukes, 2005).

Cette moindre visibilité de l'influence politique des partis populistes peut potentiellement comporter des conséquences. La littérature a reconnu que les partis politiques traditionnels adoptent généralement, dans un premier temps, des stratégies de désengagement à l'égard des partis populistes puis, dans un deuxième temps, des stratégies d'engagement à leur égard, et non l'inverse (Heinze, 2018). Dès lors, une explication à l'évolution du choix de ces stratégies peut être trouvée dans la perception qu'ont les partis traditionnels de l'influence des partis populistes. En percevant les partis populistes comme non influents (ce qui est le cas pour la grande majorité des personnes interrogées dans le cadre de cette recherche), ils rencontrent moins de difficultés à abandonner leurs stratégies de désengagement. Ainsi, les partis populistes de droite radicale parviennent-ils à accéder au pouvoir dans des cas de plus en plus nombreux, comme en Italie, en Autriche ou en Bulgarie, par exemple

(Biard 2019a ; Biard 2019b). Une quatrième phase dans le développement historique de ces partis (et qui consiste pour ces partis, après s'être enracinés, à se légitimer pour accéder au pouvoir) marque ainsi le début des années 2000 (Widfeldt, 2010).

4. Les partis populistes de droite radicale face à la difficulté de traduire leurs promesses électorales en décisions

La littérature reconnait que – contrairement à une croyance populaire bien répandue (ISSP, 2008) – les partis politiques, qu'ils soient dans la majorité ou dans l'opposition, tiennent une part importante de leurs promesses électorales. Ainsi, Naurin (2011) a-t-il démontré que les gouvernements suédois successifs ont réussi à réaliser un nombre important des promesses contenues dans les programmes électoraux des partis qui les composent. D'autres chercheurs ont aussi indiqué que non seulement des partis intégrés dans des exécutifs majoritaires mais aussi des partis soutenant des gouvernements minoritaires parviennent à tenir une part importante de leurs promesses. Mansergh (2004), Artés (2013) et Moury (2011) ont ainsi montré que les partis soutenant des gouvernements minoritaires respectivement en Irlande, en Espagne et en Italie ont réalisé bon nombre (plus de 60%) de leurs promesses électorales, quelle que soit la couleur politique du gouvernement. C'est à la même conclusion que sont arrivés Thomson *et al.* (2017), à travers une étude comparée. Plus encore, Mansergh & Thomson (2007) et Pétry (2012) ont démontré qu'un parti d'opposition peut aussi parvenir à traduire une part importante de ses promesses en décisions.

Pourtant, les résultats de la présente recherche indiquent que, même s'ils exercent une influence sur la fabrique des politiques publiques, il est difficile pour les partis populistes de droite radicale – particulièrement lorsqu'ils font face à des stratégies de désengagement de la part des partis traditionnels – de traduire leurs promesses électorales en décisions publiques. Ils semblent donc se distinguer des partis traditionnels en ce sens. Un détour par les travaux menés par Moury et Fernandes (2018) permet de mieux comprendre pourquoi ces partis rencontrent de telles difficultés. Selon eux, le nombre de promesses tenues varie fortement selon la taille des partis mais aussi selon la proximité idéologique des partis : plus un parti est important, plus il parvient à tenir ses promesses ;

et plus deux partis sont proches idéologiquement, plus chacun d'eux parviendra à tenir ses propres promesses à travers des alliances. Par ailleurs, Moury et Fernandes (2018) indiquent que les partis antisystèmes – parmi lesquels les partis populistes – parviennent généralement plus difficilement à créer des alliances (en conséquence de leur caractère « antisystème ») et, *in fine*, à réaliser leurs promesses que les partis traditionnels. Dès lors, et comme le suggère aussi l'analyse menée, la triple conjugaison de ces trois facteurs (petits partis, aux positions idéologiques radicales et antisystèmes) permet de comprendre pourquoi les partis populistes de droite radicale – spécifiquement – peinent à tenir leurs promesses.

Différents types de promesses doivent aussi être distingués. Costello & Thomson (2008) ont indiqué combien la nature de la promesse pouvait impacter son potentiel de réalisation. Par exemple, les résultats de leurs recherches suggèrent qu'un accord entre partis quant à certaines promesses impacte positivement leur probabilité d'être adoptées. La présente recherche confirme cette tendance puisque, principalement pour le FN et le VB, c'est lorsque leurs promesses sont également défendues par d'autres partis politiques (mais aussi d'autres types d'acteurs politiques) qu'elles trouvent le plus à se développer à travers le processus de fabrique des politiques publiques. En Suisse, l'importance numérique de l'UDC au sein du Parlement nuance ces résultats pour les premières phases du processus, mais pas pour la dernière (adoption de décision).

La nature des promesses se distingue aussi par leur vraisemblance, c'est-à-dire par le fait que leur adoption soit vraisemblable ou non. Certaines promesses sont en effet plus aisément réalisables que d'autres en ce sens qu'elles s'inscrivent davantage dans une logique de « dépendance au sentier », c'est-à-dire dans une logique selon laquelle les décisions précédemment adoptées ainsi que les structures institutionnelles existantes induisent un mouvement futur dans la même direction, et ce de façon croissante (Pierson, 2000 ; Palier, 2010). À l'inverse, l'analyse comparée a montré que certaines promesses qui vont à l'encontre de cette logique ne parviennent pas à se développer. Il en est ainsi pour la promesse de restaurer la peine de mort en France, par exemple. En outre, certaines promesses sont aussi invraisemblables en ce sens qu'elles portent sur des décisions déjà adoptées, sur des dispositions déjà existantes. Enfin, certaines promesses sont invraisemblables en conséquence du manque de volonté de la part des partis qui les portent eux-mêmes de les traduire en décisions.

5. Des stratégies de contournement aux limites de la voie parlementaire

Les résultats de l'analyse corroborent les conclusions de Minkenberg (2001) selon lesquelles, pour un parti populiste de droite radicale, une présence parlementaire n'est pas une condition suffisante pour exercer une influence sur l'ensemble du processus de fabrique des politiques publiques. Néanmoins, les partis populistes développent des stratégies de contournement afin de tenter d'exercer une influence sur la fabrique des politiques publiques par-delà la voie parlementaire. En conséquence de la difficulté inhérente à ces partis d'exercer une influence, ces stratégies de contournement font partie de l'ADN des partis populistes de droite radicale.

Les résultats de la recherche suggèrent que ces stratégies de contournement sont de deux ordres : d'une part, les outils de démocratie directe disponibles en Suisse permettent à l'UDC d'exercer une influence ; d'autre part, recourir aux citoyens et aux médias, notamment lorsque le contexte s'y prête, constitue une manière d'exercer une influence sur la fabrique des politiques publiques dans le moyen ou le long terme.

5.1. Les outils de démocratie directe au service des partis populistes de droite radicale

Les outils de démocratie directe sont classiquement envisagés comme permettant d'améliorer la qualité de la démocratie (Bedock, 2017). Bon nombre de citoyens sont en effet critiques à l'égard de la démocratie et revendiquent des modes de démocratie plus directs (Caluwaerts *et al.*, 2017). En conséquence, les partis politiques tendent à s'adapter et formulent des propositions visant à développer des innovations démocratiques permettant aux citoyens de prendre davantage part aux processus décisionnels (Reuchamps *et al.*, 2017 : 68–70). Néanmoins, plusieurs études ont déjà indiqué – et ce depuis de nombreuses années – que ces outils ne conduisent pas nécessairement à démocratiser davantage le jeu politique (e.g. Mottier, 1993 ; Cherix, 2016). Cherix souligne par exemple que l'initiative populaire helvétique n'est pas l'expression de la base car elle est généralement lancée depuis des partis politiques ou certaines de ses composantes. Par ailleurs, il rappelle qu'elles contribuent à stigmatiser certaines catégories de la population, à diminuer le poids des autres pouvoirs ou encore à instaurer « un régime d'irresponsabilité collective » (Cherix, 2016 : 85).

Les résultats de cette recherche permettent d'aller au-delà dans l'interprétation de la mise en œuvre et des effets de tels outils en démocratie. Les partis populistes de droite radicale sont considérés comme une menace à l'égard de la démocratie libérale (*e.g.* Albertazzi & Mueller, 2013 ; Urbinati, 2014 ; Rumens, 2017). Pourtant, l'analyse indique que les outils de démocratie directe peuvent constituer un outil permettant d'accroître la capacité d'influence de ces partis sur la fabrique des politiques publiques. Alors que les partis traditionnels empêchent les partis populistes d'exercer une influence au-delà de la phase de formulation de solutions, les outils de démocratie directe constituent une alternative pour les partis populistes. Ils peuvent en effet être instrumentalisés par des partis politiques à des fins d'influence. En ce sens, les outils de démocratie directe peuvent être instrumentalisés par des partis dont l'ADN va à l'encontre de la démocratie libérale. La présente recherche va donc dans le sens des mises en garde déjà pointées dans d'antérieures études.

Pauwels (2011) a montré que l'existence d'un cordon sanitaire avait, dans le long terme, conduit au déclin électoral du VB en Belgique. Selon lui, condamner le VB à demeurer un parti d'opposition a rendu le parti moins pertinent aux yeux de nombreux électeurs et, en conséquence, ces derniers se sont tournés vers une autre offre électorale. Les résultats de la présente recherche suggèrent que la disponibilité d'outils de démocratie directe en Belgique aurait pu contribuer à ne pas affaiblir la pertinence de ce parti au sein de l'arène politique puisqu'ils lui auraient permis d'exercer une influence plus importante sur la fabrique des politiques publiques. Ainsi, c'est tant en termes d'influence sur les politiques publiques qu'en termes purement électoraux que l'existence d'outils de démocratie directe peut avoir un impact. Sans remettre en cause l'existence et les apports de tels outils, cette recherche permet néanmoins d'en pointer les limites.

5.2. Une influence à travers les citoyens : mutation d'un modèle de représentation

Là où des outils de démocratie directe tels que le référendum ou l'initiative populaire ne sont qu'exceptionnellement ou jamais mobilisés, les partis populistes de droite radicale recourent aux citoyens et aux médias afin d'exercer une influence. Par ailleurs, le contexte dans lequel les tentatives d'influence de ces deux partis se développent occupe lui aussi une place cruciale pour comprendre cette influence. Ces résultats corroborent la littérature indiquant que les partis traditionnels sont attentifs au soutien populaire tel qu'ils le perçoivent dans un contexte défini et à l'égard d'un enjeu précis (Givens & Luedtke, 2004 ; Howard, 2010).

À de nombreuses reprises, la notion d'opinion publique a été mobilisée par les acteurs interrogés afin de motiver leurs actions ou leur manque d'action dans une ou plusieurs séquences du mécanisme causal. Dans l'analyse des résultats, la notion de « soutien populaire » a été privilégiée en ce sens que l'opinion publique est une notion de sens commun dont le chercheur doit pouvoir se distancier pour au moins deux raisons. D'une part, l'existence de l'opinion publique est elle-même questionnée. Bourdieu (1972) indique ainsi que l'opinion publique n'existe pas. D'autre part, le sens accordé à la notion varie selon celui qui y recourt. Contrairement à la notion d'opinion publique, le « soutien populaire » n'a pas la prétention d'être mesurable et caractérise davantage une tendance générale telle que perçue par certains acteurs.

Concrètement, il serait risqué pour un parti traditionnel d'ignorer un enjeu ou une proposition qui aurait gagné le soutien populaire. En conséquence, les partis populistes de droite radicale tentent de mobiliser les citoyens autour d'enjeux spécifiques et autour de leurs propositions électorales afin d'exercer une influence sur la fabrique des politiques publiques. La thèse de la « co-optation » des promesses des partis populistes de droite radicale par des partis traditionnels (Schain, 2006 ; Carvalho, 2016), qui est une stratégie d'engagement visant l'appropriation par des partis traditionnels de promesses électorales d'autres partis, est donc appuyée par cette recherche. En outre, ces résultats permettent de comprendre le changement de position que certains partis peuvent opérer dans le temps au regard d'enjeux spécifiques. Comme l'indique Fagerholm (2016), le soutien populaire est un puissant facteur de changement idéologique au sein des partis politiques et, spécifiquement, des partis populistes de droite radicale.

Cette influence que tentent d'exercer les partis populistes de droite radicale via les citoyens questionne, plus largement, le modèle de la représentation tel qu'il a été établi dans la littérature en science politique depuis de nombreuses années (Pitkin, 1967). En effet, le mandat impératif – selon lequel les élus sont liés au mandat pour lequel les électeurs ont voté, c'est-à-dire au respect des promesses électorales qu'ils ont formulées (Balzacq *et al.*, 2014 : 290) – se retrouve mis au défi par une autre conception de la représentation, où les élus se comportent davantage comme des « mandataires indépendants » (Jacob *et al.*, 2018 : 78). Alors que les partis traditionnels ne formulent pas nécessairement des promesses en matière de sécurité intérieure ou alors qu'ils ne formulent pas nécessairement des promesses similaires à celles formulées par des partis populistes de droite radicale, ils se retrouvent parfois dans des situations où ils contribuent pourtant à les faire évoluer dans le sens d'une traduction en décisions publiques. La pression exercée par les partis populistes, notamment à travers les médias et les citoyens, explique en partie cette tendance. Les élus ne cherchent en effet pas seulement à traduire leurs promesses électorales en décisions, mais peuvent aussi adopter des « non-promesses », c'est-à-dire des décisions publiques qui ne reflètent pas une promesse qu'ils ont formulée préalablement (Bélanger *et al.*, 2018 : 159). Les résultats de la présente recherche appuient donc l'idée développée par Jacob *et al.* (2018 : 78) : « les actions et les décisions des élus cherchent à satisfaire les intérêts et les préférences des électeurs de la prochaine campagne électorale ». Puisqu'ils perçoivent une pression de la part des partis populistes (pression relevée à travers les entretiens réalisés), les partis traditionnels anticipent les prochains scrutins en adoptant des promesses formulées par d'autres partis. Cela permet en outre d'expliquer pourquoi même des promesses formulées par des partis d'opposition – notamment des partis populistes – parviennent au moins à être développées au sein du processus de fabrique des politiques publiques, sinon adoptées (Mansergh & Thomson, 2007).

Parce qu'obtenir le soutien populaire peut prendre beaucoup de temps, cette stratégie adoptée par les partis populistes est moins visible et est de moyen/long terme. Néanmoins, cette stratégie conserve ses effets puisqu'elle contribue à contourner certains freins qui se posent à l'influence des partis populistes de droite radicale dans les arènes institutionnelles et permet l'exercice d'une influence sur la fabrique des politiques publiques et ce, même depuis les bancs de l'opposition.

6. Deux grands types de freins à l'influence des partis populistes de droite radicale

En conséquence de la spécificité des partis populistes de droite radicale – en termes de style mais aussi d'idéologie –, ces derniers sont confrontés à des freins qui les conduisent à exercer leur influence à travers des voies alternatives et extra-institutionnelles. Telle est la quatrième proposition suggérée par l'analyse comparée. Ces freins à l'influence ont toutefois été distingués, qu'ils soient exogènes ou endogènes.

Les freins exogènes sont ceux qui ne dépendent pas des partis populistes de droite radicale auxquels ils s'imposent. Ils sont davantage liés au système politique dans lequel ils s'insèrent. Cette recherche corrobore donc les résultats mis en évidence par Schain (2006) selon lesquels l'influence des partis populistes de droite radicale varie en intensité en fonction du système politique dans lequel ils s'insèrent. Les résultats de la présente recherche appuient aussi les travaux de Carvalho (2016) selon qui la différence de système politique entre la France et l'Italie conduit les partis populistes de droite radicale français à exercer une influence plus intense que les partis populistes de droite radicale italiens. Cela tient principalement au fait que les gouvernements italiens sont souvent caractérisés par des coalitions de partis et qu'une pression de la part des partenaires de coalition s'exerce sur les partis populistes. À l'inverse, en France, le système politique est caractérisé par un système à tendance bipartisane et rend l'accès du FN au pouvoir plus complexe. En conséquence, Carvalho avance que l'influence exercée par le FN est indirecte. La présente recherche va toutefois plus loin en indiquant comment les partis populistes parviennent quand même à exercer une influence, bien que moins intense ou « indirecte », pour reprendre les termes de Carvalho (2016 : 678). Elle suggère ainsi que c'est de façon passive et extra-institutionnelle que cette influence s'opère. Cela signifie que son influence est avérée mais que ce sont d'autres acteurs qui ont été centraux dans le processus pour expliquer l'avènement de séquences ultérieures au sein du mécanisme causal. Par ailleurs, l'influence ne s'exerce pas principalement à travers les institutions publiques. Elle s'exerce notamment via les médias.

Les freins endogènes sont quant à eux des conséquences des choix tactiques des partis populistes de droite radicale. Ils sont ainsi liés à la nature des promesses formulées, à l'étiquette et au style des partis et de leurs élus, à leurs relations avec la presse et à l'existence d'un cordon sanitaire. Ces freins sont en réalité de deux types : d'une part, ils sont liés aux promesses formulées et, d'autre part, au style adopté par les partis populistes et aux conséquences que cela comporte. La contribution à la littérature sur les freins à l'influence des partis populiste de droite radicale est double. D'une part, elle se retrouve enrichie par une meilleure compréhension du phénomène à travers un frein peu abordé par la littérature et qui consiste en la nature des promesses électorales. La vraisemblance des promesses a ainsi été abordée plus haut. D'autre part, les résultats tendent à corroborer les conclusions de précédents travaux. Williams (2017) a ainsi mis en évidence le fait que le style adopté par un parti populiste de droite radicale et ses élus contribue à marginaliser le parti populiste et à diminuer son potentiel de coalition avec des partis traditionnels. *In fine*, c'est l'influence du parti populiste qui s'en retrouve affectée.

Alors qu'un des freins à l'influence des partis populistes de droite radicale est l'étiquette de ces partis – et particulièrement le terme *populiste*, généralement connoté péjorativement (Delsol, 2015) – divers indicateurs permettent d'entrevoir une évolution dans l'acception de ce terme. Tout comme le terme nationalisme a tantôt été chargé d'une connotation positive, tantôt d'une connotation négative (Balzacq *et al.*, 2014 : 105), le terme populisme peut lui aussi évoluer en ce sens. Lors de la campagne électorale néerlandaise de mars 2017, le Premier ministre néerlandais s'exprimait en ces termes : « Je veux donc que les Pays-Bas soient le premier pays à mettre un terme au mauvais populisme » (Mark Rutte, le 13 mars 2017, entretien à la BNR – trad.). Cette expression soulève une question fondamentale dans l'étude du populisme : peut-on distinguer un bon populisme d'un mauvais populisme ? Si le débat n'a pas encore été tranché en tant que tel, il a bel et bien eu lieu depuis lors et nombreux sont ceux à opposer un « bon populisme » à un « mauvais populisme », ou un « faux populisme » à un « vrai populisme » (*e.g.* van Reybrouck, 2008). Si un « bon » ou un « vrai » populisme devait se dégager, la question serait alors de savoir si cette notion se chargerait d'une connotation positive. Le cas échéant, la question suivante se poserait alors : le frein que l'étiquette « populiste » constitue à l'influence des partis populistes de droite radicale ne risque-t-il pas de disparaitre, et ainsi de laisser place à une influence plus importante à ceux-ci dans l'action publique ?

7. Les partis populistes de droite radicale : un danger pour la démocratie libérale ?

L'importance de l'enjeu démocratique dans les discours des partis populistes a été souligné au début de cet ouvrage, en rappelant que ces partis le mobilisent dans le cadre d'un antagonisme qu'ils créent entre le peuple et les élites (Biard & Dandoy, 2018). Dans le même temps, la littérature s'accorde pour considérer que les partis populistes de droite radicale ne constituent pas qu'un danger électoral pour les partis traditionnels

(Bale, 2008), mais aussi un danger pour la démocratie libérale (*e.g.* Urbinati, 2014). Les arguments développés en faveur de cette conception des partis populistes de droite radicale sont de deux ordres: d'une part, cette menace est repérée à l'égard de la démocratie en tant que telle ; d'autre part, elle s'exerce à l'égard de la dimension libérale de la démocratie (Rummens, 2017), par exemple en restreignant les droits et libertés des personnes étrangères présentes sur le territoire national (Lutz, 2019). Mouffe (2000) parle de « paradoxe démocratique » pour exprimer cette idée de double pilier sur lequel reposent les démocraties occidentales. Comparant les cas autrichien, italien polonais et suisse, Albertazzi et Mueller (2013) ont empiriquement analysé dans quelle mesure les partis populistes de droite radicale sont une menace pour la démocratie libérale lorsqu'ils sont au pouvoir. Leurs résultats indiquent que, en se présentant comme étant les seuls représentants du peuple, ces partis tendent à ne pas reconnaître la légitimité de leurs opposants politiques, à menacer les droits et libertés des minorités ou des individus considérés comme indésirables (les élites) et à menacer l'équilibre des pouvoirs qui caractérise la démocratie libérale. Ce sont ainsi des libertés fondamentales mais aussi l'indépendance de certaines institutions (comme les cours et tribunaux) qui sont mis en cause par les populistes de droite radicale.

Les résultats de la présente recherche permettent de mieux comprendre dans quelle mesure ces partis sont véritablement une menace pour la démocratie. Tout d'abord, d'un point de vue procédural – et comme le repéraient déjà Albertazzi et Mueller (2013) – le principe démocratique est respecté par les partis populistes de droite radicale en ce sens que leur influence s'exerce dans un cadre démocratique. Les tentatives d'influence ont d'abord lieu au sein des arènes institutionnelles (particulièrement à travers le Parlement), puis notamment à travers les médias et, lorsqu'ils sont disponibles, à travers des outils de démocratie directe. Ce respect du principe démocratique – au sens procédural –s'explique notamment par la volonté de ces partis de respecter le droit pour renforcer leur légitimité et, *in fine*, augmenter leurs chances d'accéder au pouvoir. Comme l'indique Widfeldt (2010), la volonté de conquérir le pouvoir est en effet une caractéristique centrale des partis populistes de droite radicale depuis la fin des années 1990.

Si les partis populistes de droite radicale sont capables d'exercer une influence sur la fabrique des politiques publiques, celle-ci a été reconnue comme étant variable selon le rapport des partis avec les partis traditionnels et avec le pouvoir, selon les étapes du processus de fabrique des politiques publiques mais aussi selon le type de promesse formulé. Ainsi, l'influence s'exerce principalement en amont du processus. Cela signifie que peu de décisions publiques traduisent des promesses formulées par un parti populiste. L'influence exercée ne comporte donc que peu de conséquences directes pour les citoyens. Par ailleurs, lorsque l'influence s'exerce lors de la prise de décision, c'est généralement le cas au regard de promesses qui s'inscrivent dans le sillage de décisions déjà adoptées. Par exemple, des traces d'influence ne sont pas repérées au regard des promesses visant à rétablir la peine de mort. Enfin, et comme l'avait déjà remarqué Carvalho (2016) dans son étude du cas italien – lorsque des promesses qui sont davantage en rupture avec les décisions publiques existantes (par exemple visant à renvoyer les criminels étrangers, en Suisse) sont adoptées, les normes en vigueur (et particulièrement le droit international) empêchent généralement qu'elles impactent les droits des minorités ou l'équilibre des pouvoirs. La dimension libérale de la démocratie est donc peu impactée en ce sens.

L'analyse empirique montre donc que, dans les faits, les partis populistes de droite radicale –lorsqu'ils tentent d'exercer une influence sur la fabrique des politiques publiques – ne menacent pas significativement la démocratie libérale. Si ces résultats nuancent les études antérieures indiquant que les partis populistes de droite radicale sont un danger pour la démocratie (*e.g.* Urbinati, 2014), ils ne les contredisent toutefois pas pour autant. D'une part, l'analyse ne montre pas que la menace que de tels partis représentent soit écartée mais plutôt qu'elle est canalisée. Elle peut donc potentiellement être activée dans le futur. La question de l'évolution des freins à leur influence, et particulièrement de la notion de populisme – dont la connotation peut potentiellement devenir davantage positive dans le futur – en est une illustration. D'autre part, l'augmentation des performances électorales de partis populistes de droite radicale peut les conduire à occuper des positions majoritaires au sein d'exécutifs. Dans une telle configuration, la menace qu'ils représentent peut potentiellement s'accroître.

8. Conclusion : un triple apport à la littérature

Ce chapitre a permis de mettre les résultats dégagés dans le chapitre comparatif en perspective avec la littérature existante pour l'enrichir en appuyant, réfutant, nuançant ou développant d'antérieures recherches. Il a ainsi permis d'enrichir –d'abord et surtout – la littérature sur le populisme et les partis populistes de droite radicale, en indiquant qu'il s'agit de partis qui influencent la fabrique des politiques publiques. Néanmoins, il rappelle aussi que, par leur nature intrinsèque, ces partis font face à des freins spécifiques – comme le cordon sanitaire, par exemple – qui réduisent sa capacité d'influence et que, en conséquence, ces partis développent des stratégies d'influence alternatives, soit par le biais d'outils de démocratie directe, soit par la mobilisation du soutien populaire. Les stratégies adoptées par les partis traditionnels à leur égard sont néanmoins reconnues comme particulièrement efficaces au regard de leur objectif : elles contribuent à réduire considérablement la capacité d'influence des partis populistes de droite radicale.

Ce chapitre enrichit la littérature portant sur les promesses électorales puisqu'elles constituent les unités d'analyse de cette recherche. Ainsi, alors que des études antérieures reconnaissent que les partis politiques traditionnels tiennent la majorité de leurs promesses, cette recherche indique que les partis populistes de droite radicale s'en distinguent en ne tenant qu'une part très réduite de leurs promesses. S'ils exercent une influence, c'est en effet en amont du processus de fabrique des politiques publiques, et peu lors de la phase d'adoption de décisions publiques.

Enfin, ce chapitre contribue aussi à la littérature sur la démocratie puisqu'il questionne la place des partis populistes de droite radicale en démocratie mais aussi la manière avec laquelle ils se saisissent de l'enjeu démocratique dans leurs discours et dans leur stratégie d'influence des politiques publiques. D'une part, il suggère que les outils de démocratie directe – bien que reconnus dans la littérature comme étant une réponse à la crise de la démocratie représentative, elle-même à l'origine du développement des partis populistes – peuvent être un outil permettant aux partis populistes de renforcer leur propre capacité d'influence. D'autre part, il suggère que, étant donné les importantes limites à l'influence des partis populistes de droite radicale, l'argument selon lequel ces partis seraient, aujourd'hui et dans les faits, une menace à l'encontre de la démocratie libérale n'est pas vérifié. Néanmoins, c'est avec précaution que cette nuance est apportée à la littérature puisqu'elle ne prend pas en compte les évolutions qui pourraient survenir tant en termes de stratégies adoptées par les partis traditionnels à l'égard des partis populistes qu'en termes d'évolutions électorales de ces mêmes partis.

CONCLUSION

L'aspect le moins étudié quant à l'émergence des partis populistes de droite radicale durant les vingt dernières années est leur influence sur le politique mais aussi sur les politiques. (Schain, 2006, 271 – trad.)

En 2006, Schain soulignait que l'influence des partis populistes de droite radicale sur les politiques publiques demeurait trop peu étudiée dans la littérature. Pourtant, il s'agit non seulement d'un enjeu scientifique mais aussi d'un enjeu sociétal majeur puisque ces partis sont souvent perçus comme constituant une menace à l'encontre de la démocratie libérale. Par ailleurs, la pertinence de cet enjeu s'est considérablement accrue depuis lors en conséquence du développement électoral des partis populistes de droite radicale. L'objectif de cet ouvrage a été de contribuer à la littérature sur le sujet en répondant à la question de recherche suivante : *quelle influence les partis populistes de droite radicale d'Europe occidentale exercent-ils sur la fabrique des politiques publiques ?* Cette question comportait elle-même deux sous-questions :

(1) Dans quelle mesure les partis populistes de droite radicale influencent-ils la fabrique des politiques publiques ?

(2) Comment les partis populistes de droite radicale tentent-ils d'influencer la fabrique des politiques publiques ?

Mobilisant une approche innovante dans l'étude de l'influence partisane, cette recherche a évalué quelle influence exercent les partis populistes de droite radicale sur la fabrique des politiques publiques lorsqu'ils tentent de traduire leurs promesses électorales en décisions publiques. Les promesses électorales et la trajectoire de celles-ci ont alors été retracées afin de détecter, lorsqu'elles se développent, si, quand et comment les partis populistes de droite radicale interviennent au sein du processus. Alors que les recherches antérieures se sont focalisées sur des approches davantage quantitatives, visant par exemple à établir des corrélations entre l'importance électorale de partis populistes de droite radicale et l'adoption de politiques plus restrictives en matière d'immigration (*e.g.* Minkenberg, 2001 ; Akkerman & de Lange, 2012), la présente recherche a eu l'ambition de vérifier des liens de causalité. Pour ce faire, la méthode du *process-tracing* a été mobilisée afin d'ouvrir la boite noire de la fabrique des politiques publiques et de reconstruire les séquences qui la composent, sur la base d'empreintes empiriques. Cette méthode – formalisée et garantissant une systématicité dans la procédure d'estimation de l'influence – a permis de rendre compte de l'activité concrète exercée par les partis populistes de droite radicale et, ce faisant, de leur influence. En effet, en reconstruisant un mécanisme causal, il devient possible de détecter dans quelle mesure l'adoption d'une décision publique qui reflète une promesse électorale d'un parti populiste de droite radicale est bien le résultat d'une influence exercée par ce même parti populiste.

Trois études de cas ont été menées, puis comparées. L'UDC en Suisse, le FN en France et le VB en Belgique permettent une telle comparaison puisqu'il s'agit de trois partis populistes de droite radicale ouest-européens qui entretiennent des relations distinctes avec les partis traditionnels mais aussi avec le pouvoir. Ces cas permettent donc de mieux comprendre le phénomène de l'influence partisane dans sa complexité. Les résultats produits ont été synthétisés à travers un ensemble de quatre propositions, qui sont des tendances permettant de mieux comprendre l'influence exercée par les partis populistes de droite radicale en Europe occidentale :

Proposition 1 : Tous les partis populistes de droite radicale – quels que soit leurs rapports avec les partis traditionnels et avec le pouvoir – influencent au moins minimalement la fabrique des politiques publiques.

Proposition 2 : L'intensité de l'influence exercée par les partis populistes de droite radicale est décroissante au fur et à mesure de la progression du processus de fabrique des politiques publiques.

Proposition 3 : Les rapports qu'entretiennent les partis populistes de droite radicale avec les partis traditionnels et avec le pouvoir ont un effet sur le type d'influence exercé. Lorsque ces rapports sont caractérisés par leur proximité, l'influence est exercée en autonomie, à travers les institutions et dans un temps court. À l'inverse, lorsque ces rapports sont distants, l'influence est exercée dans une moindre autonomie, au-delà des institutions et nécessite un temps plus long.

Proposition 4 : En conséquence de leur style populiste et de leur radicalisme, les partis populistes de droite radicale sont confrontés à des freins qui les conduisent à exercer leur influence à travers des voies alternatives et extra-institutionnelles, où l'appel aux citoyens occupe une place majeure.

Ces quatre propositions indiquent que les partis populistes de droite radicale sont influents mais aussi que cette influence n'est pas figée, est limitée et peut s'exercer différemment selon les rapports qu'entretiennent les partis populistes de droite radicale avec les partis traditionnels et avec le pouvoir. La première proposition indique que les partis populistes de droite radicale sont influents. Cela signifie que leur présence au sein d'un système partisan n'est pas neutre et comporte des implications en termes de politiques publiques. Ces résultats enrichissent la littérature sur le « *do parties matter?* », en démontrant que malgré leur spécificité liée à leur positionnement antisystème, les partis populistes de droite radicale sont capables d'exercer une influence sur la fabrique de politiques publiques.

Néanmoins, leur influence n'est pas figée. La deuxième proposition indique que l'intensité de l'influence varie, est décroissante, d'une phase de la fabrique des politiques publiques à l'autre. Le nombre d'empreintes empiriques qui attestent que les partis populistes exercent une influence sont plus nombreuses en amont du processus – c'est-à-dire lors de la phase de mise à l'agenda – et décroissent lors des phases ultérieures. Elles sont par ailleurs peu nombreuses lors de la dernière phase, à savoir lors de l'adoption de décisions publiques. Cela explique pourquoi l'influence peut être moins visible et parfois plus difficile à détecter, bien qu'elle demeure importante puisqu'une influence en amont d'un processus peut conduire, dans le long terme, à une influence en aval.

La troisième proposition indique que différents types d'influence doivent être distingués et que ce type d'influence dépend de deux facteurs majeurs : des rapports qu'entretiennent les partis populistes de droite radicale avec les partis traditionnels et des rapports qu'ils ont avec le pouvoir. Lorsqu'un parti populiste de droite radicale occupe une place significative au sein d'une assemblée législative et/ou exécutive et lorsqu'il ne fait pas face à des stratégies de désengagement fortes de la part des partis traditionnels – par exemple parce que son histoire n'est pas liée à des organisations fascistes quelconques, comme l'UDC suisse – son influence est davantage autonome et s'exerce à travers les institutions et dans un temps court. Cela signifie (a) qu'il peut exercer une influence au regard de sa propre promesse, quel que soit le contexte et même si les autres formations politiques ne partagent pas sa position, (b) que ses tentatives d'influence à travers les institutions publiques sont fructueuses – c'est-à-dire qu'elles contribuent à provoquer de nouvelles séquences allant dans le sens de l'adoption de la promesse électorale en décision publique – et (c) que le temps nécessaire à l'exercice de l'influence est court, ou correspond en tout cas au temps nécessaire à l'adoption d'une décision publique classique. À l'inverse, lorsqu'un parti populiste de droite radicale est écarté du pouvoir et fait face à des stratégies de désengagement fortes, son influence ne s'exerce que sur un aspect de sa promesse et dépend de plusieurs conditions : d'autres formations doivent partager sa position et le contexte – marqué par une tension – doit être favorable à la promesse défendue. Par ailleurs, les tentatives d'influence à travers les institutions ne sont pas fructueuses et invitent à des tentatives d'influence au-delà des institutions, principalement en recourant aux citoyens et via les médias. Enfin, le temps nécessaire à l'exercice de l'influence est, dans ce cas, long. Cela s'explique par le fait que les échecs de l'emprunt de la voie institutionnelle conduisent à recourir à d'autres voies, et donc à multiplier les tentatives d'influence. Comme cela a été indiqué, cette proposition – à l'instar des trois autres – est une tendance qui permet de mieux comprendre l'influence partisane. Elle est donc moins binaire qu'elle n'y parait.

Enfin, la quatrième proposition indique que, quels que soient leurs rapports avec les partis traditionnels ou avec le pouvoir, les partis populistes de droite radicale font tous face à des freins qui leur sont spécifiques en conséquence du style qu'ils adoptent mais aussi de l'idéologie qu'ils défendent. Ces freins sont variables en intensité – allant du refus de coopérer seulement à l'égard de certaines promesses ou de certains enjeux, jusqu'au cordon sanitaire formel – mais sont systématiquement présents. En conséquence, l'influence des partis populistes de droite radicale se retrouve affectée, principalement lors de la phase d'adoption de décisions publiques. Pour contourner ces freins, les partis étudiés développent des stratégies leur permettant quand même d'exercer une influence. Ces stratégies consistent à recourir aux citoyens à travers des outils de démocratie directe (l'initiative populaire, plus précisément) lorsqu'ils sont disponibles mais aussi à travers les médias, afin d'exercer une pression sur les partis traditionnels et les forcer à coopter leurs positions et, *in fine*, à adopter leurs propres promesses électorales.

Les résultats de la recherche appuient l'idée selon laquelle les partis populistes de droite radicale – principalement ceux qui font face à des stratégies de désengagement de la part de partis traditionnels – se comporteraient davantage comme des lobbys que comme des partis. Plus spécifiquement, les résultats concourent à soutenir – sur une base empirique cette fois – la thèse selon laquelle ces partis seraient des « parti-lobbys » (Camus & Lebourg, 2015 : 218), c'est-à-dire des organisations se comportant à la fois comme des partis – dont le but est d'accéder au pouvoir pour mettre en œuvre un programme électoral – mais surtout comme des lobbys – dont le but est d'influencer, de l'extérieur, la fabrique de politiques publiques dans certains secteurs spécifiques (Lebourg, 2010). En effet, lorsque leurs rapports avec les partis traditionnels mais aussi avec le pouvoir sont distants, les partis populistes de droite radicale exercent une influence de façon non autonome, essentiellement en dehors des institutions et seulement au regard de certains dossiers. Spécifiquement, le droit des sanctions et la criminalité commise par des étrangers sont les dossiers à l'égard desquels une influence est systématiquement repérée. Cela s'explique par le fait que le droit des sanctions est un dossier incluant des propositions sur les types de peines, leur portée et leurs modalités d'application, d'une manière générale, et par le fait que la criminalité commise par des étrangers est un dossier en matière de sécurité intérieure qui fait appel au secteur de l'immigration – reconnu comme étant un méta-enjeu pour les partis populistes de droite radicale (Williams, 2006 : 60). Cette conclusion questionne le rôle des partis populistes de droite radicale comme partis politiques lorsqu'ils font face à des stratégies de désengagement.

Alors que c'est le populisme de droite radicale et l'influence des partis populistes de droite radicale qui constituent le cœur de cet ouvrage, l'enjeu de cette recherche est aussi démocratique. Les partis populistes de droite radicale sont en effet des partis classiquement reconnus comme constituant un danger à l'égard de la démocratie libérale (*e.g.* Urbinati, 2014). D'une part, bien que celle-ci soit attestée, l'influence des partis populistes de droite radicale est limitée. Elle s'exerce peu lors de la phase d'adoption de décisions. Particulièrement lorsque leurs rapports avec les partis traditionnels mais aussi avec le pouvoir sont distants, les partis populistes de droite radicale n'exercent pas une influence autonome. En conséquence, le danger qu'ils peuvent représenter est souvent canalisé à travers d'autres acteurs, notamment les partis traditionnels. Cela se répercute dans les propositions de loi formulées par d'autres partis ou dans les décisions adoptées, par exemple : si elles peuvent parfois refléter des promesses formulées par les partis populistes de droite radicale, elles reflètent rarement la promesse de façon fidèle. La promesse se retrouve ainsi édulcorée. D'autre part, même si cette influence ne s'exerce pas de façon identique lors de chaque phase du processus de fabrique des politiques publiques, elle demeure existante. À nouveau, particulièrement lorsque leurs rapports avec les partis traditionnels ou avec le pouvoir sont distants, les partis populistes développent des stratégies d'influence alternatives, comme le suggère la proposition 4. En conséquence, leur influence est moins visible.

Le présent ouvrage ouvre enfin la voie à un agenda de recherche important : comment des acteurs populistes de droite radicale qui ne sont pas des partis – comme des intellectuels, des internautes ou des groupes de pression – interviennent-ils en parallèle aux interventions des partis populistes de droite radicale pour diffuser leurs idées ? Dans quelle mesure les partis populistes de droite radicale exercent-ils une influence au-delà de leurs promesses électorales ? L'influence s'exerce-t-elle identiquement à d'autres niveaux de pouvoir, singulièrement au niveau local ? Comment l'influence se traduit-elle lors de la mise en œuvre des politiques publiques que les partis populistes de droite radicale contribuent à faire adopter ? Autant de questions auxquelles des recherches ultérieures pourront permettre de répondre afin d'enrichir encore la compréhension d'un phénomène complexe mais pourtant au cœur de l'actualité.

Références bibliographiques

AALBERG T., ESSER F., REINEMANN C., STRÖMBÄCK J. & DE VREESE C. (2017), *Populist political communication in Europe*, Routledge, New York.

ABOU-CHADI T. (2016), Niche party success and mainstream party policy shifts – how green and radical right parties differ in their impact. *British Journal of Political Science*, 46:2, pp. 417–438.

ADAMS J., HAUPT A.B. & STOLL H. (2009), What moves parties? The role of public opinion and global economics conditions in Western Europe. *Comparative Political Studies*, 42:5, pp. 611–639.

ADOLINO J. & BLAKE Ch. (2011), *Comparing public policies: issues and choices in industrialized countries*. 2nd edition, CQ Press, Washington, D.C.

AFONSO A. & PAPADOPOULOS Y. (2015), How the populist radical right transformed Swiss welfare politics: from compromises to polarization. *Swiss Political Science Review*, 21:4, pp. 617–635.

AKKERMAN A., ZASLOVE A. & SPRUYT B. (2017), 'We the people' or 'We the peoples'? A comparison of support for the populist radical right and populist radical left in the Netherlands. *Swiss Political Science Review*, 23:4, pp. 377–403.

AKKERMAN T. (2003), Populism and democracy: challenge or pathology? *Acta Politica*, 37, pp. 147–159.

AKKERMAN T. (2012), Comparing radical right parties in government: immigration and integration policies in nine countries (1996–2010). *West European Politics*, 35:3, pp. 511–529.

AKKERMAN T. & DE LANGE S. (2012), Radical right parties in office: incumbency records and the electoral cost of governing. *Government and Opposition*, 47:4, pp. 574–596.

AKKERMAN T. (2015), Immigration policy and electoral competition in Western Europe. A fine-grained analysis of party positions over the past two decades. *Party Politics*, 21:1, pp. 1– 23.

AKKERMAN T., DE LANGE S. & ROODUIJN M. (2016) (dir.), *Radical Right-Wing Populist Parties in Western Europe: Into the Mainstream?* Routledge, Oxford.

ALBARELLO L. (2011), *Choisir l'étude de cas comme méthode de recherche.* De Boeck, Bruxelles.

ALBERTAZZI D. & McDONNELL D. (2008), *Introduction : The sceptre and the spectre.* In ALBERTAZZI D. & McDONNELL D. (dir.), *Twenty Fist Century Populism: The spectre of Western European Democracy.* Palgrave MacMillan, Basingstoke, pp. 1–14.

ALBERTAZZI D. (2007), Adressing the people – A comparative study of the Lega Nord and Lega dei Ticinesi's political rhetoric and style propaganda. *Modern Italy*, 12:3, pp. 327–347.

ALBERTAZZI D. & McDONNELL D. (2015), *Populists in power.* Routledge, New York.

ALBERTAZZI D. & MUELLER S. (2013), Populism and liberal democracy: populists in Government in Austria, Italy, Poland and Switzerland. *Government and Opposition*, 48:3, pp. 343–371.

ALBERTINI D. & DOUCET D. (2014), *Histoire du Front national.* Ed. Tallandier, Paris.

ALBERTINI D. & DOUCET D. (2016), *La fachosphère. Comment l'extrême droite remporte la bataille du net.* Flammarion, Paris.

ALDUY C. (2015), *Mots, mythes, médias. Mutations et invariants du discours frontiste.* In CREPON S., DEZE A. & MAYER N. (dir.), *Les faux-semblants du Front national. Sociologie d'un parti* politique. Presses de Sciences Po, Paris, pp. 247–268.

ALDUY C. & WAHNICH S. (2015), *Marine Le Pen prise aux mots. Décryptage du nouveau discours frontiste.* Ed. Seuil, Paris.

ALLISON G. (1971), *The essence of decision. Explaining the Cuban Missile Crisis.* Little Brown, Boston.

ALMOND G. & VERBA S. (1963), *The civic culture. Political attitudes and democracy in five nations.* Princeton University Press, Princeton.

ANDERSON J.E. (2011), *Public policymaking*, 7th edition. Wadsworth, Boston.

ANDREADIS I. & STAVRAKAKIS Y. (2017), European populist parties in government: how well are voters represented? Evidence from Greece. *Swiss Political Science Review*, 23:4, pp. 485–508.

ARTER D. & KESTILÄ-KEKKONEN (2014), Measuring the extent of party institutionalization: the case of a populist entrepreneur party. *West European Politics*, 37:5, pp. 932–956.

ARTES J. (2013), Do Spanish politicians keep their election promises? *Party Politics*, 19:1, pp. 143–158.

ARTS B. & VERSCHUREN P. (1999), Assessing political influence in complex decision-making: an instrument based on triangulation. *International Political Science Review*, 20:4, pp. 411–424.

ASLANIDIS P. (2016), Is populism an ideology? A refutation and a new perspective. *Political Studies*, 64:1, pp. 88–104.

BABBIE E. (1998), *The practice of social research*. Eight edition. Wadsworth, Belmont.

BÄCHLER Ch. & HOPMANN D. (2017), *Denmark. The rise of the Danish People's Party*. In AALBERG T., ESSER F., REINEMANN C., STRÖMBÄCK J. & DE VREESE C. (dir.), *Populist political communication in Europe*, Routledge, New York, pp. 29–4.

BACHRACH P. & BARATZ M. (1962), Two faces of power. *The American Political Science Review*, 56:4, pp. 947–952.

BACHRACH P. & BARATZ M. (1963), Decisions and nondecisions: an analytical framework. *The American Political Science Review*, 57:3, pp. 632–642.

BALE T. (2008), Turning round the telescope. Centre-right parties and immigration and integration policy in Europe. *Journal of European Public Policy*, 15:3, pp. 315–330.

BALZACQ T., BAUDEWYNS P., JAMIN J., LEGRAND V., PAYE O. & SCHIFFINO N. (2014), *Fondements de science politique*. De Boeck, Louvain-la-Neuve.

BASTIEN S. (2007), Observation participante ou participation observante? Usages et justifications de la notion de participation observante en sciences sociales. *Recherches qualitatives*, 27 :1, pp. 127–140.

BAUER M. (1999), *Interviewer des chefs d'entreprise*. In COHEN S. (dir.), *L'art d'interviewer les dirigeants*. PUF, Paris.

BAUMGARTNER F., BERRY J., HOJNACKI M., KIMBALL D. & LEECH B. (2009), *Lobbying and policy change. Who wins, who loses, and why*. The University of Chicago Press, Chicago.

BAZELEY P. (2009), Analysing qualitative data: more than identifying themes. *Malaysian Journal of Qualitative Research*, 2:2, pp. 6–22.

BEACH D. & PEDERSEN R. (2013), *Process-tracing methods: foundations and guidelines*. University of Michigan Press, Ann Arbor.

BEACH D. & PEDERSEN R. (2016), *Causal case studies: foundations and guidelines for comparing, matching, and tracing*. University of Michigan Press, Ann Arbor.

BEDOCK C. (2017), *Reforming Democracy. Institutional Engineering in Western Europe*. Oxford University Press, Oxford.

BELANGER E. & MEGUID B.M. (2008), Issue salience, issue ownership, and issue-based vote choice. *Electoral Studies*, 27, pp. 477–491.

BELANGER F., VEILLETTE S., OUIMET M. & SMITS P. (2018), *Santé et services sociaux. Les promesses et les non-promesses du gouvernement Couillard. In* PETRY F. & BIRCH L. (dir.), *Bilan du gouvernement de Philippe Couillard : 158 promesses et un mandat contrasté*. Presses de l'Université Laval, Québec, pp. 157–172.

BERNHARD L. (2017), Three faces of populism in current Switzerland: comparing the populist communication of the Swiss People's Party, the Ticino League, and the Geneva Citizens' Movement. *Swiss Political Science Review*, 23:4, pp. 509–525.

BETZ H-G. (2002), *Conditions favoring the success and failure of radical right-wing populist parties in contemporary democracies. In* MENY Y. & SUREL Y. (dir.), *Democracies and the populist challenge*. Malgrave MacMillan, Houndmills.

BETZ H-G. (2013), A distant mirror: nineteenth-century populism, nativism, and contemporary right-wing radical politics. *Democracy and Security*, 9:3, pp. 200–220.

BIARD B. (2015), Néo-populisme en démocratie : le cas du Front national de Marine Le Pen. *Working paper ISPOLE*, n° 8, Louvain-La-Neuve : Institut de Sciences Politiques Louvain-Europe, UCL.

BIARD B. & DANDOY R. (2018), *Les préférences démocratiques au sein des partis populistes en Belgique. In* BIARD B. (dir.), *L'État face à ses transformations*. Académia-L'Harmattan, Louvain-la-Neuve, pp. 231–257.

BIARD B. (2019a), L'extrême droite en Europe occidentale (2004–2019), *Courrier hebdomadaire*, CRISP, Bruxelles, n° 2420–2421.

BIARD B. (2019b), L'extrême droite en Europe centrale et orientale (2004–2019), *Courrier hebdomadaire*, CRISP, Bruxelles, n° 2440-2441.

BIARD B., BERNHARD L., BETZ H.-G. (2019), *Do they make a difference? The policy influence of radical right populist parties in Western Europe*. ECPR Press – Rowman & Littlefield International, Londres.

BIARD B., FANIEL J. (2019), L'extrême droite aux élections du 26 mai 2019 : toujours ce paradoxe belge..., *Les @nalyses du CRISP en ligne*, www.crisp.be.

BIARD B. (2020a), L'UDC en action ou comment le populisme de droite radicale est mobilisé en Suisse au-delà des campagnes électorales. *Politique et Sociétés*, 39 :2, pp. 111–134.

BIARD B. (2020b), Les partis frères en Belgique : les relations entre le CDH et le CD&V, Courrier hebdomaire, CRISP, Bruxelles, n° 2467-2468.

BIARD B., LEFEBVE V. (2020), La libération conditionnelle : de la « loi Le Jeune » à l'instauration de la période de sûreté, *Courrier hebdomadaire*, CRISP, Bruxelles, n° 2480-2481.

BIRKLAND T.A. (2005), *Policy process: theories, concepts and models of public policy making*. 2nd Edition. ME Sharpe Inc., New-York.

BIRNBAUM P. (2012), *Genèse du populisme : le peuple et les gros*. Fayard/Pluriel, Paris

BIRO-NAGY A. & BOROS T. (2016), Jobbik going mainstream ; strategy shift of the far right in Hungary. *In* JAMIN J. (dir.), *L'extrême droite en Europe*. Bruylant, Bruxelles, pp. 243–263.

BLANC-NOËL N. (2016), *Populisme et détournement du récit identitaire national : le cas du parti du peuple danois*. In JAMIN J. (dir.), *L'extrême droite en Europe*. Bruylant, Bruxelles, pp. 323–347.

BODA Z., SZABO G., BARTHA A., MEDVE-BALINT G. & VIDRA Z. (2015), Politically Driven: Mapping Political And Media Discourses Of Penal Populism – The Hungarian Case. *East European Politics And Societies And Cultures*, 29:4, pp. 871–891.

BOLIN N., LIDEN G. & NYHLEN J. (2014), Do anti-immigration parties matter? The case of the Sweden Democrats and local refugee policy. *Scandinavian political studies*, 37: 3, pp. 323–343.

BOSCHETTI P. (2007), *La conquête du pouvoir- Essais sur la montée de l'UDC*. Ed. Zoé, Chêne-Bourg.

BOUCHET A. (2013), *La France de la Cinquième République*. Ed. Sciences Humaines, Auxerre.

BOUILLAUD Ch. (2007), *La législation italienne des années 2001–2005 porte-t-elle la marque des nouvelles droites ? In* DELWIT P. & POIRIER Ph. (dir.), *Extrême droite et pouvoir en Europe*. Editions de l'Université libre de Bruxelles, Bruxelles, pp. 265-290.

BOURDIEU P. (1972), L'opinion publique n'existe pas. *Les Temps Modernes*, 318, pp. 1292--1309.

BOURGOIN N. (2013), La révolution sécuritaire (1976–2012). Champ social, Nîmes.

BOURNE A. (2015), Why Ban Batasuna? *Comparative European Politics*, 13, pp. 325-344.

BOVENS M. &'t HART P. (1996), *Understanding policy fiascos*. NJ : Transaction Pulischers, Brunswick.

BROUARD S. (2001), Partis politiques et politiques publiques dans les gouvernements locaux : l'exemple des groups et élus écologistes dans les régions métropolitaines. *Annuaire des collectivités locales*. 21, pp. 725-738.

BRUSTIER G. & ESCALONA F. (2015), *La gauche et la droite face au Front national. In* CREPON S., DEZE A. & MAYER N. (dir.), *Les faux-semblants du Front national. Sociologie d'un parti* politique. Presses de Sciences Po, Paris, pp. 505-527.

BUDGE I. (2001), *Validating the manifesto research group approach. Theoretical assumptions and empirical confirmations. In* LAVER M. (dir.), *Estimating the policy positions of political actors*. Routledge, Oxford, pp. 50-65.

BURGOS E., MAZZOLENI O. & RAYNER H. (2011), *La formule magique. Conflits et consensus dans l'élection du Conseil fédéral*. Presses polytechniques et universitaires romandes, Lausanne.

BURSTEIN P. (2003), The impact of public opinion on public policy: a review and an agenda. *Political Research Quarterly*, 56:1, pp. 29-40.

CALUWAERTS D., BIARD B., JACQUET V. & REUCHAMPS M. (2017), *What is a good democracy? Citizens' support for new modes of governing. In* DESCHOUWER K. (dir.), *Mind the Gap. Political Participation and Representation in Belgium*. ECPR Press, Colchester, pp. 75-89.

Références bibliographiques

CAMUS J.Y. (2014), *Le Front National (FN), une droite radicale française ?* Friedrich Ebert Stiftung, Paris.

CAMUS J.Y. & LEBOURG N. (2015), *Les droites extrêmes en Europe.* Seuil, Paris.

CANOVAN M. (1981), *Populism.* Harcourt Brace Jovanovich, New-York.

CAPOCCIA G. (2005), *Defending democracy: reactions to extremism in interwar Europe.* Johns Hopkins University Press, Baltimore.

CARVALHO J. (2014), *Impact of extreme right parties on immigration policy. Comparing Britain, France and Italy.* Routledge, New-York.

CARVALHO J. (2016), The impact of extreme right parties on immigration policy in Italy and France in the early 2000s. *Comparative European Politics*, 14:5, pp. 663–685.

CHARAUDEAU P. (2011), Réflexions pour l'analyse du discours populiste. *Mots. Les langages du politique*, 97, pp. 111–116.

CHARPIER F. (2005), *Génération Occident.* Seuil, Paris.

CHERIX F. (2007), *Christoph Blocher ou le mépris des lois.* Favre, Lausanne.

CHERIX F. (2016), *Qui sauvera la Suisse du populisme ?* Slatkine, Genève.

CHURCH C. (2016), *Political Change in Switzerland: From Stability to Uncertainty.* Routledge, London and New York.

COBB R. & ELDER Ch.D. (1971), The politics of agenda building: an alternative perspective for modern democratic theory. *The Journal of Politics*, 33:4, pp. 892–915.

COBB R. & ELDER Ch.D. (1972), *Participation in American politics: the dynamics of agenda-building.* Allyn and Bacon, Boston.

COBB R. & ROSS M. (1997), Agenda setting and the denial of agenda access: key concepts. In COBB R. & ROSS M. (dir.), *Cultural strategies of agenda denial: avoidance, attack, and redefinition.* University Press of Kansas, Lawrence, pp. 25–45.

COCHEZ T. (2010), *Eigen belang eerst. De vuile oorlog binnen het Vlaams Belang.* Uitgeverij van Halewyck.

COFFE H. & VAN DEN BERG J. (2017), Understanding shifts in voting behaviour away from and towards radical right populist parties: the case of the PVV between 2007 and 2012. *Comparative European Politics*, 15:6, pp. 872–896.

COHEN S. (1999), *L'art d'interviewer les dirigeants.* PUF, Paris.

COLLIER D. (2011), Understanding process tracing. *PS: Political Science and Politics*, 44:4, pp. 823–830.

COLLIER D., BRADY H., SEAWRIGHT J. (2010), S*ources of leverage in causal inference: toward an alternative view of methodology*. *In* COLLIER D. & BRADY H. (dir.), *Rethinking Social Inquiry: diverse tools, shared standards*. 2nd edition. Rowman and Littlefield, Lanham, pp. 161–199.

COLLOVALD A. (2004), *Le populisme du FN : un dangereux contresens*. Ed. du Croquant, Saint-Malo.

COMAN R., CRESPY A., LOUAULT F., MORIN J-F., PILET J-B. & VAN HAUTE E. (2016), *Méthodes de la science politique. De la question de départ à l'analyse des données*. De Boeck, Louvain-la-Neuve.

COMPSTON H. (dir.) (2004), *Handbook of public policy in Europe*. Palgrave MacMillan, New-York.

COSTELLO R. & THOMSON R. (2008), Election pledges and their enactment in coalition governments: a comparative analysis of Ireland. *Journal of elections, public opinion and parties*. 18:3, pp. 239–256.

CRISP (2018), *Vocabulaire politique : référendum*. Consulté en ligne le 16 février 2018 : http://www.vocabulairepolitique.be/referendum-3/.

DAGNIES J. (2009), Le vécu des professionnels du tourisme wallon impliqués dans la fabrication d'une démarche qualité. *Pyramides*, 18 :2, pp. 125–150.

DAGNIES J. (2015), *Les politiques publiques en quête d'effectivité : comprendre la formation des attitudes des populations-cibles lorsque l'instrument d'une politique publique vise à modifier leur comportement. Le cas des démarches Qualité de type volontaire*. Thèse de doctorat présentée à l'Université catholique de Louvain, Louvain-la-Neuve.

DAHL R. (1973), *L'analyse politique contemporaine*. Ed. Laffont, Paris.

DAIGNEAULT P-M. & JACOB S. (2012), Les concepts souffrent-ils de négligence bénigne en sciences sociales ? Eléments d'analyse conceptuelle et examen exploratoire de la littérature francophone à caractère méthodologique. *Social Science Information*, 51 :2, pp. 188–204.

DANDOY R., MATAGNE G. & VAN WYNSBERGHE C. (dir.) (2013a), *Le fédéralisme belge. Enjeux institutionnels, acteurs socio-politiques et opinions publiques*. Académia-L'Harmattan, Louvain-la-Neuve.

DANDOY R., VAN WYNSBERGHE C. & MATAGNE G. (2013b), *L'avenir du fédéralisme belge : une analyse des programmes électoraux et des accords de gouvernement.* In DANDOY R., MATAGNE G. & VAN WYNSBERGHE C. (dir.), *Le fédéralisme belge. Enjeux institutionnels, acteurs socio-politiques et opinions publiques.* Académia-L'Harmattan, Louvain-la-Neuve, pp. 87–109.

DE BRUYNE P. (1981), *Modèles de décision. Les rationalités de l'action.* Centre d'études praxéologiques, Louvain-la-Neuve.

DE BRUYNE P. (1995), *La décision politique.* Ed. Peeters, Leuven.

DE CLEEN B. (2016), *Representing the people: the articulation of nationalism and populism in the rhetoric of the Vlaams Belang.* In JAMIN J. (dir.), *L'extrême droite en Europe.* Bruylant, Bruxelles, pp. 223–242.

DE CLEEN B. & VAN AELST P. (2017), Belgium. The rise and fall of populism research. *In* AALBERG T., ESSER F., REINEMANN C., STRÖMBÄCK J. & DE VREESE C. (dir.), *Populist political communication in Europe*, Routledge, New York, pp. 99–110.

DE JONGE L. (2020), The curious case of Belgium: why is there no right-wing populism in Wallonia? *Government and Opposition*, 2020, OnlineFirst.

DE LANGE S. (2012), New alliances: why mainstream parties govern with radical right-wing populist parties. *Political Studies*, 60, pp. 899–918.

DE LANGE S. & AKKERMAN T. (2012), *Populist parties in Belgium: a case of hegemonic liberal democracy? In* MUDDE C., ROVIRA KALTWASSER C. (dir.), *Populism in Europe and the Americas. Threat or corrective for democracy?* Cambridge University Press, Cambridge.

DELEERSNIJDER H. (2016), *Aube dorée et l'extrême droite en Grèce. In* JAMIN J. (dir.), *L'extrême droite en Europe.* Bruylant, Bruxelles, pp. 79–90.

DELSOL Ch. (2015), *Populisme : les demeurés de l'histoire.* Ed. du Rocher, Paris.

DELWIT P. (2012), *Les étapes du Front national (1972–2011). In* DELWIT P. (dir.), *Le Front national. Mutations de l'extrême droite française.* Ed. de l'Université de Bruxelles, Bruxelles, pp. 11–36.

DE MAILLARD J. (2010), *Les politiques de sécurité. In* BORRAZ O. & GUIRAUDON V. (dir.), *Politiques publiques. Volume 2 : changer la société.* Les Presses de Sciences Po, Paris.

DENZIN N.K. (1989), *The research act.* 3rd edition. NJ : Prentice Hall, Englewood Cliffs.

DERUETTE S. (2018), *Pour conclure... et questionner les sciences politiques*. In BIARD B. (dir.), *L'État face à ses transformations*. Académia-L'Harmattan, Louvain-la-Neuve, pp. 319–343.

DESCHOUWER K. (2012), *The politics of Belgium. Governing a divided society*. Palgrave Macmillan, Basingstoke.

DESCHOUWER K., DELWIT P., HOOGHE M., RIHOUX B. & WALGRAVE S. (2014), Attitudes et comportements des électeurs lors du scrutin du 25 mai 2014. *Courrier hebdomadaire*, CRISP, Bruxelles, n° 2225.

DESCHOUWER K., PILET J-B. & VAN HOUTE E. (2017), *Party families in a split party system*. In DESCHOUWER K. (dir.), *Mind the gap. Political representation and representation in Belgium*. ECPR Press, Colchester, pp. 91–111.

DE SWERT K. (2001), Tussen vergeetpunt en schandpaal: strategieën tegen extreem rechts in drie Vlaamse kranten. *Working paper, Universiteit Antwerpen*. Antwerp, Belgium.

DE VISSCHER Ch. & VARONE F. (2001) (dir.), *Evaluer les politiques publiques. Regards croisés sur la Belgique*. Bruylant-Academia, Louvain-la-Neuve.

DE WINTER L. (2005), *The Vlaams Blok: the electorally best performing right-extremist party in Western Europe*. In CASALS X. (ed.), *Political survival on the extreme right*.European movements between the inherited past and the need to adapt to the future. Barcelona, ICPS, pp. 93–126.

DE WITTE H. & SPRUYT M. (2004), *Le Vlaams Blok: un extrémisme dissimulé sous le populisme*. In BLAISE P., MOREAU P. (dir.), *Extrême droite et national-populisme en Europe de l'Ouest*. CRISP, Bruxelles.

DEZE A. (2015), *La dédiabolisation : une nouvelle stratégie ? In* CREPON S., DEZE A. & MAYER N. (dir.), *Les faux-semblants du Front national. Sociologie d'un parti* politique. Presses de Sciences Po, Paris.

DEZE A. (2016), *Comprendre le Front national*. Ed. Bréal, Paris.

DIEU F. (1999), *Politiques publiques de sécurité*. L'Harmattan, Paris.

DOWDING K. (1995), Model or metaphor? A critical review of the policy network approach. *Political Studies*, 43:1, pp. 136–158.

DOWNS A. (1972), Up and down with ecology – the "issue-attention cycle". *Public Interest*, 28, pp. 38–50.

DOWNS W. (2001), Pariahs in their midst: Belgian and Norwegian parties react to extremist threats. *West European Politics*, 24:3, pp. 23–42.

DUHAMEL O. (2003), *Le Pouvoir politique en France*. Seuil, Paris.

DÜR A., BERNHAGEN P. & MARSCHALL D. (2015), Interest group success in the European Union: when (and why) does business lose? *Comparative Political Studies*, 48:8, pp. 951–983.

DUVERGER M. (1986), *Le système politique français*. Presses universitaires de France, Paris.

EL BERHOUMI M. & PITSEYS J. (2016), L'obstruction parlementaire en Belgique. *Courrier hebdomadaire*, CRISP, Bruxelles, n° 2289–2290.

ENNSER L. (2010), The homogeneity of West European party families: the radical right in comparative perspective. *Party Politics*, 18: 2, pp. 151–171.

ERK J. (2005), From Vlaams Blok to Vlaams Belang: the Belgian far-right renames itself. *West European Politics*, 28:3, pp. 493–502.

ERNST N., ENGESSER S., BÜCHEL F., BLASSNIG S. & ESSER F. (2017), Extreme parties and populism: an analysis of Facebook and Twitter across six countries. *Information, Communication & Society*, 20 :9, pp. 1347–1364.

EHRHARD T. (2016), Le Front national face aux modes de scrutin : entre victoire sous conditions et influences sur le système partisan. Pouvoirs, 157 :2, pp. 85–103.

ERNST N., ENGESSER S. & ESSER F. (2017), *Switzerland. Favorable conditions for growing populism. In* AALBERG T., ESSER F., REINEMANN C., STRÖMBÄCK J. & DE VREESE C. (dir.), *Populist political communication in Europe*, Routledge, New York, pp. 151–164.

ESTERLING K. (2004), *The political economy of expertise: information and efficiency on American national politics*. University of Michigan Press, Ann Arbor.

FAGERHOLM A. (2016), Why do political parties change their policy positions? A review. Political Studies, 14:4, pp. 501–511.

FALLEND F. (2004), Are right-wing populism and government participation incompatible? The case of the Freedom Party of Austria. *Representation*, 40:2, pp. 115–130.

FALLETI T. & LYNCH J. (2009), Context and causal mechanisms in political analysis. *Comparative Political Studies*, 42:9, pp. 1143–1466.

FOBÉ E., BIARD B., SCHIFFINO N., BRANS M. (2017), *Policy advisory bodies in Belgium*. In BRANS M., AUBIN D. (dir.), *Policy Analysis in Belgium*. Policy Press, Bristol, pp. 151-170.

FORCHTNER B., KZYZANOWSKI M. & WODAK R. (2013), *Mediatization, right-wing populism and political campaigning: the case of the Austrian Freedom Party*. In TOLSON A. & EKSTRÖM M. (dir.), *Media talk and political elections in Europe and America*. Palgrave Macmillan, Basingstoke, pp. 205-228.

FREEDEN M. (1996), *Ideologies and Political Theory: A Conceptual Approach*. Clarendon, Oxford.

GALLIE W.B. (1955), Essentially contested concepts. *Proceedings of the Aristotelian Society*. 56, pp. 167-198.

GARRAUD Ph. (1990), Politiques nationales : élaboration de l'agenda. *L'année sociologique*, 40, pp. 17-41.

GEDDES A. (2008), Il rombo dei cannoni? Immigration and the centre-right in Italy. *Journal of European Public Policy*. 15:3, pp. 349-366.

GEORGE A. & BENNETT A. (2005), Case Studies and Theory Development in the Social Sciences. The MIT Press, Cambridge.

GIJSELS H. (1993), *Le Vlaams Blok*, Luc Pire, Bruxelles.

GINZBURG C. (1991), Représentation : le mot, l'idée, la chose. *Annales. Économies, Sociétés, Civilisations*. 6, pp. 1219-1234.

GIROD M. (2004), *L'Union démocratique du centre : les raisons d'un succès*. In BLAISE P., & MOREAU P. (dir.), *Extrême droite et national-populisme en Europe de l'Ouest*. Ed. CRISP, Bruxelles, pp. 413-442.

GIVENS T. & LUEDTKE A. (2004), The politics of European Union immigration policy: institutions, salience, and harmonization. *The Policy Studies Journal*, 32:1, pp. 145-165.

GOODWIN M. (2011), *Right response. Understanding and countering populist extremism in Europe*. Chatham House, London.

GOTTRAUX Ph. & PECHU C. (2011), *Militants de l'UDC : La diversité sociale et politique des engagés*. Ed. Antipodes, Lausanne.

GRABOW K. & HARTLEB F. (dir.), (2013), *Exposing the demagogues. Right-wing and national populist parties in Europe*. Konrad Adenauer Stiftung, Berlin.

GREEN-PEDERSEN Ch. (2007), The growing importance of issue competition: the changing nature of party competition in Western Europe. *Political studies*, 55:4, pp. 607–628.

GRUNBERG G. & HAEGEL F. (2007), Le bipartisme imparfait en France et en Europe. *Revue internationale de politique comparée*, 14 :2, pp. 325–339.

GUENIAT O. (2007), *La délinquance des jeunes. L'insécurité en question*. Presses polytechniques et universitaires romandes, Lausanne.

GUINAUDEAU I. & PERSICO S. (2018), Tenir promesse. Les conditions de réalisation des programmes électoraux. *Revue française de science politique*, 68 :2, pp. 215–237.

GUSFIELD J. (2009), *La culture des problèmes publics : l'alcool au volant : la production d'un ordre symbolique*. Economica, Paris.

HADIZV. & CHRYSSOGELOS A. (2017), Populism in World Politics. *International Political Science Review*, 38:4, pp. 399–502.

HALPERNCh. (2010), Décision. In BOUSSAGUET L., JACQUOT S. et RAVINET P. (dir.), *Dictionnaire des politiques publiques*. 3e édition. Les presses de Sciences Po, Paris, pp. 201–210.

HAMPSHIRE J. & BALE T. (2015), New administration, new immigration regime : do parties matter after all? A UK case study. *West European Politics*, 38 :1, pp. 145–166.

HAN K.J. (2015), The impact of radical right-wing parties on the positions of mainstream parties regarding multiculturalism. *West European Politics*, 38:3, pp. 557–576.

HEINISCH R. (2003), Success in opposition – failure in government: explaining the performance of right-wing populist parties in public office. *West European Politics*, 26:3, pp. 91–130.

HEINISCH R. (2008), *Austria: the structure and agency of Austrian populism*. In ALBERTAZZI D. & MCDONNELL D. (dir.), *Twenty-first century populism: the spectre of Western European democracy*. Palgrave MacMillan, Basingstoke.

HEINZE A.S. (2018), Strategies of mainstream parties towards their right-wing populist challengers: Denmark, Norway, Sweden and Finland in comparison. *West European politics*, 41: 2, pp. 287–309.

HEYWOODA. (2007), *Politics*. 3rd edition. Palgrave Macmillan, New-York.

HIBBS D.A. (1992), Partisan theory after fifteen years. *European Journal of Political Economy*, 8, pp. 361–373.

HILL M. & VARONE F. (2017), *The public policy process*. 7th edition. Routledge, London & New York.

HOWARD M.M. (2010), The impact of the far right on citizenship policy in Europe: explaining continuity and change. *Journal of ethnic and migration studies*, 36:5, pp. 735–751.

HOWLETT M. & GIEST S. (2013), *The policy-making process*. In ARARAL E., FRITZEN S. & HOWLETT M. (dir.), *Routlege Handbook of Public Policy*. Routledge, New-York.

HUBER R. & SCHIMPF Ch. (2016), Friend or foe? Testing the influence of populism on democratic quality in Latin America. *Political Studies*, 64:4, pp. 872–889.

HUNTER F. (1953), *Community power structures*.University of North Carolina Press, Chapel Hill.

HUNTINGTON S. (1968), *Political order in changing societies*. Yale University Press, New-Haven.

IGNAZI P. (2005), *Extreme right parties in Western Europe*. Oxford University Press, Oxford.

IGNAZI P. (2012), *Le Front national et les autres*. In DELWIT P. (dir.), *Le Front national. Mutations de l'extrême droite française*. Éditions de l'Université de Bruxelles, Bruxelles, pp. 37–55.

IGOUNET V. (2014), *Le Front national de 1972 à nos jours. Le parti, les hommes, les idées*. Seuil, Paris.

IMMERZEEL T. & PICKUP M. (2015), Populist radical right parties mobilizing 'the people'? The role of populist radical right success in voter turnout. *Electoral Studies*, 40, pp. 347–360.

ISACHAROFF S. (2007), Fragile democracies. *Harvard Law Review*, 120:6, pp. 1405–1467.

ISSP Research group (2008), *International social survey programme: role of government IV – ISSP 2006* (Cologne, GESIS Data Archive).

IVALDI G., LANZONE M.A. & WOODS D. (2017), Varieties of populism across a left-right spectrum: the case of the Front national, the Northern League, Podemos and Five Star Movement. *Swiss Political Science Review*, 23:4, pp. 354–376.

JACOB S., BIRCH L., PETRY F., BABY-BOUCHARD A. (2018), *Le gouvernement Couillard en tant que "mandataire indépendant". In* PETRY F. & BIRCH L. (dir.), *Bilan du gouvernement de Philippe Couillard : 158 promesses et un mandat contrasté.* Presses de l'Université Laval, Québec, pp. 77–87.

JAGERS J. & WALGRAVES. (2007), Populism as political communication style. *European Journal of Political Research*, 46 :3, pp. 319–345.

JAMIN J. (2009), *L'imaginaire du complot : discours d'extrême droite en France et aux États-Unis.* Amsterdam University Press, Amsterdam.

JAMIN J. (2016), *Idéologies et populismes. In* JAMIN J. (dir.), *L'extrême droite en Europe.* Bruylant, Bruxelles, pp. 17–37.

JAN P. (2017), La Ve République et les partis. *Pouvoirs*, 163 :4, pp. 5–16.

JENNINGS W., FARRALL S., GRAY E. & HAY C. (2017), Penal populism and the public thermostat: crime, public punitiveness, and public policy. *Governance*, 30:3, pp. 463–481.

JOBERT B., MÜLLER P. (1987), *L'État en action, politiques publiques et corporatisme*, PUF, Paris.

JOULE R-V. & BEAUVOIS J-L. (2014), *Influence et manipulation. In* HOLEINDRE J-V. (dir.), *Le pouvoir. Concepts, lieux, dynamiques.* Ed. Sciences Humaines, Auxerre.

JONES C. (1970), *An introduction to the study of public policy.* Duxbury Press, Belmont.

JUNGARA-.C. & JUPSKAS A.R. (2014), Populist radical right parties in the Nordic Region: a new and distinct party family? *Scandinavian Political Studies*, 37:3, pp. 215–238.

KAPISZEWSKI D., L. MACLEAN L.M. & READ B.L. (2015), *Field Research in Political Science: Practices and Principles.* Cambridge University Press, Cambridge.

KEATING M. (2003), Conclusion. *European Urban and Regional Studies.* 10:3, pp. 271–273

KINGDON J. (2011), *Agendas, alternatives and public policies.* Updated second edition. Longman, New-York.

KLINGEMANN H-D., HOFFERBERT R. & BUDGE I. (1994) (dir.), *Parties, policies, and democracy.* Westview Press, Boulder.

KLÜVER H. & SPOON J-J. (2017), Challenges to multiparty governments: how governing in coalitions affects coalition parties' responsiveness to voters. *Party Politics*, 23:6, pp. 793–803.

KNOEPFEL P., LARRUE C. & VARONE F. (2006), *Analyse et pilotage des politiques publiques*. 2ᵉ édition. Verlag Rüegger, Zürich.

KNOEPFEL P., PAPADOPOULOS Y., SCIARINI P., VATTER A. & HÄUSERMANN S. (2014), *Handbuch der Schweizer politik – Manuel de la politique suisse*. Verlag Neue Zürcher Zeitung, Zürich.

KOCHUYT T. & ABTS K. (2017), *Ongehoord populisme. Gesprekken met Vlaams Belang kiezers over stad, migranten, welvaartstraat, integratie en politiek*. ASP, Brussel.

KRIESI H. (1980), *Entscheidungsstrukturen und Entscheidungsprozesse in der Schweizer Politik*. Campus Verlag, Francfort-sur-le-Main.

KRIESI H. (1998), *Le système politique Suisse*. Economica, Paris.

KRIESI H. (2014), The populist challenge. *West European Politics*, 37:2, pp. 361–378.

KRIESI H. & PAPPAS T. (2015), *European populism in the shadow of the great recession*. ECPR press, Colchester.

LADNER A. (2004), *Stabilität und Wandel von Parteien und Parteiensystemen*. Verlag Fur Sozialwissenschaften, Auflage.

LAPERRIERE A. (2009), L'observation directe. *In* GAUTHIER B. (dir.), *Recherche sociale : de la problématique à la collecte des données*. Presses de l'Université de Québec, Québec, pp. 311–336.

LASCOUMES P. & LE GALÈS P. (2007), *Sociologie de l'action publique*. Armand Colin Paris.

LAUMANN E. & KNOKE D. (1987), *The organizational State: social choice in national policy domains*. University of Wisconsin Press, Madison.

LAURENS S. (2007), "Pourquoi" et "comment" poser les questions qui fâchent ? Réflexions sur les dilemmes récurrents que posent les entretiens avec des "imposants". *Genèses*, 69 :4, pp. 112–127.

LAURENT A., DELFOSSE P. & FROGNIER A-P. (dir.) (2004), *Les systèmes électoraux : types et effets politiques*. L'Harmattan, Paris.

LEBOURG N. (2010), *Le monde vu de la plus extrême droite : Du fascisme au nationalisme-révolutionnaire*. Presses Universitaires de Perpignan, Perpignan.

LEEMAN L. (2015), Political Conflict And Direct Democracy: Explaining Initiative Use 1920-2011. *Swiss Political Science Review*, 21:4, pp. 596-616.

LEMIEUX V. (1979), *Les cheminements de l'influence : systèmes, stratégies et structures du politique*. Les presses de l'Université Laval, Québec.

LIJPHART A. (1969), Consociational democracy. *World Politics*, 21 :2, pp. 207-225.

LIJPHART A. (1994), *Electoral Systems and Party Systems: A Study of Twenty-Seven Democracies, 1945-1990*. Oxford University Press, Oxford.

LINDBLOM Ch. (1959), The science of muddling through. *Public Administration Review*, 19:2, pp. 79-88.

LUCARDIE P., AKKERMAN T. & PAUWELS T. (2016), *It is still a long way from Madou Square to Law Street*. In AKKERMAN T., DE LANGE S. & ROODUIJN M. (dir.), *Radical right-wing populist parties in Western Europe. Into the mainstream?* Routledge, New York, pp. 208-224.

LUKES S. (2005), *Power. A radical view*. 2ème edition. Palgrave MacMillan, Houndmills.

LUTHER K.R. (2011), Of goals and own goals: a case study of right-wing populist party strategy for and during incumbency. *Party Politics*, 17:4, pp. 453-470.

LUTZ Ph. (2019), Variation in policy success: radical right populism and migration policy. *West European Politics*, 42 :3, pp. 517-544.

MACHAMER P., DARDEN L. & CRAVER C. (2000), Thinking about Mechanisms. *Philosophy of Science*, 67: 1, pp. 1-25.

MAGNETTE P. (2004), *Le Parlementarisme dans une démocratie de compromis. Réflexions sur le cas belge*. In MAGNETTE P., KERROUCHE E. & COSTA O. (dir.), *Vers un renouveau du parlementarisme en Europe ?* Ed. de l'Université de Bruxelles, Bruxelles, pp. 91-106.

MAIR P. (2008), *Concept and concept formation*. In DELLA PORTA D. & KEATING M. (dir.), *Approaches and methodologies in the social sciences. A pluralist perspective*. Cambridge University Press, Cambridge, pp. 177-197.

MAIR P., MUDDE C. (1998), The party family and its study. *Annual Review of Political Science*, 1, pp. 211-229.

MANSERGH L. (2004), *Do parties make a difference? The relationship between government intention and government output in the public policy sphere: the case of governments in Ireland 1977–1997.* PhD dissertation, Trinity College, Dublin.

MANSERGH L. & THOMSON R. (2007), Election pledges, party competition, and policymaking. *Comparative Politics*, 39:3, pp. 311–329.

MARCH J. (1955), An introduction to the theory and measurement of influence. *The American Political Science Review*, 49: 2, pp. 431–451.

MAYER N. (2006), Le faux épouvantail Le Pen. *Libération*, Article consulté en ligne le 13 novembre 2018 : https://www.liberation.fr/tribune/2005/12/28/le-faux-epouvantail-le-pen_543096.

MAYER N. (2015), *Le plafond de verre électoral entamé, mais pas brisé*. In CREPON S., DEZE A. & MAYER N. (dir.), *Les faux-semblants du Front national. Sociologie d'un parti* politique. Presses de Sciences Po, Paris, pp. 299–321.

MAZZOLENI O. (2007), *Définir le parti : un enjeu scientifique et politique*. In MAZZOLENI O., GOTTRAUX Ph. & PECHU C. (dir.), *L'Union démocratique du centre : un parti, son action, ses soutiens*. Antipodes, Lausanne, pp. 17–48.

MAZZOLENI O. (2008), *Nationalisme et populisme en Suisse : la radicalisation de la "nouvelle" UDC*. Presses polytechniques et universitaires romandes, Lausanne.

MAZZOLENI O. (2016), *Staying away from the mainstream. The case of the Swiss People's Party*. In AKKERMAN T., DE LANGE S. & ROODUIJN M. (ed.), *Radical Right-Wing Populist Parties in Western Europe: Into the Mainstream?* Routledge, Oxford.

McDONNELL D. (2016), Populist leaders and coterie charisma. *Political Studies*, 64:3, pp. 719–733.

MEGUID B. (2005), Competition Between Unequals: The Role of Mainstream Party Strategy in Niche Party Success. *American Political Science Review*, 99:3, pp. 347–359.

MEUWLY O. (2010), *Les partis politiques. Acteurs de l'histoire suisse*. Presses polytechniques et universitaires romandes, Lausanne.

MEYNAUD J., LADRIERE J., PERIN P. (1965), *La fmdécision politique en Belgique. Le pouvoir et les groupes*. CRISP, Bruxelles.

MILLS W.C. (1956), *L'élite au pouvoir*. Agone, Marseille.

MINKENBERG M. (2001), The radical right in public office: agenda-setting and policy effects. *West European Politics*, 24:4, pp. 1–21.

MINKENBERG M. (2006), Repression and reaction: militant democracy and the radical right in Germany and France. *Patterns of Prejudice*, 40:1, pp. 25–44.

MENY Y. (2008), *Le système politique français*. Monchrestien, Paris.

MILES M.B. & HUBERMAN A.M. (1994), *Qualitative data analysis: an expended sourcebook*. 2nd edition. Sage, Thousand Oaks.

MILES M. & HUBERMAN M. A. (2003). *Analyse des données qualitatives* (2e ed.). De Boeck Université, Bruxelles.

MOFFITT B. (2015), How to perform crisis: a model for understanding the key role of crisis in contemporary populism. *Government and Opposition*, 50:2, pp. 189–217.

MOFFITT B. (2016), *The global rise of populism. Performance, political style, and representation*. Stanford University Press, Stanford.

MOTTIER V. (1993), *La structuration sociale de la participation aux votations fédérales*. In KRIESI H. (dir.), *Citoyenneté et démocratie directe*. Seismo, Zurich, pp. 123–144.

MOUFFE C. (2000), *The democratic paradox*. Verso, London.

MOURY C. (2011), Italian coalitions and electoral promises: assessing the democratic performance of the Prodi I and Berlusconi II governments. *Modern Italy*, 16:1, pp. 35–50.

MOURY C. & FERNANDES J. (2018), Minority governments and pledge fulfilment: evidence from Portugal. *Government and Opposition*, 53:2, pp. 335–355.

MUCCHIELLI L. (2008) (dir.), *La frénésie sécuritaire : retour à l'ordre et nouveau contrôle social*. La Découverte, Paris.

MUDDE C. (2004), The populist zeitgeist. *Government and Opposition*, 39:3, pp. 541–563.

MUDDE C. (2007), *Populist radical right parties in Europe*. Cambridge University Press, Cambridge.

MUDDE C. & ROVIRA KALTWASSER C. (2017), *Populism. A very short introduction*. Oxford University Press, Oxford.

MUELLER S., & BERNAUER (2017), Party unity in federal disunity: determinants of decentralised policy-seeking in Switzerland, *West European politics*, 41:3, pp. 565–593.

MÜLLER W.C. & STRÖM K. (2000), *Coalition governments in Western Europe*. Oxford University Press, Oxford.

MULLER P. & SUREL Y. (1998), *L'analyse des politiques publiques*. Ed. Montchrestien, Paris.

NAURIN E. (2011), *Election Promises, Party Behaviour and Voter Perceptions*. Palgrave Macmillan, New-York.

NAY O. & SMITH A. (2002), Les intermédiaires en politique. Médiation et jeux d'institutions. In NAY O. & SMITH A. (dir.), *Le gouvernement du compromis. Courtiers et généralistes dans l'action politique*. Ed. Economica, Paris, pp. 1–21.

NEIDHART L. (1970), *Plebiszit und pluralitäre demokratie, eine analyse der funktionen des schweizerischen gesetzesreferendum*. Francke, Berne.

NORRIS P. (2005), *Radical right: voters and parties in the electoral market*. Cambridge University Press, New-York.

OFFERLE M. (2012), *Les partis politiques*. Presses universitaires de France, Paris.

OFFICE FÉDÉRAL DE LA STATISTIQUE (2016), *Étrangers et droit pénal : Mise en œuvre de l'initiative sur le renvoi des étrangers*. Document publié en ligne : http://www.bfs.admin.ch/bfs/portal/fr/index/themen/19/04/05/01/02.html .

PADIOLEAU J-G. (1982), *L'État au concret*. PUF, Paris.

PAILLÉ P. & MUCCHIELLI A. (2013), *L'analyse qualitative en sciences humaines et sociales*. Armand Colin, Paris.

PALIER B. (2010), Path dependence (dépendance au chemin emprunté). In BOUSSAGUET L., JACQUOT S. & RAVINET P. (dir.), *Dictionnaire des politiques publiques*. 3e édition. Les presses de Sciences Po, Paris, pp. 411–419.

PAPADOPOULOS Y. (1997), Les processus de décision fédéraux en Suisse. L'Harmattan, Paris.

PASQUINO G. (2008), Populism and democracy. In ALBERTAZZI D. & MCDONNELL D. (dir.), *Twenty-First Century Populism: The Spectre of Western European Democracy*. Palgrave MacMillan, Basingstoke, pp. 15–29.

PATTYN V., VAN HECKE S., PIRLOT P., RIHOUX B. & BRANS M. (2017), Ideas as close as possible to power: Belgian political parties and their study centres. In BRANS M., AUBIN D. (dir.), *Policy analysis in Belgium*. Policy Press, Bristol.

PAUWELS T. (2011), Explaining the strange decline of the populist radical right Vlaams Belang in Belgium: the impact of permanent opposition. *Acta Politica*, 46:1, pp. 60–82.

PAUWELS T. (2014), *Populism in Western Europe : comparing Belgium, Germany and The Netherlands*. Routledge, New-York.

PEABODY R., WEBB HAMMOND S., TORCOM J., BROWN L., THOMPSON C. & KOLODNY R. (1990), Interviewing political elites. *Politics*, 23: 3, pp. 451–455.

PERRINEAU P. (2012), Le peuple dans le national-populisme. In WIEVIORKA M. (dir), *Le peuple existe-t-il ?* Ed. Sciences Humaines, Auxerre, pp. 295–304.

PERRINEAU P. (2014), Le tripartisme va profondément perturber le jeu institutionnel. Entretien avec Castagnet M. *La Croix*, 27 mai 2014, p. 7.

PERSICO S. (2018), Les coûts cachés d'une promesse incontournable. L'ouverture du mariage et de l'adoption aux couples de même sexe. *Revue française de science politique*, 68 :2, pp. 343–364.

PETRY F. (2012), *Les partis tiennent-ils leurs promesses ?* In PELLETIER R. (Ed.)*Les partis politiques québécois dans la tourmente. Mieux comprendre et évaluer leur rôle*. Presses de l'Université Laval, Québec, pp. 95–225.

PIERSON P. (2000), Increasing Returns, Path Dependence, and the Study of Politics. *American Political Science Review*, 94:2, pp. 251–267.

PIRRO A. & VAN KESSEL S. (2013), Pushing towards exit : Euro-rejection as a populist common denominator. *Paper presented at the 63rd Political Studies Association Annual International Conference*, 25–27 March 2013, Cardiff.

PITKIN H. (1967), *The Concept of Representation*, University of California Press, Berkeley.

POITRY A-V. (1986), Les commissions extra-parlementaires comme élément du processus législatif. *Revue suisse de sociologie*, 3, pp. 397–416.

PORTAIL DU PARLEMENT SUISSE, *Lexique du Parlement*, page consultée le 4 février 2016 : http://www.parlament.ch/f/wissen/parlamentswoerterbuch/pages/geschaeft.aspx.

PRATT J. (2007), *Penal populism*, Routledge, Londres.

QUINET C. (1994), Herbert Simon et la rationalité. *Revue française d'économie*, 9 :1, pp. 133–181.

REUCHAMPS M. (2013), *Structures institutionnelles du fédéralisme belge*. In DANDOY R., MATAGNE G. & VAN WYNSBERGHE C. (dir.), *Le fédéralisme belge. Enjeux institutionnels, acteurs socio-politiques et opinions publiques*. Académia-L'Harmattan, Louvain-la-Neuve, pp. 29–61.

REUCHAMPS M., CALUWAERTS D., DODEIGNE J., JACQUET V., MOSKOVIC J. & DEVILLERS S. (2017), Le G1000 : une expérience citoyenne de démocratie délibérative. *Courrier hebdomadaire*, CRISP, Bruxelles, 2344-2345.

REYNIE D. (2013), *Les nouveaux populismes*. Pluriel, Paris.

REZSOHAZY R. (1996), *Pour comprendre l'action et le changement politiques*. Ed. Duculot, Louvain-la-Neuve.

RHODES R.A.W. & MARSH D. (1992), New directions in the study of policy networks. *European Journal of Political Research*, 21, pp. 181–205.

RICHARDSON J. (1982) (dir.), *Policy styles in Western Europe*. Allen and Unwin, London.

RICHARDSON J. (2010), *Style (Policy style)*. In BOUSSAGUET L., JACQUOT S. & RAVINET P. (dir.), *Dictionnaire des politiques publiques*. 3e édition. Les presses de Sciences Po, Paris, pp. 608–616.

RIHOUX B., DUMONT P. & DANDOY R. (2005), *L'effet des médias et des partis sur le contenu des accords de gouvernement*. In WALGRAVE S., DE WINTER L. & NUYTEMANS M. (dir.), *Mise à l'agenda politique en Belgique (1991-2000). La dialogue difficile entre l'opinion publique, les médias et le système politique*. Academia Press, Gent, pp. 123–148.

ROCHE J-B. (2017), *Les mutations de la démocratie directe en France depuis 1945*. Thèse de doctorat présentée à Rennes1, Rennes.

ROCHEFORT D. & COBB R. (1994), *The politics of problem definition. Shaping the policy agenda*. The University Press of Kansans, Lawrence.

ROODUIJN M. (2014), The nucleus of populism: in search of the lowest common denominator. *Government and Opposition*, 49: 4, pp. 572–598.

ROODUIJN M., DE LANGE S. & VAN DER BRUG W. (2014), A populist Zeitgeist? Programmatic contagion by populist parties in Western Europe. *Party Politics*, 20: 4, pp. 563–575.

ROODUIJN M. (2019), State of the field: how to study populism and adjacent topics? A plea for both more and less focus. *European Journal of Political Research*, 58: 1, pp. 362–372.

ROSANVALLON P. (1998), *Le peuple introuvable*. Gallimard, Paris.

ROSE R. (1993), *Lesson-drawing in public policy: a guide to learning across time and space*. Chatham House Publishers, Chatham.

RÖTH L., AFONSO A. & SPIES D. (2018), The impact of populist radical right parties on socio-economic policies. *European Political Science Review*, 10:3, pp. 325-350.

ROVIRA KALTWASSER C., TAGGART P., OCHOA ESPEJO P. & OSTIGUY P. (2017), *Populism. An overview of the concept and the state of the art*. In ROVIRA KALTWASSER C., TAGGART P., OCHOA ESPEJO P. & OSTIGUY P. (dir.), *The Oxford Handbook of populism*. Oxford University Press, Oxford, pp. 1-24.

ROVIRA KALTWASSER C. (2017), *Populism and the question of how to respond to it*. In ROVIRA KALTWASSER C., TAGGART P., OCHOA ESPEJO P. & OSTIGUY P. (dir.), *The Oxford Handbook of populism*. Oxford University Press, Oxford, pp. 554-570.

ROY S. (2009), *L'étude de cas*. In GAUTHIER B. (dir.), *Recherche sociale : de la problématique à la collecte des données*. Presses de l'Université de Québec, Québec, pp. 199-226.

ROYED T. (1996), Testing the mandate model in Britain and the UnitedStates. *British Journal of Political Science*, 26:1, pp. 45-80.

RUMMENS S. (2017), *Populism as a threat to liberal democracy*. In ROVIRA KALTWASSER C., TAGGART P., OCHOA ESPEJO P. & OSTIGUY P. (dir.), *The Oxford Handbook of populism*. Oxford University Press, Oxford, pp. 554-570.

SAKKAS S. (2014), *L'expertise éthique face à la régulation publique des biotechnologies de la reproduction. Une comparaison France-Belgique de l'influence des comités nationaux d'éthique sur le contenu des politiques publiques*. Thèse de doctorat présentée à l'Université catholique de Louvain, Mons.

SALAS D. (2010), *La volonté de punir. Essai sur le populisme pénal*. Fayard, Paris.

SARTORI G. (2009), *Guidelines for concept analysis*. In COLLIER D. & GERRING J. (dir.), *Concepts and methods in social science: the tradition of Giovanni Sartori*. Routledge, Londres, pp. 61-96.

SARTORI G. (2011), *Partis et systèmes de partis. Un cadre d'analyse*. Editions de l'Université de Bruxelles, Bruxelles.

SAYER A. (1992), *Method in Social Science: A Realist Approach*, Routledge.

SCHAIN M.A. (2006), The extreme-right and immigration policy-making: measuring direct and indirect effects. *West European Politics*, 29: 2, pp. 270-289.

SCHAIN M.A. (2008), Commentary: Why political parties matter? *Journal of European Public Policy*, 15:3, pp. 465-470.

SCHEINGOLD S.A. (2016), *The politics of law and order. Street crime and public policy*. Quid Pro Books, New Orleans.

SCHIFFINO N. (2003), *Crises politiques et démocratie en Belgique*. L'Harmattan, Paris.

SCHIFFINO N. & BIARD B. (2016), *L'influence des partis populistes sur les politiques publiques : quel bilan en science politique ? In* JAMIN J. (dir.), *L'extrême droite en Europe*. Bruylant, Bruxelles, pp. 519-541.

SCHIMMELFENNIG F. (2001), The community trap: liberal norms, rhetorical action, and the Eastern enlargement of the European Union. *International organization*, 55:1, pp. 47-80.

SCHMIDT M. (1996), When parties matter: a review of the possibilities and limits of partisan influence on public policy. *European Journal of Political Research*, 30: 2, pp. 150-183.

SCHUMACHER G., DE VRIES C.E. & VIS B. (2013), Why do parties change position? Party organization and environmental incentives. *Journal of Politics*, 75:2, pp. 464-477.

SCHUMACHER G. & VAN KERSBERGEN K. (2016), Do mainstream parties adapt to welfare chauvinism of populist parties ? *Party Politics*, 22:3, pp. 300-312.

SCIARINI P., TRECHSEL A.H. (1996), Démocratie directe en Suisse: l'élite politique victime des droits populaires, *Revue suisse de science politique*, 2 :2, pp. 1-35.

SCIARINI P. (2011), *La politique suisse au fil du temps*. Ed. Médecine et Hygiène, Chêne-Bourg.

SCIARINI P. (2014), *Processus législatif. In* KNOEPFEL P., PAPADOPOULOS Y., SCIARINI P., VATTER A. & HÄUSERMANN S. (dir.), *Handbuch Der Schweizer Politik – Manuel De La Politique Suisse*. Verlag Neue Zürcher Zeitung, Zürich, pp. 527-561.

SFEZ L. (1984), *La décision*. Presses universitaires de France, Paris.

SIMON H. (1947), *Administrative behavior: a study of decision-making processes in administrative organization*. 4th ed. The Free Press.

SIMON H. (1953), Notes on the observation and measurement of political power. *The Journal of Politics*, 15:4, pp. 500–516.

SINGH S. (2018), Compulsory voting and dissatisfaction with democracy. *British Journal of Political Science*, 48, 843–854.

SKENDEROVIC D. (2009), *The radical right in Switzerland. Continuity and change, 1945–2000*. Berghahn Books, New-York, Oxford.

SMITH M. J. (2010), Does crime pay? Issue ownership, political opportunity, and the populist right in Western Europe. *Comparative Political Studies*, 43:11, pp. 1471–1498.

SMITH M.J., RICHARDS D., GEDDES A. & MATHERS H. (2011), Analysing policy delivery in the United Kingdom: the case of street crime and anti-social behavior. *Public Administration*, 89:3, pp. 975–1000.

SPRUYT M. (2006), *Wat u moet weten over het Vlaams Belang. Het beste van Blokwatch*. Uitgeverij EPO, Berchem.

STOCKEMER D. (2016), The rising tide: local structural determinants of the radical right-wing vote in Switzerland. *Comparative European Politics*, 16:4, pp. 602–619.

STROM K. (1990), A behavioral theory of competitive political parties. *American Journal of Political Science*, 34:2, pp. 565–598.

SULKIN T. (2005), *Issue politics in Congress*. Cambridge University Press, Cambridge.

SUREL Y. (2003), Berlusconi, leader populiste ? *In* IHL O., CHÊNE J., VIAL E. & WATERLOT G. (dir.), *La tentation populiste au cœur de l'Europe*. La Découverte, Paris, pp. 111–129.

TAGGART P-A. (2000), *Populism*. Open University Press, Buckingham.

TAGUIEFF P-A. (1997), Le populisme et la science politique : du mirage conceptuel aux vrais problèmes. *Vingtième Siècle. Revue d'histoire*. 56, pp. 4–33.

TAGUIEFF P-A. (dir.) (2004), *Le retour du populisme*. Encyclopaedia Universalis, Paris.

TAGUIEFF P-A. (2014), *Du diable en politique. Réflexion sur l'antilepénisme ordinaire*. Ed. CNRS, Paris.

TANSEY O. (2007), Process tracing and elite entretiening: a case for non-probability sampling. *Political Science & Politics*, 40:4, pp. 765–772.

TARCHI M. (2008), Italy : a country of many populisms. *In* ALBERTAZZI D. & MCDONNELL D. (dir.), *Twenty-first century populism: the spectre of Western European democracy*. Palgrave MacMillan, Basingstoke, pp. 84–99.

TILLY Ch. (1984), Les origines du répertoire d'action collective contemporaine en France et en Grande Bretagne. *Vingtième Siècle. Revue d'histoire.* 4, pp. 89–108.

THOENIG J-C. (1985), *L'analyse des politiques publiques*. In GRAWITZ M., LECA J. (dir.), *Traité de science politique*. Volume 4. PUF, Paris, pp. 1–60.

THOMSON R., ROYED T., NAURIN E., ARTES J., COSTELLO R., ENNSER-JEDENASTIK L., FERGUSON M., KOSTADINOVA P., MOURY C., PETRY F. & PRAPROTNIK K. (2017), The fulfillment of parties' election pledges: a comparative study of the impact of power sharing. *American Journal of Political Science*. 61:3, pp. 527–542.

URBINATI N. (2014), *Democracy disfigured. Opinion, truth, and the people*. Harvard University Press, Cambridge.

VAN DAMME J., JACQUET V., SCHIFFINO N. & REUCHAMPS M. (2017), *Public consultation and participation in Belgium: directly engaging citizens beyond the ballot box? In* BRANS M. & AUBIN D. (dir.), *Public analysis in Belgium*. Policy Press, Bristol, pp. 215–234.

VAN KESSEL S. (2011), Explaining the electoral performance of populist parties: The Netherlands as a case study. *Perspectives on European Politics and Society*, 12:1, pp. 68–88.

VAN OSTAIJEN M. & SCHOLTEN P. (2014), Policy populism? Political populism and migrant integration policies in Rotterdam and Amsterdam. *Comparative European Politics*, 12: 6, pp. 680–699.

VAN HEERDEN S., DE LANGE S., VAN DER BRUG W. & FENNEMA M. (2014), The immigration and integration debate in the Netherlands: discursive and programmatic reactions to the rise of anti-immigration parties. *Journal of ethnic and migration studies*, 40:1, pp. 119–136

VAN REYBROUCK D. (2008), *Pleidooi voor populisme*. Ed. Querido, Amsterdam.

VAN SPANJE J. (2010), Contagious parties : anti-immigration parties and their impact on other parties' immigration stances in contemporary Western Europe. Party Politics, 16:5, pp. 563–586.

VAN SPANJE J. & DE GRAAF N.D. (2018), How established parties reduce other parties' electoral support: the strategy of parroting the pariah. *West European Politics*, 41:1, pp. 1–-27.

VARONE F., STOUTHUYSEN P. & SCHIFFINO N. (2005), *Processus de mise à l'agenda politique : études de cas*. In WALGRAVE S., DE WINTER L. & NUYTEMANS M. (dir.), *Mise à l'agenda politique en Belgique (1991-2000). La dialogue difficile entre l'opinion publique, les médias et le système politique.* Academia Press, Gent, pp. 149-191.

VATTER A. (2016), Switzerland on the road from a consociational to a centrifugal democracy ? *Swiss Political Science Review*, 22:1, pp. 59-74.

VERBEEK B. & ZASLOVE A. (2015), The impact of populist radical right parties on foreign policy: the Northern League as a junior coalition partner in the Berlusconi Governments. *European Political Science Review*, 7:4, pp. 525-546.

VON BEYME K. (1988), Right-Wing Extremism in Post-War Europe, *West European Politics*, 2:11, pp. 2-18.

VOSSEN K. (2013), *Rondom Wilders: portret van de PVV*. Boom, Amsterdam.

WALGRAVE S. & DE SWERT K. (2004), The Making of the (Issues of the) Vlaams Blok. *Political Communication*, 21:4, pp. 479-500.

WALGRAVE S., DE WINTER L. & NUYTEMANS M. (dir.) (2005), *Mise à l'agenda politique en Belgique (1991-2000). La dialogue difficile entre l'opinion publique, les médias et le système politique.* Academia Press, Gent.

WALGRAVE S., LEFEVERE J. & TRESCH A. (2012), The associative dimension of issue ownership. *Public Opinion Quarterly*, 76, pp. 771-782.

WALTHER D. & HELLSTRÖM J. (2019), The verdict in the polls: how government stability is affected by popular support. *West European Politics*, 42:3, pp. 593-617.

WENZELBURGER G. (2015), Parties, institutions and the politics of law and order: how political institutions and partisan ideologies shape law-and-order spending in twenty western industrialized countries. *British Journal of Political Science*, 45:3, pp. 663-687.

WIDFELDT A. (2010), A fourth phase of the extreme right ? Nordic immigration-critical parties in a comparative context. *Nordeuropa forum*, 1-2, pp. 7-31.

WIEVIORKA M. (1993), *La démocratie à l'épreuve : nationalisme, populisme, ethnicité*, La Découverte, Paris.

WIEVIORKA M. (2013), *Le Front national : entre extrémisme, populisme et démocratie*. Ed. de la maison des sciences de l'homme, Charenton-le-Pont Cedex.

WILLIAMS M.H. (2006), *The impact of radical right-wing parties in West European democracies*. Palgrave MacMillan, New-York.

WILLIAMS M.H. (2017), *The political impact of the radical right. In* RYDGREN J. (ed.), *The Oxford handbook of the radical right.* Oxford University Press, Oxford, pp. 305-326.

WILSON C. (2006), *Public Policy. Continuity and change.* Waveland Press, Long Grove.

WODAK R. (2015), *The politics of fear.* Sage, Thousand Oaks.

WOLINETZ S. & ZASLOVE A. (2018), *Absorbing the blow. Populist parties and their impact on parties and party systems.* ECPR Press, London.

ZASLOVE A. (2004), Closing the door ? The ideology and impact of radical right populism on immigration policy in Austria and Italy. *Journal of Political ideologies*, 9:1, pp. 99-118.

ZASLOVE A. (2008), Here to stay? Populism as a new party type. *European Review*, 16:3, pp. 319-336.

ZINN H., ARNOVE A. (2004), *Voices of a people's history of the United States.* Seven Stories Press, New York.

ZITTOUN Ph. (2013), *La fabrique politique des politiques publiques.* Les presses de Sciences Po, Paris.

ZITTOUN Ph. (2014), *The political process of policymaking: a pragmatic approach to public policy.* Palgrave MacMillan, Houndmills.

Ouvrages non scientifiques[128]

BUISSON P. (2016), *La cause du peuple.* Perrin, Paris.

CIOTTI E. (2015), *Autorité. Mes propositions pour redresser la République.* Ed. du moment, Paris.

DAVET G. & LHOMME F. (2017. Un Président ne devrait pas dire ça ... Stock, Paris.

DILLEN K. (1987), *Wij, marginalen.* Uitgeverij A.M.U., Anvers.

DILLEN K. (1992), *Vlaams Blok: partij van en voor de toekomst.* Uitgeverij Vlaams Blok, Bruxelles.

---

[128] Ne sont repris dans cette liste que les ouvrages cités dans cette recherche.

LAEREMANS B., SCHOOFS B., LOGGHE P. (2014), *Adieu aan de laksheid. Brochure over veiligheid en justitie*. Vlaams Belang

MARLEIX O. (2014), *Sarkozy. La vérité c'est maintenant !* Jacques Marie Laffont, Paris.

VAN GRIEKEN T. (2017), *Toekomst in eigen handen. Opstand tegen de elites*. Uitgeverij van Praag, Amsterdam.

Conférences de presse

Conférence de presse de Marine Le Pen à Savigné-sur-Lathan, le 24 avril 2013 : http://www.lanouvellerepublique.fr/Indre-et-Loire/Actualite/Politique/n/Contenus/Articles/2013/04/24/VIDEO.-Marine-Le-Pen-en-Touraine-je-suis-populiste-1424473.

Annexes – Liste des entretiens effectués

Annexe 1 – Liste des entretiens effectués pour l'analyse du cas helvétique (par ordre chronologique)

N°	Genre[129]	Parti politique[130]	Statut[131]	Date de l'entretien	Durée de l'entretien (en minutes)
1	M	UDC	Conseiller communal ; Cadre de l'UDC[132]	7 septembre 2015	120 min
2	M	UDC	Député cantonal	16 septembre 2015	105 min
3	M	UDC	Parlementaire fédéral	22 septembre 2015	105 min
4	M	UDC	Parlementaire fédéral ; Cadre de l'UDC	22 septembre 2015	25 min

---

[129] M = masculin ; F = féminin
[130] Parti politique au moment de l'entretien
[131] Les mandats d'élus nationaux sont datés pour information. Les autres types mandats sont en cours lors des entretiens menés. Lorsque ce n'est pas le cas, il est précisé « ex ».
[132] Lorsque ce n'est pas précisé, c'est du parti national qu'il s'agit.

N°	Genre	Parti politique	Statut	Date de l'entretien	Durée de l'entretien (en minutes)
5	M	UDC	Parlementaire fédéral	24 septembre 2015	105 min
6	M	UDC	Parlementaire fédéral	24 septembre 2015	30 min
7	M	UDC	Parlementaire fédéral ; Cadre de l'UDC	24 septembre 2015	20 min
8	M	UDC	Parlementaire fédéral	24 septembre 2015	30 min
9	M	PLR	Cadre du PLR	28 septembre 2015	60 min
10	M	UDC	Député cantonal ; Cadre de l'UDC	29 septembre 2015	90 min
11	M	UDC	Parlementaire fédéral	2 octobre 2015	60 min
12	M	UDC	Ex parlementaire fédéral	19 octobre 2015	80 min
13	M	PDC	Ex parlementaire fédéral	19 octobre 2015	60 min
14	F	PVL	Parlementaire fédéral	20 octobre 2015	90 min
15	F	PDB	Cadre du collectif « Marche blanche »	26 octobre 2015	90 min

Liste des entretiens effectués du cas helvétique

N°	Genre	Parti politique	Statut	Date de l'entretien	Durée de l'entretien (en minutes)
16	M	PS	Parlementaire fédéral	27 octobre 2015	90 min
17	M	UDC	Parlementaire fédéral	3 novembre 2015	45 min
18	F	PS	Parlementaire fédéral	9 novembre 2015	60 min
19	M	MCG	Député cantonal ; Cadre du MCG	10 novembre 2015	120 min
20	M	PDC	Ex parlementaire fédéral ; Cadre du PDC	16 novembre 2015	60 min
21	M	UDC	Conseiller fédéral ; ex parlementaire fédéral	17 novembre 2015	60 min
22	M	UDC	Ex parlementaire fédéral	20 novembre 2015	105 min
23	M	UDC	Ex parlementaire fédéral	26 novembre 2015	75 min
24	M	PS	Parlementaire fédéral	1er décembre 2015	60 min
25	F	PDC	Parlementaire fédéral	1er décembre 2015	120 min
26	F	PLR	Parlementaire fédéral	8 décembre 2015	60 min

N°	Genre	Parti politique	Statut	Date de l'entretien	Durée de l'entretien (en minutes)
27	M	UDC	Parlementaire fédéral ; Ex conseiller d'État	10 décembre 2015	60 min
28	M	PES	Ex parlementaire fédéral	11 décembre 2015	60 min
29	M	UDC	Parlementaire fédéral	14 décembre 2015	30 min
30	M	UDC	Parlementaire fédéral	14 décembre 2015	60 min
31	M	PLR	Parlementaire fédéral	15 décembre 2015	45 min
32	M	PES	Parlementaire fédéral ; Cadre du PES	16 décembre 2015	90 min
33	M	UDC	Parlementaire fédéral	29 janvier 2016	45 min
34	M	UDC	Cadre de l'UDC	3 février 2016	90 min
35	M	UDC	Parlementaire fédéral	15 février 2016	60 min

Annexe 2 - Liste des entretiens effectués pour l'analyse du cas français (par ordre chronologique)

N°	Genre[133]	Parti politique[134]	Statut[135]	Date de l'entretien	Durée de l'entretien (en minutes)
36	M	FN	Député européen ; Cadre du FN	26 septembre 2016	60 min
37	M	FN	Cadre du FN	4 octobre 2016	75 min
38	F	FN	Cadre du FN ; Conseillère régionale	10 octobre 2016	60 min
39	M	FN	Cadre du FN ; Conseiller régional ; Collaborateur d'un député européen (FN)	11 octobre 2016	60 min
40	M	FN	Conseiller régional ; Cadre du FN ; Cadre du RBM[136]	12 octobre 2016	60 min

---

[133] M = masculin ; F = féminin
[134] Parti politique au moment de l'entretien
[135] Les mandats d'élus nationaux sont datés pour information. Les autres types mandats sont en cours lors des entretiens menés. Lorsque ce n'est pas le cas, il est précisé « ex ».
[136] Rassemblement Bleu Marine

N°	Genre	Parti politique	Statut	Date de l'entretien	Durée de l'entretien (en minutes)
41	M	EELV	Ex-conseiller ministériel et ex collaborateur d'un député européen (EELV)	14 octobre 2016	60 min
42	M	FN	Collaborateur d'un parlementaire FN	24 octobre 2016	75 min
43	M	PS	Cadre du PS	2 novembre 2016	60 min
44	M	FN	Député européen ; Cadre du FN	3 novembre 2016	75 min
45	M	FN	Collaborateur de parlementaires FN	4 novembre 2016	105 min
46	M	FN	Cadre du FN	7 novembre 2016	75 min
47	M	ex FN	Ex cadre du FN	8 novembre 2016	70 min
48	M	PS	Parlementaire ; Ex Ministre ; Ex cadre du PS	9 novembre 2016	60 min
49	M	LR	Directeur de cabinet d'un parlementaire LR ; Ex membre de cabinets ministériels UMP/LR	9 novembre 2016	70 min

Liste des entretiens effectués du cas français 349

N°	Genre	Parti politique	Statut	Date de l'entretien	Durée de l'entretien (en minutes)
50	M	LR	Parlementaire	16 novembre 2016	60 min
51	M	FN	Collaborateur d'un parlementaire FN	24 novembre 2016	60 min
52	M	PS	Membre du cabinet du Président de l'Assemblée nationale	1er décembre 2016	60 min
53	M	LR	Collaborateur d'un parlementaire LR	2 décembre 2016	60 min
54	M	PS	Conseiller du Ministre de la Justice	6 décembre 2016	60 min
55	F	PS	Cadre du PS	12 décembre 2016	30 min
56	M	PS	Parlementaire	20 décembre 2016	45 min
57	M	FN	Cadre du FN ; Conseiller régional	10 janvier 2017	120 min
58	F	PS	Cadre du PS ; Conseillère régionale	12 janvier 2017	60 min
59	M	PCD	Parlementaire ; Cadre du PCD	12 janvier 2017	60 min

N°	Genre	Parti politique	Statut	Date de l'entretien	Durée de l'entretien (en minutes)
60	F	LR	Collaboratrice d'un parlementaire LR	13 janvier 2017	30 min
61	M	PS	Parlementaire ; Cadre du PS	17 janvier 2017	60 min
62	F	EELV	Collaboratrice d'un parlementaire EELV ; Cadre d'EELV	17 janvier 2017	45 min
63	M	LR	Parlementaire ; Ex conseiller du Président Sarkozy ; Cadre LR	18 janvier 2017	60 min
64	M	FN	Collaborateur d'un parlementaire FN ; Conseiller départemental	24 janvier 2017	60 min
65	M	FN	Député européen ; Conseiller régional ; Cadre du FN	21 février 2017	45 min
66	M	PS	Parlementaire	23 février 2017	60 min
67	M	PS	Parlementaire ; Ex cadre du PS	28 février 2017	50 min

Annexe 3 – Liste des entretiens effectués pour l'analyse du cas belge (par ordre chronologique)

N°	Genre[137]	Parti politique[138]	Statut[139]	Date de l'entretien	Durée de l'entretien (en minutes)
68	M	VB	Parlementaire	19 avril 2017	60 min
69	M	VB	Cadre du VB ; Parlementaire	16 mai 2017	90 min
70	M	MR	Parlementaire	18 mai 2017	45 min
71	M	cdH	Parlementaire	18 mai 2017	60 min
72	M	MR	Cadre du MR ; Ex parlementaire	30 mai 2017	120 min
73	M	DéFI	Parlementaire ; Cadre de DéFI ;	1er juin 2017	60 min
74	M	CD&V	Parlementaire	8 juin 2017	60 min
75	M	CD&V	Parlementaire ; Ex membre de gouvernement	13 juin 2017	50 min
76	M	PS	Parlementaire	16 juin 2017	60 min
77	F	PS	Collaboratrice parlementaire PS	22 juin 2017	60 min
78	M	cdH	Parlementaire	29 juin 2017	35 min

---

[137] M = masculin ; F = féminin
[138] Parti politique au moment de l'entretien
[139] Les mandats d'élus nationaux sont datés pour information. Les autres types mandats sont en cours lors des entretiens menés. Lorsque ce n'est pas le cas, il est précisé « ex ».

N°	Genre	Parti politique	Statut	Date de l'entretien	Durée de l'entretien (en minutes)
79	M	N-VA	Parlementaire	4 juillet 2017	55 min
80	M	Groen	Parlementaire	6 juillet 2017	50 min
81	M	MR	Parlementaire	6 juillet 2017	45 min
82	F	MR	Collaboratrice parlementaire MR	6 juillet 2017	45 min
83	M	N-VA	Parlementaire	12 juillet 2017	80 min
84	M	VB	Cadre du VB ; Ex parlementaire	12 juillet 2017	75 min
85	F	cdH	Collaboratrice parlementaire cdH	13 juillet 2017	60 min
86	M	cdH	Ex membre de gouvernement	18 juillet 2017	50 min
87	F	VB	Parlementaire ; Cadre du VB	20 juillet 2017	35 min
88	M	LDD	Cadre de la LDD	25 juillet 2017	75 min
89	M	VB / N-VA	Parlementaire ; Ex cadre du VB	17 août 2017	50 min
90	M	VB	Ex parlementaire ; Ex cadre du VB	21 août 2017	120 min
91	M	SPA	Parlementaire	23 août 2017	50 min

Liste des entretiens effectués du cas belge

N°	Genre	Parti politique	Statut	Date de l'entretien	Durée de l'entretien (en minutes)
92	M	VB	Parlementaire ; Cadre du VB	29 août 2017	55 min
93	M	PS	Parlementaire ; ex membre de gouvernement	30 août 2017	45 min
94	M	VB / N-VA	Ex parlementaire VB puis N-VA	11 septembre 2017	60 min
95	M	N-VA	Parlementaire	15 septembre 2017	60 min
96	M	CD&V	Ex membre de gouvernement ; Ex cadre du CD&V ; Ex parlementaire	19 septembre 2017	60 min
97	M	VB	Ex parlementaire ; Ex cadre du VB	22 septembre 2017	80 min
98	M	VB	Parlementaire ; Cadre du VB	25 septembre 2017	60 min
99	M	PP	Cadre du PP	26 septembre 2017	90 min
100	M	PS	Parlementaire	12 octobre 2017	60 min
101	F	MR	Collaboratrice parlementaire MR	12 octobre 2017	70 min

N°	Genre	Parti politique	Statut	Date de l'entretien	Durée de l'entretien (en minutes)
102	M	VB	Parlementaire ; Cadre du VB	19 octobre 2017	60 min
103	M	MR	Parlementaire	19 octobre 2017	45 min
104	M	VB	Parlementaire ; Cadre du VB	26 octobre 2017	70 min

Action publique

La collection « Action publique » étudie le fonctionnement de l'État sous des angles multiples. Elle privilégie l'analyse des politiques publiques (environnement, santé, emploi, culture, etc.) et l'étude institutionnelle et organisationnelle des administrations publiques. Les mutations qui caractérisent aujourd'hui l'action publique (déréglementation, externalisation, contractualisation, action en réseaux, etc.) sont au cœur de ses préoccupations.

Ainsi la collection « Action publique » accorde-t-elle également une place importante aux rapports que l'État entretient avec son environnement, l'appareil politique et la société civile bien sûr, mais aussi avec les évolutions sociétales plus larges (individualisme, globalisation, etc.).

La pluridisciplinarité est une caractéristique essentielle des travaux contemporains dans le domaine. C'est pourquoi cette collection encourage les approches économiques, historiques, juridiques, politologiques, sociologiques et philosophiques.

Directeurs de collection
Jean-Louis Genard,
Professeur à l'Université Libre de Bruxelles
Steve Jacob, Professeur à l'Université Laval.

Titres parus

N° 1 – Steve Jacob, Frédéric Varone et Jean-Louis Genard (dir.), *L'évaluation des politiques au niveau régional*, 2007, 218 p.

N° 2 – Fabrizio Cantelli, *L'État à tâtons. Pragmatique de l'action publique face au sida*, 2007, 268 p.

N° 3 – Isabelle de Lovinfosse, *How and Why Do Policies Change? A Comparison of Renewable Electricity Policies in Belgium, Denmark, Germany, the Netherlands and the UK*, 2008, 317 p.

N° 4 – Frédéric Cobruszkes, *Libéralisation et desserte des territoires: le cas du transport aérien européen*, 2008, 287 p.

N° 5 – Fabrizio Cantelli, Marta Roca i Escoda, Joan Stavo-Debauge et Luca pattaroni (dir.), *Sensibilités pragmatiques. Enquêter sur l'action publique*, 2009, 444 p.

N° 6 – Guy Lebeer & Jacques Moriau (dir.), *(Se) gouverner. Entre souci de soi et action publique*, 2010, 211 p.

N° 7 – Marc Leroy, *Taxation, the State and Society. The Fiscal Sociology of Interventionist Democracy*, 2011, 400 p.

N° 8 – Mathieu berger, Daniel Cefaï et Carole Gayet-Viaud (dir.), *Du civil au politique. Ethnographies du vivre-ensemble*, 2011, 603 p.

N° 9 – Thibauld Moulaert, *Gouverner les fins de carrière à distance. Outplacement et vieillissement actif en emploi*, 2012, 287 p.

N° 10 – Léa Lima (dir.), *L'expertise sur autrui. L'individualisation des politiques sociales entre droit et jugements*, 2013, 242 p.

N° 11 – Hélène Buisson-Fenet, Xavier Pons, *School Evaluation Policies and Educating States. Trends in Four European Countries*, 2014, 210 p.

N° 12 – Luisa Moretto, *Assessing Urban Governance. The Case of Water Service Co-production in Venezuela*, 2014, 286 p.

N° 13 – Nathalie Schiffino, Laurent Taskin, Céline Donis, Julien Raone (eds.), *Organizing after Crisis. The Challenge of Learning*, 2015, 285 p.

N° 14 – Louise Carlier, *Le cosmopolitisme, de la ville au politique. Enquête sur les mobilisations urbaines à Bruxelles*, 2016, 234 p.

N° 15 – Blandine Destremau et Isabel Georges (dir.), *Le care, nouvelle morale du capitalisme. Assistance et police des familles en Amérique latine*, 2017, 422 p

N° 16 - Stéphane Baciocchi, Alain Cottereau, Marie-Paule Hille (dir.), *Le pouvoir des gouvernés. Ethnographies de savoir-faire politiques sur quatre continents*, 2018, 486 p.

N° 17 – Nathalie Burnay, *Vieillir en intérim. Fins de carrière et parcours de vie d'une population fragilisée*, 2020, 182 p.

N° 18 – Fanny Bouquerel, *Culture et politique régionale de l'Union européenne. Stratégies et pratiques d'acteurs de Bruxelles à la Sicile*, 2021, 234 p.

N° 19 – Benjamin Biard, *L'influence (in)visible. Les partis populistes de droite radicale et la fabrique de politiques publiques en démocratie*, 2021, 356 p.

www.ingramcontent.com/pod-product-compliance
Lightning Source LLC
LaVergne TN
LVHW010307070526
838199LV00065B/5477